Les Sciences uti

COURS COMPLET D'HYPNOTISME PRATIQUE

Jean FILIATRE

HYPNOTISME & MAGNÉTISME
SOMNAMBULISME, SUGGESTION & TÉLÉPATHIE
INFLUENCE PERSONNELLE

COURS PRATIQUE

COMPLET EN UN SEUL VOLUME DE 400 PAGES AVEC GRAVURES HORS TEXTE
RÉSUMANT D'APRÈS LA MÉTHODE EXPÉRIMENTALE
TOUTES LES CONNAISSANCES HUMAINES SUR LES POSSIBILITÉS
LES USAGES ET LA PRATIQUE DE

L'HYPNOTISME MODERNE

DU MAGNÉTISME, DE LA SUGGESTION ET DE LA TÉLÉPATHIE

RÉSUMÉ

DE TOUS LES TRAITÉS ET COURS PAR CORRESPONDANCE PUBLIÉS
JUSQU'À CE JOUR DANS LES DEUX MONDES

BOURBON-L'ARCHAMBAULT (Allier)
LIBRAIRIE GENEST, ÉDITEUR

Déposé. — Tous droits réservés pour tous pays

COURS COMPLET

D'HYPNOTISME PRATIQUE

Jean FILIATRE

HYPNOTISME ET MAGNÉTISME
SOMNAMBULISME, SUGGESTION ET TÉLÉPATHIE
INFLUENCE PERSONNELLE

COURS PRATIQUE

COMPLET EN UN SEUL VOLUME DE 400 PAGES AVEC GRAVURES HORS TEXTE
RÉSUMANT D'APRÈS LA MÉTHODE EXPÉRIMENTALE
TOUTES LES CONNAISSANCES HUMAINES SUR LES POSSIBILITÉS
LES USAGES ET LA PRATIQUE DE

L'HYPNOTISME MODERNE
DU MAGNÉTISME, DE LA SUGGESTION ET DE LA TÉLÉPATHIE

RÉSUMÉ
DE TOUS LES TRAITÉS ET COURS PAR CORRESPONDANCE PUBLIÉS
JUSQU'A CE JOUR DANS LES DEUX MONDES

PRIX : 3 fr. 75

BOURBON-L'ARCHAMBAULT (Allier)
LIBRAIRIE GENEST, ÉDITEUR

Déposé. — Tous droits réservés pour tous pays

Dans l'état actuel de la science et avec les méthodes existantes d'expérimentation, nier les phénomènes extraordinaires de l'hypnotisme moderne, douter encore que chacun peut les obtenir et les étudier n'est plus de l'incrédulité, c'est de l'ignorance !

DOCTEUR LIÉBENGEN.

La seule méthode d'enseignement pouvant justifier un titre de « Cours complet d'hypnotisme pratique » est celle qui donne avant tout la possibilité certaine d'obtenir tous les phénomènes et qui ne s'occupe du « pourquoi » qu'après avoir enseigné le « comment ».

L'AUTEUR.

SOMMAIRE DE L'OUVRAGE

AVANT-PROPOS (1-39).

L'Hypnotisme (1-4).

Les phénomènes du magnétisme, du somnambulisme, de la suggestion et de la télépathie étudiés aujourd'hui sous le nom général d'hypnotisme. — Ce qu'est véritablement l'hypnotisme, ce qu'il peut.

L'Hypnotisme et la Médecine (4-18).

Il ne consiste pas seulement à donner des soirées divertissantes et lucratives comme les hypnotiseurs professionnels, par lui on peut soulager, par lui on peut guérir. — Docteurs français et étrangers employant l'hypnotisme en médecine. — Les résultats obtenus. — Ses prétendus dangers, opinion des docteurs Bernheim, professeur à la faculté de Nancy, Liébault, Liégeois, Albert Moll et Eulenburg (de Berlin), G. Wetterstrand (de Stockholm), Rinzier (de Zurich), etc. — Des maladies créées ou guéries par l'imagination. — Preuves de l'influence du moral sur le physique. — Ce qu'elle peut atteindre dans le sommeil hypnotique : arrêt momentané du cœur, ampoules, stigmates, vertige, vomissements, catalepsie intensive, hémorragies, paralysie, engorgement, insensibilité complète à la douleur, etc., facilement obtenus sur le sujet endormi. — De l'influence de l'hypnose sur la digestion, la circulation, l'assimilation et la répartition de la force vitale. — Des facultés nouvelles dans le somnambulisme : sens du temps, vision à distance, réveil de mémoire, exaltation des sens, pressentiment, lecture et transmission de pensée, phénomènes étranges d'extériorisation. — Des maladies justiciables de l'hypnotisme : névralgie, sciatique, rhumatismes articulaire et musculaire, migraine, douleurs locales, blessures, constipation opiniâtre, hystérie, neurasthénie, paralysie, etc., etc. — Son influence sur la douleur et sur la guérison. — Les maladies de l'esprit : mélancolie, mal du pays, idées sombres, manies, hypocondrie. — L'hypnotisme dans l'accouchement, essais des docteurs Dumontpallier et Mesnet (de Paris), Pritzl (de Vienne), de l'hypnotiseur Gerling (de Berlin). — Opinion du docteur Liébault de la Faculté de Nancy : insensibilité parfaite dans l'accouchement, prévention ou guérison absolue des accidents qui compliquent la grossesse. — Médecine légale : l'avortement par l'hypnotisme (extrait du rapport du docteur Ch. Fourneaux, professeur à la Faculté de Paris). — Archives de l'anthropologie criminelle et des sciences pénales, mars 1886). — L'hypnotisme dans les Facultés de médecine. — Pourquoi les médecins ne l'emploient pas encore. — De son avenir en médecine (opinion du docteur Lincoln). — C'est un devoir pour tous, et particulièrement pour le médecin, de faire de cette science une étude pratique. — Influence de la suggestion. — Le fluide vital ou force neurique rayonnante, emploi et influence dans le soulagement et la guérison des maladies.

L'Hypnotisme et la Loi (18-19).

Ordonnances réglementant la pratique de l'hypnotisme. — Encouragement. — Répression.

L'Hypnotisme et la Religion (19-21).

L'hypnotisme et la foi. — Lettre encyclique de 1856. Opinion de M. l'abbé Elie Méric, professeur de théologie, du Père Lacordaire. — Lettre de Mgr François, évêque de Digne.
L'hypnotisme n'a rien de surnaturel ni d'occulte.

L'Hypnotisme dans la cure morale (21-29).

L'hypnotisme peut corriger les mauvaises habitudes, les penchants au mal, les défauts, les vices. Opinion du docteur Durand (de Gros). — Essais convaincants des docteurs Liébault, Bérillon, Ladame, Aug. Voisin, Forez, Bourdon, Widner et Corval. — L'hypnotisme dans l'éducation et la pédagogie. — L'hypnotisme et la liberté. — Cure hypnotique de la paresse, de l'ivrognerie, du tabagisme, de la colère, de la passion du jeu, etc. Tous les enfants rapidement hypnotisables par les méthodes les plus simples. — Devoir pour les parents d'étudier l'hypnotisme. — Il développe la mémoire et les dispositions pour l'étude

L'Hypnotisme et le Merveilleux (29-32).

L'hypnotisme donne l'explication scientifique et permet de provoquer aisément des phénomènes qui se prêtaient autrefois à entretenir la superstition. — Pensée transmise à distance. — Vision à distance et sans le secours des yeux. — Dédoublement de la personnalité. — Révélations de l'extase. — L'extériorisation de la motricité et les phénomènes du spiritisme. — Hallucinations magiques. — L'influence à distance, les maléfices et la possibilité scientifique de l'envoûtement. — Projections astrales, apparitions et impressions télépathiques. — Les médiums célèbres : Home, Eusapia Paladino. — Les fakirs, yoguis, mahatmas, de l'Inde ; les derviches de la Perse, les lamas du Thibet.

Le Magnétisme personnel (32-37).

Sympathie et antipathie. — Nos forces secrètes. — La force-pensée (dynamique mentale). — L'hypnotisme peut donner le secret de la puissance. — L'influence personnelle. — Auto et étero-suggestion. — Suggestion simple et suggestion hypnotique. — Comment devenir magnétique et influencer les autres, sans qu'ils le sachent, sans qu'ils s'en doutent jamais.

Dangers réels de l'Hypnotisme (37-39).

Crimes commis par l'hypnotisé, même après le réveil, longtemps après et à la date fixée par l'endormeur. — Vols. — Force physique et facultés d'observation décuplées chez le sujet inconscient. — Oubli au réveil. — L'hypnotisme dans la prostitution. — Divulgation sensationnelle.

Reconnaissance de dettes fictives, billets signés, dons, legs, testaments avantageux. — Amour suggéré. — Attentats sur la personne endormie.

Il n'est pas nécessaire de s'attendre à être endormi pour subir l'ascendant irrésistible d'un hypnotiseur entraîné. — Ceci constitue un véritable danger.

Expériences concluantes du docteur Liégeois (de Nancy). — La personne initiée à la pratique de cette science peut seule opposer une résistance efficace.

Beaucoup sont influencés à leur insu. — Acheteurs et vendeurs. — C'est un devoir d'étudier l'hypnotisme, c'est une mesure de prudence de ne jamais se prêter à des influences hypnotiques, soit à l'état de veille, soit avec attente du sommeil, si l'on n'est pas sûr de la moralité de l'opérateur, ou s'il n'y a pas quelques témoins suivant les expériences de très près.

INTRODUCTION (41-52).

Pourquoi l'auteur vulgarise l'hypnotisme en le mettant à la portée de tous. — Exposé de sa méthode d'enseignement. — L'obtention des phénomènes d'abord, la théorie ensuite. — La méthode expérimentale est la seule qui puisse logiquement initier à la pratique de l'hypnotisme.

Préparation à l'Hypnotisme pratique (53-118).

L'hypnotiseur n'a pas de facultés plus puissantes que les autres personnes, ni de dons surnaturels. — Tout le monde peut hypnotiser et apprendre en très peu de temps à tirer de cette science le plus utile parti. — Pas de changement de régime, pas de pratiques ridicules ou impossibles. — Originalité de la méthode du docteur Liébengen, reprise et développée par J. Filiatre. — La pratique de l'hypnotisme est rendue très facile, par une étude sensée et logique. — Du connu à l'inconnu. — Exposé des moyens employés par l'hypnotiseur. — Les facteurs de l'influence.

1° Le Regard (fascination); 2° La Parole (suggestion verbale); 3° Les Gestes (passes magnétiques); 4° La Pensée (suggestion et effort mentaux); 5° Les Objets mécaniques (miroirs tournants, globes lumineux tournants, lampe à magnésium, appareil à production de lumière oxydrique, hypnoscope et sensitivomètre, etc.). Tous ces objets ne sont pas d'une utilité bien établie et ne sont pas indispensables. — La boule hypnotique.

1° LE REGARD (FASCINATION) (58-66).

Son mode d'action. — Le clignement des paupières et l'entraînement spécial pour le surmonter. — Comment et où il faut regarder un sujet. — L'obtention de la fascination. — Les jettatores et la croyance populaire au mauvais œil. — Pouvoir de fascination chez certains animaux : le serpent et l'oiseau, l'épervier et sa proie, le chien et la perdrix, le crapaud et la belette, le cerf et le serpent. — Comment tuer une grenouille par fixation du regard. — Le dompteur et les fauves. — Les Orientaux fascinateurs d'animaux féroces; de serpents, lièvres, etc. — Comment obliger un chien à fuir. — Le magnétisme des yeux et son influence sur les sensitifs. — Phénomènes étranges obtenus par les fakirs de l'Inde. — Le regard et les rayons N de Blondlot. — Les fascinateurs modernes : Donato, Verbeck, Pickman, Hansen, docteur Brémaud, etc. — Donato et Clovis Hugues. — Exercices faciles pour apprendre rapidement à fasciner ou à faire se détourner tous les regards.

— XIII —

2° LA PAROLE (SUGGESTION VERBALE) (66-70).

De l'influence de la parole en hypnotisme. C'est surtout par son intermédiaire que l'hypnotiseur fait pénétrer dans le cerveau du sujet l'idée qu'il veut y implanter *(idée de mouvement, de sensation ou d'acte à exécuter).* — Suggestion simple et suggestion hypnotique. — Comment il faut donner une suggestion. — Méthode infaillible pour arriver rapidement à donner des suggestions efficaces.

3° PASSES (FORCE MAGNÉTIQUE). IMPOSITION DES MAINS (70-93).

Les passes ou gestes de l'hypnotiseur sur le sujet. — Passes montantes ou descendantes ; avec ou sans contact. — Effets produits par les passes. — Les hypothèses présentées pour expliquer leur action. — Opinions des docteurs Braid et Liébault. — Preuves de l'existence de la force magnétique chez l'être humain. — L'ob des Hébreux. — Les passes employées par les Mages, les Chaldéens, les Egyptiens, les Brahmes, les Assyriens, les Grecs et les Romains. — Le magnétisme et les peuples préhistoriques (Acadiens, Indiens, Sumériens). — Mesmer. — Recherches du docteur de Reichembach sur le magnétisme animal. — Les sensitifs. — L'ode et la polarité humaine. — Définition exacte du magnétisme. — Des différents termes proposés par les savants pour le désigner. — Recherches du colonel de Rochas sur le fluide magnétique. — La photographie des radiations humaines. — Essais du docteur Reichembach et du photographe Guenther en 1862. — Nouveaux essais des docteurs David et Luys en 1897. — Clichés reproduits par les revues scientifiques. — Comment faire agir le magnétisme à distance et sur un corps inerte. — Expérience étrange du docteur Liébengen. — Les radiations humaines et l'Académie des sciences. — Communication de M. A. Charpentier, lue par M. d'Arsonval (séance du 14 décembre 1903). — Les radiations et les rayons N de Blondlot. — Recherches du docteur Baréty (de Nice), sur la force neurique rayonnante. — Preuve irréfutable de l'existence de cette force. — Comment renverser une personne par la mise en jeu du magnétisme, en dehors de toute suggestion ou attention expectante. — Expérience à tenter sur soi-même. — Comment renverser un enfant à une grande distance. — Le magnétisme dans le soulagement et la guérison des maladies. — Le magnétisme et l'Académie de médecine. — Comment développer en soi l'agent magnétique. — Exercice facile pour arriver rapidement à développer un magnétisme irrésistible.

4° LA PENSÉE (SUGGESTION ET EFFORT MENTAUX) (93-107).

L'action de la pensée dans l'hypnotisme. — Suggestion mentale, volonté. — Ce qu'est l'effort mental. — La possibilité de transmettre une pensée à distance *(télépathie).* — Les pensées sont des ondes, les pensées sont des forces. — Ce qu'est l'auto-suggestion. — Influence du moral sur le physique. — Comment concentrer sa pensée et employer la force-pensée dans toutes les expériences d'influence hypnotique.

Résumé à retenir sur le mode d'entraînement et l'emploi du Regard, de la Parole, des Passes et de la Pensée.

5° MOYENS MÉCANIQUES (107-118).

Etude détaillée des différents moyens mécaniques ou procédés physiques employés soit pour produire le sommeil ou certains états hypnotiques, soit pour reconnaître le degré de sensibilité des sujets, soit encore pour mettre à profit l'action du magnétisme. — Le baquet et le conducteur de Mesmer. — Le sensitivomètre et l'hypnoscope. — Leur inutilité. — Les objets brillants, lampe à magnésium, appareil pour la production de la lumière oxydrique, gong, diapason, miroir tournant, globe lumineux tournant, etc. — Ces appareils servent surtout à enrichir les fabricants qui les vendent et parfois un prix exorbitant, sous le couvert de prétendus instituts ou clubs hypnotiques. — Un praticien de bonne foi ne peut que les juger ainsi : *tous ne sont pas d'une application pratique, certains sont dangereux, aucun n'est indispensable.* — La boule hypnotique.

HYPNOTISME PRATIQUE (119-403).

Les Influences hypnotiques sur les personnes éveillées (119-229).

Sujets rapidement influençables. — Les sensitifs. — Sujets réfractaires. — Comment hypnotiser les personnes les plus rebelles à l'influence hypnotique. — De la suggestibilité considérée sous le rapport du sexe, de l'âge, du tempérament et de l'éducation. — Comment dissiper chez les sujets la crainte de l'hypnotisme. — Comment trouver aisément des sujets dans une assistance. — Les influences hypnotiques sans endormir la personne. — Premier essai : passivité ou détente complète du système nerveux. — Progression d'influences à l'état de veille. — Comment renverser une personne : 1° par l'attraction magnétique des mains ; 2° par la suggestion verbale (parole) ; 3° par la fascination (regard) ; 4° par la pensée. — Influence réelle de la pensée et de l'effort mental. — L'entraînement des fakirs de l'Inde. — Les médiums dans notre civilisation moderne. — L'occultisme devant la science. — Exploitation de la crédulité et de l'ignorance des personnes superstitieuses. — Comment faire disparaître les influences hypnotiques. — De l'emploi de la boule hypnotique. — De l'emploi du regard en hypnotisme. — Précautions à prendre avec les sujets très influençables (jeunes filles, femmes, enfants, sensitifs). — Chute en avant — faire tomber le sujet à droite ou à gauche — l'obliger à avancer — à reculer — l'empêcher de se tenir droit. — Comment varier les expériences. — Faire ouvrir la bouche et empêcher de la fermer. — Faire tirer la langue au sujet et l'empêcher de la rentrer. — Faire écarter les doigts. — Obliger à rapprocher les doigts écartés. — Faire fermer la main — obliger à l'ouvrir. — Obliger le sujet à lâcher un objet — l'empêcher au contraire de le lâcher. — Faire rapprocher les mains écartées — obliger les mains à s'écarter. — Forcer le sujet à applaudir sans qu'il puisse s'arrêter, quels que soient ses efforts. — L'obliger à tourner les bras. — Empêcher d'ouvrir les yeux — obliger à les fermer. — Comment faire asseoir une personne malgré elle — l'empêcher de s'asseoir — l'obliger à se lever. — Dissertation sur deux nouvelles formes de suggestion : le geste et l'exemple. — Comment y avoir recours dans les expériences sur des sujets éveillés. — L'être d'instinct et l'être de raison. — Empêcher le sujet de plier le bras (catalepsie). — Comment employer les passes sur les sujets éveillés : 1° avec contact ; 2° à distance. — Raidir la jambe du sujet — l'obliger à boiter. — Lui faire abaisser les bras — l'empêcher de les élever — l'obliger à les mettre en croix. — Recommandations importantes. — Coller la main du sujet après un mur ou sur une table. — Coller une des mains du sujet sur la vôtre. — Coller les deux mains sans qu'il puisse les séparer. — L'empêcher d'approcher sa main de la vôtre. — Obliger le sujet à vous suivre (état de charme). — L'obliger à venir vers vous à quelque distance qu'il puisse être. — Le faire tourner en rond autour d'une table ou d'une chaise, sans qu'il puisse s'arrêter. — L'empêcher d'avancer. — L'arrêter brusquement lorsqu'il marche. — L'obliger à vous donner malgré lui un objet en sa possession. — Lui faire prendre un de vos doigts et le mettre dans l'impossibilité de le lâcher. — Obliger le sujet à bâiller jusqu'à ce que vous l'arrêtiez. — L'empêcher d'ouvrir la bouche — le rendre muet, bien qu'il puisse ouvrir la bouche. — Obliger le sujet à prononcer une syllabe quelconque, sans qu'il puisse s'arrêter. — Le faire bégayer. — Comment présenter certaines expériences. — Empêcher la personne la plus vigoureuse de soulever un objet très léger. — Divers essais originaux. — Les mouvements inconscients et certaines influences hypnotiques. — Suggestions négatives et suggestions positives. — Obliger à s'agenouiller et empêcher de se relever. — Empêcher de sauter par-dessus un bâton ou une raie tracée sur le plancher — obliger au contraire à sauter. — Faire cligner les yeux très vite. — Donner des tics nerveux. — Faire trembler (*danse de Saint-Guy*). — Rendre le sujet très lourd et le faire affaisser sur le plancher, en le mettant dans l'impossibilité absolue de se relever et de faire un seul mouvement — l'obliger à rire aux éclats, sans qu'il puisse s'arrêter — à faire les grimaces les plus comiques malgré sa résistance — à chanter, à compter ou à énoncer les lettres de l'alphabet, jusqu'à ce que vous ayez dissipé toute influence.— Comment obtenir aisément toutes les expériences basées sur les perturbations motrices (*obliger le sujet à faire un mouvement quelconque ou l'empêcher de le faire*).

Perturbations sensorielles. — Expériences hypnotiques sur le sujet éveillé, portant sur des impressions ou sensations imaginaires, ayant pour lui l'apparence de la parfaite réalité et pouvant affecter les organes des cinq sens : goût, odorat, vue, ouïe et toucher. — Illusions et hallucinations. — Les illusions dans le sommeil naturel (*rêves, cauchemars*), dans certains états pathologiques (*fièvre, délire, extase, folie*). — Hallucinations des alcooliques et des fumeurs d'opium. — Le haschich. — Les illusions et hallucinations sous l'influence de la peur, de la privation de sommeil, des fatigues excessives, des longues privations. — Comment obtenir des illusions semblables sur les personnes éveillées. — Les thaumaturges de l'antiquité. — Hypnotisme et superstition. — Devoirs de l'hypnotiseur. — **Perturbations des idées.** — Perte complète de la mémoire chez le sujet éveillé. — Comment obtenir cette curieuse expérience (*amnésie*).

Le Sommeil hypnotique (230-281).

Pourquoi il faut apprendre à éveiller avant d'essayer d'endormir. — Aperçus sur le sommeil hypnotique. — Comment endormir le sujet. — Exposé complet de chacune des différentes méthodes d'hypnotisation. — Méthode d'actions combinées très efficace et ne présentant aucun danger.— Méthode du docteur Richet. — Méthode du docteur Bernheim.— Méthode de l'hypnotiseur allemand Gesman. — Méthode des fascinateurs : Donato, Verbeck, Pickman, Onofrof, docteurs Brémaud, Teste, Bourneville, etc. — Procédé de l'hypnotiseur danois Hansen. — Méthode de Gerling. — Méthode de l'abbé Faria. — Méthode du docteur Liébault.— Les Magnétiseurs ou Mesméristes. — Méthode de Deleuze, du baron du Pottet. — Modifications apportées par les magnétiseurs modernes. — Procédé Moutin pour produire le somnambulisme. — Observations sur le sommeil hypnotique. — Méthode de Braid (*fixation.*) — Précautions à prendre avec certains sujets. — Comment reconnaître les personnes difficiles à éveiller. — Méthode de Braid, modifiée par le docteur Liébengen. — Méthode d'hypnotisation par suggestion (*hypnotisme instantané).* — Méthodes d'hypnotisation peu connues et peu usitées. — Méthode du docteur Charcot, de la Salpêtrière, et des médecins de l'école de Paris. — Méthode d'hypnotisation par la pression des zones hypnogènes. — Méthode du docteur Pitres (de Bordeaux). — Méthode du docteur Lasègue. — Hypnotisation par impression olfactive. — Comment changer le sommeil naturel en sommeil hypnotique. — Méthode du docteur Flower. — Méthode d'hypnotisation par téléphone, par phonographe, par lettre, par télégraphe, par intermédiaire. — Mésaventure du magnétiseur Ollivier. — Comment endormir un sujet à une date déterminée. — Comment hypnotiser à une grande distance par la seule pensée *(suggestion mentale)* sans que le sujet s'y attende. — Méthode infaillible du docteur J. Esdaile, médecin en chef de l'hôpital mesmérique de Calcutta. — Divulgation d'une nouvelle méthode absolument infaillible employée par le docteur Liébengen pour hypnotiser les sujets les plus rebelles quels qu'en soient l'âge, le sexe, le tempérament ou le degré de résistance.

De l'Eveil (281-287).

Comment éveiller les sujets. — Méthodes infaillibles pour mettre rapidement fin au sommeil des sujets réputés difficiles à éveiller.

Particularités du sommeil hypnotique. Actions dans ce sommeil (289-315).

Comment se présente le sommeil. — Les manifestations étudiées par l'école de Paris : Léthargie, Catalepsie, Somnambulisme. — Nouvelle classification de M. P. Janet. — Classification de l'école de Nancy. — Actions dans le sommeil. — De l'emploi de la parole *(suggestion verbale).* — Description détaillée de toutes les possibilités de l'hypnose. Exposé complet des différents moyens employés pour obtenir aisément tous les phénomènes et donner au sujet endormi toutes les suggestions négatives ou positives, donnant lieu à toutes les perturbations motrices, sensorielles ou des idées. — Comment faire parler le sujet hypnotisé. — La **Post-Suggestion** (Comment donner des suggestions ne devant être réalisées qu'après l'éveil, longtemps ou très longtemps après). Dissertation sur l'hypnose et la suggestibilité. — Ce que sera l'hypnotisme dans l'avenir. Comment rendre le sujet raide comme une barre de fer *(catalepsie).* — Comment donner l'apparence de la mort *(léthargie).* — Comment le rendre complètement insensible à toute douleur *(anesthésie.)*

— XVIII —

Des possibilités discutées du Sommeil hypnotique.

Trois phénomènes étudiés par les empiriques, mais longtemps niés par la science officielle.
Transmission de pensée. — Lucidité ou vision à distance sans le secours des yeux. — Prescience ou prévision de l'avenir.

Transmission de pensée. — Suggestion mentale. Télépathie. Influence à distance (315-320).

La science admet aujourd'hui la suggestion mentale, c'est-à-dire la possibilité d'influencer une personne sans la voir, sans lui parler et à une distance illimitée. — On admet non seulement la possibilité de la suggestion mentale, mais on sait encore qu'elle peut atteindre une effrayante puissance. — La science officielle l'explique par la théorie des neurones et le tube de Branly. — Les hypnotiseurs célèbres et leur médium. — La véritable transmission de pensée et les mouvements inconscients. — Pensée transmise à plusieurs kilomètres. — Expériences du docteur Janet à Paris et au Havre avec Mme Léonie B... — Expériences surprenantes du docteur Liébengen et de son sujet « Bertha ». — Comment obtenir la transmission de pensée. — Trois méthodes faciles et absolument infaillibles. — L'entraînement facile du sujet et de l'opérateur.

Lucidité (320-326).

Distinction entre la lucidité véritable et les réponses inspirées au sujet par la pensée de l'hypnotiseur. — Les personnes non initiées confondent souvent la lecture de pensée avec la lucidité. — Ce qu'est la lecture de pensée. — Ce qu'est la lucidité. — Comment amener un sujet hypnotisé à donner des preuves de véritable lucidité. — La lucidité peut être expliquée par les rayons N de Blondlot, la radiographie et la radioscopie. — L'expérience de la montre et des enveloppes, imaginée par le docteur Liébengen. — Moyen infaillible de se rendre compte de la faculté de seconde vue chez certains médiums. — Comment reconnaître les sujets susceptibles. — Exercices très faciles pour développer au plus haut degré cette extraordinaire faculté.

Prescience (326-330).

Si la science officielle admet aujourd'hui la transmission de pensée, elle ne veut reconnaître ni la lucidité, ni la prescience. — Discussion

— XIX —

sur la possibilité de prévoir l'avenir par la connaissance parfaite du présent, la relation de cause à effet, le calcul des probabilités et la faculté de déduction. — Du développement extraordinaire de certaines facultés dans le somnambulisme artificiel. — Prédiction de l'avenir chez les anciens. — Exploitation de la crédulité humaine par certains devins modernes. — Pourquoi certaines prédictions se réalisent. — Comment se rendre aisément compte de la possibilité de prévoir dans certains cas l'avenir.

De quelques autres possibilités de l'Hypnotisme (331-333).

La Fascination (333-335).

Manifestations hypnotiques obtenues par le *regard*, en dehors de toute forme possible de suggestion. — Pourquoi les professionnels de l'hypnotisme ont de préférence recours à la fascination. — Comment choisir les sujets susceptibles. — Comment fasciner. — Ce qu'est la « *prise du regard* ». — L'état de fascination, ses manifestations et les expériences intéressantes auxquelles il peut donner lieu. — Comment mettre fin à cet état. — L'oubli au réveil. — Expériences du docteur Brémaud. — Procédé pour obtenir plus aisément l'état de fascination.

Hypnotisation par des moyens physiques (335-343).

L'expérimentation sur les hystériques. — Possibilité d'obtenir différents états hypnotiques par la seule action de procédés physiques. — Aperçus sur ces méthodes.

La Catalepsie. — Comment la provoquer. — Ses manifestations. — Expériences diverses auxquelles elle peut donner lieu. — Attitudes communiquées de Braid et suggestion par l'intermédiaire du sens musculaire du docteur Dumontpallier. — Procédé du docteur Dumontpallier pour obtenir la catalepsie. — Comment on fait passer le sujet de la catalepsie à la léthargie et de la catalepsie au somnambulisme. — Comment éveiller.

La Léthargie. — Comment la provoquer. — Symptômes précédant son apparition. — Ses manifestations. — Le réveil. — Comment changer la léthargie en catalepsie. — Comment obtenir à la fois la léthargie sur une partie du corps et la catalepsie sur l'autre. — Le passage de la léthargie au somnambulisme.

Le Somnambulisme. — Comment l'obtenir par les procédés

physiques. — Ses caractéristiques et ses manifestations. — Le réveil.
Comparaisons entre les états hypnotiques obtenus par la suggestion et ceux provoqués par les procédés physiques.

Somnambulisme, Léthargie et Catalepsie naturels (341).

Somnambulisme. — Les accès de somnambulisme naturel. — Les degrés. — Les causes. — Caractéristiques et manifestations. — Les travaux exécutés dans l'état de somnambulisme naturel. — Les aptitudes du somnambule. — Dangers de cet état : 1° pour le somnambule lui-même ; 2° pour les autres. — Remarque du docteur Maury. — Comment se mettre en rapport avec une personne en somnambulisme naturel.

Léthargie. — Le sommeil léthargique spontané. — Ses degrés. — Léthargie profonde pouvant faire croire à une mort réelle. — Conduite à tenir à l'égard d'une personne tombée en léthargie. — La léthargie lucide.
Possibilité pour l'être humain de s'induire sans danger dans une léthargie artificielle. — Les fakirs de l'Inde. — Plusieurs mois enterré dans un cercueil sans prendre aucune nourriture. — Explication scientifique du fait. — La léthargie chez certains animaux. — Hibernation des marmottes, loirs, hérissons, etc.

La Catalepsie. — Catalepsie accidentelle sous l'influence d'un violent éclair. — Les communications de la foudre et la catalepsie. — La catalepsie pathologique chez les hystériques et les anémiques.

Les manifestations hypnotiques chez les Animaux (345-348).

Les phénomènes hypnotiques présentés par les animaux sous l'influence des passes, imposition des mains, fixation du regard, pression de zone hypnogène, etc. — Différences entre l'hypnotisme de l'homme et celui des animaux. — Pourquoi aucun animal ne peut arriver jusqu'au somnambulisme. — L'homme peut exercer une influence irrésistible sur tous les animaux. — Les dompteurs et la fascination. — Comment maîtriser les animaux par le regard. — Comment les Orientaux fascinent les animaux féroces. — Comment hypnotiser les chevaux. — Méthode du célèbre écuyer Rarey pour dresser les chevaux indociles. — Méthode du Hongrois Balassa pour ferrer les chevaux rétifs, calmer et assouplir les plus violents. — Procédé infaillible pour dompter les chevaux et les amener à suivre le dresseur. — Méthode des Indiens pour se faire suivre des jeunes bisons. — Comment charmer les serpents. — Comment les faire tomber en catalepsie et les rendre raides comme des barres de fer.

L'hypnose chez les poules. — Expérience du Père Kircher. — Comment endormir une poule en moins d'une demi-minute d'un sommeil très profond. — Utilité incontestable des connaissances hypnotiques pour les personnes s'occupant de l'élevage des poules. — Un procédé absolument infaillible pour faire couver une poule dans un nid autre que le sien, ou dans un nid qu'on lui destine, une poule qui n'en manifeste pas l'intention. — Méthode pour endormir ou faire tomber en catalepsie un grand nombre d'animaux. — Particularités intéressantes de l'hypnose chez les grenouilles, écrevisses, salamandres. — L'influence de la musique sur les serpents. — Nombreux cas d'influence hypnotique et magnétique exercée par des animaux sur d'autres animaux. Quelques exemples d'influence hypnotique exercée par certains animaux sur l'homme lui-même.

J. FILIATRE & L. JACQUEMONT

Hypnothérapie générale et spéciale (349-378).

Dissertation sur l'influence du magnétisme et de la suggestion dans le soulagement et la guérison des maladies. — Comment appliquer dans chaque cas particulier ces deux formes différentes de l'hypnotisme moderne. — Méthodes magnétiques (*passes, imposition des mains, souffle, etc.*). — Méthodes hypnotiques (*suggestion à l'état de veille ou dans le sommeil hypnotique*). — Méthodes combinées du docteur Liébengen. — Comment se guérir soi-même de toute maladie (*auto-hypnothérapie*).

J. FILIATRE

L'Hypnotisme comme amusement (379-388).

L'art de donner une séance publique. — Conseils au débutant. — Du rôle de conférencier. — Programme.

LE MAGNÉTISME PERSONNEL (389-394).

Etude détaillée des possibilités peu connues et parfois inconscientes de l'influence hypnotique. — Ce qu'il faut faire pour se rendre sympathique, se faire des amis véritables et les conserver. — Comment impressionner les gens dans toutes les circonstances de la vie, sans parler d'hypnotisme, sans qu'ils s'en doutent jamais. — La suggestion gouverne le monde. — Comment employer la suggestion pour amener ceux à qui l'on parle à penser comme nous. — La vie n'est qu'un perpétuel échange de suggestions. — Crédulité étonnante des hommes. — La suggestion la plus efficace est celle qui se rapproche le plus de la suggestion hypnotique. — Ce que peut la confiance en soi. — Moyen infaillible de la développer. — Comment influencer les gens à distance.

L'AUTO-HYPNOTISME (395-403).

Comment appliquer à sa propre personne tous les bienfaits de l'hypnotisme. — L'auto-suggestion. — Ce que peut la force-pensée. — Les fakirs et l'hypnotisme. — Plusieurs méthodes pour s'hypnotiser soi-même. — Comment s'éveiller à l'heure choisie. — De la possibilité de se rendre complètement insensible à toute douleur physique et à toute peine morale. — Du développement de la mémoire et des dispositions pour l'étude. — Procédé absolument infaillible pour développer sa volonté et en faire la faculté maîtresse. — L'énergie morale. — Différentes influences insoupçonnées de la concentration de pensée sur le corps physique.

CONCLUSION (406).

De l'avenir de l'hypnotisme. — Pourquoi c'est un devoir de l'étudier et de le vulgariser.

AVANT-PROPOS

C'est sous le nom général d'**Hypnotisme** que sont étudiés aujourd'hui les phénomènes du Magnétisme, de la Suggestion, du Somnambulisme et de la Télépathie (1). Les patientes recherches de nos savants et expérimentateurs modernes, leurs rigoureuses investigations s'ajoutant à celles de nombreux et lointains devanciers, ont permis, tout en reconnaissant la réalité des phénomènes obtenus, de dégager l'hypnotisme de tous ses mystères, de le sortir du domaine de la superstition et de l'empirisme, pour le présenter à l'heure actuelle comme une science des plus intéressantes et des plus utiles.

Si parmi toutes les connaissances humaines, il en est peu qui provoquent autant d'enthousiasme, d'étonnement ou d'incrédulité; s'il en est peu qui aient donné lieu à autant de polémiques ardentes, de discussions passionnées et de divergences d'opinions; il n'en est certainement pas qui restent aussi ignorées et aussi méconnues. Pourtant, cette admirable science, dont les applications sont si nombreuses et si utiles, dont l'assimilation pratique est rendue si facile, mériterait davantage d'être connue à sa juste valeur et d'arrêter ainsi

---

(1) Le *Magnétisme* et la *Suggestion* se confondant dans bien des cas, un nom général est absolument nécessaire. Le mot *Hypnotisme* n'est employé ici qu'à défaut d'un meilleur, encore à trouver et à faire adopter.

l'attention des chercheurs, toujours avides d'apprendre et de savoir.

Le peu d'intérêt que l'on croit constater dans le public pour cette science est certainement plus apparent que réel, car il est indéniable que l'hypnotisme attire une attention plus générale, au fur et à mesure que l'esprit scientifique populaire progresse et se développe.

Malheureusement, parmi les innombrables ouvrages écrits sur ce sujet, il en est bien peu qui permettent d'arriver à des résultats pratiques et c'est là peut-être la cause principale qui s'est opposée à la vulgarisation de l'hypnotisme. La majorité de ces ouvrages ne permettent pas au lecteur d'avoir recours à l'expérimentation personnelle, qui est et sera toujours le plus sûr critère de vérité, dans une science peu connue dont on veut déterminer les lois. Ils ne contiennent le plus souvent que des dissertations ou des théories plus ou moins rationnelles sur le sommeil hypnotique et ses différentes phases ; ils cherchent à expliquer ces phénomènes au moyen d'hypothèses parfois contradictoires et le lecteur finit par ne plus savoir ce qu'il doit prendre comme vérité, dans ce chaos d'opinions opposées.

Semblables au singe de la lanterne magique dont parle le fabuliste, leurs savants auteurs n'ont oublié qu'une seule chose, la principale : allumer la lanterne, c'est-à-dire initier à produire les phénomènes décrits. C'est pourtant dans ce but généralement, et dans ce but seul, que la majorité des lecteurs consulte ces ouvrages.

Il existe bien des traités qui permettraient d'obtenir quelques résultats pratiques ; mais ils sont peu consultés, d'abord parce qu'ils sont vendus des prix exorbitants, ensuite et surtout parce qu'ils sont livrés dans des conditions qui ne peuvent inspirer que de la défiance. Ces livres en effet ne se trouvent pas en librairie ; le public ne peut en avoir qu'une idée sommaire et les personnes qui, malgré tout, désirent en faire l'acquisition sont toujours en droit de se demander si après en avoir soldé à l'avance le montant, elles ne seront pas victimes de quelque habile escroc.

Il est pénible de constater qu'à l'heure actuelle la majorité du public doute de la possibilité d'obtenir sans aucune difficulté tous les phénomènes d'influence hypnotique. Il est plus pénible encore de constater que des personnes intelligentes doutent même de la réalité de ces phénomènes. Après les patientes recherches de nos plus illustres savants, de nos professeurs de Facultés, de nos docteurs les plus éminents ; après la publication de leurs remarquables travaux sur ce passionnant sujet, le mot du docteur Liébengen est de circonstance : « En l'état actuel de la science, douter encore de la réalité des phénomènes produits par l'hypnotisme, douter que chacun est à même de les obtenir, n'est plus de l'incrédulité, c'est de l'ignorance ! » Il est impossible en effet de nier ces phénomènes extraordinaires et personne ne peut mettre en doute l'importance énorme qu'il y a pour tous, de comprendre, posséder et appliquer cette science.

L'ignorer serait indifférent, si elle ne consistait qu'à donner des soirées divertissantes et lucratives, comme le font les hypnotiseurs professionnels. C'est là certainement une de ses applications les moins utiles, je dirai même applications les plus dangereuses, surtout par les anciennes méthodes, entre des mains inexpérimentées ou brutales. En effet, si l'hypnotisme consistait exclusivement à montrer à un auditoire étonné les expériences du sommeil provoqué, de catalepsie, léthargie et somnambulisme ; s'il ne consistait qu'à martyriser les hypnotisés pour montrer leur insensibilité complète à la douleur ou à les obliger à faire des choses ridicules pour donner la preuve de la puissance absolue de l'hypnotiseur sur le sujet ; s'il ne consistait qu'à transmettre à distance une pensée à un **médium** en somnambulisme artificiel pour prouver que les pensées sont des **ondes** pouvant agir à distance ; la vulgarisation de cette science ne serait pas encore justifiée. C'est là pourtant la seule application connue de l'hypnotisme par la majorité du public non encore initié au mouvement scientifique.

Il est regrettable, profondément regrettable, que cette science, dont les ressources sont presque infinies, ne soit surtout qu'un simple objet d'amusement. Il est permis d'espérer qu'il n'en sera pas toujours ainsi et que l'on saura bientôt tirer parti de tous les avantages qu'elle met à notre disposition. Le temps n'est pas loin où, reconnaissant sa valeur réelle, on n'hésitera pas à la juger comme une des connaissances les plus nécessaires, les plus indispensables.

Certes, l'étude du sommeil hypnotique avec toutes ses phases et ses phénomènes étranges (catalepsie, léthargie, somnambulisme, réveil étonnant de la mémoire ; exaltation extraordinaire de toutes les facultés et de tous les sens, suggestions de toutes sortes, illusions, hallucinations provoquées par l'hypnotiseur ; télépathie ou transmission de pensées, extériorisation et photographie du corps fluidique du médium) est une étude qui ne manque pas d'intérêt et permet de donner une base nouvelle à nos connaissances scientifiques et à nos conceptions philosophiques. Mais cet intérêt peut ne pas être partagé par tous, surtout par ceux qui ne suivent pas le mouvement scientifique et, je le répète encore, si le rôle de l'hypnotisme s'arrêtait là, en ne visant exclusivement que l'obtention de ces phénomènes, l'utilité d'initier les masses serait en somme bien discutable.

Cette science ne s'arrête pas là, elle a d'autres applications et parmi elles, la plus belle et la plus noble qu'il soit possible d'imaginer : soulager et guérir. Des médecins, des savants réputés dont personne ne peut mettre en doute la bonne foi, l'honnêteté et la compétence, ont appliqué l'hypnotisme dans la thérapeutique. Les résultats obtenus dépassèrent leurs espérances et ils se firent un devoir de proclamer les guérisons merveilleuses qu'ils avaient opérées par la suggestion et le sommeil hypnotique. C'est par milliers que se comptent les malades guéris par ces procédés. Un grand nombre le furent, après avoir essayé en vain, pendant très longtemps, toutes les méthodes connues de traitements classiques.

Le docteur anglais James Braid (de Manchester) dit qu'il peut avoir tort ou raison dans son exposé théorique, mais qu'on ne peut mettre en doute dans de nombreux cas sa parfaite réussite, dans l'application de l'hypnotisme en tant qu'agent curatif. Il affirme que les résultats heureux dans les opérations ont été si immédiats et si nets, qu'on ne saurait méconnaître la relation de cause à effet.

Le docteur Wetterstrand (de Stockholm) a employé cette méthode de traitement dans sept mille cas, le docteur Liébault (de Nancy), dans douze mille cas, et le docteur Bernheim, professeur de médecine à l'Université de Nancy, dans dix mille. Le docteur Charcot s'est rendu célèbre par ses recherches sur l'hypnotisme appliqué à la cure des maladies nerveuses. Les expériences tentées sur les malades de l'Hôpital de la Salpêtrière de Paris sont universellement connues. Parmi les nombreux médecins qui se sont occupés d'hypnotisme, on peut citer les docteurs Azam, Bérillon, Bottey, Bourru, Broca, Burot, Dumontpallier, Durand (de Gros), Encausse, Grasset, Janet, Luys, Pitres (de Bordeaux), Auguste Voisin, etc., etc. Tous ces savants sont justement célèbres par leurs recherches sur cette science et les applications heureuses qu'ils en firent dans la thérapeutique.

Le docteur Milne Bramwel (de Londres), Albert Moll (de Berlin) ; un grand nombre de médecins américains des plus éminents, tels que les docteurs C. Wood (de Philadelphie), Drayton, Herter, C. Simon (de New-York), emploient l'hypnotisme avec le plus grand succès et obtiennent par lui des guérisons miraculeuses. Il est considéré par des savants réputés comme le plus précieux agent thérapeutique et curatif qui puisse être mis à la disposition de l'humanité. Il est aussi le plus puissant des anesthésiques, en même temps que le plus inoffensif. Le traitement par l'hypnotisme est toujours bienfaisant et ne cause jamais de préjudice. Entre des mains expérimentées, il n'a aucune action nocive et on peut toujours et dans tous les cas l'employer sans crainte, car il n'offre que des avantages sous quelque forme qu'on l'applique. Il peut s'employer dans la cure de toutes les maladies, soit imaginaires ou réelles, fonctionnelles ou organiques. Les maladies imaginaires sont très communes, elles peuvent avoir un caractère exceptionnel de gravité et la suggestion dans le sommeil hypnotique est à peu près la seule méthode de traitement rapide et certaine. On reconnaît aujourd'hui que l'imagination peut créer la maladie, une maladie réelle, pouvant se manifester par des symptômes cliniques. Un médecin éminent, le docteur W.-P. Carr, professeur de physiologie à l'Université de Columbia, chirurgien à l'Emergency-Hôpital, dit, parlant d'un malade de cette espèce : « Il n'est bientôt plus qu'un misérable squelette et pourra même mourir de son mal imaginaire. Nous avons tous entendu parler de cette expérience classique de faire croire à un condamné qu'on allait le saigner à mort, et qui mourait vraiment, quoique pas une goutte de sang n'eût été versée. Cette expérience prouve le remarquable pouvoir de la suggestion à **créer la maladie** ». Toutes celles de ce genre sont radicalement guéries par l'hypnotisme. Les meilleurs résultats s'obtiennent également dans toutes les autres ; même dans celles où l'imagination est loin de jouer le rôle créateur. Le public non initié s'explique peut-être difficilement cette influence de l'hypnotisme, mais celui qui a été témoin ou qui a étudié et provoqué lui-même le sommeil suggéré n'y voit rien de bien extraordinaire. On a assez parlé de l'influence énorme du moral sur le physique, il n'est donc pas nécessaire d'y revenir, car, bien qu'inexplicable à l'heure actuelle, elle est absolument certaine et admise par tous. Ce dont on a moins parlé, c'est que l'hypnotisme permet d'étudier et de mettre à profit, dans des conditions tout à fait exceptionnelles, cette influence dont personne ne peut douter. On peut obtenir sur un sujet endormi l'arrêt momentané du cœur, des ampoules, des stigmates, des hémorragies, des paralysies, des engorgements par la seule suggestion verbale dans l'hypnose. Même en dehors du sommeil spécial, que nous étudierons plus loin, tout le monde sait qu'une émotion violente, une frayeur, une grande joie ont parfois une répercussion bien marquée sur le corps physique puisqu'elles peuvent aller jusqu'à entraîner la mort. Dans le sommeil hypnotique, l'esprit atteint sur le corps et ses différentes fonctions son maximum d'intensité, il peut même atteindre une puissance si considérable qu'il est impossible de s'en faire une juste idée, si l'on n'expérimente soi-même ou si l'on ne voit pas de près un sujet en somnambulisme artificiel. Dans ce sommeil spécial, indépendamment des facultés nouvelles que le sujet possède, telles que : sens du temps, vision à distance, pressentiments, télépathie, il acquiert encore un empire étonnant sur les fonctions du corps : digestion, circulation, répartition de la force vitale. Dans l'hypnose [1], le malade est absolument sous l'empire de l'hypnotiseur, l'idée suggérée occupe le champ tout entier de la conscience, et l'opérateur, dirigeant l'attention du sujet sur l'idée de guérison, obtient parfois dans une seule séance des résultats qui semblent tenir du miracle. Dans le sommeil hypnotique, sous l'impulsion des suggestions de l'opérateur, l'activité psychique est portée à sa suprême puissance et, par cette activité extraordinaire, deviennent libres des forces qui font dans beaucoup de parties du corps ce qu'on n'obtiendrait jamais autrement. L'état du malade est rendu plus supportable, car si l'hypnotisme ne peut prétendre à faire dans tous les cas disparaître immédiatement la maladie, il atténue toujours la douleur qui accompagne celle-ci. On l'emploie particulièrement avec succès dans les névralgies, la sciatique, les rhumatismes articulaires et musculaires, les douleurs locales des blessures,

---

[1] *Hypnose*, sommeil hypnotique, autrement dit provoqué par des manœuvres artificielles.

la constipation opiniâtre, l'hystérie, la neurasthénie, dans la paralysie, etc. La mélancolie, l'hypocondrie, les idées sombres, les monomanies et beaucoup de maladies de l'esprit sont guérissables par la suggestion. Il en est de même de l'insomnie, du manque d'appétit; les digestions pénibles et douloureuses sont beaucoup améliorées. Un essai d'application de l'hypnotisme dans l'obstétrique (science de l'accouchement) a obtenu un succès éclatant. Les douleurs terribles de l'enfantement ont été supprimées et les accouchements ont pu s'obtenir sans appréhension de la part de l'accouchée. Les docteurs Dumontpallier et Mesnet (de Paris), le docteur Pritzl (de Vienne), l'hypnotiseur Gerling (de Berlin) ont appliqué l'hypnotisme dans ces cas et n'ont jamais eu à enregistrer d'insuccès. Le docteur Liébault, l'un des grands maîtres de l'hypnotisme, affirme que non seulement l'insensibilité pendant l'accouchement est obtenue, mais qu'il est encore possible de prévenir ou guérir les accidents qui parfois compliquent la grossesse.

On peut poser en principe que toutes les maladies, quelles qu'elles soient, peuvent être améliorées et qu'un grand nombre peuvent être guéries rapidement par le seul emploi de l'hypnotisme. L'hypnotisme fait des merveilles dans le soulagement de certaines affections qui, sans présenter un caractère de gravité ou de danger, n'en sont pas moins très douloureuses et malheureusement trop fréquentes. Bien rares sont les personnes qui n'ont pas souffert de maux de dents, de migraines ou de névralgies. Que peut la médecine actuelle contre ces affections ? Rien ou à peu près rien. L'hypnotisme soulage immédiatement et dans tous les cas.

Mais, dira-t-on, si l'hypnotisme offre tant d'avantages, pourquoi ne l'emploie-t-on pas plus fréquemment? Pourquoi les médecins n'en font-ils pas une étude spéciale et approfondie ?

On peut répondre à cette objection : C'est simplement parce que l'hypnotisme n'est encore enseigné d'une façon pratique dans aucune Faculté. Si dans le cours des études la question est effleurée parfois, c'est d'une façon très superficielle et seulement à titre de curiosité. Je n'ai pas besoin de dire que les observations faites à ce sujet ne sortent pas du domaine théorique et qu'aucune expérience, aucune recherche, ne sont jamais tentées. Les éminents docteurs dont les noms ont été donnés plus haut ne doivent les admirables résultats obtenus qu'à leurs patients travaux personnels. Disons aussi qu'il a toujours manqué un cours d'enseignement vraiment pratique, car avec les anciennes méthodes, les seules bien connues même à l'heure actuelle, l'hypnotisation ne s'obtenait qu'au prix de beaucoup de difficultés et les essais n'étaient guère couronnés de succès qu'à la condition expresse de renouveler plusieurs fois les tentatives sur des sujets prédisposés. Disons, enfin, que les plus grandes vérités sont trop souvent, hélas! celles qui ont le plus de peine à être reconnues. D'ailleurs, l'application de l'hypnotisme en thérapeutique bouleverserait beaucoup d'idées préconçues. Une des bonnes raisons est aussi celle invoquée par M. Preyer : « Le praticien scientifique ne se sert pas de l'hypnotisme, parce qu'on ne lui en a rien appris pendant ses études universitaires, et qu'il craint de se faire traiter de charlatan s'il osait imiter les manèges des thaumaturges, ne fût-ce que dans un seul cas ».

Pourtant Ambroise Paré a dit : « Celui-là seul est médecin qui sait guérir » et il me semble que le premier, que l'unique devoir du médecin est de chercher à guérir son malade. La vulgarisation de l'hypnotisme permettra du reste de justifier ce que M. Preyer appelle « les manèges des thaumaturges », car l'hypnotisme a définitivement conquis sa place parmi les sciences, et c'est en le considérant comme tel que les savants de tous les pays s'en occupent.

On a pris à tâche d'exagérer à plaisir les prétendus dangers de l'hypnotisme. Vingt années d'expérimentation me permettent d'affirmer catégoriquement qu'il n'est jamais dangereux, lorsqu'il est employé par des personnes expérimentées, prudentes et honnêtes. Je ne puis mieux faire pour dissiper toutes les craintes injustifiées que de citer quelques opinions de docteurs les plus connus.

Le docteur Bernheim, professeur de médecine à l'Université de Nancy, dit : « En m'appuyant sur une expérience de plus de dix années, sur des milliers de malades traités par la suggestion, je déclare que notre méthode, exactement employée, est souvent utile et ne nuit jamais. La médecine officielle ne devrait ni interdire, ni mépriser l'étude de la suggestion. Elle devrait veiller à en faire un sujet d'étude obligatoire pour les futurs médecins. En effet, sans une connaissance approfondie de l'élément psychique dans les maladies et de son rôle pathogène et thérapeutique, il n'y a plus de médecins, mais seulement des vétérinaires ! »

Le docteur Liébault déclare le 6 décembre 1893 : « Je proteste contre les obstacles opposés par les gouvernements, sur le conseil de médecins non compétents, à l'étude et à l'exercice de cette branche des sciences psychiques appelée hypnotisme, psychothérapie, etc. Je déclare, après avoir appliqué de longues années la suggestion hypnotique, que — dans les cas où elle est applicable, et ils sont nombreux — elle est bien supérieure au traitement par les médicaments ; qu'elle n'entraîne aucun danger, comme ce dernier, car elle agit souvent *cito, tuto et juncunde*. J'avance en faveur de cette méthode une expérience de trente-quatre ans, sur plus de douze mille malades ».

Le docteur Albert Moll (de Berlin) :

« L'hypnotisme, comme agent thérapeutique, durera plus longtemps que beaucoup de remèdes dont la médecine s'enorgueillit aujourd'hui ».

Le même auteur ajoute : « La question est de savoir si la suggestion hypnotique appliquée conformément au but présente des dangers pour la santé. Or, cette question doit être tranchée par la négative ».

Le docteur Liégeois (de Nancy) n'a pas craint de dire :

« Il est à désirer que chacun de nous, homme ou femme, s'assure s'il peut être mis en état de somnambulisme artificiel ».

Le docteur Wetterstrand (de Stockholm) rapporte :

« Si l'on demande maintenant si le traitement hypnotique, exécuté par une personne compétente, peut présenter un danger pour la santé ou pour la vie de l'hypnotisé, on doit répondre que non ».

Le docteur Eulenburg, professeur de médecine de Berlin, écrit ce qui suit :

« Les dangers des recherches hypnotiques, toujours invoqués si craintivement de certains côtés, ne sont tout au plus qu'un prétexte frivole, mais ne sauraient servir de motif sérieux de mesures restrictives et de répression.

« Aucun spécialiste sérieux n'a, jusqu'à présent, réellement prouvé ces dangers. Ils n'existent généralement que dans l'imagination de ceux qui cherchent à cacher ainsi leur ignorance du sujet, leur antipathie et leur inaptitude pour cette occupation ».

Le docteur Rinzier, de Zurich, déclare :

« Je n'ai encore jamais remarqué dans un seul cas que l'hypnotisme eût une influence nuisible ».

Il me faudrait un volume considérable si je voulais publier tous les jugements impartiaux rendus sur l'hypnotisme par les médecins qui ont fait de cette science une étude sérieuse, qui ont étudié ce passionnant sujet non pas seulement en comparant des hypothèses ingénieuses ou en proposant de savantes théories, mais qui l'ont surtout étudié en expérimentant eux-mêmes, c'est-à-dire en se rendant personnellement compte de ce qu'est réellement l'hypnotisme, afin d'avoir une notion exacte du parti que l'on peut en tirer dans le traitement des maladies.

Je ne puis m'étendre davantage sur ce sujet, ce serait

sortir du cadre d'un cours pratique. Nous y reviendrons dans la partie théorique et historique exclusivement pour la documentation du lecteur, car pour peu qu'il expérimente en employant les méthodes qui sont préconisées par ce traité, son opinion sera faite, définitivement faite, et il saura à quoi s'en tenir sur les prétendus dangers de l'hypnotisme.

Toutefois, il m'est impossible de terminer cet exposé sans citer l'opinion d'un savant médecin américain sur l'avenir de l'hypnotisme appliqué à la médecine. Voici ce que le docteur S. Lincoln écrit à ce sujet : « Je suis convaincu que le temps n'est pas très éloigné où les médecins mettront autant de confiance dans l'hypnotisme que dans la médecine, sinon davantage. Les changements qui ont eu lieu dans l'exercice de la médecine sont nombreux, elle n'a jamais été une science exacte, et, en vérité, n'a jamais approché de l'être. L'hypnotisme se transforme rapidement en science exacte et le temps est proche où il y aura une aussi grande certitude de guérir qu'il y en a dans la science de la mécanique. Si les médecins sont gens de progrès, ils doivent étudier à fond l'hypnotisme, le mesmérisme, la cure mentale de façon à les appliquer soit isolément, soit avec le traitement médical et chirurgical ».

Le docteur Lincoln ajoute que l'hypnotisme n'empoisonne jamais et ne fait jamais de mal et qu'on peut l'employer dans tous les cas.

Il dit même qu'une maladie (à l'exception toutefois de celles nécessitant une intervention chirurgicale) qui ne peut être guérie par la suggestion dans le sommeil hypnotique est un cas désespéré. Il recommande aux personnes initiées de faire tout ce qui est en leur pouvoir pour aider à l'avancement de cette science qu'il ne craint pas de désigner, en concluant, comme « l'auxiliaire le plus vrai de la médecine ».

Ma conviction est que le moyen le plus sûr d'aider à l'avancement de cette science est de la vulgariser en la mettant à la portée de tous. Ma seule ambition est de donner au lecteur l'initiation la plus complète. Y parvenir est mon plus ardent désir et sera ma plus douce récompense.

Si j'ai choisi au hasard et présenté dans cet ouvrage ces quelques jugements d'hommes compétents, c'est pour montrer que l'hypnotisme judicieusement employé n'offre que des avantages, ne présente aucun danger et que les allégations de critiques montrant cette science comme dangereuse ne sont que le résultat ou de l'ignorance du sujet, ou de la malveillance intéressée. Je ne me dissimule pas que la vulgarisation de l'hypnotisme causera quelque préjudice en lésant quelques intérêts particuliers. Tant pis, je passerai outre, car j'estime (à tort ou à raison suivant l'égoïsme de ceux qui me jugeront) que le bien du plus grand nombre doit toujours être la règle de notre conduite. Oui, j'ai la conviction intime, profonde, que le public retirera d'immenses avantages de la connaissance de l'hypnotisme et c'est pour cela que je considère comme un devoir de l'initier à la pratique de cette science merveilleuse. De l'initier non seulement à la connaissance des possibilités de l'influence, **mais de l'initier encore et surtout à la connaissance des procédés pratiques permettant à chacun de nous, homme ou femme, d'obtenir, avec la certitude la plus absolue, tous les phénomènes connus, depuis la chute du sujet éveillé jusqu'au somnambulisme artificiel.**

L'application de l'hypnotisme au soulagement et à la guérison des maladies n'est-elle pas à elle seule suffisante pour justifier la vulgarisation de cette science ? Non seulement elle la justifie, mais encore elle l'impose comme un devoir ! comme un impérieux devoir ! !

Est-il un bonheur plus grand que de soulager ceux qui souffrent ?

N'éprouve-t-on pas une douce joie à la pensée de pouvoir combattre victorieusement ces ennemies terribles de l'humanité : la douleur physique, la souffrance morale ?

La nature humaine s'apitoye toujours sur la souffrance et ses angoisses sont d'autant plus vives que l'être qui souffre lui est plus cher. Que ne donnerait-on pas pour mettre un terme aux douleurs de ceux qu'on aime ? On reconnaît sans peine dans de pareilles circonstances que c'est bien un devoir d'étudier et d'avoir à sa disposition toutes les possibilités de soulager, toutes les possibilités de guérir. Rejeter l'hypnotisme de parti-pris, sans le connaître ; le combattre comme beaucoup le combattent, sans l'étudier ; c'est se priver d'une connaissance utile qui pourrait rendre d'inappréciables services.

Certes, l'hypnotisme n'est pas une panacée universelle, mais s'il ne peut prétendre à guérir immédiatement toutes les maladies, pénétrez-vous bien de cette vérité, que dans un grand nombre de cas il peut produire ce que l'on prendra pour des miracles et qu'il y a dans tous les cas, quels qu'ils soient, les plus grands avantages à y avoir recours en le joignant au traitement médical ou chirurgical. Les médecins peuvent faire de la suggestion et du sommeil hypnotique le plus utile usage. Sans la connaissance approfondie de la pratique de cette science, ils s'exposeront souvent à voir certains malades, qu'ils abandonnent, guéris par un hypnotiseur sans diplôme.

Il est à désirer que tous les médecins étudient résolument l'hypnotisme. Un grand nombre ont déjà compris ses multiples ressources et c'est à leurs patientes recherches et à la publication de leurs savants travaux que nous devons la plus grande partie des progrès obtenus. Il n'en est pas un qui peut mettre en doute l'influence énorme de la suggestion, l'influence indiscutable de l'esprit sur le corps, du moral sur le physique. Quelles que soient les divisions d'écoles, cette influence est depuis longtemps reconnue et admise par tous. L'hypnotisme indique les moyens les plus sûrs, les plus faciles, les plus infaillibles de mettre cette influence à profit, même à l'insu du malade.

Les médecins font parfois de la suggestion lorsqu'ils cherchent à relever le moral de leur client, lorsqu'ils s'efforcent de diriger son esprit sur l'idée de guérison. Combien plus puissants et combien plus efficaces en seraient les effets s'ils connaissaient à fond la science de l'influence hypnotique pendant le sommeil provoqué !

Reconnaître l'influence de la suggestion dans l'évolution des maladies, attribuer à la suggestion les guérisons obtenues en dehors des traitements classiques est déjà quelque chose de la part des médecins. Ce n'est pas encore suffisant s'ils n'étudient pas la science qui permet d'inculquer cette suggestion. Puisqu'on en admet théoriquement les bons effets, on ne doit pas tarder davantage à chercher à les obtenir en pratique. Du reste, la suggestion n'est pas le seul moyen curatif mis à notre disposition par l'hypnotisme ; le magnétisme n'est pas non plus sans valeur.

Beaucoup de savants ont nié l'existence du magnétisme et des radiations humaines avec acharnement, acharnement n'égalant pas encore l'ignorance profonde qu'ils avaient du sujet. Aujourd'hui que la science dispose de moyens d'investigation permettant d'établir d'une façon catégorique, irréfutable, l'existence de la force neurique rayonnante, des médecins non moins savants n'ont pas dédaigné de se débarrasser de toute idée préconçue et de tenter des recherches par l'expérimentation personnelle.

On peut dire que, grâce à la publication de leurs travaux, le courant d'opinion sur le magnétisme est enfin changé et qu'un grand nombre le considèrent avec raison comme un agent thérapeutique différent de la suggestion et agissant parfois complètement en dehors d'elle puisqu'il peut aller dans certains cas jusqu'à en contre-balancer les effets.

Croyez-vous qu'on l'emploie pour cela ?

Pas du tout, on discute tout simplement si c'est bien la suggestion ou le magnétisme qui agit dans l'obtention de la guérison. Les uns penchent pour le magnétisme, les autres ne voient que l'effet de la suggestion, mais tout le monde est à peu près d'accord pour n'avoir recours ni à l'un ni à l'autre. Ce n'est certainement pas que l'on craigne de rencontrer dans le public une prévention contre un nouveau mode de traitement, car il me faudrait un volume si je voulais décrire toutes les innombrables « pathies » qui, chaque année, sont proposées comme des panacées universelles. Il me faudrait plusieurs volumes si je voulais parler des Instituts qui, à Paris comme en province, les exploitent, et pas gratuitement, cela va sans dire.

Une « pathie » de plus ou de moins sur le nombre toujours grandissant, cela n'a pas beaucoup d'importance. Que l'on se décide à essayer l'hypnothérapie, au moins pour en constater les effets et se faire une juste opinion de sa valeur. Notez bien que l'application de l'hypnotisme ou du magnétisme par les médecins ou par des hypnotiseurs sous le contrôle et la direction des médecins n'étonnera pas davantage le public que l'application de la lumière bleue ou rouge, les ceintures électriques ou les réclames des quatrièmes pages de journaux pour des pilules guérissant à la fois la constipation, les cors au pied et la chute des cheveux.

Le but de ce cours pratique, permettant à tous de se rendre personnellement compte de la réalité des phénomènes de l'hypnotisme et de se faire une juste idée des innombrables services qu'il peut rendre lorsqu'on l'applique à la guérison des maladies, est surtout d'engager, d'obliger même les savants et les médecins à s'occuper de cette science. L'opinion publique fera plus que tous les appels et les articles dans les journaux et les revues, ou les présentations et lectures de rapports, mémoires, observations ou remarques dans les séances d'Académies.

Je n'ai pas besoin de dire que le médecin a seul autorité et compétence pour pratiquer l'hypnotisme dans le traitement des maladies graves. Il serait à désirer que l'hypnotisme soit laissé exclusivement entre les mains du médecin, lorsque ce sujet sera étudié dans les Facultés de médecine autrement qu'en théorie.

En attendant que les médecins fassent de l'hypnotisme une étude pratique et l'appliquent, ou le fassent appliquer sous leur surveillance par des hypnotiseurs professionnels, il est du devoir de chaque individu de faire immédiatement une étude rigoureuse de la suggestion et du magnétisme. Il y a beaucoup de petites incommodités que le lecteur pourra soulager et guérir lui-même, sans aucune étude médicale.

Je ne crois pas que l'on poursuive jamais pour exercice illégal de la médecine un père ou une mère qui, par exemple, enlèveront, par la suggestion à l'état de veille ou dans le sommeil hypnotique, une migraine ou un bobo quelconque à leur enfant.

La découverte la plus admirable qui ait été faite dans cette merveilleuse science qu'est l'hypnotisme, c'est la possibilité de s'hypnotiser soi-même (auto-hypnotisme, auto-suggestion), d'arriver à prendre sur les différentes fonctions de son propre corps un empire étonnant, d'étendre l'action de la volonté sur certaines fonctions qui ne sont pas habituellement de son domaine et d'appliquer en un mot à sa propre personne tous les bienfaits de l'hypnothérapie. C'est cette application qui donne les résultats les plus rapides et les plus indiscutables, car tout être humain peut, après un entraînement très facile, acquérir le pouvoir de se donner, d'implanter dans son esprit des suggestions plus puissantes et plus efficaces encore que ne pourrait lui en imposer, dans le sommeil le plus profond, l'hypnotiseur le plus habile.

L'auto-hypnotisme est l'application de l'avenir; par lui, il est toujours possible de se soulager d'abord et de se guérir ensuite. Il est assez triste, dans l'état de notre civilisation, de se voir dans l'obligation de chercher des exemples chez des peuples que nous jugeons bien inférieurs. Je m'y résous cependant et dirai qu'au moyen de pratiques hypnotiques d'une simplicité enfantine, les fakirs de l'Inde, les derviches de la Perse et les lamas du Thibet savent se rendre insensibles à toute douleur et se guérir eux-mêmes d'un grand nombre de maladies.

En attendant la vulgarisation complète de l'auto-hypnotisme et sans conseiller d'empiéter sur les attributions du médecin, je laisse au lecteur initié le soin de consulter sa conscience et de voir s'il ne jugera pas comme un devoir d'essayer la cure par la suggestion hypnotique ou par le magnétisme, lorsqu'un malade de son entourage sera, quelle que soit la maladie, abandonné par la science officielle.

Les gouvernements se sont occupés de l'hypnotisme. En 1847, le roi de Danemark publie une ordonnance qui admet le magnétisme dans la pratique médicale. Dans la même année, le roi de Suède établit par un règlement que les candidats au grade de docteur en médecine à Stockholm auront à soutenir des thèses sur le magnétisme. C'est encore dans cette année de 1847 que le roi de Prusse signe l'ordonnance du 7 février, par laquelle les médecins sont autorisés à pratiquer le magnétisme.

Dans d'autres pays, des lois pour défendre la pratique de l'hypnotisme sont demandées à grands cris et ceux qui n'ont le plus souvent jamais cherché à obtenir un seul phénomène, ceux qui dédaigneusement haussent les épaules lorsqu'on aborde devant eux la question de l'influence, sont les plus acharnés à solliciter des pouvoirs publics des lois de répression. Pourtant, s'ils ne croient pas à l'hypnotisme, pourquoi le combattre ? S'ils y croient, pourquoi ne pas l'étudier sans parti pris et essayer au moins de l'appliquer ? La recherche du pourquoi m'entraînerait trop loin et je ne veux pas aborder ce sujet ici. Puisque la science officielle ne veut rien faire pour sortir l'hypnotisme de l'ornière où elle voudrait le maintenir, ce n'est qu'en le vulgarisant, en le mettant à la portée de tous, en permettant à chacun de se rendre personnellement compte de la réalité des phénomènes obtenus que l'on pourra en tirer tout le parti qu'il nous offre pour le plus grand bien de l'humanité.

Disons-le bien haut, l'hypnotisme ne peut être dangereux qu'entre des mains inexpérimentées et par l'emploi de méthodes violentes contre lesquelles j'ai cru devoir m'élever. En ayant recours à l'entraînement et aux méthodes spéciales que j'indique plus loin, aucun danger n'est jamais à redouter.

Le danger réel existe surtout dans l'usage mauvais qu'un expérimentateur sans honneur ni moralité pourrait en faire, en suggérant au sujet sous sa dépendance une pensée ou une action mauvaises. Cette possibilité rend plus pressante encore la connaissance parfaite de l'hypnotisme ainsi que celle de tous les moyens employés par les fascinateurs, hypnotiseurs, magnétiseurs afin de les combattre avec leurs propres armes et se mettre à l'abri de toute influence fâcheuse.

Il existe contre l'hypnotisme une prévention bien injustifiée. Je veux parler de l'opinion qui attribue les phénomènes obtenus à un pouvoir malfaisant ne pouvant émaner que de l'esprit du mal. Il peut paraître puéril de chercher à réfuter une pareille allégation inspirée par la superstition ou l'ignorance complète du sujet. Néanmoins, pour la tranquillité de toutes les consciences, il est important de savoir que le Saint-Siège s'est occupé du magnétisme dont il n'a condamné que l'usage mauvais. La lettre encyclique parue à ce sujet en 1856 s'élève contre les abus du magnétisme, mais non contre le magnétisme pris en lui-même. M. l'abbé Elie Méric, ex-professeur de théologie à la Sorbonne, faisant allusion à cette lettre, s'exprime ainsi : « Il faut distinguer avec le Saint-Siège et avec la science le phénomène de l'hypnose et l'usage que des misérables peuvent en faire, et il ne faut pas prétendre, comme on l'a fait quelquefois avec une témérité qui irrite les savants, que le magnétisme est condamné..... ».

Dans l'immense variété des affections nerveuses, le rôle de l'hypnotiseur consiste simplement à réveiller l'énergie de l'âme, à lui suggérer de la force vitale, à déterminer la volonté à faire sentir au corps son action, sa puissance, son influence plastique. Le malade ainsi hypnotisé, puis réveillé, reste libre, absolument libre dans l'ordre moral et religieux. Il nous paraît donc qu'il n'est pas exact d'affirmer que l'hypnose abolit la liberté morale, dégrade l'homme et qu'on doit la flétrir.....

« .....Quand je considère l'hypnotisme médical, thérapeutique, soit en lui-même et sans l'élément suggestif, soit quand il est uni à la suggestion, je constate qu'il laisse intact le domaine religieux et moral ; il respecte la raison, la conscience, la liberté morale placée en face de la loi du devoir naturel et surnaturel ».

Dans un brillant sermon prononcé à Notre-Dame de Paris, un célèbre Père dominicain, le P. Lacordaire, amené à parler de l'hypnotisme, le considérait « comme le dernier rayon de la puissance adamique, destiné à confondre la raison humaine et à l'humilier devant Dieu ».

Je crois devoir citer encore, pour l'édification du lecteur, une attestation de Mgr François, évêque de Digne, attestation suivie d'un jugement sur l'hypnotisme et la pratique de cette science.

Digne, le 7 Novembre 1885.

Nous attestons volontiers que M. Moutin a donné, dans notre Petit Séminaire, une séance fort intéressante de magnétisme. Les expériences qu'il a faites ont eu un grand succès auprès de nos enfants, des professeurs et des prêtres de notre ville épiscopale.

Nous lui demeurons nous-même reconnaissant d'avoir par là fourni l'occasion à tous de constater évidemment, ainsi que Rome vient de le déclarer en ces derniers temps, à savoir : que la réalité des phénomènes du magnétisme est tout ce qu'il y a au monde de plus incontestable et de mieux prouvé et que son usage est permis, intéressant et la science et la foi, quand il consiste, comme le fait s'est passé sous nos yeux émerveillés, dans le simple emploi de moyens physiques, licites eux-mêmes, et dans leur opération.

† A. FRANÇOIS
Evêque de Digne.

L'étude approfondie de l'hypnotisme montre sans peine qu'il n'y a dans cette science rien d'occulte, rien de mystérieux, rien de surnaturel. En effet, la transmission d'une pensée ou d'une impression télépathique quelconque, quelle que soit la distance, la suggestion mentale, l'action du fluide vital même sur des objets inertes, ne sont pas plus extraordinaires que la télégraphie sans fil ou la photographie de l'invisible. Ces phénomènes ont du reste beaucoup d'analogie, puisque l'on sait aujourd'hui que **les pensées sont des ondes** et que la possibilité de l'extériorisation de la sensibilité et de la motricité a été démontrée d'une façon irréfutable par les magnifiques expériences du colonel de Rochas.

L'application de l'hypnotisme au soulagement et à la guérison des maladies n'est pas la seule utile, la seule digne d'arrêter toute notre attention. Personne ne devrait ignorer que bien des larmes amères, bien des désespoirs terribles seraient épargnés à de malheureux parents s'ils savaient que l'hypnotisme est autrement puissant que l'éducation morale et la pédagogie pour avoir raison des mauvais instincts, en étouffer les germes, développer les bons sentiments et les bonnes qualités. Sur le caractère des enfants, l'hypnotisme peut produire de merveilleux effets et donner des résultats dépassant toute espérance. Il arrive malheureusement que certains enfants montrent, dès leur plus jeune âge, une précocité vicieuse; ils sont méchants, désobéissants, paresseux, querelleurs, parfois, hélas ! vagabonds et voleurs. On ne peut invoquer dans tous les cas les mauvais exemples, les fréquentations, l'influence du milieu ou les instincts ataviques, car personne n'ignore que, dans une famille honnête, un enfant peut naître avec une disposition marquée pour le mal. Lorsque l'éducation morale est impuissante à combattre cette disposition, lorsque les reproches, les châtiments même ne peuvent en avoir raison, l'hypnotisme s'impose et peut rendre d'inestimables services.

Il y a plus de cinquante ans, le docteur Durand (de Gros) disait: « L'hypnotisme nous fournit la base d'une orthopédie intellectuelle et morale, qui certainement sera inaugurée un jour dans les maisons d'éducation et dans les établissements pénitentiaires ».

Cette orthopédie intellectuelle et morale n'a pas encore été inaugurée; il aurait fallu pour cela avoir eu raison de la routine et du parti pris, ce qui malheureusement n'est pas encore fait.

Cependant, si elle n'a pas jusqu'à présent été employée officiellement, elle n'en a pas moins donné, entre les mains des nombreux médecins qui y ont eu recours, des résultats étonnants et d'une éloquence qui se passe de commentaires. Je suis heureux de pouvoir citer des noms aussi éminents, afin de convaincre le public que l'hypnotisme, quoi qu'en aient dit ses détracteurs, est réellement susceptible de rendre d'incalculables services et de montrer que ce n'est pas en vain que les princes de la science y ont fait appel. Je suis surtout heureux de m'appuyer sur de telles autorités pour réduire à néant les allégations des ennemis acharnés de l'hypnotisme, qui persistent à nier les applications utiles de cette science, les ressources innombrables qu'elle met à notre disposition et ne veulent voir dans son étude qu'un immoral et dangereux passe-temps. Je veux bien admettre que dans quelques cas l'ignorance ou l'étude superficielle du sujet semble donner une apparence de bonne foi à leur croisade contre l'hypnotisme, mais, cette concession faite, il m'est impossible de passer sous silence que bien souvent cette ignorance est voulue et qu'ainsi que l'a fort judicieusement remarqué le regretté docteur Liébengen, elle n'égale pas toujours le parti pris dont ils sont animés. Parti pris motivé par la crainte égoïste de voir quelques misérables intérêts personnels lésés par la vulgarisation de cette science (1).

En France comme à l'Etranger des médecins, des professeurs dans les Facultés de médecine n'ont pas dédaigné de faire des recherches sur l'emploi de l'hypnotisme dans la cure morale. Les docteurs Liébault, Bernheim, Bérillon, Ladame, Auguste Voisin, Forez, Bourdon, Forel, Widner, Corwal, Wetterstrand ont appliqué l'hypnotisme dans l'éducation morale et se sont fait un devoir de proclamer bien haut les admirables résultats obtenus. En lisant leurs communications enthousiastes, on se demande en vain comment il peut se faire que l'hypnotisme soit encore à l'heure actuelle si peu connu, si peu appliqué. En citant au hasard quelques-unes des cures morales opérées par son emploi, en appuyant ces quelques citations, données pour l'édification du lecteur, sur l'autorité incontestable des maîtres de l'art médical, j'espère arriver à convaincre plus aisément encore de l'utilité de cette science merveilleuse.

Le docteur Bernheim cite parmi ses cas celui de Henri H.., un garçon de dix ans. L'enfant était d'un tempérament lymphatique, mais d'une forte constitution. Il était d'une méchanceté extrême et se mettait dans de terribles colères. Sa mère essayait-elle de le corriger? il la battait et brisait tout ce qui lui tombait sous la main. Il fuyait l'école, était désobéissant et toujours de méchante humeur. Après quelques séances, le docteur Bernheim dit : « L'enfant a meilleure mine, il mange avec appétit, est très obéissant ; va à l'école régulièrement, travaille bien et a fait quelques progrès. » Un

---

(1) Les malades imaginaires étant la providence des charlatans, on comprend sans peine que ceux-ci voient d'un mauvais œil la vulgarisation des applications de l'hypnotisme, surtout de l'auto-hypnotisme qui, permettant au malade de se guérir lui-même, rend inutile tout recours étranger (secours intéressé, cela va sans dire).

peu plus tard il monte de dix rangs dans sa classe, dont il était toujours le dernier. Après quelques nouvelles hypnotisations l'enfant devint docile, laborieux, obéissant et ne fut plus sujet à aucun accès de colère.

Le docteur Bérillon a guéri par l'hypnotisme de nombreux cas de perversion grave du caractère, de manie du vol, d'habitude du mensonge; il a débarrassé plusieurs enfants de tics nerveux, de l'habitude de se ronger les ongles, de mettre leur doigt dans leur bouche. Il a pu stimuler les paresseux et développer leur amour pour l'étude et a délivré plusieurs enfants des terreurs nocturnes *(pavor nocturnis)* qui compromettaient leur santé et inspiraient aux parents les plus vives inquiétudes.

Le docteur Liébault, traitant par l'hypnotisme un jeune idiot complètement rebelle à toute culture intellectuelle, a pu développer à un tel point la faculté d'attention qu'au bout de deux mois, l'enfant connaissait les lettres de l'alphabet et les quatre règles de l'arithmétique.

Les enfants s'hypnotisent très facilement par les méthodes ordinaires; on les induit aisément dans le sommeil profond sans qu'il soit nécessaire d'avoir recours aux objets mécaniques et je n'ai jusqu'à présent jamais rencontré chez eux ce qu'on est convenu d'appeler un sujet rebelle. C'est donc surtout sur les enfants qu'il est facile d'employer l'influence hypnotique et de tenter ces essais de cure morale qui, entre les mains de nos maîtres, ont donné d'aussi brillants résultats. Le succès est absolument certain, on peut non seulement faire disparaître tout penchant inné pour le mal, toutes les mauvaises habitudes et tous les défauts; mais il est encore possible de les remplacer par de bonnes qualités et de stimuler d'une façon extraordinaire l'amour pour l'étude, ainsi que les facilités pour apprendre. En induisant l'enfant dans le sommeil hypnotique (ce qui, je le répète, est d'une très grande simplicité), on peut obtenir par la suggestion dans l'hypnose une merveilleuse amélioration de sa mémoire,

Après quelques séances d'une dizaine de minutes, l'enfant retient avec une facilité étonnante, son esprit est alerte, toutes ses facultés sont stimulées, l'étude, en un mot, lui est rendue bien plus facile et des progrès rapides en sont l'heureuse conséquence.

C'est peut-être sur les dispositions pour les beaux-arts que l'hypnotisme a l'influence la plus rapide et la plus extraordinaire.

Cependant cette influence peut se faire sentir sur toutes les autres et il n'est pas une disposition que l'on ne puisse créer, améliorer et développer chez l'enfant par le recours à la suggestion dans le sommeil provoqué. J'ai vu bien souvent le docteur Liébengen faire résoudre à des enfants, sous l'influence hypnotique, des opérations de calcul mental d'une grande difficulté et développer chez eux, en quelques séances, une étonnante disposition pour le calcul et les diverses opérations de l'arithmétique. Il les amenait, une fois éveillés et d'une façon durable, à additionner avec une rapidité extrême.

Il n'y a pas que les enfants qui peuvent profiter des avantages innombrables de l'hypnotisme dans la cure morale ou le développement des facultés. J'ai sous les yeux un grand nombre de documents, de communications, d'articles émanant de médecins, de savants ou d'expérimentateurs qui font connaître les heureux résultats obtenus sur des adultes. Je vais citer un cas dont l'authenticité ne peut être mise en doute par personne et qui, s'appuyant sur l'autorité incontestable de l'éminent médecin qui le relate, est d'une grande valeur pour l'avancement de la science hypnotique. C'est une observation du docteur Voisin, concernant une pensionnaire de la Salpêtrière, Jeanne Schaf..., âgée de 22 ans. Cette personne était sujette à des accès de délire maniaque, que l'on calmait par le sommeil hypnotique. Dès qu'elle était éveillée, sa conduite était déplorable. Le docteur eut recours à la suggestion pour améliorer le caractère de sa malade et les résultats furent si satisfaisants qu'il n'hésita pas à les faire connaître. Voici le fragment le plus important de cette publication : « J'eus alors l'idée de lui suggérer, pendant son sommeil hypnotique, des idées d'obéissance, de soumission et de convenance avec les employés et avec nous, et de lui enjoindre de ne plus parler un langage ordurier et injurieux, de ne plus se livrer à la colère et d'exécuter tel ou tel travail, à telle heure. Mes injonctions ont été ponctuellement suivies, et je suis arrivé à la faire coudre pendant une heure à deux par jour. Elle est devenue obéissante, soumise au règlement ; elle n'emploie plus de mots inconvenants ; elle se tient proprement et même avec une certaine recherche. Je lui enjoignis d'apprendre des passages d'un livre de morale et de venir me les réciter trois ou quatre jours après, à une heure indiquée : elle l'a fait avec une mémoire d'autant plus notable, que ces pages se composent d'une suite de sentences détachées, et que cette fille n'avait pas lu une ligne depuis plusieurs années. Elle m'avait parlé avec haine de ses sœurs ; elle menaçait de les tuer, et se refusait à les voir : je lui enjoignis, pendant un de ses sommeils, de m'écrire une lettre dans laquelle elle me promettait de se conduire en fille honnête, comme ses sœurs, et de bien les accueillir ; elle a écrit la lettre à l'heure fixée, et le lendemain elle a reçu ses sœurs avec affection ; sa tenue ne s'est pas démentie depuis ce jour. Cette femme a totalement guéri, elle a pu être admise comme infirmière dans un des hôpitaux de Paris, où sa conduite est irréprochable ». Un grand nombre de cures morales du même genre ont été effectuées à la Salpêtrière. Il serait à désirer que ces applications de l'hypnotisme soient connues de tous ; il faudrait que tous sachent bien qu'il ne consiste pas uniquement à donner des soirées amusantes, mais qu'il peut encore, qu'il peut surtout rendre d'inappréciables services.

C'est en envisageant de telles applications que son étude devient pour les parents une obligation, plus encore un devoir ! Je ne puis mieux terminer cet aperçu sur l'emploi de l'hypnotisme dans la cure morale qu'en citant l'opinion du docteur Marrin relative à cette application. Le docteur, faisant allusion à des résultats heureux obtenus par divers médecins français, dit :

« Voilà des faits qui prouvent bien, il me semble, que les instincts pervers, les habitudes vicieuses, la paresse intellectuelle, en un mot, beaucoup de troubles mentaux, même congénitaux, même héréditaires, peuvent être corrigés par l'hypnotisme. D'ailleurs, tous ceux qui ont employé cette méthode chez les enfants, dans les conditions indiquées plus haut, sont unanimes à affirmer que jamais cette gymnastique morale n'a donné lieu au moindre accident actuel ou consécutif. On ne risque donc rien à l'employer, à supposer qu'elle reste inefficace, on a beaucoup de chance de ramener au bien, pour le grand profit de la société, des intelligences qui resteraient incultes ou qui s'exerceraient à son détriment. Remarquons d'ailleurs que si la suggestion est surtout applicable à l'enfant, qui s'endort très facilement et qui est particulièrement suggestible, dont le cerveau reçoit facilement les idées qu'on tente d'y faire pénétrer, rien ne s'oppose à ce qu'on tente l'expérience chez l'adulte. C'est ce qu'a fait le docteur Voisin sur deux dames mariées, dont l'une, qui rendait l'existence de son mari très malheureuse par son caractère insupportable, ses colères, ses scènes continuelles, devint douce et affectueuse après quelques séances de suggestion. L'hypnotisme pourrait donc être essayé dans les prisons à titre d'agent moralisateur, comme il l'est sur les enfants comme moyen pédagogique.

« On a objecté que cette méthode porte atteinte à la liberté morale de l'enfant, que l'éducation ne doit pas tendre à transformer l'homme en une machine, que les idées morales sont innées dans l'homme, et qu'il faut se borner à en surveiller le développement. Ces objections ne tiennent pas debout. Quel est le système d'éducation qui ne porte pas atteinte à la liberté morale de l'enfant ? Quel professeur ne fait pas quotidiennement de la suggestion en s'efforçant d'inculquer à ses élèves les connaissances généralement admises, ou même ses idées personnelles ? Quel pédagogue s'abstient, sous prétexte d'atteinte à la liberté morale, de punir un élève qui ne travaille pas ? L'hypnotisme, pour être plus nouveau que les autres méthodes d'éducation, n'en a pas moins de valeur et, en tout cas, ne mérite pas cette condamnation à *priori*.

« Et, d'ailleurs, ceux qui préconisent l'hypnotisme pédagogique ne prétendent pas du tout en faire un moyen général d'éducation. Jamais ils n'ont eu l'idée de l'employer chez les bons sujets ; même chez les enfants simplement paresseux, ils se bornent à la suggestion, à l'état de veille, aux conseils donnés avec douceur et patience, mais aussi avec autorité, pendant que la main est appliquée sur le front. Ils réservent les pratiques hypnotiques aux sujets vicieux, mauvais, chez lesquels ont échoué tous les autres moyens d'éducation et de moralisation [1] ».

L'hypnotisme, tel que nous le comprenons aujourd'hui, ne consiste pas seulement dans l'obtention de ce sommeil spécial plus ou moins profond, plus ou moins caractérisé, étudié sous le nom d'hypnose. L'hypnotisme a encore la prétention d'expliquer les phénomènes du magnétisme, de la suggestion, de la télépathie, et d'enseigner les méthodes pratiques permettant de mettre à profit leurs multiples ressources. Je dois faire remarquer au lecteur que l'application de la main sur le front, en donnant des suggestions, des conseils à l'enfant, est une véritable pratique hypnotique. Il peut y avoir suggestion en dehors de l'état d'hypnose, c'est-à-dire qu'il est facile d'implanter dans le cerveau d'un enfant, une idée quelconque (travail, application, obéissance, etc.), sans endormir le jeune sujet. Et cette idée s'imposera durable, laissera des traces profondes, ineffaçables lorsqu'elle sera donnée par un hypnotiseur entraîné et dans les conditions qui seront indiquées plus loin.

---

[1] Docteur P. MARIN. — *L'Hypnotisme théorique et pratique.*

Chez les adultes, un grand nombre d'habitudes invétérées, paraissant incorrigibles, causant les plus graves préjudices et préparant aux pires déchéances sont justiciables de l'hypnotisme. Telles sont la paresse, l'ivrognerie, le tabagisme [1], l'habitude de la morphine ou de l'éther, la colère, la passion du jeu et toutes les mauvaises habitudes, défauts ou vices. Par la post-suggestion on a aisément raison de toutes ces imperfections, même à l'insu de la personne, car l'hypnotisé, ne se rappelant pas au réveil ce qui s'est passé dans le sommeil provoqué, prendra naturellement pour ses propres déterminations les commandements de l'hypnotiseur et y obéira sans en avoir conscience. Bien des personnes reconnaissent le tort considérable que leur causent certaines habitudes, elles savent que ces habitudes sont pour elles une cause de dépenses inutiles, elles n'ignorent pas qu'elles compromettent leur santé, leur repos, leur honneur même ; elles désirent parfois se corriger. Mais leurs bonnes résolutions prises ne suffisent malheureusement pas toujours pour les empêcher de succomber encore, et d'être toujours et toujours victimes de leurs penchants. Ces personnes devraient savoir que seul l'hypnotisme ou l'auto-suggestion peuvent débarrasser d'une habitude mauvaise invétérée, et ceci pour toujours et sans éprouver la plus petite contrariété, sans avoir à combattre, sans se faire violence.

On reconnaît sans peine que l'hypnotisme est une science utile, pouvant rendre de très grands services. Il a encore d'autres ressources. En permettant des investigations dans le domaine du merveilleux, il contribuera dans une large mesure à libérer l'esprit humain de toutes les vaines terreurs, de toutes les craintes chimériques qui, dans les siècles précédents, ont hanté tant d'imaginations. Il nous explique

---

[1] J'entends par tabagisme, non pas l'usage modéré de la cigarette ou de la pipe, mais simplement l'excès de cet emploi, qui, de l'avis de tous les médecins, a les plus graves conséquences au point de vue sanitaire.

beaucoup de phénomènes qui se prêtaient on ne peut mieux à entretenir la superstition. Nous comprenons aujourd'hui le mécanisme de la pensée transmise à distance, de la double vue, du dédoublement de la personnalité, des tables tournantes, de l'écriture automatique, des révélations de la transe et de l'extase. Il éclaire d'un jour nouveau les phénomènes du spiritisme, il nous donne l'explication des hallucinations de la magie, de l'influence à distance, de l'envoûtement et des apparitions ou impressions télépathiques. Il permet d'étudier tous ces faits autrement qu'en théorie, il permet surtout de leur attribuer une cause naturelle, logique, scientifique. L'étude approfondie de l'hypnotisme prépare admirablement pour l'obtention de toutes ces expériences. Par la concentration de la pensée, dont le mécanisme est indiqué plus loin, on commencera à communiquer à distance par la pensée avec un sujet hypnotisé. Il sera possible d'obtenir un peu plus tard l'influence à distance sur des personnes éveillées, sans qu'il soit nécessaire de les voir. On pourra, enfin, étudier de près les troublants phénomènes d'extériorisation de la sensibilité et de la motricité décrits par le colonel de Rochas, obtenus chez nous par quelques médiums (*Home*, *Eusapia Paladino*, etc.) et connus depuis des siècles par les fakirs, les yoguis ou les mahatmas de l'Inde, les derviches de la Perse et les lamas du Thibet.

La nature entière dans ses éléments constitutifs est composée de matière et de force, mais en concentrant toute son attention sur ce qui l'entoure, en s'acharnant à cette lutte à outrance pour la vie, telle que l'a fait la civilisation actuelle, en dirigeant toutes ses facultés sur la poursuite de la fortune ou sur la réalisation d'ambitions plus ou moins légitimes, l'homme en est arrivé à s'oublier complètement et de toutes les choses qu'il ignore, ce qu'il ignore le plus, c'est lui-même. Bien rares sont, en effet, les personnes qui soupçonnent leurs propres forces, bien peu connaissent les effets extraordinaires qui peuvent être produits par les forces psychiques qui sommeillent en elles et qu'un entraînement facile leur permettrait de développer et de porter à leur maximum de puissance.

Nous qualifions volontiers de surnaturels les phénomènes que nous ne sommes pas habitués à voir se produire. Avons-nous raison ? Je ne le crois pas, et il serait peut-être sage, avant d'employer le mot « surnaturel », d'attendre que nous connaissions bien toutes les modalités, toutes les manifestations possibles de l'Energie. Ceux qui ignorent l'hypnotisme [1] ne connaissent rien des forces psychiques, ils ne connaissent rien de l'esprit humain et pourtant les occultistes, que l'on peut appeler les empiriques de la télépathie, disent depuis bien longtemps et non sans raison peut-être, que l'esprit humain, conscient de ce qu'il est, conscient de ce qu'il peut, est la force la plus terrible de la nature. Voilà cent ans, renverser une personne en arrière par le magnétisme, en dehors de toute suggestion, eût certainement paru surnaturel. Il n'en est pas de même aujourd'hui et on se voit obligé d'admettre encore comme naturelle, la télépathie (ou mieux suggestion mentale), c'est-à-dire la transmission à distance d'une pensée à un sujet hypnotisé ou même éveillé. Dans quelques années, l'influence à distance, la vision à distance et sans le secours des yeux, la suspension des fonctions vitales, le déplacement d'objets lourds sans contact *(lévitation)* seront choses universellement admises et acceptées comme des faits naturels, ainsi qu'ils le sont du reste. De même que pour l'hypnotisme proprement dit, c'est-à-dire l'ensemble des phénomènes vulgaires aujourd'hui, étudiés dans l'hypnose *(catalepsie, léthargie, somnambulisme, insensibilité, réveil de la mémoire, exaltation des sens,* etc.*),* l'évidence ne pourra se combattre bien longtemps et la vérité aura une fois de plus raison de l'ignorance ou, ce qui est pis encore,

---

[1] L'hypnotisme, tel que nous l'entendons aujourd'hui, est l'ensemble des phénomènes du somnambulisme, de la suggestion, du magnétisme et de la télépathie et non pas seulement l'étude du sommeil spécial connu sous le nom d'hypnose.

du parti pris. Nul sur cette terre ne peut empêcher d'être ce qui est véritablement ; nul décret humain n'a pu empêcher de reconnaître et d'admettre la rotondité et le mouvement de la terre. Il en sera ainsi de l'hypnotisme. Cette science est appelée à révolutionner le monde, lorsqu'elle aura eu raison de l'indifférence ou du dédain de ceux qui l'ignorent et surtout de l'égoïsme et du parti pris de ceux qui, reconnaissant les immenses avantages qui en découlent, se posent en ennemis de la vulgarisation, afin de les accaparer pour eux seuls.

L'étude de l'hypnotisme a encore d'autres avantages, elle donne en effet le secret de la puissance. Je ne veux pas dire au lecteur que la puissance et la fortune sont les éléments indispensables à la félicité parfaite sur cette terre. Je laisse également à certains philosophes le soin de le convaincre que le bonheur véritable ne se trouve pas dans la puissance, mais, au contraire, dans une heureuse médiocrité, dans le contentement de son sort, dans le mépris des choses de ce monde, dans une *gueuserie insouciante*. Ces philosophes ont peut-être raison, mais en voyant l'acharnement de la presque totalité des humains à la poursuite de la gloire ou de la fortune, on se rend bien vite compte que cette conception de la vie est en réalité bien loin de réunir tous les suffrages.

A ceux qui veulent les honneurs, les hautes situations ; à ceux que l'ambition enflamme, à ceux qui aspirent aux grasses prébendes, à ceux qui rêvent de bonnes sinécures, je dirai que l'hypnotisme donne non seulement le secret de la puissance, mais qu'il est encore une arme admirable au service de ceux qui y aspirent. Il est certain qu'une personne initiée aux lois du magnétisme personnel possède une supériorité incontestable sur toutes celles qui ne le sont pas. Quels que soient ses avantages et ses connaissances, tout être humain qui ne connaît rien de l'Influence est à la merci de celui qui a étudié et possède ce sujet. L'ignorer, c'est se priver d'un secours véritable. Mais, d'abord, qu'est-ce donc que le magnétisme personnel ? Le magnétisme personnel ou influence personnelle est cette puissance invisible que portent en elles certaines personnes et qui, parfois à leur insu, peut dominer ceux qu'elles approchent. C'est une des nombreuses manifestations de l'hypnotisme, manifestation parfois inconsciente, mais dont la puissance est presque illimitée et l'importance énorme.

N'avez-vous pas remarqué déjà que vous influenciez plus facilement certaines personnes que d'autres, n'avez-vous pas remarqué que quelques-unes produisaient sur vous une impression inexplicable, n'avez-vous pas éprouvé devant certains regards un trouble étrange ?

Manifestations de l'influence personnelle que tout cela.

Si, jetant un coup d'œil sur l'Histoire, on recherche les causes du succès des hommes illustres de tous les temps, de toutes les nations, on reconnaît que ce succès vient toujours de ce qu'ils ont su dominer les autres et les faire servir à l'accomplissement de leurs desseins. La manifestation la plus caractérisée de l'influence personnelle, c'est l'art de convaincre porté à son plus haut degré. Vous serez facilement cru dans tout ce que vous direz, vous aurez sur les autres un ascendant irrésistible, lorsque vous aurez développé votre magnétisme personnel. Les lois de cette influence sont connues aujourd'hui et le magnétisme personnel est enfin ramené à une étude rationnelle. Il nous montre d'abord l'être humain tel que l'a fait la civilisation actuelle, il nous permet de le pénétrer sous son véritable aspect en tenant compte de l'influence des instincts et des atavismes inhérents à notre nature. Il nous indique ensuite la conduite à tenir à l'égard des personnes que l'on veut impressionner favorablement et comment les dominer à leur insu, par la mise en action des forces mentales qu'il nous a permis de développer. Il augmente donc d'une façon étonnante les chances de succès. C'est en lui, aussi, que nous puiserons l'énergie pour la lutte de la vie, c'est lui qui nous soutiendra dans le combat, c'est lui qui nous mènera à la victoire. Nous sommes obligés de l'avouer et c'est du reste une opinion généralement admise, la vie humaine, telle que l'ont faite nos coutumes, notre état social, est une lutte dans laquelle celui qui n'est pas armé doit succomber. Avec le progrès, l'existence devient de plus en plus difficile et le combat de plus en plus acharné. Le premier devoir de tout être pensant est de s'armer s'il veut la victoire, c'est-à-dire s'il veut réussir dans la vie. Certes, cette « lutte pour la vie » a quelque chose d'odieux, de brutal ; c'est une lutte animale et il serait à désirer qu'on la remplaçât par la conception plus humaine de « l'union pour la vie ». Est-ce possible ? L'humanité, dans sa marche vers l'idéal de science, de justice, de charité et de bonté, verra peut-être un jour la réalisation de ce rêve. Aujourd'hui nous en sommes loin, bien loin et, en attendant, il faut lutter quand même, lutter toujours. Mais, dans cette lutte, quels sont ceux qui ont la victoire, quels sont ceux que le sort favorise ? Certains vous répondront : ce sont évidemment ceux qui travaillent beaucoup et se conduisent bien. Regardez autour de vous et voyez si ce sont toujours les plus instruits, les plus intelligents, les plus courageux ou les plus vertueux qui réussissent. On attribue souvent à la chance, au hasard, ces réussites qui ne paraissent justifiées ni par la conduite, ni par le travail, ni par les connaissances de ceux qui en bénéficient. On se trompe, le hasard n'est qu'un mot, il ne favorise que ceux qui l'aident ; ce qu'on prend pour la chance ou pour le hasard n'est le plus souvent que l'influence personnelle consciente ou non. Cette influence, tout le monde peut la développer par l'hypnotisme et cette connaissance est peut-être la plus utile, la plus nécessaire, la plus indispensable. Dites-vous bien que le temps des fées ou des génies n'est plus aujourd'hui, n'espérez pas que les cailles vont tomber rôties du ciel, ne croyez pas non plus aux trésors magiques découverts par une puissance occulte, il n'y a plus de lampe d'Aladin et les chercheurs de pierre philosophale ont abandonné leurs fourneaux, ne croyez pas trop à la chance ou au hasard, mais soyez bien persuadé que chacun, sur cette terre, est l'artisan de sa propre fortune. C'est par l'effort personnel seul que l'homme peut être quelque chose, faire quelque chose et aspirer à quelque chose. L'hypnotisme vous donnera le courage dans la lutte ; par votre magnétisme personnel, vous saurez prendre de l'ascendant sur ceux qui vous entourent et leur imposer votre volonté. Vous obtiendrez d'abord sur vous-même un empire absolu et en poursuivant l'entraînement mental recommandé, en mettant en pratique les moyens préconisés par le chapitre spécial traitant plus loin ce sujet, bien peu de personnes seront rebelles à votre influence.

Nous savons aujourd'hui que les pensées sont des **ondes**, que les pensées sont des **forces**, la science officielle admet et explique la suggestion mentale ; par l'exercice de concentration de pensée vous obtiendrez des résultats déconcertants et pourrez disposer, comme vous le désirerez, les personnes à votre égard.

C'est un devoir pour l'homme, dans la société, de se créer une position par ses connaissances, par son travail, par sa conduite ; c'est une légitime ambition que personne ne peut condamner. Mais comme les connaissances, le travail et la conduite ne suffisent pas toujours, c'est un impérieux devoir de chercher à acquérir ce qui manque. Toute éducation qui ne donne pas le secret de la puissance et de la réussite, toute éducation qui n'enseigne pas les éternelles lois de l'influence personnelle est incomplète et ne peut lancer dans l'arène de la vie que des êtres insuffisamment armés pour le combat. Le magnétisme personnel est une des applications utiles de l'hypnotisme ; le devoir de toute créature humaine est de chercher à l'acquérir et de le développer.

Le nombre des théories nées dans le siècle qui vient de finir dépasse ce que l'esprit peut concevoir. Toutes les solutions possibles ont été apportées aux grands problèmes dont l'humanité se préoccupe depuis son origine. Toutefois, une question importante entre toutes, celle de la résistance efficace à la douleur, a été spécialement étudiée.

Certains préconisaient la lutte à outrance pour la vie, où devaient succomber les organismes débiles pour le plus grand profit de la majorité bien constituée, d'autres, transportant le problème sur le terrain brûlant de la politique, cherchaient dans une rénovation fondamentale de la société ce remède objet d'unanimes aspirations ; les plus sages tentaient d'amener la question dans sa sphère véritable. Délaissant l'évolutionisme à cause même de sa base combative qui, manquant son but, voulait, au nom du progrès, faire rétrograder la civilisation vers les époques de barbarie ; abandonnant l'arène politique où s'aigrissaient les meilleurs caractères, ils essayèrent de trouver un terrain neutre qu'ils nommèrent : **Mutualité**. Terrain qui devait préparer le grand rapprochement social puisque, grâce à lui, les intérêts particuliers se confondaient avec les intérêts généraux. Ils avaient trouvé la vraie formule qui, résumant les désirs universels, pouvait seule servir de devise à l'humanité entière :

L'Union pour la Vie !

On ne saurait trop insister sur les avantages immenses que la mutualité présente au point de vue social. *Devoir pour tous, pour le riche comme pour le pauvre*, elle atténue également la haine des uns et l'orgueil des autres. L'ouvrier qui, par prévoyance et intérêt, fait partie d'une de ces nombreuses sociétés apprendra à connaître ceux qui, plus fortunés, font partie des mêmes associations dans le but d'aider de leur superflu l'effort ouvrier à parvenir au but qu'il se propose. De la connaissance naîtra la sympathie et le délicat problème que les économistes et les chefs d'école politique ont été impuissants à résoudre, ce problème de l'union contre la souffrance, de l'union pour le progrès, trouvera dans ce concours de milliers d'énergies convergeant vers un seul objet : sa solution. On a si bien compris cela en France, que le chef du gouvernement n'a voulu céder à personne l'initiative de l'encouragement à donner au mouvement mutualiste et qu'il s'enorgueillit, non sans raison, du titre qui lui a été conféré de premier mutualiste de France.

Je me suis écarté momentanément du sujet, mais ayant été amené à parler des inconvénients de la « lutte pour la vie », j'ai cru de mon devoir d'indiquer le remède à côté du mal.

L'hypnotisme n'est pas une science servant aux seuls philosophes par les facilités qu'elle leur donne de faire une expérimentation sérieuse et adéquate sur l'être étrange que nous sommes ; il ne sert pas davantage aux seuls médecins par les moyens aussi puissants que nouveaux qu'il met à leur disposition pour aider à la reconstitution de notre organisme ; il ne s'adresse pas non plus aux seuls pédagogues en quête de méthodes sûres, capables de combattre les mauvaises habitudes dans leurs racines et de revivifier la volonté, non plus qu'aux seules personnes curieuses de connaître la vérité sur les sciences psychiques ; il est encore la science utile à tous, non seulement parce qu'il permet à chacun de développer son influence personnelle ou d'appliquer à sa propre personne tous les bienfaits de la suggestion, mais encore parce qu'il procure la facilité de récréer et d'intéresser un auditoire, quels que soient les éléments qui le composent.

Certains, qui ne voient dans la vulgarisation de l'hypnotisme qu'une entreprise lucrative, indiquent et soulignent à dessein dans leurs ouvrages plusieurs applications dangereuses et condamnables de cette science. Certes, ils ont une merveilleuse compréhension de l'âme humaine, ces misérables. Ils savent qu'à côté des nobles sentiments qui sont un des plus beaux privilèges de notre nature, on trouve aussi des instincts pervers et ils mettent à profit leurs connaissances. Ils donnent avec une habileté infernale les possibilités criminelles de l'hypnotisme, laissant au lecteur, lorsque par un reste de pudeur ou plutôt un raffinement de malice ils n'osent dire crûment les choses, le soin de lire entre les lignes pour y démêler leur pensée. Et pour étayer leurs affirmations, ils entassent avec un soin scrupuleux des preuves solides, irréfutables. Ils citent les viols fameux du dentiste Lévy (de Rouen) et de Castellan, le chemineau ; ils mentionnent Gabrielle Bompard ; ils ajoutent que par l'hypnotisme **tout** est possible, et pour qu'il n'y ait pas de méprise sur le sens de ce **tout**, ils donnent comme faciles à obtenir : héritages, dons, legs, amour irrésistible, etc. Ils se prévalent de la réponse fameuse du maître incontesté qu'est Bernheim en ces matières à la question : « *La suggestion peut-elle modifier les instincts de la femme de façon à affaiblir sa résistance morale, à produire chez elle un état de conscience nouveau dans lequel elle perd la notion du devoir ? — Cela n'est pas discutable, la séduction d'une honnête femme n'est au fond que de la suggestion* », pour faire ressortir qu'avec leurs procédés on peut aussi bien détourner une femme honnête du droit chemin que séduire une jeune fille.

Nous sommes obligés de convenir de l'exactitude des faits précités. Oui, sous l'influence du sommeil hypnotique, vous pouvez impunément obliger certains sujets à vous signer des billets, à reconnaître des dettes qu'ils n'ont point faites, à tester en votre faveur, à se suicider ; vous pouvez abuser de la femme la plus vertueuse, la pousser à la prostitution ; vous pouvez faire tuer et voler à votre profit ; et, les conditions dans lesquelles une personne hypnotisée commet un crime, qu'il soit vol ou assassinat, revêtent un caractère spécial qui lui assure presque nécessairement l'impunité. Les facultés d'observation du sujet ont une acuité particulière qui lui font choisir l'instant propice pour accomplir son forfait et le poussent invinciblement à détruire des indices qui pourraient laisser naître les soupçons ; ses forces physiques sont décuplées et diminuent d'autant les chances de résistance victorieuse pour la victime. Plus d'un scélérat a compris l'immense parti qu'il pouvait retirer de ces particularités qu'il considérait comme des avantages, et l'avenir justifiera, j'en ai l'intime certitude, une constatation qui pourra aujourd'hui paraître gratuite : « Nombreux ont été par le passé, nombreux sont encore à l'heure actuelle les crimes dont les auteurs véritables échappent à la justice qui, par ses jugements, n'atteint que des instruments aveugles, inconscients, partant irresponsables. Oui, dans le sommeil hypnotique, comme l'a prouvé par des arguments péremptoires le docteur Charles Fourneaux[1], l'avortement sans douleur et sans crainte du tribunal est possible.

Puisqu'il est certain que le sommeil hypnotique rend facile la perpétration des crimes qui viennent d'être mentionnés et de bien d'autres encore; puisque, d'autre part, certaines personnes, par suite de dispositions spéciales, ne peuvent pas opposer une résistance efficace à l'influence puissante de ceux qui possèdent toutes les méthodes d'hypnotisation; puisqu'il est possible, ainsi qu'on le verra plus loin, de suggestionner une personne sans lui parler d'hypnotisme et sans l'induire préalablement dans le sommeil, une conclusion impérieuse s'impose, le devoir se montre clairement. Il faut, à tout prix, vulgariser l'hypnotisme de manière à rendre possible à tous l'accès et la possession de cette science, afin que chacun puisse se mettre en garde contre les influences extérieures et ne s'expose pas volontairement à devenir la victime de suggestions regrettables, données par un hypnotiseur peu scrupuleux.

Le remède n'est possible qu'en indiquant le mal et à quelque point de vue que l'on se place, soit que l'on envisage ses immenses avantages ou ses dangers, c'est un devoir, c'est un impérieux devoir de vulgariser l'hypnotisme !

---

[1] *Archives de l'Anthropologie criminelle et des Sciences pénales.* — Mars 1886.

INTRODUCTION

Un usage établi veut que l'on définisse avant tout la science que l'on se propose d'étudier. La définition donnant une idée juste et concise de la nature et de l'objet d'une science quelconque existe dans la plupart des cas; il n'en peut toutefois être ainsi de l'hypnotisme. Ce n'est, en effet, qu'après avoir provoqué et étudié personnellement chacune des influences produites par l'hypnotiseur sur l'hypnotisé qu'on peut se faire une idée de ce qu'est cette admirable science, de son pouvoir et du parti qu'il est possible d'en tirer dans toutes les circonstances de la vie.

C'est par l'expérimentation que l'on peut dégager l'hypnotisme de tous les préjugés, de toutes les faussetés, de toutes les erreurs, de toutes les divergences d'opinions auxquels il a donné et donne toujours lieu. L'expérimentation, seule, peut réhabiliter cette science mal comprise et diffamée par des critiques malveillants ou ignorants. Nié d'abord avec acharnement, couvert de ridicule, l'hypnotisme s'est imposé malgré tout, car l'évidence ne peut se combattre longtemps. On le présente alors comme inutile et dangereux et cependant rien n'est plus injuste, rien n'est plus faux, car il n'y a peut-être pas une science dont les applications conscientes ou inconscientes soient aussi utiles, aussi variées et aussi nombreuses. Ses dangers, s'ils existent parfois, ont toujours pour cause l'immoralité ou l'inhabilité de l'hypnotiseur. Avec les méthodes nouvelles que je vulgarise, aucun inconvénient n'est à craindre, même avec les sujets les plus nerveux et les plus influençables. Il n'en résulte que le plus grand bien et chacun a de très réels avantages à recourir dans beaucoup de cas à l'influence hypnotique.

Si un individu, sans aveu, abuse du sommeil magnétique ou de l'état de fascination pour suggérer une action ou une pensée mauvaise à une personne placée sous cette influence, pour obtenir d'elle des confidences, on ne peut incriminer la science elle-même, l'individu seul est responsable de l'usage qu'il en fait, et c'est à lui, à lui seul, qu'on doit s'en prendre.

Si un débutant provoque le sommeil hypnotique avant de savoir éveiller, s'il donne au sujet des suggestions antagonistes et qu'il en résulte des accidents, on ne doit pas imputer ce désagrément à la science, mais à l'individu coupable d'ignorance, et c'est à lui, à lui seul qu'on peut logiquement s'en prendre.

Il serait infiniment regrettable de condamner l'hypnotisme sur ces bases, car les avantages qu'on peut en tirer, le bien qu'il peut faire, les services incalculables qu'il peut rendre, compensent largement l'usage mauvais qu'un être malfaisant ou un expérimentateur imparfaitement initié pourraient en faire, le premier consciemment, par méchanceté ou manque de moralité, le deuxième par ignorance ou présomption.

N'accusons point trop l'hypnotisme *à priori*, étudions-le au contraire pour l'employer au bien et nous mettre à l'abri de toute influence fâcheuse. Dans cette voie, mon vœu le plus cher est de voir le lecteur justifier le vieil adage : *l'initié dépassera l'initiateur*. L'initié peut dépasser l'initiateur, car nous ne connaissons pas tout de cette science étonnante. A l'heure actuelle une partie seulement des merveilles qu'elle peut produire, partie qui cependant dépasse encore tout ce que le public peut imaginer, nous est acquise. L'hypnotisme est loin, bien loin d'avoir dit son dernier mot ; il est encore, à l'heure actuelle, une science presque vierge. Qui sait où pourront s'arrêter les hardis pionniers qui ne craindront pas de se lancer à la recherche de ses possibilités dernières ?

Longtemps le magnétisme fut considéré comme un pouvoir occulte dévolu à quelques privilégiés. Les charlatans avaient intérêt à répandre cette opinion erronée et ils ne s'en firent pas faute. Les vieilles croyances populaires laissent des traces profondes ; actuellement, en effet, beaucoup de personnes doutent moins encore de la réalité des phénomènes produits que de la possibilité pour tous de les obtenir sans peine.

Ces personnes sont excusables, car chercher à provoquer ces phénomènes au moyen de l'enseignement donné jusqu'à ce jour sur l'hypnotisme est chose bien difficile, pour ne pas dire impossible. La plupart des volumes en librairies ne sont pas pratiques et n'aboutissent à rien. Ceux qui sont livrés très cher par des clubs, des instituts ne valent malheureusement guère mieux et sont, du reste, peu consultés. Ils ne servent souvent que de prétexte à recommander des objets mécaniques qui, sans doute à cause de leur efficacité et de leur utilité indiscutables, sont vendus cent fois leur valeur.

Longtemps j'ai douté moi-même de l'hypnotisme. Pourtant quelques allusions faites dans des romans lus dans ma jeunesse ; quelques renseignements théoriques que je possédais sur les idées de Mesmer m'avaient intéressé au plus haut degré et excitaient vivement ma curiosité. Diverses séances données par des hypnotiseurs professionnels dans des cercles, théâtres ; des expériences de télépathie auxquelles j'avais assisté m'avaient convaincu qu'il y avait quelque chose de réel et de vraiment extraordinaire dans cet ensemble de phénomènes connus sous le nom de **Magnétisme** ou **Hypnotisme**.

La transmission de pensée surtout m'avait intéressé, absolument sûr que j'étais qu'il n'y avait dans ce phénomène ni subterfuge ni compérage possible. L'hypnotiseur m'ayant, sur ma demande, mis en communication avec son sujet plongé dans le sommeil hypnotique, au cours d'une des séances, tous les nombres auxquels je pensais furent annoncés sans hésitation et à haute voix par le sujet, cela à une grande distance. L'hypothèse des mouvements inconscients ne peut être invoquée puisque je ne touchais pas le sujet. Cette expérience concluante m'avait intéressé au plus haut degré.

Quelques jours après, il y a de cela une vingtaine d'années, j'eus la bonne fortune de rencontrer dans une maison amie un hypnotiseur célèbre : le docteur Liébengen.

Avec sa bonté habituelle, le docteur voulut bien me rendre témoin de quelques essais d'influence hypnotique sur différentes personnes de l'assistance. Désirant à tout prix être définitivement fixé sur la question, je me présentai à mon tour comme sujet volontaire.

Sans m'endormir, sans m'enlever la parfaite conscience de tout ce que j'éprouvais, je dus subir malgré ma résistance acharnée l'ascendant étrange de l'hypnotiseur. Lorsque ces expériences, tentées sur moi à l'état de veille, m'eurent convaincu de la réalité de l'hypnotisme, je n'eus qu'un but : étudier ! savoir !!

Le docteur Liébengen voulut bien me faire profiter de ses nombreuses investigations personnelles, dans la pratique de l'hypnotisme ; je devins son élève, et il me fut possible de me rendre personnellement compte que cette science était une des plus admirables et des plus utiles qu'il soit possible d'imaginer.

Disposant de nombreux loisirs et à l'abri des difficultés matérielles de l'existence, je pus consacrer ma vie à l'étude approfondie de l'hypnotisme. Après l'enseignement du docteur Liébengen, j'étudiai à peu près tous les ouvrages parus sur ce sujet. Je me procurai au moment de leur apparition tous les cours par correspondance publiés jusqu'à ce jour dans les deux mondes ; je me mis en relation avec la plupart des hypnotiseurs célèbres, et grâce à ces communications et échanges de vue, grâce aussi à une longue expérimentation portant sur plus de dix mille sujets, il a été possible d'écrire aujourd'hui un cours complet d'hypnotisme pratique.

Avant de le présenter au public, je me suis assuré que ce seul volume permettrait d'obtenir le succès le plus complet, car j'ai formé par lui seul un grand nombre d'élèves par correspondance, qui sont parvenus, après deux mois d'étude, à provoquer tous les phénomènes possibles de l'influence hypnotique, depuis la chute en arrière du sujet jusqu'au somnambulisme complet, et à employer l'hypnotisme dans toutes ses applications. En choisissant d'après la méthode indiquée des sujets assez influençables, ils ont pu produire, après une seule lecture, des phénomènes qui les remplissaient d'étonnement.

Le docteur Liébengen, par l'énorme quantité de documents réunis et par une sorte d'intuition extraordinaire, avait pénétré à peu près tous les secrets de cette science merveilleuse. Convaincu des avantages qu'il y aurait pour les masses de vulgariser l'hypnotisme, il avait songé à lancer un Cours pratique et complet à un prix infime pour le mettre à la portée de tous. Il avait également songé à divulguer une méthode infaillible qui lui était personnelle. Modeste autant que savant, il n'osa de longtemps mettre son projet à exécution ; et lorsqu'il se décida, sur mes instances, à publier le fruit de ses observations, la mort vint le surprendre avant qu'il ait pu accomplir sa tâche.

Aujourd'hui que des charlatans, passés maîtres dans le « *bluff* », abusent de la crédulité publique en vendant un prix exorbitant des ouvrages qui n'aboutissent à rien ou en répandant des idées absolument fausses sur une science que pratiquement ils ignorent, puisque parmi nos savants aucun n'a voulu jusqu'à présent mettre à la portée de tous, les bienfaits de l'hypnotisme, je considère comme un devoir impérieux d'essayer de réaliser le rêve de Liébengen. Je considère comme un devoir de faire connaître et de vulgariser l'hypnotisme, d'indiquer toutes ses applications, de donner à tous la possibilité de produire rapidement tous les phénomènes et expériences. D'abord parce que je suis convaincu que toute personne peut tirer de cette science les plus grands avantages (ne serait-ce que par l'application de l'auto-suggestion à sa propre personne), ensuite parce que j'estime que c'est faire acte d'honnêteté, de mettre à la portée du public un cours pratique et complet à un prix infime et de faire cesser ainsi les agissements des charlatans qui font trafic de l'hypnotisme.

Des sociétés financières montent aujourd'hui des clubs, des instituts qui profitent de l'intérêt croissant qui porte le public à l'étude de cette science mise à la mode par les recherches des savants les plus connus, par les allusions des romanciers, par les représentations publiques des hypnotiseurs, pour le tromper indignement en lui vendant très cher des livres qui sont promis gratuitement par toutes leurs annonces dans les journaux.

C'est faire acte d'honnêteté de mettre le public en garde contre les somnambules dites lucides, les prétendus médiums, spirites, voyantes, etc., qui abusent grossièrement de la crédulité des foules, soutirent l'argent des ignorants et jettent le discrédit sur une science dont elles n'ont le plus souvent aucune notion. Je me suis rendu personnellement compte que, neuf fois sur dix, ces *sujets voyants* ne dormaient même pas du sommeil hypnotique. Quant à celles qui dormaient réellement, elles n'arrivaient même pas au phénomène de télépathie. Comment voulez-vous qu'un sujet semblable puisse voir à distance lorsqu'il n'arrive pas à la transmission de pensée ? Quels renseignements le public espère-t-il donc tirer d'une somnambule prétendue lucide, qui ne peut seulement dire le nombre de doigts qui lui sont montrés près de la nuque ? Ceci est, j'en préviens le public, le moyen infaillible pour se rendre compte de la lucidité d'un sujet ; que les dupes en fassent leur profit. Si la télépathie ou transmission de pensée à distance s'obtient facilement et dans tous les cas sur un sujet prédisposé et suffisamment entraîné, il n'en est pas de même de la vision à distance (lucidité ou double vue). La lucidité existe cependant, bien que beaucoup de savants nient son existence. Ils nient parce qu'ils ne savent pas, ou n'ont jamais cherché à la provoquer, ils nient comme beaucoup ont nié l'hypnotisme en général, c'est-à-dire sans se donner la peine de chercher à contrôler son existence. Mon opinion est faite sur ce point, car j'ai eu souvent des preuves absolument certaines de cette faculté extraordinairement développée chez des sujets en somnambulisme artificiel. Le sujet « Bertha » du docteur Liébengen aurait suffi, du reste, pour dissiper tous mes doutes à cet égard. Il est vrai que le sujet avait des dispositions particulières, développées par une éducation toute spéciale. Mais j'ai contrôlé sur quelques autres en somnambulisme l'existence de la double vue spontanément et en dehors de tout entraînement préalable.

Je suis persuadé qu'avec un peu d'expérimentation, le lecteur trouvera certainement, surtout parmi les hystériques, un sujet qui lui permettra de n'avoir aucun doute relativement à son existence et à sa possibilité.

Mais les sujets voyants sont si rares, leur lucidité est sujette à tant d'éclipses, qu'il est impossible de prendre comme vérité tout ce qu'ils disent.

Voyez la créance que l'on peut donner aux somnambules professionnelles, en admettant même qu'elles soient réellement lucides comme elles l'affirment.

Quant à la prédiction de l'avenir, le public est plus grossièrement trompé encore. Les journaux relatent bien souvent des exemples d'escroqueries qui ont leur dénoûment devant les tribunaux correctionnels. Bien souvent la somnambule prétendue lucide joint à ses prédictions des simagrées ridicules, des procédés de soi-disant *magie* ou d'*occultisme*, et on voit tous les jours de crédules personnes dépenser des sommes incroyables dans l'espérance d'être renseignées sur l'avenir, ou de parvenir à influencer les événements pour réussir dans une entreprise.

Et les dupes ne sont pas seulement des ignorants, des intelligences grossières ; elles se recrutent même parmi la classe intelligente et éclairée. C'est à cette circonstance qu'est due en partie l'incrédulité que rencontrent beaucoup de phénomènes magnétiques. Beaucoup de personnes composant la clientèle des somnambules ne se doutent pas que ces charlatans en jupons ignorent totalement ce que c'est que le sommeil hypnotique. Quand celles que l'on berne ainsi auront une idée juste de l'hypnotisme, lorsqu'elles seront à même de contrôler la réalité du sommeil magnétique chez les somnambules qu'elles consultent, leur confiance en ces consultations sera fortement ébranlée pour le plus grand bien de leur bourse.

Je m'étendrai dans le courant du volume sur l'importance que l'on peut accorder aux révélations d'un *médium* en somnambulisme, relativement à la prédiction de l'avenir. Quant à l'influence à distance sur les personnes, ce n'est pas par les pratiques ridicules des somnambules de tréteaux que le lecteur peut espérer changer les dispositions des autres à son égard. Ce n'est que par le développement raisonné de la *volonté* (1), de la *suggestion* (1) et du *regard* (1), qui sont les trois causes agissantes dans le *magnétisme personnel* ; par l'étude ou plutôt la connaissance approfondie de l'esprit humain, tel que le fait notre civilisation ; enfin et surtout par la connaissance de la conduite à tenir à l'égard des personnes que l'on veut influencer et la mise en action en temps voulu des forces mentales développées par l'entraînement qui sera indiqué.

Il est important de le dire et de le redire bien haut, l'influence voulue sur quelqu'un est parfaitement possible, et c'est surtout pour cela que vulgariser l'hypnotisme est un devoir, car la connaissance des lois de cette science permet de se mettre à l'abri de toute influence fâcheuse.

Lorsque ces lois seront connues de tous, les gens malintention-

---

(1) Toutes les explications nécessaires concernant l'entraînement et l'emploi de ces trois facteurs importants de l'influence hypnotique sont données plus loin (page 58).

nés ne pourront plus exercer par leur mise en action des influences mauvaises sur leurs semblables, comme on l'a vu malheureusement bien souvent.

La vulgarisation de l'hypnotisme obligera peut-être les savants à l'étudier d'un peu plus près. Non pas d'après des théories, mais d'après des phénomènes réellement produits, non seulement par eux-mêmes, mais encore sur eux-mêmes, ce qui est indubitablement le meilleur moyen de s'assurer d'une vérité.

Enfin, la vulgarisation, bien loin de nuire aux professionnels honnêtes de l'hypnotisme, dissipera, au contraire, pour toujours la suspicion de charlatanisme que des personnes ignorantes ou prévenues font peser sur eux. Lorsque tous reconnaîtront la réalité des expériences, l'intérêt excité par les soirées où paraîtront des sujets réellement entraînés dans la transmission de pensée, dans la double vue, dans l'extériorisation de la motricité sera bien plus grand.

Cette science sera nécessairement appelée à progresser et les professionnels ne peuvent qu'y gagner. La vulgarisation des beaux-arts n'a jamais nui aux artistes, tout au contraire ; il en sera de même de celle de l'hypnotisme. Le temps n'est plus où il était de règle de mettre la lumière sous le boisseau ; vulgarisons, c'est le devoir.

* * *

Voulant justifier le titre de mon ouvrage : *Cours complet d'hypnotisme pratique*, je ne suivrai pas la méthode généralement admise, qui fait dès le début l'historique complet du magnétisme et de l'hypnotisme, décrit longuement les particularités du sommeil provoqué, cherche l'explication de ce sommeil et de tous les phénomènes obtenus dans des hypothèses plus ou moins certaines. Tout cela pour passer complètement, ou à peu de chose près, sous silence les moyens pratiques et sûrs de produire soi-même aisément et rapidement tous ces faits décrits avec une grande prolixité.

Je ne suivrai pas une telle méthode, car je suis convaincu que, seule, la méthode expérimentale peut aspirer à l'enseignement logique, rationnel de la science hypnotique. Partant de ce principe, j'ai divisé mon ouvrage en deux parties : d'abord la partie pratique, *la seule importante, la seule nécessaire, celle que le lecteur a sous les yeux sous le nom de Cours complet d'hypnotisme pratique*, qui lui permettra d'obtenir tous les phénomènes connus de l'hypnotisme ; puis la partie théorique et historique (en un deuxième volume), qui n'est *pas indispensable* pour l'étude de l'hypnotisme proprement dit. Cette deuxième partie, sur le point d'être publiée, est écrite en collaboration avec le professeur Jacquemont. C'est quelques années après ma première entrevue avec Liébengen que j'eus l'avantage de faire la connaissance de celui qui devait devenir bientôt mon précieux collaborateur et mon meilleur ami. Agé de vingt-cinq ans à peine, le professeur Jacquemont venait de conquérir brillamment ses grades en philosophie. Il voyageait pour se détendre l'esprit sur le conseil du médecin de sa famille et c'est à cette circonstance que je dus de faire sa connaissance. Liébengen était venu me rendre visite, sa nièce l'accompagnait, et nous excursionnions dans les environs de N..... Nous causions un soir à table d'hôte des grands philosophes allemands que le docteur ne craignait point de critiquer, bien qu'ils fussent ses compatriotes. Jacquemont, qui avait soutenu une thèse sur le *Kantisme*, prit la défense du grand subjectiviste, et comme ce sujet était plutôt ardu pour une conversation de salle à manger, on arriva par une série de digressions à causer de l'*Occultisme*. Liébengen donna un aperçu de la question avec son éloquence habituelle et entama le problème de l'hypnotisme. Les affirmations positives du docteur étonnèrent d'autant plus Jacquemont, qu'il ne connaissait cette science que théoriquement et les expériences concluantes de transmission de pensée, de suggestion mentale, de lecture de pensée, de vision à distance, d'extase et d'extériorisation qui furent renouvelées à son intention avec le concours du *médium* « Bertha » en eurent bientôt fait un convaincu. Sa vocation se dessina aussitôt. Il abandonna la carrière de l'enseignement pour consacrer son intelligence et sa fortune à l'étude des faits mystérieux que ni la science officielle, ni la philosophie pouvaient expliquer d'une façon satisfaisante. Lorsque je résolus de vulgariser l'hypnotisme, il m'offrit son concours, que je fus heureux d'accepter. L'un des chapitres du présent cours pratique : « *L'Hypnothérapie* ou emploi de l'hypnotisme dans le soulagement et la guérison des maladies », est écrit en collaboration avec lui. Enfin, c'est grâce à ses tentatives autant qu'aux miennes que pourra bientôt être soumise au public la deuxième partie de cet ouvrage. Elle permettra au lecteur désireux d'avoir des notions sérieuses sur la nature des phénomènes étranges que ce cours pratique le mettra à même de produire, de satisfaire sa légitime curiosité. Elle lui permettra de suivre l'évolution de cette science depuis les temps les plus reculés jusqu'à nos jours. Il reconnaîtra les applications inconscientes de l'hypnotisme dans sa période mystique, aussi loin que peuvent nous reporter les antiques traditions; il suivra les progrès accomplis dans sa période empirique pour arriver enfin à l'épanouissement dans sa période scientifique ou contemporaine (1). Cette seconde partie enseignera toutes les théories, toutes les hypothèses présentées par les savants de toutes les époques pour expliquer le pourquoi de l'influence hypnotique.

La théorie du magnétisme (tel que le conçoivent les magnétiseurs modernes d'après les théories de l'ode du docteur Reichembach, de la force neurique rayonnante du docteur Baréty et des projections fluidiques magistralement étudiées par le colonel de Rochas), sera donnée et commentée. Toute idée préconçue a été soigneusement écartée, la vérité est recherchée partout où elle se trouve, partout où elle peut être appuyée sur des faits réels, probants, que le lecteur peut produire et non sur des théories nébuleuses enfantées par l'imagination ou par la superstition. Ce même volume comprendra l'*occultisme expérimental*, la première tentative de vulgarisation pratique de phénomènes étranges il est vrai, encore peu connus en Europe, mais qui cependant n'ont rien de surnaturel quoi qu'en pensent les superstitieux.

Ces phénomènes sont depuis des siècles provoqués par les fakirs de l'Inde, les derviches de la Perse et les lamas du Thibet. Ils peuvent être obtenus par tout le monde avec un peu d'entraînement; absolument comme tout le monde peut produire les phénomènes hypnotiques.

Ce n'est plus de l'hypnotisme au sens strict du mot, mais la connaissance approfondie de la pratique de l'hypnotisme que le lecteur possédera bientôt, le disposera admirablement à étudier, à comprendre et à obtenir ces extraordinaires phénomènes.

---

(1) Il ne faut pas voir dans cette classification une justification de la doctrine positiviste de Comte. Cet ouvrage ne veut se faire l'apôtre d'aucune école philosophique.

Mais revenons à l'hypnotisme, à son côté pratique surtout, le seul qui doive nous intéresser. Je vais indiquer avant tout la seule méthode rationnelle permettant d'arriver rapidement aux résultats. Pour devenir un très habile hypnotiseur, dans le plus petit espace de temps possible, voici ce qu'il faut faire et ce que je recommande :

1° Développer d'abord, par un entraînement facile, les forces qui agissent dans l'influence hypnotique ;

2° S'exercer ensuite à employer ces forces, en choisissant au début des sujets impressionnables (je donnerai le moyen infaillible de les reconnaître), ou des sujets jeunes : enfants, jeunes filles, pour passer plus tard aux sujets les plus résistants ;

3° Avant tout essai hypnotique sur une personne quelconque, constater, par la méthode qui sera indiquée, la susceptibilité du sujet à l'influence. Puis, débuter toujours par quelques expériences à l'état de veille sans endormir le sujet ; ceci vous permettra ensuite d'arriver bien plus vite au sommeil complet avec toutes ses phases : catalepsie, léthargie, somnambulisme, etc. Ceci vous permettra surtout d'éveiller très facilement la personne, lorsque vous voudrez faire cesser son sommeil hypnotique.

Je décrirai les forces qui agissent, j'indiquerai les moyens les plus sûrs de les développer au plus haut degré et, enfin, le mode d'emploi sur la personne qui se prête aux expériences. Ces forces, tout être humain les possède, l'hypnotisme n'a rien d'occulte, rien de caché, rien de mystérieux ; l'homme tire toute la puissance agissante de lui-même et de lui seul.

L'hypnotiseur habile est celui qui a su, par un entraînement logique, développer les causes d'influence, qui a su les rendre puissantes et partant efficaces, et qui sait les employer dans ses essais d'hypnotisation. Lorsque j'aurai décrit ces forces et la manière de les entraîner au plus haut degré, je montrerai comment il faut les employer sur le sujet, en donnant une progression ascendante de toutes les expériences connues d'influence hypnotique, depuis la chute en arrière du sujet éveillé jusqu'au somnambulisme. Ce n'est que lorsque le lecteur sera à même de produire et par conséquent d'étudier par lui-même tous les phénomènes que nous ferons (comme j'ai déjà eu l'occasion de le dire), dans un deuxième volume, l'historique du Magnétisme et de l'Hypnotisme et que nous nous étendrons longuement sur les différentes hypothèses cherchant à expliquer cette étrange influence.

Ce ne sont évidemment que des hypothèses, c'est-à-dire des possibilités et non des certitudes, il serait donc indifférent de les connaître si la satisfaction d'une curiosité, somme toute assez légitime, n'était en jeu. D'autant plus indifférent qu'il est parfois fort difficile de démêler la vérité dans ce chaos d'opinions contraires et pourtant toutes vraisemblables.

Enfin, le point le plus important est d'obtenir l'effet ; quant à la cause, il est indifférent qu'à l'heure actuelle son essence soit ou non explicable et expliquée.

Attend-on pour s'en servir que la chaleur et la lumière soient expliquées ? Attend-on pour employer l'électricité dans ses multiples applications que cette modalité de l'énergie soit expliquée Non, n'est-ce pas ? Et pourtant que savons-nous de la nature intime de la chaleur, de la lumière, de l'électricité ? Rien de certain, absolument rien.

Acceptons pour l'hypnotisme le déterminisme expérimental de Claude Bernard, recherchons avant tout le « *comment* » du phénomène, quitte à n'en trouver que plus tard le « *pourquoi* ». Ce n'est qu'en provoquant ce phénomène que l'on peut l'étudier. Il n'est donc ni logique, ni sage de dédaigner l'hypnotisme, de le nier ou de le combattre avant de le connaître sous son véritable aspect, puisque l'initiation à cette science est rendue possible et facile et que rien ne vaut l'expérimentation personnelle pour se convaincre d'une vérité.

C'est un devoir de vulgariser l'hypnotisme, c'est aussi un devoir de l'étudier, non seulement pour l'intérêt qu'il provoque et le bien que l'on peut en tirer, mais encore, et surtout, pour lui assurer par là le progrès et la possibilité de nouvelles applications. L'expérience nous a toujours démontré que vulgarisation était synonyme de progrès et de développement.

La télépathie ou transmission de pensée est déjà possible. Si déconcertant que cela puisse être, cela est ; j'indique, du reste, dans ce volume, comment obtenir ce troublant phénomène. L'influence énorme de l'esprit sur la matière, du moral sur le physique est portée à son apogée dans le sommeil hypnotique. Qui peut dire où cette science s'arrêtera ? Qui peut prévoir les étonnements qu'elle nous réserve ?

PRÉPARATION

A L'HYPNOTISME PRATIQUE

En abordant l'étude de l'hypnotisme, pénétrez-vous bien de cette vérité : « *Tout ce que font les plus habiles hypnotiseurs, vous pouvez le faire également* ». Je ne le répéterai jamais assez, l'hypnotiseur n'a pas de dons surnaturels, il ne possède pas de facultés plus puissantes que les autres personnes. Il a simplement étudié l'hypnotisme, il en connaît les lois et sait mettre en jeu des forces que tous possèdent, mais que beaucoup ignorent.

Toute personne, quels qu'en soient l'âge, le sexe, le tempérament, l'état de santé, le degré d'instruction, peut devenir en peu de temps habile hypnotiseur et tirer de cette science le plus utile parti, non seulement par l'influence qu'il lui est possible d'exercer sur les autres non initiés, et cela sans qu'ils s'en doutent; non seulement par l'obtention sur des sujets de tous les phénomènes d'influence hypnotique si intéressants à étudier, mais encore *par le contrôle absolu que la connaissance approfondie de l'hypnotisme permet d'obtenir sur sa propre personne*. Je le répète, la faculté d'hypnotisation est donnée à tous indistinctement, aux *femmes* comme aux hommes, aux adultes comme aux vieillards, aux illettrés comme aux savants. Comme toutes les facultés, ce pouvoir se développe et gagne en puissance par la pratique.

Le régime n'a aucune influence et les rêveries des magistes et des occultistes n'ont rien à faire ici. L'étude de l'hypnotisme n'exige ou ne nécessite aucun changement de régime ou d'habitude. Une seule chose est indispensable : la persévérance. Elle sera bien vite récompensée par les résultats obtenus, car le succès est aussi rapide que certain, et il dépassera les espérances.

Dans l'influence hypnotique, quatre choses sont appelées à agir, soit isolément, soit combinées de différentes façons, selon les cas. Ces choses sont : le *Regard*, la *Parole* (suggestion verbale), les *Passes* (gestes et imposition des mains), la *Pensée* (suggestion et effort mentaux).

On peut ajouter les moyens mécaniques ou procédés physiques, tels que le *Sensitivomètre* et l'*Hypnoscope*, destinés à reconnaître le degré de sensibilité des personnes à l'influence hypnotique; le *Baquet* et le *Conducteur* de Mesmer, les *Aimants*, les *Cristaux*, les *Couronnes aimantées*, employés par les Mesméristes[1] en vue de l'expérimentation et du traitement exclusivement magnétiques; les *Objets brillants, Boules hypnotiques, Miroirs tournants, Globes lumineux rotatifs, Lampes à magnésium, Appareil pour production de lumière oxydrique*, utilisés dans le but de vaincre la résistance des individus difficiles à hypnotiser ; enfin, les *Gongs, Tam-tams, Diapasons*, usités concurremment avec les objets brillants par des écoles hypnotiques dans l'expérimentation sur les hystériques.

A l'exception de la boule hypnotique Fournier, qui rend d'incalculables services et qui est presque indispensable à l'hypnotiseur, tous les moyens mécaniques indiqués ci-dessus sont aujourd'hui absolument inutiles. Ces appareils ne se trouvent pas dans le commerce, ils sont le plus souvent vendus un prix très élevé et ne servent guère qu'à enrichir les industriels qui les fabriquent, sous le couvert et sur la recommandation de prétendus instituts hypnotiques, magnétiques ou psychiques. Le sensitivomètre et l'hypnoscope ne sont non seulement pas infaillibles, mais encore absolument inutiles, comme on le verra plus loin; le baquet et le conducteur

---

[1] Mesméristes, partisans des idées de Mesmer sur le magnétisme animal et le magnétisme de certains corps. Voir la vie de Mesmer et l'exposé de sa théorie du magnétisme dans la deuxième partie de cet ouvrage.

de Mesmer sont tombés en désuétude ; les aimants, les cristaux et les couronnes aimantées ont une utilité si contestable qu'ils sont généralement délaissés ; quant aux lampes à magnésium ou à lumière oxydrique, aux gongs, tam-tams, diapasons, etc., ils ne peuvent avoir d'influence que sur les hystériques, leur emploi n'est pas sans présenter quelque danger entre les mains d'un débutant et nous disposons à l'heure actuelle de méthodes d'expérimentation plus simples, plus pratiques et beaucoup plus efficaces.

Le *Regard*[1], la *Suggestion*[2] et les *Passes*[3] suffisent pour obtenir les phénomènes les plus connus de l'hypnotisme, ceux que tous les savants admettent sans restriction parce qu'on les produit facilement et qu'il est impossible à l'esprit le plus prévenu de les nier. Et encore les *passes* ne sont pas employées par tous. Certains, ne connaissant de l'hypnotisme que ce qu'ils ont lu dans quelques-uns des ouvrages dits *scientifiques* publiés par des docteurs érudits ayant étudié l'hypnotisme sur des théories sans fondement, vont même sourire en voyant apparaître les passes.

Les passes ou gestes de l'hypnotiseur semblent en effet ressusciter le Mesmérisme ou Magnétisme animal, qu'ils croyaient bien mort. Je me réserve de démontrer plus loin par différentes expériences concluantes, ne pouvant laisser subsister aucun doute, que chacune des choses indiquées plus haut a, quoi qu'en disent les écoles contraires, une influence sensible et peut agir réellement seule ou unie à toutes les autres ou à une d'entre elles dans les expériences données. L'usage des passes est justifié parce qu'une longue expérimentation et une étude approfondie du sujet amènent infailliblement à admettre l'hypothèse de la *force magnétique*.

Cette hypothèse est appuyée non sur des théories, mais sur des faits qu'il est impossible de nier. Le lecteur en jugera du reste, puisqu'il sera bientôt à même d'obtenir sur des sujets des phénomènes qui le convaincront mieux que ne le feraient les plus longues dissertations et les plus savantes théories.

Quant à la *Pensée* (suggestion mentale, concentration de la pensée, effort mental), je puis affirmer que c'est pour avoir écarté

---

[1] Les yeux de l'hypnotiseur.
[2] La parole de l'hypnotiseur.
[3] Les gestes faits sur le sujet par l'hypnotiseur.

systématiquement ce moyen d'influence que certains hypnotiseurs, pourtant très savants, n'ont jamais obtenu le phénomène le plus banal des magnétiseurs de tréteaux : la télépathie ou transmission d'une pensée à distance à un sujet endormi et même éveillé. N'arrivant pas à provoquer le phénomène, ils se sont contentés de le nier ; c'était, certes, bien plus facile que de chercher à l'obtenir ou de forger des hypothèses pour l'expliquer. Je dois insister sur cette possibilité de la pensée transmise à distance, car il n'y a pas une expérience qui peut convaincre comme celle-ci de la réalité de l'hypnotisme. Je l'ai dit déjà au lecteur, c'est cette expérience qui m'a convaincu moi-même et qui m'a engagé à consacrer ma vie à l'étude et à la pratique de cette science. J'ai vu le regretté docteur Liébengen avec son sujet (Bertha) persuader également beaucoup de ses savants confrères et faire d'un grand nombre de médecins incrédules et sceptiques, des apôtres de l'hypnotisme. La concentration mentale de la pensée prépare pour obtenir ces belles expériences.

Elle est indispensable pour développer dans une plus large mesure le pouvoir de l'influence magnétique chez l'hypnotiseur. Elle est surtout destinée à recevoir une application pratique dans l'étude du *Magnétisme personnel*, qui fera l'objet d'un chapitre spécial.

C'est du magnétisme personnel que dépend bien souvent le succès dans la vie. C'est grâce à sa possession, obtenue soit par l'étude consciente, soit par une sorte d'intuition naturelle, que l'on voit des gens sans instruction ni éducation, sans talent, sans conduite, forcer la réussite et arriver parfois aux plus hautes situations.

C'est par l'absence du *Magnétisme personnel* que l'on voit au contraire des gens instruits, bien doués, honnêtes, croupir dans des situations infimes.

J'ai eu déjà l'occasion de dire que la concentration de la pensée permettait d'obtenir les phénomènes les plus extraordinaires de l'hypnotisme : la transmission de pensée et l'influence à distance.

Il est impossible de conserver le moindre doute sur la réalité de ces faits, bien que la science ne puisse encore les expliquer autrement que par des hypothèses. On est parvenu à communiquer par la Pensée à des distances considérables. Quant à l'influence à distance par *suggestion mentale*, on la reconnaît aujourd'hui non seulement possible, mais on sait encore qu'elle peut atteindre une *puissance effrayante.* Le meilleur moyen de permettre au lecteur de se faire une opinion juste à ce sujet est de lui donner dans ce volume les moyens de produire ces troublants essais. J'espère ainsi arriver plus facilement et plus rapidement à le convaincre de leur réalité qu'avec des exposés interminables sur les mystères de l'être, le corps fluidique ou le moi subliminal. Ces dissertations auront leur place dans le deuxième volume seulement, leur connaissance n'étant pas du tout nécessaire au point de vue pratique.

C'est aussi sur la concentration de la Pensée que repose toute la puissance de l'auto-hypnotisme, autrement dit l'application de toutes les influences possibles de la science hypnotique à sa propre personne. On ne s'étendra jamais assez sur toutes les possibilités de cette branche si ignorée et pourtant si importante de l'hypnotisme. Un long chapitre lui est consacré plus loin, car il n'est pas un être humain sur cette terre qui ne puisse tirer de l'auto-suggestion le parti le plus utile et le plus efficace dans toutes les circonstances de la vie.

Je vais maintenant faire une étude détaillée du Regard, de la Suggestion et des Passes. Si le lecteur de ce cours désire arriver au succès, il n'a qu'à se conformer scrupuleusement aux instructions données pour le développement et l'emploi de ces trois facteurs de l'influence. Les exercices recommandés sont d'une exécution très facile, ils n'ont absolument rien de fatigant et ils permettent d'arriver rapidement à un pouvoir merveilleux. J'ai voulu que par la lecture et l'étude de ce seul cours pratique, de ce seul volume, le lecteur soit à même de provoquer tous les phénomènes connus de l'influence hypnotique. Ne manquez pas de pratiquer les méthodes d'entraînement journalier telles que je les donne pour le *regard* et la *suggestion* d'abord. Après quelques jours de pratique, lorsque par les exercices faciles indiqués votre regard sera entraîné et que vous saurez donner une suggestion, vous pourrez commencer à provoquer, dans l'ordre indiqué, de légers effets hypnotiques sur des personnes éveillées et enfin, un peu plus tard, le sommeil hypnotique dans ses phases profondes.

Si vous voulez acquérir un pouvoir merveilleux, pratiquez beaucoup la progression des influences à l'état de veille, autant que possible dans l'ordre que j'indiquerai. L'expérience prouve que le pouvoir de l'hypnotiseur se développe d'une façon étonnante par l'habileté venant de l'habitude acquise.

REGARD (Fascination)

Le regard est un auxiliaire puissant dans l'influence hypnotique et certains hypnotiseurs célèbres n'ont recours qu'à lui, pour provoquer le sommeil chez leurs sujets.

Soit que l'on considère les yeux comme de simples objets brillants ou que l'on admette qu'ils donnent passage à des effluves magnétiques agissant directement sur le cerveau; soit qu'on leur accorde une action indirecte sur l'esprit du sujet par une sorte d'auto-suggestion, soit enfin qu'ils ne fassent que retenir son attention sur la suggestion de l'hypnotiseur, il est indéniable que le regard a une influence capitale en hypnotisme et qu'il y joue un rôle prépondérant. Tous les savants s'accordent à le reconnaître, il n'y a que l'explication du pourquoi qui donne lieu à des opinions différentes. Nous nous occuperons plus tard de ces opinions et nous allons considérer le regard au point de vue pratique.

Pour que les yeux puissent produire un effet irrésistible dans les essais hypnotiques, l'expérience nous enseigne qu'il faut arriver à les garder ouverts le plus longtemps possible, sans aucun clignement de paupières. Ce mouvement des paupières, désigné sous le nom de clignement, est réflexe, c'est-à-dire se produit habituellement sans que la volonté y prenne part. Il faut absolument le dominer, car le succès absolu dans les essais de fascination est à ce prix. Certains auteurs ne craignent pas de dire que tout mouvement de paupières chez l'hypnotiseur (lorsqu'il fixe une personne qu'il veut influencer) annule complètement l'effet déjà produit. Il y a peut-être là un peu d'exagération, mais il n'en est pas moins vrai que toutes les fois que l'on se sert du regard pour produire une influence hypnotique, le résultat est bien plus certain et rapide lorsqu'on maintient son regard fixe et ferme.

On arrive très facilement à empêcher ses paupières de battre par l'entraînement suivant : Exercez-vous à fixer un point quelconque, sur une feuille de papier par exemple, ou bien sur un mur (1), et efforcez-vous de regarder le plus longtemps possible sans cligner les yeux. Au début, vous éprouverez une certaine gêne, vous sentirez des picotements dans les yeux ; ils s'empliront de larmes et malgré vous vos paupières s'abaisseront pour se relever ensuite. C'est ce mouvement qu'il faudra étudier à éviter. Comme vous ne pouvez vous attendre à en être maître de suite, continuez la fixation du point choisi en vous efforçant, comme je vous le recommande plus haut, de les abaisser le moins souvent que vous pourrez. Continuez cette fixation pendant une dizaine de minutes environ. En insistant tous les jours (plusieurs fois par jour, les progrès seront plus rapides), vous constaterez que cette pratique vous permettra de garder très longtemps les yeux grands ouverts sans aucune gêne et que le besoin d'abaisser les paupières ne se fera sentir qu'après un temps de plus en plus long.

Il n'est peut-être pas nécessaire de faire de gros yeux et de prendre un air terrible, le docteur Liébengen, ce grand maître de l'hypnotisme, influençait en souriant les sujets les plus rebelles. Il n'en est pas moins vrai qu'avec certains sujets, il paraît y avoir avantage à ouvrir les yeux le plus possible, la fascination s'obtenant parfois plus rapidement.

Avec quelques jours de pratique suivie, vous serez absolument maître de votre regard, mais il faudra continuer encore et toujours ces exercices. Vous pouvez aussi, en faisant vos travaux habituels, vous exercer de temps en temps à essayer de garder les yeux ouverts, sans battements de paupières. Efforcez-vous quand vous faites de la lecture, quand vous lisez votre journal par exemple, de cligner des yeux le moins possible. Vous constaterez avec surprise qu'au bout de quelque temps vous pourrez aisément lire des pages entières, sans éprouver le besoin d'abaisser les paupières. En insistant un peu, vous arriverez à faire ces exercices machinalement, sans y penser ; et vous développerez un regard qui fera baisser tous les autres et qui influencera infailliblement les personnes non exercées qui consentiront à vous fixer. Même lorsque vous aurez obtenu tout le succès possible comme hypnotiseur, exercez-vous à maintenir les yeux ouverts le plus longtemps pos-

---

(1) Le meilleur procédé pour arriver très rapidement à dominer le mouvement réflexe des paupières est de s'entraîner, comme le font les fakirs de l'Inde, à fixer une petite boule de cristal pendant un quart d'heure chaque jour. On développe ainsi un pouvoir extraordinaire de fascination.

sible vous pouvez assez facilement arriver à les garder ouverts sans battements de paupières pendant vingt ou trente minutes. Cet exercice n'a aucune influence fâcheuse sur la vue, tout au contraire, une expérience basée sur de nombreuses remarques me permet d'affirmer que la vue ne peut qu'y gagner et votre regard acquerra une *force incroyable de pénétration*.

Comment regarder une personne que l'on veut influencer

Quand l'hypnotiseur regarde un sujet, il ne faut pas croire qu'il le fixe dans les yeux ; il dirige son regard à la racine du nez, entre les deux yeux, et le maintient fixe et ferme, c'est-à-dire qu'il retient le battement de ses paupières, et qu'il ne dérange pas son point visuel. Le sujet doit regarder l'hypnotiseur dans les yeux. Ne dites jamais aux personnes non initiées que vous les regardez ailleurs que dans les yeux.

Un excellent exercice est de vous habituer à fixer votre doigt [1], destiné dans ce cas à représenter la racine du nez du sujet, point que vous devez toujours fixer dans toutes les expériences d'influence où le regard est employé. Exercez-vous à cette fixation le plus longtemps qu'il vous sera possible. Vous pouvez aller jusqu'à vingt ou trente minutes, mais vous n'arriverez que progressivement à cette durée, qu'il n'est pas nécessaire de dépasser.

Ce genre d'exercice peut vous paraître puéril, mais il est indispensable, et par lui vous obtiendrez plus tard dans l'expérimentation des résultats qui vous étonneront, non seulement en vue de la réussite des expériences que vous tenterez sur des « sujets » se prêtant aux essais d'influence hypnotique ; mais encore et surtout pour le développement de l'*Influence personnelle*, cette force subtile qui agira sans qu'elles s'en doutent sur toutes les personnes que vous approcherez. Bien que le Magnétisme personnel doive se traiter dans un chapitre spécial, il est bon cependant que vous sachiez dès à présent que le regard, entraîné par les exercices

---

[1] Il y a les plus grands avantages à fixer de préférence la petite boule de cristal de la boule hypnotique Fournier. Voir plus loin « Objets mécaniques », page 107.

précédemment indiqués, produit chez les personnes que l'on fixe à la racine du nez l'état plus ou moins accusé de *fascination*, c'est-à-dire de *suggestibilité*. Vous pouvez de cette façon, dans le cours d'une simple conversation, influencer une personne non initiée sans qu'elle s'en doute. Songez quel parti vous pouvez tirer de cette influence, ayant beaucoup plus de chance d'être cru dans ce que vous dites et de persuader plus aisément cette personne. N'étant pas avertie que vous cherchez à employer sur elle la puissance hypnotique, il n'y a pas de résistance consciente chez elle et elle se trouve parfois livrée à votre puissance sans beaucoup de défense. Si vous avez affaire à une personne initiée, en la regardant à la racine du nez, entre les deux yeux, cette personne ne pourra jamais vous influencer en quoi que ce soit contre votre volonté (du moins par le regard). Voilà pourquoi il il y a avantage à étudier les moyens d'action de l'*Influence personnelle* consciente, ne serait-ce que pour se mettre à l'abri de toute influence fâcheuse.

En abordant quelqu'un, dans la conversation, lorsque vous voudrez obtenir quelque chose, regardez toujours fixement votre interlocuteur à l'endroit indiqué, vous en retirerez de grands avantages. Vous augmenterez certainement ainsi vos chances de persuasion. Avec les sujets très sensibles à l'influence hypnotique, avec ceux que les magnétiseurs appellent « *sensitifs* », les résultats vous étonneront et dépasseront vos espérances. Ces résultats peuvent actuellement vous paraître impossibles parce que vous ne savez pas encore quelle puissance a l'hypnotisme sur des êtres spécialement organisés pour recevoir cette influence étrange. Mais lorsqu'en vous conformant aux instructions qui seront données dans les chapitres suivants, vous aurez influencé quelques personnes à l'état de veille, lorsque, plus tard, votre regard sera parvenu à son maximum d'entraînement, vous verrez alors par vous-même que le regard en hypnotisme est bien réellement un moyen d'influence qu'il est impossible de dédaigner, sans compromettre ses chances de réussite.

Les « *sensitifs* » ne seront pas les seuls impressionnés, tous le seront à un degré plus ou moins avancé et vous ne retirerez que des avantages de cette pratique de fixation.

Avant d'aller plus loin, je dois vous dire que vous ne devez jamais vous servir de ce moyen, en quelque circonstance que ce soit, pour chercher à obtenir du sujet des choses contre ses intérêts ou contre ses sentiments. C'est surtout lorsque vous provoquerez le sommeil hypnotique qu'il vous faudra songer à ce conseil; car, dans ce cas, le sujet vous obéira bien souvent aveuglément et vous serez responsable devant votre conscience des commandements que vous pourrez lui faire. Le meilleur critérium du bien et du mal, de la chose permise ou défendue consiste à vous mettre par la pensée à la place du sujet, et de voir, dans ce cas, comment vous jugeriez la conduite de l'hypnotiseur.

Il est certain que dans cette lutte à outrance des égoïsmes, lutte nécessaire pour la vie, c'est un devoir de s'armer si on ne veut succomber; mais il ne faut pas faire le mal et ne pas employer pour le mal les armes que l'hypnotisme nous donne. Votre conscience vous laisse donc le seul juge des cas où vous pourrez employer le magnétisme personnel conscient, suivant que la chose que vous désirez obtenir sera juste et que vous ne causerez pas de préjudice.

Le regard est un des facteurs importants de l'influence hypnotique, mais ce n'est pas le seul; vous verrez plus loin qu'il existe des influences autrement puissantes et irrésistibles. Il n'en est pas moins vrai que les phénomènes étranges de fascination ne s'obtiennent qu'avec le regard, à l'exclusion de tout autre procédé. Je vous recommande donc particulièrement de travailler votre regard d'après les procédés que j'ai indiqués; de le travailler tous les jours, encore et toujours. L'œil exercé est aussi un moyen très employé pour obtenir, par fixation, le sommeil hypnotique et c'est, je le répète, par lui seul que l'on obtiendra plus tard les étranges phénomènes de fascination qui ont rendu si célèbre Donato.

Certains de mes élèves m'avouaient qu'ils ne pouvaient réprimer au début une envie irrésistible de rire, en fixant les gens à la racine du nez soit dans leurs premiers essais d'influence, soit dans l'emploi du regard pour le magnétisme personnel. Ceci est certainement commun à beaucoup de personnes, car cette remarque m'en a été faite par un assez grand nombre.

Le meilleur moyen de s'entraîner pour arriver à fixer froidement les gens, consiste à se regarder soi-même dans un miroir. Par cet exercice facile, le regard se porte instinctivement où il faut, et l'on peut parler naturellement sans avoir à réprimer l'envie de rire.

Cet exercice du regard dans une glace est un excellent moyen d'entraînement, surtout si l'on s'efforce de garder les yeux ouverts le plus longtemps possible sans clignement de paupières. Je dois dire aussi que la pratique de l'hypnotisme est un très bon moyen, car lorsqu'on a réussi quelques-unes des influences à l'état de veille, qui seront données plus loin, comme *attirer en avant, faire tomber en arrière*, on a conscience du pouvoir de l'hypnotisme et on ne songe plus à rire.

Les anciens avaient connaissance de la force mystérieuse du regard, par une sorte d'intuition ou d'expérience résultant de leurs observations pratiques. Un poète latin cite le cas d'un guerrier *charmé* par le regard d'un ennemi et livré sans défense à ses coups. Au moyen âge, la croyance au mauvais œil, actuellement encore la terreur inspirée par les « *jettatores* », dans certaines régions de l'Italie, ne sont qu'une confirmation instinctive, irraisonnée, mais réelle de cette puissance.

Les animaux nous fournissent un exemple frappant de la force du regard. Tout le monde connaît le pouvoir de fascination du serpent sur l'oiseau, de l'épervier sur sa proie. Le dompteur n'emploie que la fascination pour faire trembler et amener rampants à ses pieds les fauves les plus terribles. Regardez fixement un chien, l'animal baissera la tête et fuira.

Les Orientaux sont passés maîtres dans l'art de fasciner les animaux féroces, les serpents, les lièvres par la fixation du regard. A tort ou à raison, la croyance populaire attribue encore un pouvoir de fascination au chien sur la perdrix, au crapaud sur la belette, au cerf sur le serpent, à l'araignée sur le crapaud. Beaucoup d'expérimentateurs affirment également que le fascinateur peut tuer une grenouille par fixation.

Les magnétiseurs admettent que les yeux ont une action magnétique très puissante, et qu'il est possible d'exercer, en dehors de toute suggestion, une influence physiologique bonne ou mauvaise par le seul regard. Ils croient qu'en regardant la poitrine du sujet, celui-ci éprouve une sensation agréable et se sent attiré s'il est debout. En regardant le dos du sujet, au contraire, il ressentira une gêne, un malaise et sera repoussé. Ces expériences n'ont quelque chance de réussite qu'après un entraînement suffisant et elles ne sont possibles que sur des sensitifs dont le nombre est assez restreint. Ce qui est plus fréquent, c'est le résultat que l'on obtient en fixant fermement entre les omoplates, une personne assise devant soi, soit au théâtre ou dans tout autre lieu. Il est assez rare que le magnétiseur entraîné n'amène pas cette personne, surtout si c'est une femme nerveuse, à remuer les épaules, à donner des marques d'impatience et à se retourner comme si quelque chose d'inexplicable la gênait.

Il m'est impossible de ne pas parler de certains phénomènes réputés merveilleux obtenus par les fakirs de l'Inde ; mais comme ces phénomènes ne sont possibles qu'après un entraînement tout spécial et qu'ils sortent du cadre de l'hypnotisme proprement dit, je n'en donnerai, dans cet ouvrage, qu'un léger aperçu. Beaucoup d'Européens sont étonnés d'apprendre par les relations de voyageurs que les fakirs de l'Inde parviennent à hâter la croissance d'une plante par la fixation du regard et l'imposition des mains. Je dirai, une fois pour toutes, que ces faits, réputés merveilleux, n'ont rien de surnaturel; ils sont simplement dus à l'extériorisation du fluide vital, rendue possible par un entraînement raisonné.

Il y a longtemps déjà, Nobili a reconnu que l'électricité favorise la germination et Claude Bernard nous a appris que le corps humain dégage de l'électricité. Le corps humain ne dégage pas seulement de l'électricité et de la chaleur, il dégage encore une force particulière se rapprochant beaucoup des rayons N de Blondlot.

C'est cette modalité spéciale de l'énergie que les magnétiseurs appellent *magnétisme animal*. Certains savants l'appellent aujourd'hui *force neurique rayonnante*, d'autres la désignent sous le nom de *fluide vital*.

Je consacre, un peu plus loin, un long chapitre à la force magnétique; le lecteur verra par des preuves convaincantes que cette force se dégage surtout des yeux et des mains de l'hypnotiseur. Dans toutes les expériences de ce genre obtenues par les fakirs, ceux-ci gardent toujours les yeux grands ouverts, sans aucun battement des paupières. J'étonnerais beaucoup nos civilisés si je leur disais que l'entraînement rigoureux auquel se livrent les fakirs leur permet de garder les yeux ouverts *des jours entiers*. Que le lecteur se rassure, je ne veux pas pour le moment lui conseiller de faire comme eux, car pour l'obtention des phénomènes de l'hypnotisme ce n'est point nécessaire. J'ai simplement voulu le convaincre que le regard avait une influence réelle ; que l'entraînement et la patience avaient raison de beaucoup d'obstacles et qu'il n'est pas digne de peuples civilisés de prendre pour surnaturels ou diaboliques, des phénomènes que des hommes réputés moins avancés en civilisation produisent aisément et que tous peuvent produire de la même façon.

Chez nous les fascinateurs[1] ne se servent que du regard, à l'exclusion de tout autre procédé, pour maîtriser leurs sujets et les réduire à l'obéissance la plus absolue. Ce qu'il y a d'étrange dans ce pouvoir de *fascination*, c'est qu'il peut dominer les volontés les plus fortes et avoir parfois raison des résistances les plus acharnées. Des étudiants, des gens instruits, influencés par des fascinateurs, étaient réduits, malgré leurs efforts, leur colère même, à rester dans la position ridicule où les avait placés l'opérateur et n'en pouvaient sortir qu'après la permission de celui-ci. Donato, dans une conférence faite à Paris, boulevard des Capucines, en 1887, a forcé Clovis Hugues à s'agenouiller en le regardant fixement et l'a empêché de se relever malgré ses efforts désespérés mais impuissants. Clovis Hugues ne croyait pas à la réalité des phénomènes hypnotiques, il s'est prêté à cette expérience pour se convaincre, et on peut croire qu'il opposait à l'influence de l'hypnotiseur et à la réussite du phénomène toute la résistance dont il était capable. Ce pouvoir de fascination s'obtient par l'entraînement du regard, recommandé au début de ce chapitre. Même après l'obtention de brillants résultats et de beaucoup de succès comme hypnotiseur, il faut continuer toujours à exercer votre regard. Tâchez de disposer d'une demi-heure par jour, ceci est certainement possible. Qui vous empêche, par exemple, le soir avant de vous coucher, de pratiquer l'entraînement de la fixation. Cet exercice peut vous paraître puéril, peu digne d'être pris en considération, ne le jugez pas ainsi, car c'est le seul permettant d'arriver rapidement à fasciner un sujet. Songez que les plus petites causes produisent parfois les plus grands effets et qu'en hypnotisme, plus que partout peut-être, cet adage trouve sa justification. Du reste, les premiers résultats que vous obtiendrez dans les essais hypnotiques qui vont

---

[1] On désigne sous le nom de fascinateurs les hypnotiseurs qui ne se servent que du regard pour influencer leurs sujets.

suivre vous convaincront bien mieux que les plus longues dissertations. Rappelez-vous toujours que le regard est le plus puissant auxiliaire de la volonté.

Certes, ce n'est pas le seul procédé employé dans l'influence hypnotique (tous seront décrits dans ce volume), mais en associant le regard aux autres procédés, il les rend beaucoup plus efficaces.

Pour résumer ce chapitre un peu long, je dirai que pour développer votre regard tous vos efforts doivent tendre à garder les yeux ouverts le plus longtemps possible, sans aucun clignement de paupières. Vous arriverez très facilement à ce résultat en vous conformant aux exercices donnés (fixer un point sur une feuille de papier ou de préférence une petite boule en cristal, s'habituer à lire sans cligner les paupières). Regardez toujours toutes les personnes à la racine du nez, entre les deux yeux ; de cette façon, lorsque vous tenterez des essais hypnotiques, votre regard se dirigera ensuite naturellement sur le point qu'il faut fixer.

SUGGESTION VERBALE (Parole)

Ne considérant dans l'hypnotisme que le côté pratique pour rester fidèle au programme énoncé, nous nous occuperons d'abord des influences obtenues sur le sujet par la parole de l'hypnotiseur. La parole est, en effet, une puissance en hypnotisme, car c'est surtout par elle que l'hypnotiseur fait pénétrer dans le cerveau du sujet l'idée qu'il veut y implanter. Pris dans une acception générale, la suggestion est le fait d'imposer une idée au sujet par la parole, l'écriture, le geste, ou par l'intermédiaire d'un sens quelconque. Cette idée peut être une idée de mouvement (exemple : renverser le sujet en arrière), de sensation (faire sentir au sujet un parfum quelconque, goût de sel ou de sucre, impression de chaud ou de froid, etc.), ou d'acte à exécuter.

Nous ne nous occuperons dans ce chapitre que des idées imposées au sujet par la parole de l'hypnotiseur (*suggestions verbales*). Nous verrons un peu plus loin, l'idée transmise et imposée au sujet par l'écriture, par le geste, par l'exemple et enfin par la pensée *(suggestion mentale)* et je donnerai, enfin, dans le cours théorique, le pourquoi de la suggestibilité d'après l'hypothèse des idées-force de Fouillé et de la loi physiologique, voulant que toute idée conçue par le cerveau se transforme en mouvement.

Avant de m'étendre sur la suggestion verbale, je puis dire qu'il n'est pas illogique de poser en principe que toute idée présentée à l'esprit d'une personne peut être considérée comme une *suggestion*. Mais parmi ces idées, la personne à l'état normal a la liberté d'accepter ou de rejeter, après examen, celles qui ne lui plaisent pas, on peut donc appeler *suggestions simples*, celles que la personne peut ne pas accepter. Ce qui caractérise la *suggestion hypnotique*, c'est l'impossibilité pour la personne d'opposer une résistance et son obligation d'accepter non seulement l'idée de l'hypnotiseur, mais encore de s'y soumettre.

Un débutant dans l'étude de l'hypnotisme ne peut pas aspirer à obtenir des influences hypnotiques par la seule *suggestion verbale* (parole) ; les exercices donnés dans ce chapitre ne sont qu'un simple entraînement et le lecteur devra se conformer aux instructions qui seront données plus loin, pour produire des expériences sur des sujets.

Il y a deux choses à considérer dans les suggestions verbales : d'abord le choix des paroles ; ensuite, la façon de parler. La manière de parler a une importance énorme. Il n'est pas nécessaire de parler très fort, mais il faut parler lentement, avec conviction et assurance. Si vous balbutiez timidement, si vous paraissez chercher les mots, comme récitant une leçon apprise et imparfaitement sue, ne comptez pas sur le succès. Imposez-en à votre sujet par votre ton décidé, ferme, positif et vous êtes assuré d'obtenir l'influence. La pratique que je vais vous indiquer vous donnera rapidement l'assurance nécessaire dans vos suggestions. Exercez-vous seul, dans votre chambre, à faire, à haute voix, quelques-unes des suggestions indiquées dans la progression des phénomènes d'influence sur le sujet éveillé. Supposez, par la pensée, que vous avez réellement un sujet devant vous et que vous voulez le faire tomber en arrière. (Cette expérience de chute en arrière du sujet éveillé est la première et la plus facile des influences à l'état de veille que l'hypnotiseur débutant peut obtenir. Vous trouverez un peu plus loin les instructions détaillées pour y arriver. Pour le moment, il y a les plus grands avantages pour vous à développer d'abord les forces qui agissent dans l'*influence*). Gardez vos yeux grands ouverts et dites d'un ton positif, en fixant un point quelconque et comme si le sujet était devant vous : *Vous tombez en arrière..... une force vous tire en arrière..... vous êtes tiré de plus en plus fort..... vous tombez..... vous tombez.*

En faisant ces suggestions *pensez fortement que vous voulez que le sujet tombe.*

Vous pouvez vous exercer de cette façon sur toutes les suggestions verbales données au chapitre traitant des influences à l'état de veille sur le sujet. La parole de l'hypnotiseur, lorsqu'il parle avec conviction et assurance et surtout lorsqu'il pense fortement en même temps que le sujet *doit obéir*, est réellement une *force*. Je m'en suis personnellement rendu compte, lorsque je fus influencé par le docteur Liébengen. Lorsque l'opérateur parlait, chaque mot augmentait l'effet de l'influence, jusqu'à ce qu'elle devînt irrésistible. Je me suis bien souvent rendu compte de la puissance des suggestions verbales, dans une expérimentation portant sur plus de dix mille sujets.

Il n'est pas nécessaire, bien entendu, d'apprendre par cœur, telles que je les donne plus loin, les suggestions à faire au sujet à l'état de veille ou en somnambulisme artificiel. Le lecteur comprend très bien que la suggestion ou parole de l'hypnotiseur n'a, dans les différents cas, pour objet que de présenter une idée au sujet et d'obtenir l'influence par l'insistance sur la suggestion. Le mot à mot n'est donc pas du tout nécessaire, le plus important est de se mettre à la portée de l'intelligence du sujet et de choisir des termes et expressions qu'il comprend. C'est ce que j'ai cherché dans les modèles de suggestions données dans le courant de cet ouvrage.

Vous pouvez parfaitement en changer les termes, si bon vous semble, sans compromettre votre réussite. A la condition cependant que le sujet comprenne ce que vous attendez de lui. Il est certain que vous ne parlerez pas de la même façon à un étudiant et à un petit berger illettré. Vous pouvez donc varier vos suggestions, mais, pour les premiers essais, vous feriez bien de les présenter à peu près telles que je les donne.

Certains de mes élèves me demandaient si les suggestions devaient toujours se faire en disant « *vous* » au sujet et si l'hypnotiseur devait s'abstenir, en vue d'une influence hypnotique, de tutoyer les personnes qu'il tutoie habituellement. Ceci n'a aucune importance et il est même préférable de parler à votre sujet comme vous lui parlez ordinairement.

Je dois vous faire part d'une observation personnelle, qui m'a été inspirée par une longue pratique. La façon de donner les suggestions, c'est-à-dire de trouver les termes appropriés et de parler lentement et avec conviction, n'est peut-être pas la seule chose qui les rende efficaces. Elle a certainement son importance, mais il semble y avoir, je pourrais même dire, il y a certainement chez l'opérateur (en dehors de l'art de suggestionner), une sorte de *magnétisme personnel* résultant de la pratique, de la tension de volonté, de la confiance en soi-même et de l'attente certaine du phénomène demandé qui contribue beaucoup au succès.

La différence des résultats obtenus sur un même sujet, par deux hypnotiseurs différents, est certainement ce qui embarrasse le plus les savants qui nient une *force magnétique* chez l'hypnotiseur et qui placent la genèse des phénomènes obtenus dans l'esprit du sujet lui-même. Je ne veux pas entrer dans des considérations psychiques, ceci m'entraînerait trop loin et ces questions seront mieux à leur place dans le cours théorique. Mais je puis affirmer au lecteur que le *magnétisme personnel* de l'hypnotiseur, résultant de l'entraînement méthodique que je préconise (pour le Regard, la Parole, plus loin, les Passes et la Pensée), est le facteur le plus puissant du succès, lorsque l'hypnotiseur s'est exercé à employer ce pouvoir sur de nombreux sujets.

Cela est si vrai, que là où échoue un débutant qui peut être un puits de science, mais qui n'a aucun entraînement, réussit d'une façon merveilleuse, un ignorant, un illettré, qui a entraîné son regard, sa parole, sa pensée et qui a influencé quelques sujets à l'état de veille.

L'entraînement du regard par la fixation prolongée d'un point, en évitant les mouvements des paupières, et l'entraînement à donner des suggestions vous permettront de mettre bientôt votre pouvoir hypnotique à l'épreuve.

Si vous désirez le succès, conformez-vous à la méthode d'enseignement qui vous est recommandée ; elle a été éprouvée et vous pouvez être absolument sûr que, par elle, vous arriverez rapidement à tous les résultats possibles dans l'hypnotisme. Je vous le répète encore, si les exercices recommandés vous paraissent puérils, faites-les quand même. Les premiers résultats que vous obtiendrez par eux se chargeront de changer votre opinion à cet égard.

PASSES, FORCE MAGNÉTIQUE

On désigne sous le nom de Passes les gestes que l'hypnotiseur fait avec les mains sur la personne du sujet.

Si l'usage du regard dans l'influence hypnotique donne lieu à des divergences d'opinions, il en est de même de celui des passes. Il est certain que l'on peut provoquer le sommeil sans y avoir recours ; mais il n'est pas moins vrai que dans bien des cas, il n'y a qu'elles qui puissent produire certains états particuliers à ce sommeil : somnambulisme artificiel, télépathie, lucidité, extériorisation, etc.

Puységur, Deleuze, le général de Noizet, du Potet, Teste et tous les successeurs directs de Mesmer ont fait usage des passes. De nos jours, beaucoup d'hypnotiseurs y ont recours, soit en se servant d'elles seules, soit en les combinant à d'autres procédés.

J'ai déjà parlé de l'hypothèse d'une *force magnétique* chez l'hypnotiseur. Les expérimentateurs admettant cette hypothèse se servent des passes pour faire agir cette modalité spéciale de l'énergie connue sous le nom de *magnétisme*. Ceux qui n'admettent pas l'agent magnétique ne voient dans les passes qu'un moyen de retenir *l'attention* du sujet, de la concentrer sur l'idée de sommeil. L'usage des passes ne serait d'après eux qu'une forme de suggestion et le sommeil ne se produirait que par un effet de l'*attention expectante* du sujet, autrement dit, parce que le sujet *s'attend* à dormir et qu'il ne résiste pas.

Il n'est pas nécessaire d'avoir recours à une longue expérimentation, ni de posséder un grand sens d'observation pour reconnaître que dans certains cas (je les indique plus loin) les passes agissent bien réellement par elles-mêmes et que les effets étranges que l'on obtient ne peuvent pas du tout s'expliquer par la suggestion ou l'auto-suggestion du sujet.

Le docteur Liébault a admis qu'il y a une certaine influence spéciale exercée par les magnétiseurs qui n'entre pas dans son genre de suggestion. Avant lui, Braid a reconnu que le procédé de fixation qu'il recommande ne produit pas tous les phénomènes dont parlent les magnétiseurs. Dans son livre, publié en 1843, intitulé : *Neurypnologie ou l'analyse raisonnée du sommeil nerveux*, il dit : « J'ai cru longtemps dans l'identité des phénomènes produits par ma méthode et par celle de ceux qui croient au mesmérisme, mais jugeant d'après ce que les magnétiseurs déclarent obtenir dans certains cas, il me semble exister une différence suffisante pour considérer l'hypnotisme et le mesmérisme comme deux agents distincts ». Nous nous étendrons longuement sur la théorie du magnétisme, dans la partie historique et théorique ; il me suffit dans ce cours pratique de dire qu'il est impossible de nier l'existence d'un *agent magnétique* ou, pour parler plus scientifiquement, d'une *manifestation spéciale de l'énergie* ayant son centre dans l'organisme et pouvant rayonner au dehors. La science moderne, par de nouveaux procédés d'investigation, a pu démontrer d'une façon irréfutable l'existence réelle de cette force. Je crois de mon devoir de m'étendre un peu sur ce point, car on juge parfois l'évidence des faits insuffisante par elle-même si on ne peut l'appuyer sur une hypothèse ou sur des hypothèses reconnues admissibles. Il faut qu'un phénomène soit patronné par un compte-rendu de savant, de société ou d'une académie quelconque pour que la majorité puisse accepter sa possibilité et consentir à le provoquer. Sans cela un grand nombre ne prennent même pas la peine de l'obtenir pour l'étudier. Cette inconcevable routine, ce manque d'initiative personnelle, qui caractérise notre humanité, est encore une des causes qui s'est opposée à la vulgarisation de l'hypnotisme. Ma seule ambition étant d'enseigner toutes les vérités de cette science, je ferai donc tout ce qui est en mon pouvoir, pour convaincre afin d'engager à expérimenter.

Aussi loin que l'on remonte dans le cours des siècles on reconnaît que le magnétisme était connu même des anciens et que ses applications conscientes ou inconscientes étaient nombreuses. Bien avant Mesmer on avait recours aux passes et des milliers d'années avant que Braid ait écrit ses ouvrages, les fakirs s'hypnotisaient par la fixation. Il n'a donc pas plus découvert l'hypnotisme que Mesmer n'a trouvé le magnétisme. Mesmer ne fit que se servir de son autorité de médecin pour présenter une doctrine tirée des conceptions de son temps sur le magnétisme. Mais il n'appuie sa théorie de « *fluide magnétique* » sur aucune preuve, pas plus du reste que ses successeurs directs.

Un savant allemand, le docteur de Reichembach, reprenant la théorie de Mesmer, fit des recherches sur le magnétisme animal à partir de 1841 jusqu'à sa mort. C'est dans une chambre obscure qu'il expérimentait, en se servant de sujets éveillés, de personnes saines dont les yeux devenus sensibles aux moindres excitations lumineuses par un long séjour dans l'obscurité, percevaient des radiations colorées s'échappant du corps humain.

Sur cent personnes, cinquante à soixante peuvent percevoir ces radiations, car la faculté de ces impressions visuelles n'est pas dévolue à tous. Quelques-uns ne la possèdent pas du tout, d'autres faiblement, certains fortement ou très fortement. Ces derniers sont désignés sous le nom de *sensitifs*. Le docteur Reichembach a fait des observations sur plus de cinq cents sensitifs. Le résultat de ses recherches fut d'admettre que l'organisme est parcouru de magnétisme animal, de force vitale. Il a appelé *ode* cette manifestation spéciale de l'énergie, mais je ne vois pas l'opportunité d'avoir recours à un mot nouveau pour désigner une manifestation déjà reconnue par Mesmer. La théorie de l'ode n'est, en effet, que la confirmation du magnétisme de Mesmer et il n'y a d'autre différence que le mot, entre l'odisme et le magnétisme.

Tous les auteurs qui ont fait des recherches sur le magnétisme et qui ont reconnu son existence ont eu à mon humble avis, le tort énorme de changer le nom de l'agent désigné pour la première fois par Mesmer. Je ne suivrai pas leur exemple et je désignerai sous le nom de *magnétisme, la modalité de l'énergie, différente de la chaleur et de l'électricité qui, par la relation de cause à effet, produit dans l'hypnotisme, en dehors de la suggestion, les phénomènes étudiés.*

Voici pour l'édification du lecteur quelques-unes des appellations par lesquelles on désigne aujourd'hui une chose connue déjà depuis Mesmer sous le nom de **magnétisme animal** : *ode, fluide* *vital, aura, électricité humaine, force neurique rayonnante, rayonnement vital, fluide de la volonté, fluide cérébral, matière radiante,* etc., etc.

Je ne vois pas quels avantages on espère retirer de cette multiplicité de termes. Puisqu'il est possible aujourd'hui de démontrer l'existence du *magnétisme,* il n'est pas utile de former des mots nouveaux pour la faire admettre.

A l'époque de Mesmer, les savants ne disposaient pas des moyens actuels d'investigation et on ne peut leur faire un grief d'avoir fait des réserves sur une découverte qu'ils ne connaissaient pas encore, et qu'ils n'avaient point trouvée eux-mêmes.

Des auteurs ont accusé l'Académie de Médecine de partialité dans l'observation des phénomènes du magnétisme ou de l'hypnotisme. Ils n'ont pas manqué d'ajouter que les savants ne sont pas à l'abri de l'erreur, qu'ils ont nié le mouvement de la terre, sa rotondité, l'avenir de la vapeur, du télégraphe, etc. Ils ont fait un grief à la même académie d'avoir nié la circulation du sang et de la reconnaître aujourd'hui, d'avoir combattu la vaccination et de la recommander maintenant, d'avoir proscrit l'usage de l'émétique, du quinquina, de l'iode et de le prôner à l'heure actuelle en faisant même de l'iodure de potassium une sorte de panacée universelle, etc.

Ces accusations sont peut-être déplacées, car il me semble que le devoir des savants est de se mettre en garde contre l'engouement plus ou moins justifié qui se manifeste généralement à la suite de toute découverte nouvelle et d'attendre pour se prononcer d'être définitivement fixés sur les résultats obtenus. Ces accusations sont d'autant plus injustifiées en ce qui concerne l'hypnotisme, que la plupart des expériences tentées devant les différentes commissions nommées par l'Académie de Médecine, alors que l'hypnotisme connu sous le nom de magnétisme n'était encore qu'une science à l'état embryonnaire, n'ont pas toujours été couronnées de succès et ne plaidaient pas précisément en faveur des « sujets » et des expérimentateurs et partant en faveur du magnétisme. Il n'en est plus de même aujourd'hui, cette science a progressé comme toutes les autres ; de nouvelles méthodes d'expérimentation ont été découvertes, de nombreuses applications ont été proposées, l'hypnotisme scientifique a remplacé le magnétisme et un grand nombre de médecins et de savants éminents ont fait des recherches sur ce passionnant sujet.

Grâce à ces recherches, grâce à leur publication, l'hypnotisme a justifié un intérêt toujours croissant et, chose étrange, une expérimentation plus rigoureuse, s'appuyant sur les plus récentes découvertes de la science, a permis de reconnaître l'existence et l'action indiscutables du *magnétisme animal*, d'abord méconnu et combattu.

Que faut-il pour admettre cette existence ? Lire ce qui va suivre et consentir à expérimenter.

Après les patientes recherches dont j'ai parlé plus haut, le docteur Reichembach a reconnu que le corps humain possède des axes de rayonnement. Le côté droit, la pointe des doigts de la main droite et la moitié droite du cerveau présentent, lorsqu'on les regarde dans la chambre obscure, un rayonnement bleuâtre ; le côté gauche, la pointe des doigts de la main gauche et la moitié gauche du cerveau, un rayonnement jaunâtre. Le corps est plus bleuâtre vers le haut, jaunâtre vers le bas. Chose étrange, dans les maladies, le rayonnement jaune domine sensiblement et les lésions graves donnent des plaques sombres, entourées d'une auréole lumineuse où paraît du vert. Tous les sensitifs interrogés isolément ont perçu ces rayonnements, on ne peut invoquer la suggestion, puisque les sensitifs ne savaient rien de ce qu'ils allaient observer. On peut d'autant moins l'invoquer, que les couleurs sont réellement perçues par la rétine et que les sensitifs ne voient rien les yeux fermés; ce ne sont donc pas des hallucinations, mais bien des réalités. Un grand nombre d'expérimentateurs ont répété les expériences du docteur Reichembach, ses observations furent toujours confirmées.

Le colonel de Rochas a étudié les mêmes phénomènes d'une façon plus complète, en ayant recours à des personnes en somnambulisme artificiel ; il a obtenu des résultats identiques. De l'avis de tous les savants, même de ceux qui sont animés du parti pris le plus accentué contre le magnétisme, l'obtention du somnambulisme artificiel (c'est-à-dire provoqué par l'hypnotisme) est reconnue possible et même très facile. Tous admettent que dans cet état spécial, les sens sont beaucoup plus subtils qu'à l'état de veille et que les yeux par conséquent peuvent percevoir des impressions auxquelles l'œil normal n'est pas sensible.

Les expériences du colonel de Rochas reposent donc sur une base sérieuse et doivent être prises en considération. Je répète qu'il est impossible d'invoquer la suggestion ou l'auto-suggestion du sujet et de classer comme hallucinations les radiations perçues par lui en somnambulisme. Ces somnambules ne savaient pas ce qu'on attendait d'eux, et ils n'ont fait que décrire fidèlement ce qu'ils percevaient. Sans s'être concertés, sans avoir lu des livres ou traités spéciaux, tous les renseignements ont été les mêmes et n'ont fait toujours que confirmer les théories de Mesmer et de Reichembach.

Il existe une preuve d'une autorité bien plus grande encore, je veux parler de la photographie, qui est encore le meilleur critérium pour reconnaître si une impression visuelle est réelle ou imaginaire. La photographie de ces radiations est possible et a été obtenue. Dans une suite d'expériences faites en 1862 par le docteur Reichembach et le photographe Guenther, des plaques sensibles ont été influencées par les radiations humaines. Ces expériences ont été renouvelées en 1897 par les docteurs David et Luys, qui ont reconnu une fois de plus que les effluves s'échappant des doigts et des yeux peuvent être enregistrées sur une plaque photographique. La plupart des revues scientifiques, tant en France qu'à l'étranger, ont donné à leurs lecteurs des reproductions de photographies produites par le rayonnement de la main, de la pointe des doigts ou des yeux. Le docteur Liébengen et un grand nombre d'expérimentateurs ont eu recours à une autre expérience, pour démontrer non seulement la présence du magnétisme, mais encore son influence possible à distance, même sur des corps inertes. Beaucoup de personnes peuvent parvenir à attirer ou à repousser une aiguille de cuivre suspendue par le milieu à un fil de soie très mince et placée sous un globe de verre.

Dans une note de M. A. Charpentier, lue à l'Académie des Sciences (séance du 14 décembre 1903) par M. d'Arsonval, l'auteur démontre d'une façon irréfutable que le corps humain émet des radiations. Son moyen d'expérimentation n'est pas la photographie, il se sert de substance phosphorescente assez peu lumineuse dont l'éclat est augmenté par les rayons N (rayons de Blondlot) reçus sur cette substance dans l'obscurité.

En prenant toutes les précautions désirables pour les différencier des autres agents physiques produisant le même effet, il a reconnu que le corps humain transmet réellement des radiations dont l'identité se rapproche beaucoup des rayons N et qui se réfléchissent et se réfractent d'après les mêmes lois. Je ne puis donner dans toute son étendue la relation complète de ces expériences concluantes (nous nous étendrons longuement à ce sujet dans le cours théorique et historique), il suffit de savoir que l'auteur dit en résumé « qu'il s'échappe du corps humain des radiations perçues à distance. Elles sont transmises à travers les substances transparentes et se réfléchissent ou se réfractent comme les rayons N. »

Dans un nouveau rapport lu à l'Académie des Sciences en décembre 1903, le même auteur s'exprime ainsi : « J'ai des raisons de croire que la pensée non exprimée, l'attention, l'effort mental donnent lieu à une émission de rayons N agissant sur la phosphorescence.

« En résumé, tout centre nerveux qui fonctionne ajoute à son émission de repos de nouveaux rayons N, en proportion de son activité. Ces rayons se transmettent en divergeant suivant les lois de l'optique, traversent avec plus ou moins de réfraction les milieux successifs, et se manifestent par une augmentation de luminescence de l'objet d'épreuve, augmentation variable suivant l'intensité de l'émission et suivant la distance. »

Avant les travaux de M. Charpentier, le docteur Barety, de Nice, avait par des expériences pratiques tentées sur plusieurs de ses malades, reconnu l'existence d'une force particulière pouvant agir de l'hypnotiseur sur le sujet, en dehors, bien entendu, de toute forme de *suggestion*. Il appela *force neurique rayonnante*, cette modalité spéciale de l'énergie. D'après ses observations, *la force neurique rayonnante* se propage par rayonnement ou ondulations, elle est soumise aux lois physiques qui régissent la chaleur et la lumière, et se rapproche beaucoup de l'électricité, sans pourtant se confondre avec elle. Les recherches de M. Charpentier ne sont donc que la justification de l'idée soutenue par le docteur Barety. Si l'on rapprochait de toutes ces expériences, celles du docteur Gustave Lebon, du colonel de Rochas et du docteur Liébengen, il serait peut-être possible de soutenir la théorie du magnétisme à peu près telle qu'elle a été présentée par Mesmer.

Le rôle d'un *Cours pratique* n'étant pas d'épouser des querelles d'écoles, je m'abstiendrai de prendre parti pour ou contre des théories que ces écoles patronnent ou rejettent. Je me réserve de reprendre cette discussion dans la partie théorique ; je puis dire cependant qu'il est bien difficile de voir dans l'ode de Reichembach la force neurique rayonnante du docteur Baréty et les rayons N de Blondlot, invoqués par Charpentier, autre chose que le fluide des magnétiseurs, ressuscité sous un nom différent et appuyé par des arguments plus solides. Cependant, aucune académie n'a repris la discussion des radiations humaines, aucune recherche dans ce sens n'a été tentée par la science officielle, l'hypnotisme n'a pas avancé d'un pas et le public ignore encore et toujours les possibilités de cette merveilleuse science.

Si je cultivais l'ironie, je pourrais dire que le seul encouragement donné a été de créer au colonel de Rochas des difficultés, afin de l'empêcher de continuer ses admirables expériences et d'arrêter la poursuite de ses magnifiques travaux. Je ne cultive pas l'ironie et ne veux pas aborder ce sujet. Je me contenterai de dire que la photographie est, il me semble, une preuve qui ne manque pas de valeur et que les essais de M. Charpentier sont assez éloquents. Il est impossible de soutenir aujourd'hui que l'hypnotisme repose entièrement sur la suggestion, la fascination ou l'attention expectante du sujet comme l'affirment cependant quelques savants..... *théoriciens*. La croyance à un agent magnétique n'est plus une hypothèse, une simple vue de l'esprit, puisque son existence est parfaitement établie. Magnétisme, ode, force neurique ou nervique, le nom importe peu ; ce qu'il importe, c'est de savoir qu'il se dégage du corps humain une manifestation de l'énergie différente de la chaleur et de l'électricité, qui peut nous expliquer l'utilité et l'efficacité des passes. Il importe aussi de savoir que la volonté et l'entraînement méthodique ont une puissante influence sur le *magnétisme* et il n'est pas illogique de supposer que c'est peut-être par cela qu'un hypnotiseur entraîné obtient tout d'un sujet, lorsqu'un débutant, même très instruit, très vigoureux, n'obtient rien ou presque rien, bien qu'il croit imiter absolument les faits et gestes de l'hypnotiseur.

Ce magnétisme existe, puisqu'il laisse une trace sur une plaque sensible, et qu'il se manifeste par une augmentation de phosphorescence (expérience Charpentier) ; il existe bien réellement, puisqu'il attire ou repousse une aiguille de cuivre. Nous avons une preuve encore bien plus convaincante, qui nous démontre sans aucun doute possible l'existence et l'action réelles de cette force. Une expérience tentée sur moi par le célèbre docteur Liébengen et que je répète bien souvent sur de nombreux sujets, m'a démontré comme elle vous le démontrera, que le *magnétisme* n'est pas seulement une théorie mais encore une réalité. Cette expérience n'est pas celle que je recommande pour développer rapidement le pouvoir de l'influence hypnotique chez l'hypnotiseur ; il faut pour cela vous reporter au chapitre traitant des influences à l'état de veille sur les sujets. Je donne simplement l'essai qui suit, dans le but de vous convaincre de l'existence de la force magnétique.

Expérience d'attraction en arrière par les mains de l'hypnotiseur

Quand vous essayerez l'expérience pour la première fois, choisissez un sujet qui ne résiste pas trop, un enfant par exemple, ou mieux encore une jeune fillette. Ne lui dites pas que vous voulez l'attirer en arrière, car on pourrait supposer que le phénomène s'obtient par *suggestion*. Faites tenir le sujet debout, les mains pendantes, les pieds rapprochés, c'est-à-dire les talons et les pointes des pieds joints. Faites-lui fermer les yeux. Dites-lui qu'il laisse son corps mou et qu'il vous prévienne de ce qu'il sentira. Placez vos deux mains un peu au-dessous des épaules, sur les omoplates, appliquez-les à plat et les doigts rapprochés [1]. Laissez-les en contact environ une minute, puis commencez à les éloigner lentement, *en pensant fortement que vous voulez que le sujet les suive.* Retirez-les très lentement, que le mouvement au début en soit à peine sensible, et le sujet sentira une force de plus en plus vive qui se dégagera et le renversera en arrière. En interrogeant les sujets, tous vous répondront *qu'ils se sentent tirer en arrière.*

Vous pouvez ensuite tenter cet essai, sans prendre contact avec le sujet. Vous placez vos mains à quelques centimètres des omoplates, vous les laissez environ une demi-minute, puis vous les éloignez lentement, comme si vous vouliez tirer la personne en

---

[1] Voir la figure 1 à la fin du volume.

arrière (1). Si le sujet paraît rebelle à cette influence, ramenez de nouveau vos mains au point de départ pour les retirer ensuite et continuez cette manœuvre jusqu'à ce qu'il se sente tomber.

Pour vous convaincre complètement, faites répéter ces expériences sur vous, par un de vos amis. Si vous laissez votre corps mou, dans un état passif, vous sentirez cette force agir et vous attirer en arrière. Bien entendu, vous pourriez résister en vous raidissant et vous penchant en avant, car votre ami n'est pas entraîné, mais la résistance serait bien plus difficile si vous aviez affaire à un hypnotiseur exercé (il est impossible aux sujets dits « sensitifs » de résister).

Je vous recommande ces expériences pour vous montrer que le magnétisme existe et que toute personne a en elle-même le principe des forces qui agissent. Vous n'aurez qu'à les développer par les pratiques indiquées dans ce cours et vous êtes sûr d'un succès qui dépassera vos espérances. L'hypnotisme n'est pas l'apanage de quelques rares privilégiés, tout le monde peut arriver à posséder complètement cette science.

L'auteur croit devoir redire encore que c'est une expérience semblable, faite sur lui-même par un célèbre hypnotiseur, qui l'a convaincu de l'existence de l'hypnotisme, engagé à pousser aussi loin que possible l'étude et la pratique de cette science, à consacrer sa vie à cette étude et à la recherche de la vérité. Lorsque vous vous serez entraîné avec des sujets faibles, vous pourrez très facilement faire sentir cette influence à des adultes et un peu plus tard à n'importe quelle personne, même de constitution très vigoureuse. L'important est de pratiquer beaucoup. Il vous sera même possible d'attirer fortement vos sujets en arrière en tenant vos mains à une distance de plus en plus grande de leurs épaules. Cette attraction, en dehors de toute suggestion, bouleverse beaucoup d'idées préconçues et renverse bien des systèmes. Je désirerais bien savoir, par exemple, ce qu'en aurait pensé Braid
Il est regrettable que le magnétiseur Lafontaine n'ait pas fait cette expérience devant lui, pour montrer qu'en hypnotisme tout n'est pas dans le sujet comme le Braidisme voudrait nous le faire

---

(1) Voir la figure 2 à la fin du volume.

croire. Et tous les savants qui ne veulent reconnaître que la *suggestion*, comment vont-ils expliquer cette attraction du sujet qui *ne sait pas ce qu'on attend de lui* ? Il est vrai que dans une de ses séances, une académie a décidé de ne plus s'occuper du magnétisme ; on ne peut donc en attendre une explication. Enfin, expliqué ou non, le phénomène est probant et il se passe du patronage des sociétés savantes. Leur dédaigneuse indifférence ne peut empêcher *d'être* ce qui *est*. La divulgation de l'hypnotisme aura peut-être raison de leur apathie et peut-être consentiront-elles à examiner d'un peu plus près ces phénomènes. Si dans ce cas leur zèle était égal à celui qu'elles déploient actuellement pour obtenir des pouvoirs publics des mesures de rigueur contre l'hypnotisme et les hypnotiseurs, cette science serait, pour le plus grand bien de tous, appelée bientôt à un brillant avenir. Fort heureusement ces idées draconiennes ne sont pas partagées par tous, car il y a quelques années un journal de Paris annonçait à ses lecteurs que la « *Ligue de l'Enseignement* » avait pris l'initiative d'une pétition tendant à obtenir le libre exercice du massage, du magnétisme et de l'hypnotisme. Des gens intelligents que le parti pris n'aveugle pas ont reconnu, après examen impartial, qu'il y avait des avantages incalculables à employer le magnétisme et l'hypnotisme dans le traitement d'un grand nombre de maladies et ils ont osé le proclamer. Pourquoi ne permettrait-on pas aux personnes qui ont fait une étude approfondie de l'hypnotisme, d'employer cet agent curatif sous le contrôle ou la direction du médecin si on le juge nécessaire ? On peut toujours étudier cette science pour arriver à l'employer sur soi-même comme le font les fakirs. Il n'existera jamais une loi qui puisse défendre de se calmer une rage de dents par l'auto-suggestion.

Je connais particulièrement quelques médecins qui, suivant la voix de leur conscience et dédaigneux du mépris possible de quelques trop savants confrères, ne craignent pas d'employer l'hypnotisme partout où il est applicable et en retirent les plus grands avantages. Il ne m'est jamais venu à l'esprit de poser l'hypnotisme en panacée universelle, mais dans certains cas, et ils sont nombreux, les effets qu'il produit semblent tenir du miracle. Avec quelques précautions, on peut toujours l'employer quels que soient les cas. Il procure toujours sinon une guérison immédiate, du moins un soulagement, et il y a dans tous les cas

beaucoup d'avantages à le joindre au traitement classique.
C'est surtout sous la forme d'auto-suggestion qu'il peut s'employer le plus facilement et sans aucun danger, c'est même le seul remède contre les maladies imaginaires qui sont légion et qui peuvent présenter un caractère exceptionnel de gravité. Nous nous étendrons plus longuement sur ce sujet dans le chapitre traitant de l'emploi de l'hypnotisme dans la thérapeutique.

Avant de poursuivre, je tiens à affirmer hautement que ce livre n'est pas dirigé contre les savants, contre les médecins. Il faut que l'on sache que seul le médecin est à même de distinguer les affections, les maladies justiciables de l'hypnotisme et il est indispensable que personne n'ignore que c'est à lui, et A LUI SEUL, qu'il faut avoir recours en cas de maladie.

Mais tout en rendant un juste hommage à leurs connaissances scientifiques, je suis persuadé que le dédain et la suspicion en lesquels certains tiennent l'hypnotisme n'existent que parce qu'ils ignorent le sujet.

Peut-on leur en vouloir? Non, mille fois non. Aucune faculté n'enseigne la pratique de cette science.

Les conceptions d'un grand nombre de savants officiels ne sont pas absolument justifiées par l'expérience et les méthodes qu'ils préconisent ne sont pas toujours pratiques ou manquent surtout d'efficacité. Beaucoup de médecins ont essayé d'hypnotiser leurs malades; mais n'y parvenant pas ils se sont découragés et se sont peut-être tournés contre l'hypnotisme. Je ne saurai trop le dire, la méthode de fixation préconisée par Braid ne peut réussir que sur un petit nombre de sujets. Je ne recommanderai également jamais d'essayer d'endormir une personne avant d'avoir développé sa *suggestibilité* par quelques expériences faciles à l'état de veille, ce qui permet ensuite d'obtenir bien plus aisément le *sommeil* et *l'éveil*. Quant aux méthodes d'hypnotisation préconisées par certaine école hypnotique célèbre, quel que soit le respect que j'ai pour la science des savants docteurs qui les vulgarisent, je ne les recommande pas, car après expérience je les juge dangereuses entre les mains d'un débutant. Il m'en coûte de le dire, mais ce sont de pareilles méthodes qui ont contribué, pour une large part, à jeter le discrédit sur l'hypnotisme en en multipliant comme à plaisir tous les dangers possibles. Personnellement, je m'élèverai toujours contre l'emploi des impressions violentes et brusques sur le système nerveux dans le but de provoquer le sommeil hypnotique. Je ne le répéterai jamais assez, ces méthodes ne sont pas exemptes de tout danger et elles manquent surtout d'efficacité, car elles n'influencent guère que les névropathes. C'est cette particularité qui a fait soutenir à une école hypnotique que l'hypnose est un sommeil pathologique et que l'hypnotisme n'est qu'une variété de l'hystérie. Cette proposition est absolument fausse et a été du reste victorieusement réfutée par de savants médecins plus autorisés que moi. Lorsqu'il m'arrive parfois de relire quelques-uns des ouvrages écrits sur ce sujet, par certains de nos savants, lorsque je vois ces auteurs nier ou ridiculiser l'hypnotisme, nier l'existence du magnétisme et des radiations humaines, la possibilité de la suggestion mentale, de la transmission de pensée [1], de la vision à distance [2], de la prescience, des phénomènes étranges d'extériorisation, etc., je suis douloureusement affecté. Oui, c'est avec peine que je vois des hommes de science, d'un mérite incontestable, se servir de l'autorité de leur nom pour répandre des conceptions fausses d'une science qu'ils ont étudiée d'une façon très superficielle.

Pourtant la prudence la plus élémentaire, le souci de la réputation devraient engager à se débarrasser des idées préconçues et du parti pris, afin d'étudier à fond le sujet, ne serait-ce que pour ne pas s'exposer à avancer des erreurs pouvant être relevées par des gens sans diplôme. L'erreur capitale de certains savants, c'est d'affirmer que seuls les névropathes sont susceptibles du sommeil ou d'influences hypnotiques. Le lecteur verra par lui-même que des personnes très robustes, nullement nerveuses, peuvent être de très bons sujets hypnotiques. Ce n'est pas avec des théories que je veux le convaincre, mais par des faits indéniables, par l'expérimen-

---

[1] La transmission d'une pensée à distance à un sujet en état de somnambulisme artificiel est aujourd'hui admise par la science officielle. La théorie des Neurônes et le tube de Branly donnent l'explication de ce phénomène.

[2] La vision à distance et la vision à travers les corps opaques sont également reconnues possibles. Des expériences concluantes ayant démontré d'une façon irréfutable l'existence de la faculté de perception des rayons N de Blondlot et des rayons cathodiques chez certains sujets en somnambulisme provoqué. La radiographie et la radioscopie éclairent d'un jour nouveau ces phénomènes réputés merveilleux, niés si longtemps par les savants, connus et provoqués depuis tant d'années par les empiriques de l'hypnotisme.

Les « sujets » susceptibles sont, il est vrai, relativement rares et ils n'arrivent à des résultats probants qu'à la suite d'un entraînement assez long, mais très facile. Cet entraînement est indiqué plus loin au chapitre traitant les possibilités du sommeil hypnotique.

tation personnelle en lui donnant les moyens infaillibles de se rendre compte par lui-même de ce que j'avance. La faute d'un grand nombre de savants est de rejeter de parti pris le magnétisme, en niant son existence, sans se donner la peine de chercher à la constater. Il m'est impossible d'admettre que les preuves que j'avance de l'existence d'une *force magnétique* ne puissent arriver à convaincre un corps de ces derniers, qui consentiraient à se débarrasser du tout parti pris. Qu'ils daignent bien vouloir consentir à essayer le renversement d'un sujet ; leur conception de l'hypnotisme changera immédiatement et ils s'occuperont un peu de cette *force magnétique* qui les fait sourire. Les railleries n'ont jamais rien prouvé ; on aura beau dire et écrire pour la nier, un cours pratique d'hypnotisme montrera toujours la vérité et je crains bien que la vulgarisation de l'hypnotisme nuise au prestige de ces savants, s'ils persistent dans l'ignorance voulue d'un sujet qu'ils combattent sans connaître.

Bien qu'une telle citation m'oblige à sortir momentanément du cadre d'un Cours pratique, je crois nécessaire, indispensable pour l'édification du lecteur, de donner ici les conclusions du rapport de la commission nommée par l'Académie de Médecine de Paris, et lu devant cette Assemblée par le docteur Husson, les 21 et 28 juin 1831.

Je dois dire avant tout que ce rapport ayant à l'époque été de suite jugé trop favorable au magnétisme, ses conclusions ne furent jamais discutées.

Voici les conclusions de ce rapport, rédigé par le docteur Husson :

« 1º Le contact des pouces ou des mains, des frictions ou certains gestes que l'on fait à peu de distance du corps, et appelés *passes,* sont les moyens employés pour se mettre en rapport ou, en d'autres termes, pour transmettre l'action du magnétiseur au magnétisé ;

« 2º Les moyens qui sont extérieurs et visibles ne sont pas toujours nécessaires, puisque, dans plusieurs occasions, la *volonté,* la fixité du regard ont suffi pour produire les phénomènes magnétiques, même à l'insu des magnétisés ;

« 3º Le magnétisme a agi sur des personnes de sexe et d'âge différents ;

« 4º Le temps nécessaire pour transmettre et faire éprouver

l'action magnétique a varié depuis une demi-heure jusqu'à une minute ;

« 5° Le magnétisme n'agit pas, en général, sur les personnes bien portantes (1) ;

« 6° Il n'agit pas non plus sur tous les malades ;

« 7° Il se déclare quelquefois, pendant qu'on magnétise, des effets insignifiants et fugaces que nous n'attribuons pas au magnétisme seul, tels qu'un peu d'oppression, de chaleur ou de froid, et quelques autres phénomènes nerveux dont on peut se rendre compte sans l'intervention d'un agent particulier, savoir par l'espérance ou la crainte, la prévention ou l'attente d'une chose inconnue et nouvelle, l'ennui qui résulte de la monotonie des gestes, le silence et le repos observés dans les expériences ; enfin, par l'imagination, qui exerce un si grand empire sur certains esprits et sur certaines organisations ;

« 8° Un certain nombre des effets observés nous ont paru dépendre du magnétisme seul, et ne se sont pas reproduits sans lui. Ce sont des phénomènes physiologiques et thérapeutiques bien constatés ;

« 9° Les effets réels produits par le magnétisme sont très variés. Il agite les uns, calme les autres. Le plus ordinairement, il cause l'accélération momentanée de la respiration, de la circulation, des mouvements convulsifs, fibrillaires, passagers, ressemblant à des secousses électriques, un engourdissement plus ou moins profond, de l'assoupissement, de la somnolence, et, dans un petit nombre de cas, ce que les magnétiseurs appellent somnambulisme ;

« 10° L'existence d'un caractère unique, propre à faire reconnaître, dans tous les cas, la réalité de l'état de somnambulisme n'a pas été constatée ;

« 11° Cependant, on peut conclure avec certitude que cet état existe quand il donne lieu au développement des facultés nouvelles qui ont été désignées sous les noms de clairvoyance, d'intuition, de prévision intérieure, ou qu'il produit de grands changements

---

(1) Note de l'Auteur. — Cette affirmation n'est pas justifiée par l'expérience, car les personnes susceptibles de perceptivité magnétique sont toujours influencées par cet agent, quel que soit leur état de santé.

dans l'état physiologique, comme l'insensibilité, un accroissement subit et considérable des forces, et que cet effet ne peut être rapporté à une autre cause;

« 12° Comme parmi les effets attribués au somnambulisme, il en est qui peuvent être simulés, le somnambulisme lui-même peut quelquefois être simulé et fournir au charlatanisme des moyens de déception.

« Aussi, dans l'observation de ces phénomènes qui ne se présentent encore que comme des faits isolés qu'on ne peut rattacher à aucune théorie, ce n'est pas que par l'examen le plus attentif, les précautions les plus sévères, par des épreuves nombreuses et variées, qu'on peut échapper à l'illusion;

« 13° Le sommeil provoqué avec plus ou moins de promptitude, et établi à un degré plus ou moins profond, est un effet réel, mais non constant, du magnétisme;

« 14° Il nous est démontré qu'il a été provoqué dans des circonstances où les magnétisés n'ont pu voir et ont ignoré les moyens employés pour les déterminer;

« 15° Lorsqu'on fait tomber une fois une personne dans le sommeil magnétique, on n'a pas toujours besoin de recourir au contact et aux passes pour la magnétiser de nouveau. Le regard du magnétiseur, sa volonté seule, ont sur elle la même influence. On peut non seulement agir sur le magnétisé, mais encore le mettre complètement en *somnambulisme*, et l'en faire sortir à son insu, hors de sa vue et à une certaine distance et au travers des portes;

« 16° Il s'opère ordinairement des changements plus ou moins remarquables dans les perceptions et les facultés des individus qui tombent en somnambulisme par l'effet du magnétisme.

« a) Quelques-uns, au bruit de conversations confuses, n'entendent que la voix de leur magnétiseur; plusieurs répondent d'une manière précise aux questions que celui-ci ou que les personnes avec lesquelles on les a mis en rapport leur adressent; d'autres entretiennent des conversations avec toutes les personnes qui les entourent. Toutefois il est rare qu'ils entendent ce qui se passe autour d'eux. La plupart du temps, ils sont complètement étrangers au bruit extérieur et inopiné fait à leur oreille, tel que le retentissement de vases de cuivre vivement frappés près d'eux, la chute d'un meuble, etc.

« *b)* Les yeux sont fermés, les paupières cèdent difficilement aux efforts qu'on fait avec la main pour les ouvrir ; cette opération, qui n'est pas sans douleurs, laisse voir le globe de l'œil convulsé et porté vers le haut et quelquefois vers le bas de l'orbite.

« *c)* Quelquefois l'odorat est comme anéanti. On peut leur faire respirer l'acide muriatique ou l'ammoniaque, sans qu'ils en soient incommodés, sans même qu'ils s'en doutent. Le contraire a lieu dans certains cas, et ils sont sensibles aux odeurs.

« *d)* La plupart des somnambules que nous avons vus étaient complètement insensibles. On a pu leur chatouiller les pieds, les narines et l'angle des yeux par l'approche d'une plume, leur pincer la peau de manière à l'ecchymoser, la piquer sous l'ongle avec des épingles enfoncées à l'improviste et à une assez grande profondeur, sans qu'ils aient témoigné de la douleur, sans qu'ils s'en soient aperçus. Enfin on en a vu une qui a été insensible à une des opérations les plus douloureuses de la chirurgie et dont ni la figure, ni le pouls, ni la respiration, n'ont dénoté la plus légère émotion ;

« 17° Le magnétisme a la même intensité, il est aussi promptement ressenti à une distance de six pieds que de six pouces ; et les phénomènes qu'il développe sont les mêmes dans les deux cas ;

« 18° L'action à distance ne paraît pouvoir s'exercer avec succès que sur des individus qui ont été déjà soumis au magnétisme ;

« 19° Nous n'avons pas vu qu'une personne magnétisée pour la première fois tombât en somnambulisme. Ce n'a été quelquefois qu'à la huitième ou dixième séance que le somnambulisme s'est déclaré ;

« 20° Nous avons constamment vu le sommeil ordinaire, qui est le repos des organes des sens, des facultés intellectuelles et des mouvements volontaires, précéder et terminer l'état de somnambulisme ;

« 21° Pendant qu'ils sont en somnambulisme, les magnétisés que nous avons observés conservent l'exercice des facultés qu'ils ont pendant la veille. Leur mémoire paraît même plus fidèle et plus étendue, puisqu'ils se souviennent de ce qui s'est passé pendant tout le temps et toutes les fois qu'ils ont été en somnambulisme ;

« 22° À leur réveil, ils disent avoir oublié totalement toutes les circonstances de l'état de somnambulisme, et ne s'en ressouvenir jamais. Nous ne pouvons avoir, à cet égard, d'autre garantie que leurs déclarations;

« 23° Les forces musculaires des somnambules sont quelquefois engourdies et paralysées. D'autres fois, les mouvements ne sont que gênés, et les somnambules marchent ou chancellent à la manière des hommes ivres et sans éviter, quelquefois aussi en évitant, les obstacles qu'ils rencontrent sur leur passage. Il y a des somnambules qui conservent intact l'usage de leurs mouvements ; on en voit même qui sont plus forts et plus agiles que dans l'état de veille ;

« 24° Nous avons vu deux somnambules distinguer, *les yeux fermés*, les objets que l'on a placés devant eux : ils ont désigné, *sans les toucher, la couleur et la valeur des cartes; ils ont lu des mots tracés à la main ou quelques lignes de livres que l'on a ouverts au hasard. Ce phénomène a eu lieu, alors même qu'avec les doigts on fermait exactement l'ouverture des paupières;*

« 25° Nous avons rencontré chez deux sujets la faculté de prévoir des actes de l'organisme, plus ou moins éloignés, plus ou moins compliqués. L'un d'eux a annoncé plusieurs jours, plusieurs mois d'avance, le jour, l'heure et la minute de l'invasion et du retour d'accès épileptiques. L'autre a indiqué l'époque de sa guérison. Leurs prévisions se sont réalisées avec une exactitude remarquable. Elles ne nous ont paru s'appliquer qu'à des actes ou des lésions organiques;

« 26° Nous n'avons rencontré qu'une seule somnambule qui ait indiqué les symptômes de la maladie de trois personnes, avec lesquelles on l'avait mise en rapport. Nous avons cependant fait des recherches sur un assez grand nombre ;

« 27° Pour établir avec quelque justesse les rapports du magnétisme avec la thérapeutique, il faudrait en avoir observé les effets sur un grand nombre d'individus, et avoir fait longtemps et tous les jours des expériences sur les malades. Cela n'ayant pas eu lieu, la commission a dû se borner à dire ce qu'elle a vu dans un trop petit nombre de cas pour oser se prononcer ;

« 28° Quelques-uns des malades magnétisés n'ont ressenti aucun bien ; d'autres ont éprouvé un soulagement plus ou moins marqué, savoir : l'un, la suspension de douleurs habituelles ; l'autre, le retour des forces ; un troisième, un retard de plusieurs mois dans le retour des accès épileptiques ; et un quatrième, la guérison complète d'une paralysie grave et ancienne ;

« 29° Considéré comme agent de phénomènes physiologiques ou comme moyen thérapeutique, le magnétisme devrait trouver sa place dans le cadre des connaissances médicales et, par conséquent, les médecins seuls devraient en faire ou surveiller l'emploi, ainsi que cela se pratique dans les pays du Nord ;

« 30° La commission n'a pu vérifier, parce qu'elle n'en a pas eu l'occasion, d'autres facultés que les magnétiseurs avaient annoncé exister chez les somnambules. Mais elle communique des faits assez importants dans son rapport pour qu'elle pense que l'Académie devrait encourager les recherches sur le magnétisme, comme une branche très curieuse de psychologie et d'histoire naturelle ;

« Arrivée au terme de ses travaux, avant de clore ce rapport la commission s'est demandé si, dans les précautions qu'elle a multipliées autour d'elle, pour éviter toute surprise, si dans le sentiment de constante défiance avec lequel elle a toujours procédé, si dans l'examen des phénomènes qu'elle a observés, elle a rempli scrupuleusement son mandat. Quelle autre marche, nous sommes-nous dit, aurions-nous pu suivre ? Quels moyens plus certains aurions-nous pu prendre ? De quelle méfiance plus marquée et plus discrète aurions-nous pu nous pénétrer ? Notre conscience, messieurs, nous a répondu hautement que vous ne pouviez attendre de nous que nous n'ayons fait. Ensuite, avons-nous été des observateurs probes, exacts, fidèles ? C'est à vous qui nous connaissez depuis de longues années, c'est à vous qui nous voyez constamment près de vous, soit dans le monde, soit dans nos fréquentes assemblées, de répondre à cette question. Votre réponse, messieurs, nous l'attendons de la vieille amitié de quelques-uns d'entre vous et de l'estime de tous ;

« Certes, nous n'osons nous flatter de vous faire partager entièrement notre conviction sur la réalité des phénomènes que nous avons observés, et que vous n'avez ni vus, ni suivis, ni étudiés avec et comme nous,

« Nous ne réclamons donc pas de vous une croyance aveugle à

tout ce que nous vous avons rapporté. Nous concevons qu'une grande partie de ces faits sont si extraordinaires que vous ne pouvez pas nous l'accorder. Peut-être nous-mêmes oserions-nous vous refuser la nôtre, si, changeant de rôle, vous veniez les annoncer à cette tribune, à nous, qui, comme vous aujourd'hui, n'aurions rien vu, rien observé, rien étudié, rien suivi;

« Nous demandons seulement que vous nous jugiez comme nous vous jugerions, c'est-à-dire que vous demeuriez bien convaincus que ni l'amour du merveilleux, ni le désir de la célébrité, ni un intérêt quelconque ne nous ont guidés dans nos travaux. Nous étions animés par des motifs plus élevés, plus dignes de vous, par l'amour de la science, et par le besoin de justifier les espérances que vous aviez conçues de notre zèle et de notre dévouement. »

Ont signé : « Bourdois de la Motte, *président;* Fouquier, Guéneau de Mussy, Guersant, Husson, Itard, J.-J. Leroux, Marc, Thillaye. » MM. Double et Magendie, n'ayant pu assister aux expériences, n'ont pas cru devoir signer le rapport.

Je me suis étendu un peu longuement sur ce chapitre, afin de convaincre le lecteur que la *force magnétique* existe réellement et que cette existence justifie l'emploi des passes. J'ai voulu, de cette façon, l'engager à la développer d'après les méthodes qui vont être indiquées, pour qu'il puisse en tirer le meilleur parti possible.

Les opinions des savants de bonne foi qui ont eu le rare courage de sortir des sentiers battus; de faire, pour se convaincre de la vérité, des recherches sur le magnétisme; de publier le résultat de leurs travaux malgré le dédain, la colère même de certains confrères ; leurs différentes expériences concluantes ; l'essai de « *chute en arrière* » qui est indiqué ont certainement de la valeur et permettent de constater qu'il y a autre chose dans l'hypnotisme que la *suggestion*, la *fascination* ou *l'attention expectante* du sujet. Je ne propose pas un mot nouveau, car le mot ne signifie pas grand'chose ; j'appellerai *magnétisme* cet agent que je vais m'efforcer de vous apprendre à développer.

Du développement de l'agent magnétique

L'expérience nous enseigne que la pratique développe d'une façon merveilleuse la force ou l'influence produite par le magnétisme, c'est ce qui explique le succès des hypnotiseurs professionnels ou amateurs, qui réussissent très aisément dans leurs essais. Lorsque le lecteur aura attiré quelques personnes en arrière, il constatera que ses tentatives seront généralement plus vite couronnées de succès. Essayez sur beaucoup d'enfants et d'adultes « *l'attraction en arrière par les mains de l'hypnotiseur* », ceci développera d'une façon incroyable votre *magnétisme personnel*. Si vous ne disposez pas de sujets pour se prêter à vos expériences vous pouvez employer le moyen suivant :

Passez un fil dans une feuille de papier, fixez ce fil en le nouant à une épingle légèrement enfoncée, soit dans un mur, soit dans une porte ou dans un meuble quelconque et exercez-vous à essayer d'entraîner le papier vers vous, en *pensant fortement qu'il doit suivre vos mains.*

Agissez absolument comme vous le feriez dans l'expérience précédente, sur les omoplates d'un sujet ; laissez d'abord vos mains immobiles à une légère distance de la feuille de papier, puis retirez-les lentement en faisant un effort intérieur, comme si vous vouliez attirer le papier vers vous. Continuez cet exercice cinq ou dix minutes, approchant et retirant les mains. (*Voir à la fin du volume la figure 3*).

Ne raidissez pas vos bras, relâchez au contraire vos muscles le plus possible et *désirez fermement attirer*. Ceci équivaudra à l'influence sur un sujet et aura, à peu de chose près, le même effet pour votre entraînement.

Ne vous attendez pas, bien entendu, à attirer vers vous la feuille de papier, car les personnes qui, par cette seule pratique, arrivent à « *l'extériorisation de la force nerveuse* » sont très rares. Si, néanmoins, par suite de dispositions spéciales, ces simples exercices vous conduisaient à « *l'extériorisation de la motricité* » et que le papier suive à distance tous vos mouvements, ne vous troublez pas, ne vous effrayez pas pour si peu ; le cours d'*occultisme expérimental* complétant la partie historique et théorique sur le point de paraître, vous donnera des expériences autrement troublantes [1]. Rappelez-vous que ce phénomène n'a rien de mystérieux ni de surnaturel. Le célèbre médium Home déplaçait des objets à distance ; les fakirs de l'Inde arrivent, par leur entraînement méthodique, à déplacer des masses pesantes par la seule imposition des mains et à activer la croissance d'une plante par l'imposition digitale et la fixation du regard.

Je le répète, ceci n'est que le résultat de la simple mise en mouvement de forces que tout être possède, et qu'il est même assez facile d'extérioriser. Mais, comme il est généralement indispensable de posséder à fond l'hypnotisme, avant d'aborder l'étude de ces phénomènes, je vais revenir au sujet qui nous intéresse.

Pour résumer le côté pratique de ce chapitre, sachez que les passes de l'hypnotiseur entraîné sont une force par elles-mêmes. Pour développer cette force, exercez-vous à la faire ressentir à beaucoup de sujets ; des enfants d'abord, puis des adultes. Pensez fortement, lorsque vous attirez quelqu'un en arrière, *qu'il faut que la personne tombe, que vous voulez qu'elle tombe.* Quoi qu'en disent certains auteurs, *penser* est nécessaire, car le phénomène s'obtient toujours plus rapidement lorsqu'on fait appel à la *suggestion mentale*. C'est en même temps un très bon exercice de concentration de pensée, et c'est par cette concentration que vous pourrez obtenir plus tard les étranges phénomènes de télépathie (transmission de pensée) et d'influence à distance.

Vous pouvez débuter par des enfants très jeunes, ayant même juste l'âge de raison ; il n'y a aucun danger pour eux, et cet essai de « chute en arrière » n'a absolument aucun inconvénient pour la santé, tout au contraire, l'enfant ne peut qu'y gagner en vigueur, en appétit et en sommeil. Essayez de jeunes garçonnets ou de petites fillettes de six à dix ans, vos forces se développeront d'une

---

[1] Je crois devoir prévenir le lecteur de la possibilité de ces faits extraordinaires, car un de mes élèves, excellent médium, à qui j'avais conseillé cet exercice recommandé par le docteur Liébengen, a éprouvé une frayeur extrême en voyant le papier attiré par ses mains. Aux incrédules et aux sceptiques qui douteraient de la réalité de semblables phénomènes, je conseille de se reporter à la discussion de l'Académie des Sciences, relative au cas des médiums Home et Eusapia Paladino, et de consulter la deuxième partie de cet ouvrage.

façon merveilleuse et vous pourrez ensuite tirer vos jeunes sujets en mettant vos mains à une très grande distance de leurs épaules. De l'avis de beaucoup de savants magnétiseurs, le *magnétisme humain* peut aisément se faire sentir à une distance de quarante et cinquante mètres. Je ne parle pas de la pensée transmise, ni de la suggestion mentale, ni des projections astrales, car, dans ces cas, il est possible d'agir à des distances presque illimitées. J'ai vu le docteur Liébengen communiquer avec son sujet Bertha à une distance de plusieurs kilomètres. J'ai tenté avec succès un grand nombre d'expériences de ce genre sur différents médiums entraînés, à des longueurs variant de quatre cent mètres à douze kilomètres. J'ai sous les yeux une revue américaine, citant une communication instantanée par télépathie, à une distance bien plus grande encore. Le docteur Richardon et son assistant, M. Franks, ont communiqué par vibrations mentales entre *Londres* et *Nottingham*, distant l'un de l'autre de cent vingt-cinq milles. Les mots et chiffres ont été tirés au sort par la commission de surveillance, il n'y a, par conséquent, aucun doute sur la réalité du phénomène. Il me faudrait plusieurs volumes si je voulais publier les procès-verbaux de sociétés psychiques relatant des phénomènes de ce genre. Je reviendrai un peu plus loin sur ce sujet, après avoir traité le sommeil hypnotique.

Un procédé qui peut vous paraître ridicule, mais qui cependant donne d'excellents résultats dans le développement du *magnétisme* de l'opérateur, serait de vous exercer à faire, seul, dans votre chambre, les passes recommandées pour l'obtention du sommeil hypnotique [1] *comme s'il y avait véritablement un sujet devant vous, en pensant que vous voulez l'endormir*. Vous pourriez faire les passes des premier, deuxième et troisième degrés sur un chapeau, par exemple, et les passes indiquées pour rendre le sommeil plus profond sur une chaise, en supposant par la pensée qu'une personne y est assise. Ceci est un très bon exercice, qui vous donnera beaucoup d'assurance et de facilité, lorsque vous opérerez ensuite réellement sur un sujet. Vous pouvez même y joindre, avec beaucoup de profit, les suggestions données à haute voix pour endormir.

---

(1) Voir plus loin, au chapitre traitant l'obtention du sommeil hypnotique, la première méthode préconisée et la description détaillée de ces passes, page 238, Col. 31.

Dans le courant de l'ouvrage, j'indiquerai en temps opportun comment employer les passes pour obtenir les différents phénomènes d'influence hypnotique. Ce chapitre est surtout destiné à vous convaincre que les passes ont leur raison d'être, et à vous engager à développer votre *magnétisme* par les exercices faciles indiqués plus haut. Je ne partage nullement les théories de certains magnétiseurs, qui ne reconnaissent que les passes et pas autre chose, et attribuent à l'action du *magnétisme* l'obtention de tous les phénomènes que nous allons étudier. Je reconnais après expérience que, si beaucoup de ces phénomènes s'obtiennent et ne sont explicables que par une influence magnétique de l'hypnotiseur, il y en a également un nombre considérable où la suggestion, la fascination, l'attention expectante et l'imagination du sujet jouent le rôle créateur. L'important est d'éviter l'exclusivisme et de faire appel à tous les moyens connus d'influence, afin d'augmenter ses chances de succès. L'étude pratique de l'hypnotisme ne doit avoir qu'un but : **arriver à provoquer le plus sûrement et le plus rapidement possible tous les phénomènes connus de cette science merveilleuse.**

Pourquoi étudie-t-on l'Hypnotisme ?

Concentration de la Pensée, Volonté, Suggestion mentale, Effort mental, Auto-Suggestion

Les personnes qui s'intéressent à l'hypnotisme ne l'étudient pas toutes dans le même but. Dans certains cas, ce sont surtout les recherches psychiques qui attirent leur attention. Les savants, les philosophes par exemple provoquent le sommeil hypnotique pour se rendre compte des fonctions du cerveau : mémoire, facultés de l'esprit, suggestions, libre arbitre, phénomènes étranges, tels que : transmission de pensée, vision à distance, influence de l'esprit sur la matière, influence extraordinaire de l'esprit en dehors du corps dans les projections astrales, l'extériorisation de la sensibilité et même de la motricité. Ces possibilités, démontrées par l'expérimentation, prouvées par la photographie, ne peuvent être mises en doute par personne.

Les médecins ou les personnes qui sont pénétrées de l'amour du prochain, et pour lesquelles soulager ceux qui souffrent est un impérieux devoir, étudient surtout l'hypnotisme dans ses applications en thérapeutique. Sous quelque forme qu'on l'applique (magnétisme ou suggestion), il fait des merveilles telles que seuls ceux qui l'emploient ou le voient employer peuvent s'en faire une idée.

Les éducateurs en font surtout usage dans le traitement des imperfections morales, des mauvaises habitudes, des défauts, des vices. Les parents ont dans l'hypnotisme la sauvegarde de leurs enfants, car, par lui, il est très facile de leur inspirer l'amour de l'étude, développer leurs bons sentiments, leurs bonnes qualités; améliorer d'une façon étonnante leur mémoire, leurs facultés, leurs dispositions spéciales. Les parents peuvent aussi les guérir très aisément de beaucoup de petits bobos, d'incommodités et même de maladies, car tous les enfants, à partir de l'âge de raison, sont facilement hypnotisables par les méthodes les plus simples, les plus douces et sans aucune peine. Pour ceux qui n'ont pas l'âge de raison, le *Magnétisme* est tout indiqué et fait de véritables miracles.

Un grand nombre de personnes font des expériences hypnotiques dans un but d'amusement ou de simple curiosité, pour se rendre personnellement compte et se faire une juste opinion. Rien n'excite autant d'intérêt et ne provoque autant de gaîté communicative qu'une séance amusante d'hypnotisme, surtout sur une jeune assistance. L'hypnotiseur entraîné peut, d'un mot, d'un geste, clouer sur sa chaise l'enfant le plus turbulent et le mettre dans l'impossibilité absolue de se lever avant qu'il le permette. Il peut le rendre muet, aveugle, boiteux, lui faire manger du sel pour du sucre, une pomme de terre crue pour un fruit délicieux. Il peut lui faire voir dans une glace ou dans une boule de cristal tous les spectacles, tous les paysages les plus fantastiques et les plus extraordinaires (hallucinations, illusions); il peut l'obliger à compter sans pouvoir s'arrêter, lui faire perdre la mémoire, le mettre dans l'impossibilité de se rappeler de son nom, de son lieu de naissance, de son âge, du nom de tous les objets qu'on lui montre. Il peut le faire bégayer, lui donner toutes les illusions qu'il est possible d'imaginer; en un mot, des perturbations sensorielles et motrices portant sur tous les sens et pouvant affecter tous les mouvements. Et tout cela, sans l'endormir au sens propre du mot, sans lui enlever la parfaite connaissance de ce qui l'entoure, en lui laissant au contraire toute sa liberté, impuissante à lutter contre l'influence de l'hypnotiseur.

Pour les personnes ne connaissant rien encore de l'hypnotisme et désirant savoir ce qu'il y a de fondé dans les possibilités de cette science, il est indéniable que rien ne vaut encore l'étude expérimentale pour connaître la vérité et être définitivement fixé.

Certains étudient surtout l'hypnotisme pour développer leur influence personnelle, afin de l'employer plus efficacement à leurs intérêts, tels sont les commerçants, voyageurs de commerce, vendeurs, placiers, etc. D'autres visent surtout à se rendre sympathiques et cherchent à inspirer plus aisément l'amitié et la considération.

Plus nombreux sont ceux qui appliquent l'hypnotisme à leur propre personne, car, de toutes les possibilités de cette science admirable, celle-ci est indiscutablement la plus utile et celle dont on peut faire le plus fréquent usage. Tout ce que l'hypnotisme permet de faire sur les autres, vous pouvez toujours par lui le faire sur vous-mêmes. Il est en votre pouvoir de vous donner des suggestions plus puissantes que ne pourrait le faire n'importe quel hypnotiseur. Avec un peu d'entraînement leur efficacité vous confondra d'étonnement et toutes les suggestions deviendront possibles : insensibilité à la douleur physique, aux peines morales, soulagement et guérison d'un grand nombre de maladies et incommodités, contrôle absolu de la volonté sur toutes les facultés de l'esprit, développement extraordinaire de la mémoire, de la santé, de la vitalité, de toutes les dispositions pour les arts ou les sciences. Empire absolu obtenu sur soi-même, plus de nervosité, plus de timidité, plus de découragement.

L'auto-hypnotisme, c'est-à-dire l'étude de l'application personnelle de l'hypnotisme, est la découverte la plus admirable qui ait été faite. Cette application raisonnée et consciente est relativement toute récente parmi nous, peuples occidentaux, qui dans notre orgueil démesuré d'une civilisation que nous jugeons supérieure à toutes, croyons avoir tout étudié et croyons tout connaître.

Pourtant, chez des peuples que nous estimons bien inférieurs, il est des castes dont les membres connaissent et emploient depuis des siècles l'auto-hypnotisme et obtiennent, par lui, des résultats merveilleux. Ces résultats sont si extraordinaires qu'une personne ne connaissant rien des sciences psychiques ne peut admettre leur possibilité qu'après en avoir été le témoin oculaire. Les fakirs de l'Inde, les derviches de la Perse et les lamas du Thibet font de cette branche de l'hypnotisme un usage qui remplit d'étonnement les voyageurs ayant l'occasion de contrôler les phénomènes obtenus.

Qui n'a pas entendu parler de la suspension de la vie, de l'arrêt du cœur, de toutes les fonctions vitales chez les fakirs, de leur insensibilité à la douleur? Qui ne connaît, au moins de nom, les « derviches tourneurs » ? Bien rares sont les personnes qui n'ont jamais lu quelques-unes des innombrables relations de voyageurs, portant à la connaissance de notre Europe toutes les merveilles opérées par ces Orientaux. Eh bien, tous ces phénomènes n'ont rien de surnaturel et ne sont nullement dus à un pouvoir occulte, quoi qu'en pensent certains esprits superstitieux parmi nos *civilisés*. Ils ont pour cause, pour unique cause, la concentration de la pensée et quelques exercices spéciaux. Ils témoignent d'une façon éclatante de l'influence énorme du moral sur le physique, de l'esprit sur la matière.

Pensée, Suggestion mentale, Volonté, Auto-Suggestion Concentration mentale

Pour l'étude pratique de l'hypnotisme, il serait plus logique de remplacer tous ces termes par la désignation de « *concentration de la pensée* », qui rend très bien et très clairement l'idée de l'emploi de la pensée en hypnotisme.

Concentrer une pensée, c'est en effet *penser le plus longtemps possible* à une même chose, en ne se laissant distraire par rien. C'est le but à atteindre pour développer sa volonté et être à même d'employer plus tard les suggestions mentales.

Nous arrivons ici au chapitre le plus important de ce cours pratique, car c'est de l'exercice de concentration de la pensée que dépend l'obtention des phénomènes les plus étranges de l'hypnotisme : *transmission d'une pensée à distance* et *influence à distance par suggestion mentale*. C'est cet exercice de concentration de la pensée qui permet d'opérer sur soi-même, dans l'ordre moral comme dans l'ordre physique, des modifications qui semblent tenir du miracle.

L'étude de cette branche de l'hypnotisme est peut-être la plus utile qu'il soit possible d'imaginer, car les possibilités qu'elle nous prépare ouvrent le plus large champ à l'esprit humain. Cette étude est en effet la seule base de *l'auto-hypnotisme*, c'est-à-dire de l'art d'appliquer à soi-même tous les bienfaits de l'hypnotisme. C'est le développement de la mémoire, des facultés, des bonnes qualités, de la santé, de la quiétude morale. C'est le plus puissant des talismans contre la douleur, les soucis, les ennuis, les chagrins ; contre le découragement, les peines morales, angoisses et tortures souvent terribles qui minent notre santé et font, par une fausse conception, un calvaire de la vie, qui pourtant peut et doit être bonne. C'est l'insensibilité aux souffrances, c'est le courage pour la lutte, c'est enfin la volonté maîtresse de toutes les facultés.

Nous avons vu plus haut qu'un grand nombre de phénomènes réputés merveilleux que des voyageurs rapportent avoir observés chez les fakirs, les derviches et les lamas, n'ont rien de surnaturel, rien d'inexplicable, et sont simplement obtenus par un entraînement spécial dont la concentration de la pensée est la base.

Je ne veux pas m'étendre sur l'influence énorme du moral sur le physique, on a écrit sur ce sujet de nombreux volumes et cette influence est si généralement admise qu'il n'est pas nécessaire d'insister. On ne l'explique pas encore il est vrai, et je ne sais si toutes les subtilités de la métaphysique pourront un jour nous apprendre pourquoi et comment l'esprit impondérable peut agir sur la matière. Expliquée ou non, cette influence existe et peut atteindre une puissance incroyable. Nous en avons une preuve irréfutable lorsque, par une simple suggestion, nous obtenons sur des sujets hypnotisés des hémorragies, des paralysies, l'insensibilité complète à la douleur ; lorsque nous pouvons, toujours par suggestion, faire naître dans les muscles des mouvements qui nous paraissent en dehors de la volonté : vomissements, vertige, catalepsie intensive. Evidemment, dans tous ces cas, ce sont les seules forces du sujet qui sont mises en action ; c'est son attention qui, dirigée par l'hypnotiseur, se concentre d'une façon toute particulière sur la suggestion donnée. L'état hypnotique provoqué par les manœuvres de l'hypnotiseur permet de concentrer plus aisément l'attention du sujet et par conséquent d'obtenir, non seulement plus facilement mais encore plus rapidement, le résultat attendu. Il n'est pas du tout nécessaire ou plutôt indispensable d'être dans l'état d'hypnose pour que l'attention concentrée ou la concentration de la pensée produise des phénomènes visibles, contrôlables, que personne ne peut nier. Ceux qui s'entraînent à concentrer une pensée obtiennent en peu de temps des résultats étonnants et cela sur eux-mêmes à l'état de veille. J'indique dans le courant de l'ouvrage les différents cas où on peut employer utilement la concentration de la pensée ; je vais d'abord, et c'est le plus important, traiter cette « *concentration de pensée* » au point de vue pratique. Le but à atteindre, nous le savons déjà, est d'arriver à penser, le plus fortement et le plus longtemps que l'on pourra, à une idée déterminée et n'avoir de présent à l'esprit que la pensée choisie. Il est plus difficile qu'on le croit généralement de concentrer assez longtemps toute son attention sur une seule pensée. Essayez de songer longuement à quelque chose, à quelqu'un. Vous y arriverez assez facilement pendant quelques minutes, puis votre attention se lassera et malgré vous votre esprit se portera sur un sujet différent ou vous vous laisserez distraire par ce qui vous environne ; c'est ce qu'il faut éviter à tout prix. Comme pour le regard, la suggestion et les passes, c'est par un entraînement raisonné que l'on peut arriver au résultat.

Prenons comme exemple la suggestion mentale : « *Je ne suis pas fatigué, je me sens très bien.* » J'ai choisi avec intention cette pensée comme sujet d'exercice, car le temps que vous consacrerez à cet entraînement spécial ne sera pas perdu. L'insistance sur cette suggestion aura infailliblement une répercussion très favorable sur votre santé. Exercez-vous à répéter mentalement en vous-même : *Je ne suis pas fatigué, je me sens très bien*, sans penser à autre chose, sans vous laisser distraire par ce qui vous entoure. Vous verrez qu'avec un peu de pratique il vous sera possible de concentrer toute votre attention sur cette suggestion, sans aucun effort et sans avoir à retenir votre esprit. Vous pouvez pratiquer cette concentration mentale pendant une ou deux minutes pour débuter, puis augmenter le temps consacré à cet exercice, au fur et à mesure de vos progrès. Il y a avantage à s'exercer tantôt les yeux fermés et tantôt les yeux grands ouverts en évitant tout battement des paupières, vous pouvez dans ce dernier cas fixer un point quelconque, par exemple une petite boule de cristal.

Cette pensée : « *je ne suis pas fatigué, je me sens très bien* », n'est qu'un simple exemple pris au hasard, il est bien entendu que vous pourriez vous exercer à concentrer votre attention sur toute autre idée. L'important est d'arriver à penser fortement le plus longtemps qu'il vous sera possible et en ne vous laissant pas distraire. De cette façon, vous pourrez employer le plus efficacement la concentration de la pensée et obtenir plus tard des résultats qui vous récompenseront largement de votre persévérance. Exercez-vous tous les jours s'il est possible. Essayez de penser uniquement pendant quelques minutes, à votre réveil par exemple ou avant de vous endormir : « *Je ne suis pas fatigué, je me sens très bien.* » Ne pensez qu'à cela, répétez-vous-le mentalement et sans interruption de façon qu'il ne se glisse aucune pensée étrangère durant le temps que vous consacrez à cet exercice. Donnez bien toute votre attention et vous apprendrez aisément à concentrer une pensée. Je ne saurai trop le répéter, l'auto-hypnotisme repose entièrement sur la concentration de la pensée ou, pour parler plus scientifiquement, *la concentration soutenue et exclusive de l'attention sur une suggestion mentale ou une idée déterminée.* Si l'on veut arriver à bénéficier des bienfaits incomparables de l'auto-suggestion, il faut absolument consacrer quelques instants à ces exercices. Si l'on veut bien se persuader qu'il n'y a peut-être pas sur cette terre une science aussi utile, aussi nécessaire que celle permettant d'obtenir la santé, le contentement de soi-même, l'insensibilité à la douleur, on admettra sans peine qu'en hypnotisme cette branche est encore la plus importante et doit arrêter toute notre attention. Le magnétisme personnel, appelé encore influence personnelle, peut se définir : l'art de se rendre sympathique et d'influencer à son avantage toutes les personnes avec lesquelles on se trouve en contact. Cet art véritable est entièrement basé sur la concentration de la pensée, l'auto-suggestion et la connaissance approfondie de l'esprit humain tel qu'il est, tel que l'a fait notre civilisation. Je m'étendrai plus loin sur ce sujet, je répète encore et encore que tout est basé sur la concentration de la pensée, et j'engage fortement le lecteur à accorder à ce chapitre l'importance que la réalité lui donne.

La concentration de pensée ou suggestion mentale pourra s'employer avec succès dans toutes les expériences d'influence hypnotique que vous tenterez plus tard sur des sujets, d'après les indications qui seront données. Il est prouvé par expérience qu'avec certains sujets la suggestion mentale unie aux autres procédés est une force réelle aidant beaucoup à l'obtention du phénomène attendu. De plus, l'usage habituel de la suggestion mentale vous habituera à concentrer fortement vos pensées.

Ce sera pour vous un excellent exercice, qui vous préparera admirablement à obtenir un peu plus tard les phénomènes de télépathie et d'influence à distance. Je vous conseille donc tout particulièrement, lorsque vous expérimenterez, de penser fortement ce que vous attendez de vos sujets, de le *vouloir intérieurement*.

Un exemple : *Lorsque, conformément à l'indication donnée plus loin vous permettant de reconnaître les personnes rapidement influençables, vous approcherez vos mains des épaules de votre sujet pour le renverser en arrière,* **pensez fortement en les retirant que le sujet suit vos mains, qu'il doit les suivre. Tirez-le par la pensée comme si vos mains étaient cramponnées à lui et que vous cherchiez à le renverser.** (C'est ce que les occultistes appellent effort mental). Faites de même dans toutes les expériences, suivant les cas.

Quelques hypnotiseurs très savants n'ont jamais pu obtenir la transmission de pensée avec un sujet en somnambulisme artificiel, parce qu'ils ont, de parti pris, rejeté l'entraînement de la suggestion mentale. Ils s'en sont consolés en exerçant leur verve et en prodiguant leurs sarcasmes contre ceux qui, plus favorisés, étaient à même d'étudier ces phénomènes autrement que dans le domaine théorique. Il a fallu les expériences concluantes du docteur Janet et du colonel de Rochas pour admettre cette vérité, que *les pensées sont des ondes pouvant agir à distance*. Il a fallu surtout que la « scolastique » trouve un pourquoi, une hypothèse quelconque pour que nos savants officiels puissent admettre le phénomène et daignent s'en occuper. Ils nous disent aujourd'hui que le tube de Branly, les neurones, les ondes hertziennes leur expliquent parfaitement la communication de pensée à distance.

La télépathie est donc acceptée par la science officielle, c'est fort bien et on ne peut que féliciter nos savants de ne pas persister dans leur parti pris. Il n'en est pas moins vrai que le phénomène était probant, bien avant qu'ils l'aient jugé possible. Les anciens magnétiseurs obtenaient facilement la transmission de pensée ainsi que le somnambulisme artificiel. Nos modernes hypnotiseurs ont peut-être cru faire avancer d'un grand pas la science hypnotique en appelant « *suggestion mentale* » ce que les magnétiseurs appelaient « *transmission de pensée* ». Ce n'est pas en changeant quelques-uns des termes consacrés que l'on fera progresser une science, mais en s'efforçant de la vulgariser par des méthodes pratiques, permettant d'obtenir rapidement et sûrement les résultats attendus.

RÉSUMÉ A RETENIR

Pour résumer succinctement les chapitres précédents, je répeterai que l'hypnotiseur dans ses essais sur des sujets emploie pour obtenir l'influence : *les yeux* (regard), *la parole* (suggestion verbale), *les gestes* (passes, magnétisme) et *la pensée* (volonté, concentration de la pensée, suggestion mentale).

I. **Les Yeux.** — Le regard de l'hypnotiseur provoque chez tous les sujets un état particulier plus ou moins accusé suivant l'entraînement de l'hypnotiseur et le degré de réceptivité du sujet. Cet état spécial est appelé « *fascination* ». Ce qui caractérise la fascination, c'est une disposition particulière poussant le sujet à croire tout ce qu'on lui avance et à exécuter malgré lui tous les ordres qu'on lui donne. La fascination s'obtient en fixant le sujet **à la racine du nez, entre les deux yeux,** en maintenant son regard fixe et ferme. Pour s'entraîner à provoquer la fascination, l'hypnotiseur doit s'exercer à garder les yeux ouverts le plus longtemps possible, sans aucun clignement de paupières et en fixant autant que possible le même point. L'hypnotiseur doit se rappeler et mettre toujours en pratique qu'il y a les plus grands avantages, même en dehors des expériences, à fixer fermement les gens à qui il parle à la racine du nez. Evidemment il ne peut compter dans une simple conversation obtenir l'état absolu de fascination ; mais il remarquera qu'en joignant à la fixation de la racine du nez les suggestions mentales que lui indiqueront les circonstances, il pourra changer complètement et à son avantage les dispositions de son interlocuteur.

Le regard produit également le sommeil hypnotique, c'est la méthode ordinaire des hypnotiseurs professionnels.

L'hypnotiseur a donc de grands avantages à entraîner son regard. Pour cela il n'a qu'à se conformer aux instructions données dans le premier chapitre, ce qui lui permettra d'arriver rapidement à fixer fermement la racine du nez de ses sujets et sans aucun battement des paupières.

II. **Parole** (suggestion verbale). — C'est surtout par la parole que l'hypnotiseur implante dans le cerveau du sujet l'idée qu'il veut imposer. Je ne puis traiter ici le mécanisme de la *suggestibilité*, je réserve ce sujet pour la partie théorique ; je dirai seulement que l'insistance sur la suggestion verbale, en présentant constamment à l'esprit du sujet l'idée que l'on veut qu'il adopte, est une puissance véritable. C'est un grand art chez l'hypnotiseur de savoir donner une suggestion, cet art s'acquiert surtout par la pratique. Il faut que l'hypnotiseur parle avec assurance, avec conviction Il n'est pas nécessaire de parler très fort, il faut avant tout chercher à persuader. Le meilleur moyen d'apprendre à se servir de *la parole* en hypnotisme, d'arriver à donner des suggestions efficaces est de s'exercer seul dans une chambre à prononcer à haute voix les formules de suggestions données plus loin dans ce cours, en supposant avoir un sujet devant soi et en pensant fortement qu'il doit obéir. Ce n'est qu'en pensant que *vous voulez que le sujet obéisse* que vous pourrez donner à votre voix la conviction nécessaire pour en imposer à votre sujet et obtenir l'influence.

Lorsque vous aurez plus tard influencé quelques sujets, lorsque vous aurez hypnotisé quelques personnes, vous vous rendrez compte que votre parole, appuyée sur le *magnétisme personnel* que vous aurez développé, est une puissance véritable. Travaillez beaucoup la suggestion verbale : *elle est la base de l'influence personnelle*. Il est permis de dire que notre vie entière dans nos rapports avec nos semblables n'est qu'un perpétuel échange de suggestions. Notre rôle n'est-il pas de persuader aux autres ce que nous voudrions leur voir accepter et de nous mettre en garde contre leurs suggestions, lorsque nous les jugeons dangereuses ? Quoi qu'on dise et quoi qu'on ergote sur les mots, il est indéniable que lorsqu'on cherche à persuader quelqu'un, on joue absolument le rôle de l'hypnotiseur agissant sur un sujet. Nous aurons d'autant plus de chances de persuader et d'être cru, que notre suggestion se rapprochera davantage de la suggestion hypnotique. Il est généralement admis qu'un hypnotiseur entraîné, comprenant le mécanisme de la suggestion, sachant se servir de son regard, de sa volonté et développer une puissance magnétique consciente, connaissant l'esprit humain et ses travers est mieux préparé à soutenir la lutte pour la vie qu'une personne ignorant tout de l'influence.

Apprenez donc à donner des suggestions, exercez-vous à parler d'un ton assuré, positif, cherchez à persuader. Tous les jours, pendant un quart d'heure, répétez à haute voix quelques-unes des suggestions proposées comme modèles dans ce Cours, en vous efforçant de garder vos yeux grands ouverts, sans clignement de paupières. Vous acquerrez une puissance véritable et vous pourrez devenir un maître. Vous vous préparerez un admirable succès dans vos futurs essais d'influence hypnotique.

III. Gestes sur le sujet. Passes. Magnétisme. — Le corps humain dégage, indépendamment de l'électricité et de la chaleur, *une modalité spéciale de l'énergie* connue depuis longtemps sous le nom de *magnétisme*. Le magnétisme a été nié par certains savants, son existence est aujourd'hui admise par un grand nombre ; elle sera bientôt reconnue par tous, grâce à l'expérimentation personnelle que rendra possible la vulgarisation de l'hypnotisme pratique. Le magnétisme est parfois désigné sous les noms d'ode, force neurique rayonnante, force odobiomagnétique, etc. Cette force se dégage surtout par les mains, qui peuvent avec raison être comparées aux deux pôles de l'aimant, puisque c'est là que l'action magnétique atteint son maximum d'intensité. Cependant il y a de grandes différences entre le magnétisme de l'aimant et le magnétisme physiologique. Dans l'expérience d'attraction en arrière du sujet, en dehors de toute suggestion verbale et sans mettre en jeu son *attention expectante*, nous avons une manifestation du magnétisme. Nous ne connaissons pas encore l'essence du magnétisme, il nous est impossible d'expliquer comment et pourquoi il agit dans ses différentes manifestations ; mais nous savons après expérimentation qu'il produit, par les passes de l'hypnotiseur, certains états spéciaux chez le sujet que ni la suggestion verbale, ni la fixation des yeux ou d'un point brillant, ni l'attention expectante ne pouvaient produire avant. Lorsqu'on provoque le sommeil hypnotique sur un sujet qui n'a jamais été hypnotisé, les passes rendent de grands services. Lorsqu'on a pris contact avec un sujet par l'imposition des mains sur les omoplates et qu'il s'est senti attiré assez fortement en arrière, l'influence acquise sur lui est bien plus grande. Il est ensuite possible d'obtenir par seule suggestion verbale, c'est-à-dire par la seule parole, des résultats que ni la fascination, ni la suggestion, ni l'attention expectante n'auraient au début donnés seules. Il est donc permis de supposer que le magnétisme développe d'une façon extraordinaire la *suggestibilité* du sujet, autrement dit la possibilité d'être influencé par l'hypnotiseur.

Nous savons aussi, par le magnétisme, un moyen aussi simple, aussi pratique qu'infaillible de contrôler le degré de susceptibilité d'une personne à l'influence hypnotique.

Quelques savants persistent à ne pas admettre l'hypothèse d'une force magnétique agissant de l'hypnotiseur sur le sujet. Certes, cette modalité de l'énergie est plus ou moins sensible, suivant l'entraînement de l'hypnotiseur et surtout le degré de réceptivité du sujet. Néanmoins toute personne peut, même sans aucun entraînement préalable, faire très facilement sentir cet agent magnétique à des sujets assez sensibles, et ils sont nombreux. Les sujets très sensibles se distinguent par quelques particularités. Généralement, ces personnes rêvent à haute voix et s'agitent beaucoup dans leur lit sans s'éveiller; elles se plaignent souvent de froid aux pieds, de migraine, l'estomac est parfois douloureux. La foule les incommode, elles éprouvent souvent une impression de gêne; les regards, les pressements de mains, certains bruits, le contact ou la vue de certains corps sont pour elles une source de sensations vagues et indéfinissables.

L'abbé Faria a observé que les personnes qui suent avec abondance tombent vite en somnambulisme. Celles qui clignotent fréquemment des paupières, celles qui louchent, celles qui sont affectées de tremblements des globes oculaires, de tics convulsifs; les femmes vaporeuses, les hystériques, les nerveux, les anémiques sont généralement plus capables de perceptivité magnétique.

Différents appareils ont été conseillés pour reconnaître le degré de sensibilité d'une personne à l'agent magnétique. L'hypnoscope, le sensitivomètre sont basés sur le rapport existant entre cette sensibilité et la faculté d'être influencé par l'aimant. L'expérimentation a démontré d'une façon catégorique que ces appareils ne sont pas infaillibles. Ils sont surtout absolument inutiles, car les mains, appliquées à plat sur les omoplates de la personne qui se tient debout, sont encore le moyen le plus simple et en même temps le plus sûr de se rendre compte d'abord de l'existence de la force magnétique, puis du degré de sensibilité du sujet sur lequel on expérimente.

Vous laissez les mains en contact de deux à trois minutes(1); si la personne n'est pas sensitive, elle n'éprouve rien. Si elle l'est faiblement, elle sent une chaleur qui se propage, une lourdeur à la tête et lorsque vous retirez lentement les mains horizontalement, elle est tirée légèrement en arrière. Si elle est assez sensible, la sensation de chaleur est éprouvée plus vite, la tête devient très lourde et l'attraction en arrière est beaucoup plus forte. Si elle est très sensible, quelques secondes suffisent pour produire beaucoup de chaleur, ses paupières battent, elle se sent oppressée (certains sujets éprouvent même de la suffocation) et, lorsque vous retirez vos mains au bout d'une minute, elle est obligée de marcher à reculons pour les suivre et ne peut s'en détacher quels que soient ses efforts.

Un grand nombre de personnes éprouvent des frissons, des crampes dans les jambes, une sensation de froid, des tremblements nerveux, des frémissements dans les muscles semblables à de légères décharges électriques.

Pour peu que vous expérimentiez, vous trouverez très facilement des sujets sensibles à l'influence magnétique, car vous avez le moyen infaillible de les reconnaître rapidement et sûrement. En pratiquant, vous deviendrez à même de faire éprouver cette influence à un plus grand nombre de personnes. Vous obtiendriez plus aisément la chute en arrière si vous joigniez la suggestion verbale et la concentration de la pensée, mais il est possible de faire sentir l'influence magnétique à un sujet et de l'attirer en arrière malgré lui, par la seule imposition des mains sur les

---

(1) Voir à la fin du volume la figure 1 indiquant la position de l'opérateur et du sujet.

omoplates. Certains sujets très sensibles se sentiront fortement attirés, même en tenant les mains à une certaine distance, sans que l'on puisse invoquer l'effet d'une forme quelconque de suggestion.

Toutes les personnes que vous attirerez aisément en arrière sont très suggestibles, très influençables et lorsque vous aurez obtenu rapidement la chute en arrière d'un sujet, vous pourrez essayer sur lui toutes les expériences hypnotiques, le succès le plus complet est à peu près certain. Lorsque plus tard vous expérimenterez, il y a les plus grands avantages, en prenant contact avec un « sujet », à débuter au moins par *l'essai magnétique de chute en arrière* si vous ne voulez pas avoir recours à *l'essai de relâchement des muscles*, recommandé au commencement du chapitre traitant des influences sur le sujet éveillé. Laissez vos mains en contact deux et même trois minutes, les expériences suivantes n'en réussiront que mieux et ce ne sera pas une perte de temps.

Pour commencer, essayez ces expériences sur des enfants, des jeunes filles, car leur sensibilité est plus grande et l'influence s'obtient bien plus facilement. Ces essais, je le répète, développeront votre pouvoir d'une façon merveilleuse et vous prépareront admirablement à obtenir des effets sur des sujets moins sensibles. Vous arriverez, en un temps relativement court, à faire sentir cette force magnétique à la majorité des personnes sur lesquelles vous expérimenterez.

IV. Concentration de la pensée, Suggestion mentale, Auto-hypnotisme, Auto-suggestion, Transmission de pensée, Influence à distance. — Tout ceci peut se résumer en quelques mots : le but à atteindre est de pouvoir *concentrer une pensée*.

La base de la *suggestion mentale* (qui vous permettra plus tard de prendre, à distance, de l'influence sur une personne sans la voir et sans lui parler) est d'arriver à concentrer toute son attention sur une seule pensée, sur une seule idée déterminée. La concentration de la pensée est aussi la base de l'auto-hypnotisme dont les applications sont si nombreuses et si utiles. C'est enfin la base de la *transmission de pensée*, l'un des phénomènes les plus curieux et les plus extraordinaires de l'art hypnotique.

Nous verrons, en temps opportun, les détails les plus complets sur les applications de la *suggestion mentale*. Il faut pour le moment aspirer à la possibilité de concentrer une pensée. Rien n'est plus facile avec un peu de bonne volonté et d'entraînement régulier. Je ne puis redire dans ce résumé que ce que j'ai déjà exposé dans le chapitre précédent traitant ce sujet, savoir : qu'il faut s'habituer à concentrer le plus longtemps possible toute son attention sur une seule idée déterminée.

Le meilleur moyen pratique est de s'exercer à penser pendant quelques minutes : « *je ne suis pas fatigué, je me sens très bien* » et à augmenter le temps consacré à cet exercice au fur et à mesure que les progrès s'accentuent. La majorité des hypnotiseurs disent qu'il n'est pas nécessaire de dépasser une demi-heure, lorsque l'entraînement suffisant permettra d'arriver à ce laps de temps. Dans les premiers essais, il est bon de répéter à *haute voix l'objet de l'auto-suggestion afin d'empêcher l'attention de s'égarer.*

MOYENS MÉCANIQUES

Baquet et Conducteur de Mesmer, Aimants, Sensitivomètre, Hypnoscope, Couronnes aimantées, Miroirs tournants, Objets brillants, Lampes à magnésium ou à lumière oxydrique, Boules hypnotiques, Gongs Tam-tams, Diapason- Sifflets, etc.

Les moyens mécaniques employés soit pour magnétiser le sujet dans un but de guérison, soit pour provoquer les différents états hypnotiques dans un but d'expérimentation, soit encore pour se rendre compte de son degré de susceptibilité à l'influence sont assez nombreux.

Le recours à des appareils spéciaux pour produire le sommeil ou les états analogues n'est pas précisément nouveau.

Quelques-uns sont délaissés aujourd'hui ; le baquet et le conducteur de Mesmer ne sont à citer que pour mémoire. Le lecteur trouvera dans la partie historique les renseignements les plus complets sur ces appareils tombés en désuétude. Je ne veux pas en parler ici, car, nos conceptions du magnétisme étant changées, ces objets n'ont plus guère leur raison d'être. Ils sont en réalité absolument inutiles.

Ils n'étaient employés du reste qu'en vue de l'obtention de guérisons et seulement dans l'intention de mettre à profit l'influence du magnétisme, en tant qu'agent curatif.

Dans l'esprit de ceux qui avaient recours à ces appareils, le « *Conducteur* » faisait appel au magnétisme humain (magnétisme animal, magnétisme physiologique). Le « *Baquet* » rendait possible la combinaison du magnétisme physiologique au magnétisme particulier de certains corps: limaille de fer, verre pilé, soufre, manganèse, eau. Mesmer ne connaissait ni le somnambulisme, ni la suggestion et attribuait toutes ses cures à l'action du *magnétisme*. Nous savons aujourd'hui que la suggestion, surtout dans le somnambulisme artificiel, est un agent curatif autrement puissant et infaillible. Je ne nie pas l'influence des radiations humaines comme agent thérapeutique, il est impossible de mettre en doute l'action calmante des mains ou du souffle, ainsi que l'influence des cristaux, des aimants, des métalloïdes et des métaux sur les « *sensitifs* ». Mais les progrès accomplis nous obligent à reconnaître que la suggestion dans le sommeil hypnotique est bien plus active. Elle a supplanté les anciens moyens, son action étant non seulement plus rapide mais encore d'une application plus pratique.

La grande discussion entre les diverses écoles est de savoir si la guérison est obtenue par le fluide magnétique ou bien si ce sont les seules forces du sujet qui, sous l'influence des suggestions de l'hypnotiseur ou par l'effet des propres suggestions du malade, ont raison de la maladie. Comme en toutes choses, la vérité est peut-être dans le juste milieu. Il est certain que les mains peuvent exercer une action calmante en dehors de toute suggestion, il est certain que les radiations humaines ont une action curative (ainsi que les radiations des animaux qui sont la base de la zoothérapie), mais il n'est pas moins certain que la suggestion ou l'auto-suggestion produisent de véritables miracles. Tous les médecins qui, après Braid, se sont occupés d'hypnotisme et qui l'ont appliqué dans la thérapeutique, l'ont surtout employé sous la forme de suggestions données, soit à l'état de veille, soit dans le sommeil provoqué. Ce seraient donc les forces du sujet qui, dirigées par l'idée de guérison implantée par l'hypnotiseur, produiraient le retour à la santé. Il est certain que les résultats seraient meilleurs encore, si on avait recours à la fois à la suggestion et au magnétisme, comme le faisait le docteur Liébengen; car c'est surtout en hypnotisme que l'éclectisme donne de bons effets et est à conseiller. Pour les hypnotiseurs, attribuant tout à la suggestion, le but est donc d'obtenir avant tout le sommeil hypnotique, car bien que certains affirment, et c'est la vérité, que les suggestions verbales faites à un malade ont parfois beaucoup d'effet, même à l'état de veille, leur efficacité est bien plus grande lorsqu'elles sont données dans le sommeil provoqué. Des médecins très éminents considèrent aussi le sommeil hypnotique pris en lui-même et en dehors de toute suggestion, comme un agent curatif très puissant. On s'explique alors très bien que tous les efforts soient dirigés en vue d'obtenir ce sommeil spécial. Les miroirs tournants, les boules hypnotiques, les objets brillants, les lampes à magnésium ou à lumière oxydrique, et tous les autres appareils sont destinés à avoir raison de la résistance des sujets difficiles à hypnotiser.

Mais avant de provoquer le sommeil, il est utile de se rendre compte du degré de sensibilité du sujet; on recommande pour cela le sensitivomètre ou hypnoscope. Cet appareil, quel que soit le nom qu'on lui donne, est basé, je l'ai dit déjà, sur le rapport existant entre cette sensibilité et le fait d'être influencé par l'aimant. C'est le docteur Ochorowicz qui a proposé, vers 1885, son emploi.

On le construit de différentes façons et les modèles sont nombreux. Tantôt c'est un aimant de forme semi-ellipsoïdal, qui est destiné à entourer la moitié du poignet du sujet; tantôt c'est un petit aimant en forme de tube fendu, dans lequel le sujet introduit le doigt pendant quelques minutes. Si la personne soumise à l'épreuve est sensible, elle ressent (le pôle négatif étant placé du côté du pouce) de la chaleur, des malaises, des picotements, des fourmillements, des contractions involontaires. Le degré de sensibilité est basé sur l'intensité de ces sensations et le temps au bout duquel elles se manifestent. Rien d'aussi incertain que les indications données par ces appareils. Ils ne sont pas infaillibles et on les remplace avantageusement par les mains appliquées à plat sur les omoplates du sujet. On a là le sensitivomètre le plus parfait et le plus sûr qu'il soit possible d'imaginer. J'ai abandonné complètement l'emploi de l'hypnoscope, je ne le recommande pas au lecteur, ce sont des frais absolument inutiles.

Parmi les appareils proposés pour produire le sommeil hypnotique, quelques-uns manquent d'efficacité sur certains sujets ou ne sont pas exempts de tout danger sur d'autres. Tels sont les lampes à magnésium ou à lumière oxydrique, les gongs, tam-tams, diapasons, sifflets, dont l'emploi est préconisé par des écoles hypnotiques. Les savants de l'école de Paris (*docteur Charcot*, expériences de la Salpêtrière, *docteur Luys*, expériences de la Charité, *docteur Dumontpallier*, expériences de la Pitié), n'emploient guère que des moyens mécaniques pour produire les états hypnotiques chez les personnes nerveuses qu'ils traitent par hypnotisme ou qu'ils induisent en cet état dans un but d'expérimentation. C'est, en effet, sur les sujets nerveux, les hystériques, les névropathes que l'emploi de ces objets mécaniques donne des résultats indiscutables. Je laisse à la *suggestion* l'importance énorme qu'elle a en hypnotisme ; je reconnais parfaitement que, dans certains cas, les objets mécaniques n'agissent peut-être que par une sorte d'entraînement spécial du sujet, c'est-à-dire à la suite d'une éducation expérimentale, obtenue par l'exemple et l'imitation, et faisant reproduire au sujet les différentes phases de l'hypnotisme, selon un type convenu.

Quand, par exemple, dans un hôpital une malade hystérique, qui n'a jamais encore été hypnotisée, voit une de ses voisines tomber en *catalepsie* [1] parce que le docteur, l'interne ou l'aide dirige une lumière éblouissante sur ses yeux, ou lui fait fixer un objet très brillant, ou fait résonner subitement à son oreille un gong ou un énorme diapason ; lorsqu'elle la voit tomber en *léthargie* [2] quand on lui fait regarder fixement un objet non brillant et en *somnambulisme* [3] quand on lui frictionne le sommet de la tête (le vertex), son imagination est vivement frappée et rien ne nous empêche

---

[1] *Catalepsie*. — Etat hypnotique caractérisé par une raideur des muscles et une tension des nerfs.

[2] *Léthargie*. — Etat caractérisé par l'apparence d'un sommeil très profond, pouvant parfois se confondre avec la mort.

[3] *Somnambulisme*. — Etat dans lequel le sujet peut agir comme s'il était éveillé.

d'invoquer la *suggestion* ou plutôt l'*auto-suggestion*, lorsqu'on obtient ensuite sur elle les mêmes résultats par les mêmes procédés. On est parfaitement en droit de supposer que le sommeil spécial s'obtient par *l'attention expectante*, autrement dit parce que le sujet ayant vu endormir sa compagne par le même procédé, *s'attend à dormir* de la même façon. Si l'on est obligé de reconnaître que la *suggestion*, sous forme d'auto-suggestion, joue parfois un rôle très important qui rend difficiles certaines recherches théoriques dans l'expérimentation; il faut néanmoins admettre cette vérité absolue que la suggestion n'est pas tout en hypnotisme et qu'un grand nombre de sujets nerveux, surtout parmi les femmes, seront influencés et induits dans un état hypnotique par les *seuls agents physiques*, en dehors de toute forme possible de suggestion. Quand on obtient, par exemple, les mêmes résultats que précédemment, c'est-à-dire, la *léthargie* par la fixation d'un point brillant ou non brillant; la *catalepsie* par une lumière vive, un bruit subit ou la fixation d'un objet très brillant; le *somnambulisme* par la friction du sommet de la tête, sans que le sujet sur lequel on opère ait jamais vu d'expériences de ce genre, sans qu'il sache ce qu'on attend de lui, ignorant même l'existence de l'hypnotisme et de ses manifestations; il faut, quel que soit le parti pris, reconnaître et admettre, sur certains sujets du moins, l'influence réelle des moyens mécaniques. Il faut reconnaître cependant qu'ils n'ont pas toujours la même efficacité sur les personnes qui ne sont pas nerveuses, et il importe surtout de savoir, qu'entre les mains d'un débutant, de pareils moyens ne sont peut-être pas sans présenter quelques dangers. En effet, toutes les impressions brusques et vives sur la vue ou l'ouïe, dans le but de produire un état hypnotique, ébranlent violemment le système nerveux et produisent parfois brusquement l'état hypnotique profond chez certains sujets très nerveux. Par les lampes à magnésium, par les appareils à production de lumière oxydrique on dirige un jet de lumière éblouissante sur les yeux du sujet, ce qui souvent le fait tomber en catalepsie. Le même résultat s'obtient par un bruit subit de gong, tam-tam ou d'énorme diapason, ou bien encore par un coup de sifflet très strident, tout près du visage. Le débutant dans l'étude de l'hypnotisme doit s'abstenir de l'emploi de ces moyens, car il n'est pas encore à même de parer aux inconvénients, aux dangers même qui pourraient en résulter pour le sujet hystérique, si l'opérateur insuffisamment initié ne savait pas le tirer de l'état d'hypnose provoqué. Il y a les plus grands avantages à étudier l'hypnotisme par la méthode que j'indique un peu plus loin, car tous les inconvénients sont écartés et l'hypnotisme est rendu non seulement inoffensif, mais encore bienfaisant dans tous les cas. Il est utile de savoir que tous les accidents hypnotiques sont imputables à l'emploi de moyens violents par des débutants imparfaitement initiés ou par des expérimentateurs brutaux comprenant mal l'hypnotisme. Un hypnotiseur possédant l'art de la suggestion, ayant développé son magnétisme personnel, s'étant exercé à produire beaucoup d'expériences d'influences à l'état de veille, ce qui a développé la confiance en son pouvoir et lui assure le sang-froid nécessaire, peut seul expérimenter sans danger toutes les méthodes connues d'hypnotisation et particulièrement celles qui comportent l'emploi d'appareils agissant par impression brusque et violente sur l'œil ou sur l'oreille. L'opérateur expérimenté peut recourir à ces moyens, sans avoir aucun inconvénient à redouter, car il sera toujours à même d'y parer s'il s'en produisait. C'est surtout sur les aliénés en traitement dans des asiles spéciaux que l'emploi des moyens précités est justifié. On peut encore jusqu'à un certain point l'admettre dans les cliniques de nos hôpitaux, dans le traitement de certaines maladies nerveuses, entre les mains de médecins compétents. Je dis jusqu'à un certain point, car il existe aujourd'hui des procédés de sommeil ou d'influence hypnotique bien plus efficaces et surtout beaucoup plus pratiques, tout en étant inoffensifs. En somme, je ne recommande pas au lecteur l'emploi de ces appareils, s'il ne fait que débuter dans l'étude de l'hypnotisme.

Miroir tournant

Le miroir tournant ne présente aucun danger, il produit sur le sujet un sommeil progressif, sans secousse. Il évite toute fatigue à l'hypnotiseur ; le sujet s'assoupit lui-même par la fixation prolongée du miroir se mouvant par un mécanisme d'horlogerie. L'opérateur rend ensuite cet assoupissement plus profond par quelques suggestions verbales et des passes appropriées avec ou sans contact. Ces suggestions et ces passes conduisent, en quelques instants, un grand nombre de sujets dans le sommeil hypnotique. Si on peut reprocher au miroir rotatif de ne produire l'assoupissement précurseur du sommeil qu'après un temps parfois assez long chez certains sujets difficiles à hypnotiser ; si on peut lui reprocher, en outre, de ne pas être, dans tous les cas, absolument infaillible, puisqu'il ne peut triompher de la résistance de quelques-uns, il n'en est pas moins vrai qu'un nombre assez important de personnes qui ne seraient pas endormies par les moyens ordinaires, le sont immédiatement par le recours au miroir tournant.

Le miroir tournant a fait place aujourd'hui au globe lumineux rotatif. Cet appareil se compose d'un globe en verre dépoli ou en porcelaine, dans lequel est placée une petite lampe à pétrole ou à acétylène. Le globe repose sur une tige coudée, tournant par le moyen d'un mécanisme d'horlogerie placé dans une boîte en bois ou en tôle servant de support. A la suite de la fameuse découverte du « bleu chirurgical » (1), le verre a été teinté en bleu afin de mettre à profit l'influence indiscutable de cette couleur sur la production de l'anesthésie ou de l'hypnose. L'appareil a obtenu ainsi une efficacité qu'il était loin de posséder auparavant. Comme le miroir tournant, le globe lumineux rotatif permet d'hypnotiser plusieurs personnes à la fois, voire même toute une assistance, sans aucune fatigue pour l'opérateur.

Boules hypnotiques

Les boules hypnotiques sont l'application pratique de l'influence des objets brillants. Elles en augmentent considérablement l'efficacité par l'influence spéciale qu'elles exercent sur l'imagination

---

(1) **Les influences de la lumière et des couleurs.** — *Le bleu chirurgical.* — Les savants nous disent aujourd'hui que les couleurs sont des formes du mouvement lumineux et qu'elles ont une très grande influence dans la nature. Leur action sur les végétaux est depuis longtemps reconnue; certaines plantes qui grandissent rapidement sous un vitrage violet, s'étiolent et meurent sous un vitrage rouge. Les couleurs sont plus ou moins favorables au développement de certains animaux (poissons, batraciens, insectes). Nous savons par expérience que le rouge est mortel, le vert nuisible, le jaune et l'orangé indifférents, le bleu et l'indigo favorables, le violet très favorable. Tout le monde sait que le rouge rend les taureaux furieux, mais ce qui est plus ignoré, et pourtant non moins certain, c'est que les abeilles, élevées dans la lumière violette, ont des essaims plus nombreux et fournissent beaucoup plus de miel. Le voisinage des couleurs a une grande importance en esthétique et la coquetterie sait en tirer parti. Beaucoup de femmes savent que les toilettes faisant le mieux ressortir leur beauté sont celles qui présentent aux yeux deux couleurs complémentaires, celle des cheveux et celle de la robe. La blonde choisira de préférence le bleu turquoise, la brune le rouge, la châtaine le violet, la rousse

du sujet. Elles sont d'un emploi très répandu et cet emploi est parfaitement justifié, car elles permettent d'obtenir des résultats merveilleux, sans aucune fatigue pour l'opérateur.

Boule hypnotique Fournier

A l'issue de mes conférences et séances démonstratives sur l'hypnotisme, un grand nombre de personnes émerveillées des effets produits sur certains sujets en expérimentation par les seuls objets mécaniques dont je faisais alors usage (miroir rotatif et boule hypnotique), me demandaient très souvent des renseignements sur la façon de se les procurer. Jusqu'à présent, ces appareils ont été fabriqués par des industriels qui, sous le couvert et sur la recommandation de prétendus Instituts, Clubs, Sociétés hypnotiques ou psychiques, les vendent des prix exorbitants. Il est à espérer qu'il n'en sera pas toujours ainsi et que la vulgarisation de l'hypnotisme engagera les fabricants d'instruments de précision dans chacune de nos villes à mettre en vente à un prix raisonnable les différents objets mécaniques pouvant rendre des services à l'hypnotiseur. En attendant, comme il est impossible à l'heure actuelle de se procurer dans le commerce ces appareils, pourtant très utiles, j'ai décidé de condenser les propriétés de la boule et du miroir hypnotiques dans un appareil unique,

---

le vert, la blonde dorée le bleu vert. Dans diverses maladies, la variole et les maladies de l'esprit entre autres, la médecine use d'un traitement par les couleurs qui donne des résultats très satisfaisants. Tous les magnétiseurs s'accordent à dire que les « sensitifs » ont une prédilection pour le bleu et une répugnance très marquée pour le jaune. L'influence de la couleur bleue en matière chirurgicale est reconnue absolument certaine et plusieurs médecins se sont servi de la couleur bleue comme anesthésique. L'insensibilité obtenue dure quelques minutes et n'affecte que la tête, mais elle est assez complète pour permettre d'arracher des dents sans aucune douleur. La moyenne des personnes sur lesquelles ce procédé réussit est d'environ 66 %. Toutes avouent ressentir sous l'influence de la lumière bleue, une impression de calme, de quiétude, de bien-être exactement semblable à celle que ressentent les sujets hypnotiques sur le point de tomber en hypnose. A la suite de nombreux essais tentés sur un grand nombre de personnes d'âge, de tempérament et de sexe différents, on a également reconnu que la lumière bleue a une grande influence sur l'obtention du sommeil hypnotique. L'hypnotiseur ne peut songer à appliquer la lumière bleue, d'après le procédé employé par les médecins en vue de l'obtention de l'anesthésie. Ce procédé, en effet, n'est pas toujours d'une application pratique, car il exige un léger voile bleu et une lampe électrique bleue, munie d'un puissant réflecteur. D'un autre côté, les essais concluants qui ont été faits ont démontré que le recours à la lumière bleue en hypnotisme ne constitue pas à proprement parler une nouvelle méthode d'hypnotisation, mais que l'emploi de cette lumière ou simplement de cette couleur, s'ajoutant à quelques-unes des méthodes déjà connues, leur donne une efficacité remarquable qu'elles étaient loin de posséder par elles-mêmes.

afin d'assurer à tous le succès le plus complet dans l'expérimentation en hypnotisme. Dans certains cas, en effet, l'emploi d'objets mécaniques était absolument indispensable. Mais, pour que cet emploi ait été véritablement pratique, il aurait fallu que les avantages de tous les instruments soient en quelque sorte condensés en un seul, rendu par son prix abordable à tous. Jusqu'à présent les tentatives en ce sens n'avaient pas été couronnées de succès. J'ai cherché et crois être parvenu, après de nombreux essais, au but que personne encore n'avait atteint, à cette indispensable condensation. J'ai tenu essentiellement à faire pour les objets mécaniques ce qui est fait par ce volume pour l'hypnotisme lui-même ; j'ai voulu mettre à la portée de tous, l'appareil le plus efficace au plus bas prix possible. La tentative de vulgarisation de la science hypnotique n'est possible et ne peut être couronnée de succès qu'à la condition expresse de donner au débutant ou à l'expérimentateur déjà superficiellement initié, la possibilité, je dirai mieux, la certitude la plus absolue, de produire rapidement et sans fatigue tous les états hypnotiques sur tous les sujets.

Possédant à peu près toutes les variétés de miroirs tournants et de boules hypnotiques, j'ai pu, étant préparé par de nombreuses années d'expérimentation journalière, me rendre rapidement compte de l'efficacité, des avantages ou des inconvénients de chacun de ces appareils, et chercher un modèle se rapprochant le plus des appareils les plus efficaces et possédant à la fois les avantages de la boule et du miroir. J'ai chargé M. Fournier, fabricant d'instruments de précision, de construire et de mettre en vente par l'intermédiaire de la LIBRAIRIE GENEST, le seul appareil réellement utile à l'hypnotiseur. M. Fournier a interprété mes idées avec un rare bonheur et sa boule hypnotique est, à l'heure actuelle, le seul objet mécanique auquel j'ai recours. J'en fais un fréquent usage, soit pour obtenir sans fatigue le sommeil hypnotique sur les sujets difficiles, soit dans mes conférences sur l'hypnotisme où je suis amené à parler des moyens mécaniques et où je fais des démonstrations relatives à leur utilité pour reposer l'opérateur et à leur efficacité pour avoir aisément raison de la résistance des sujets difficiles à hypnotiser. Ces démonstrations sont toujours faites sur des sujets volontaires pris dans l'assistance. Un des grands avantages résultant de l'emploi de la boule hypnotique Fournier est qu'elle permet d'influencer plusieurs personnes à la fois sans aucune fatigue pour l'opérateur. Elle est très utile à ceux qui donnent des séances publiques, aux expérimentateurs opérant devant des assistances nombreuses. Elle rend de grands services à l'hypnotiseur qui, dans un but de guérison, veut induire dans le sommeil provoqué un malade nerveux et facilement irritable. C'est le seul appareil qui rende pratique et permette l'emploi de la méthode infaillible d'hypnotisation recommandée par le docteur Liébengen, reprise récemment en France par le docteur Charpentier et en Amérique par le docteur B. Harwley, du Collège Polyclinic de New-York. Je la recommande à toutes les personnes s'occupant d'hypnotisme et particulièrement aux débutants. Elle remplace avec avantage la fixation des yeux de l'hypnotiseur et c'est surtout en ce sens qu'elle rend d'incomparables services aux étudiants. Il arrive souvent, en effet, que dans les premiers essais d'influence hypnotique sur des personnes éveillées, l'opérateur qui n'est pas encore entraîné par une pratique suffisante, ne peut fixer longuement ses sujets à la racine du nez sans cligner des paupières ou sans avoir à réprimer une envie irrésistible de rire. Le sujet rit parfois de son côté et le succès est bien souvent compromis pour cette seule raison. Avec la boule hypnotique, rien de cela n'est à craindre, elle pare admirablement à tous ces inconvénients. De plus, elle repose beaucoup l'opérateur, car elle peut remplacer le regard dans toutes les expériences où celui-ci est employé; sur la majorité des sujets, elle est d'un effet bien plus puissant encore que le regard. Elle concentre dans tous les cas d'une façon étonnante l'attention du sujet sur les suggestions de l'hypnotiseur et rend toujours plus certaine et plus rapide la réussite de l'expérience. Un grand nombre de personnes qui ne seraient influencées par aucun autre procédé, le sont immédiatement par le recours à la boule hypnotique Fournier. Cet appareil permet en outre de développer le regard de l'hypnotiseur d'après la méthode des fakirs indous, par la fixation prolongée et sans clignement de paupières du point A, petite boule de cristal à ce destinée. Deux points différents peuvent être fixés par le sujet, suivant les expériences. La fixation du point intérieur B est recommandée pour l'obtention des influences hypnotiques à l'état de veille ; la fixation du point extérieur D (en métal très brillant) est surtout conseillée en vue de l'obtention du sommeil par fixation (méthode et dérivées de Braid). En tournant la capsule métallique C placée à l'extrémité supérieure de la boule, il se dégage immédiatement des vapeurs de chloroforme, de chlorure d'étyle ou d'éther, ce qui permet d'employer pratiquement et même à l'insu du sujet la méthode infaillible d'hypnotisation préconisée par le docteur Liébengen. Je m'étendrai longuement sur cette méthode spéciale, ainsi que sur tous les procédés de sommeil basés sur l'impression de l'odorat, dans le chapitre traitant de l'obtention du sommeil hypnotique. L'emploi de la boule hypnotique, conformément aux instructions données dans le cours de ce volume, développe merveilleusement la suggestibilité des sujets et, grâce à son concours, les expériences à l'état de veille s'obtiennent très facilement, sans aucune fatigue pour l'opérateur. Mue par la main de l'hypnotiseur, décrivant un lent mouvement de rotation, la boule Fournier remplace avantageusement toutes les variétés de miroirs tournants. Elle a, de plus, toute l'efficacité du globe lumineux rotatif, si l'on place derrière elle une lumière quelconque. En résumé, l'opérateur qui tient à pousser l'expérimentation aussi loin que possible, l'hypnotiseur qui veut hypnotiser infailliblement et instantanément tous les sujets sur lesquels il opère, le débutant qui aspire à augmenter ses chances de réussite, tout en s'évitant beaucoup de fatigue, ne peuvent se passer de cet appareil de poche, résumant à lui seul tous les objets mécaniques usités.

N'ayant en vue que la vulgarisation de l'hypnotisme, n'aspirant qu'à faciliter à tous l'étude pratique de cette science si intéressante et si utile, j'ai cru devoir m'étendre assez longuement sur les avantages résultant de l'emploi de la boule hypnotique Fournier et la recommander d'une façon toute spéciale à tous les opérateurs.

BOULE HYPNOTIQUE FOURNIER

NOTE DU DÉPOSITAIRE

La Boule hypnotique Fournier est en vente dans nos magasins ou est expédiée **franco** par **envoi recommandé** pour la France et tous les pays contre **5 francs** en un mandat postal.

Nous avons choisi comme mode de paiement le mandat postal pour la France et les Colonies françaises, le mandat postal international pour tous les autres pays, afin que la déclaration de versement puisse servir de garantie à l'expéditeur en cas de perte de lettre.

Adresser lettres et mandats :

LIBRAIRIE GENEST
Rue de la République
BOURBON-L'ARCHAMBAULT (Allier)

Les lettres venant de l'Etranger doivent porter l'indication *(France)* et être affranchies à 25 centimes.

Pour éviter tout retard dans la livraison, nous prions l'expéditeur de bien vouloir indiquer son adresse complète très lisiblement.

Tous nos envois sont recommandés et accompagnés d'instructions spéciales relatives à l'emploi de l'appareil.

HYPNOTISME PRATIQUE

INFLUENCES A L'ÉTAT DE VEILLE

DES SUJETS

On désigne sous le nom de *sujets* les personnes pouvant être influencées par l'hypnotisme. C'est pour indiquer l'état de dépendance, de soumission parfois absolue de l'hypnotisé à la volonté de l'hypnotiseur, que ce terme a été choisi et consacré par l'usage. Il exprime l'obéissance involontaire de l'hypnotisé à l'idée qui lui est suggérée et l'impossibilité dans laquelle il se trouve de ne pas faire ou de ne pas croire ce que lui dit l'opérateur. Le docteur Durand (de Gros) a proposé le nom d'hypotaxie (soumission, subordination) pour désigner l'état spécial du système nerveux qui rend possible cette obéissance forcée du sujet à la suggestion.

D'après les docteurs Liébengen et Esdaile, toute personne est un sujet, c'est-à-dire susceptible de percevoir l'influence hypnotique et d'être endormie. La réussite n'est subordonnée qu'à une question de temps et de choix dans les méthodes à employer. Le docteur Charpentier, en France, et le docteur Hawley, du Collège Polyclinic de New-York, partagent aussi cette opinion puisque par le procédé qu'ils préconisent ils prétendent, et avec raison du reste, hypnotiser rapidement et sûrement toute personne quels qu'en soient l'âge, le sexe, le tempérament et le degré de résistance. Après une longue expérimentation personnelle, il m'est permis de dire qu'effectivement toutes les tentatives d'hypnotisation par l'une des méthodes Esdaile ou Liébengen sont couronnées de succès même, je dirai presque surtout, lorsqu'on les applique aux sujets jugés les plus difficiles à endormir.

Il n'y a donc pas à proprement parler de *sujet rebelle*; mais la méthode du docteur Liébengen, reprise en France par le docteur Charpentier et en Amérique par le docteur Hawley, ne peut guère être employée par un débutant, car elle exige déjà la pratique des *passes* et la connaissance approfondie de la *suggestion verbale*. Il en est de même du procédé du docteur Esdaile, médecin-chef de l'hôpital mesmérique de Calcutta. Le débutant n'est pas toujours dans les conditions requises pour l'employer, car elle exige le concours d'un deuxième hypnotiseur; de plus, le procédé assez long peut décourager les commençants. Le meilleur moyen de s'entraîner à la pratique de l'hypnotisme est de choisir au début comme sujets d'expériences des personnes très sensibles ou au moins assez sensibles à l'influence hypnotique, pour que cette influence opère non seulement avec sûreté, mais encore et surtout avec rapidité. En effet, dans un même temps donné, toutes les personnes ne sont pas également influençables par les procédés ordinaires. Quelques-unes, au premier abord, paraissent absolument réfractaires, d'autres n'éprouvent que des effets partiels; certaines enfin sont très impressionnables et font de merveilleux sujets. Il est toujours facile au débutant de trouver dans son entourage quelques personnes très influençables, hypnotiquement. Il y a beaucoup d'avantage à débuter par celles-ci. Plus tard, lorsqu'on aura un peu de pratique, lorsqu'on aura développé une personnalité magnétique puissante, on pourra aspirer à influencer indifféremment tous les sujets. Dans le choix des sujets, l'âge et le sexe ont une grande importance. Tous les enfants, à partir de l'âge de raison, s'hypnotisent en général très facilement, c'est de 8 à 15 ans qu'on trouve le plus grand nombre de somnambules, puis de 15 à 25. Chez les adultes, de 15 à 30 ans, le nombre est encore assez élevé, mais il diminue dans les années suivantes pour augmenter considérablement au-dessus de 60 ans. Les jeunes filles, les femmes sont plus facilement hypnotisables que les hommes. On devra donc, au début, s'exercer autant que possible sur des enfants, sur des jeunes filles de préférence. Par les méthodes indiquées, par la progression qui a été choisie, aucun danger n'est à craindre ; leur santé n'aura nullement à en souffrir, tout au contraire. Le développement de la faculté d'hypnotisation chez les enfants ou les adultes est en effet d'une grande utilité à beaucoup de points de vue, surtout lorsqu'on la pousse jusqu'au somnambulisme artificiel. L'étude de ce cours pratique vous permettra de vous en rendre compte, lorsque vous emploierez la suggestion dans la guérison des maladies et dans l'amélioration du caractère.

Le sommeil hypnotique, sous quelque forme qu'il se présente, n'est pas la seule manifestation intéressante de l'*Influence*. On peut provoquer sur un sujet complètement éveillé des effets hypnotiques de plus en plus marqués. Le sujet en a conscience et souvenir, car ces effets ne se font sentir que sur la partie du corps visée par la suggestion de l'hypnotiseur. Etant extrêmement variés, ils donnent lieu à des expériences fort curieuses et préparent admirablement le pouvoir de l'étudiant en hypnotisme. Si vous voulez arriver rapidement au succès, pratiquez beaucoup les essais d'influence à l'état de veille qui sont indiqués dans le courant de ce chapitre. Vous trouverez d'abord très aisément des sujets, car ces légers effets hypnotiques n'effrayent personne et sont moins redoutés que le sommeil complet. Beaucoup hésitent à se laisser mettre dans un état inconscient et ont une frayeur très grande de l'hypnotisme, craignant, soit que l'on surprenne leurs secrets, soit qu'on les oblige à faire des choses ridicules, soit encore qu'on ne puisse les éveiller. Par des influences à l'état de veille, non seulement vous dissiperez la crainte injustifiée que ce mot « *endormir* » fait naître, mais encore vous amènerez tous les membres de l'assistance eux-mêmes à vous solliciter de les accepter pour sujets, pour qu'ils puissent étudier de plus près ces étranges phénomènes. Votre habileté leur inspirera de la confiance et vous trouverez sans peine des personnes que vous pourrez endormir par la suite. Je ne saurai jamais assez le répéter, si vous voulez arriver à des résultats étonnants, faites des influences à l'état de veille le prélude du sommeil complet. Elles vous permettront de discerner les meilleurs sujets, de développer leur suggestibilité et d'augmenter votre pouvoir. La théorie du *magnétisme* a quelques détracteurs et beaucoup de partisans ; le rôle d'un « *Cours pratique* » ne devrait pas être de faire l'apologie d'une conception spéciale ou d'une théorie particulière ; cependant, je suis obligé de constater que la pratique des influences à l'état de veille sur de nombreux sujets, venant après l'entraînement spécial des forces agissantes, recommandé au début du chapitre « *Préparation à l'Hypnotisme pratique* », développe chez l'hypnotiseur un pouvoir extraordinaire qui n'est guère explicable que par le *magnétisme personnel*. L'entraînement indiqué et le fait d'influencer de nombreux sujets rendent incontestablement beaucoup plus puissant le pouvoir qui agit dans l'influence hypnotique, que ce pouvoir vienne de la puissance magnétique de l'opérateur ou des dispositions particulières du sujet. Toutes les personnes qui seront rapidement impressionnées par les méthodes qui vont suivre feront de très bons sujets pour les futures expériences de sommeil hypnotique, si intéressant à étudier lorsqu'on le pousse jusqu'au somnambulisme.

OBSERVATIONS TRÈS IMPORTANTES

Il est presque superflu de dire au lecteur que les conseils donnés et les méthodes préconisées au début de ce chapitre ne s'adressent qu'aux débutants. Plus tard, il ne sera nullement nécessaire de se conformer à toutes ces recommandations, et l'opérateur entraîné pourra hypnotiser instantanément. Des précautions, un peu méticuleuses je l'avoue, ont dû être conseillées pour faciliter les premiers essais. Dans beaucoup de milieux, en effet, la plus grande difficulté pour l'étudiant est de trouver des sujets qui veulent bien consentir à se prêter aux expériences. Un grand nombre de personnes ont une telle crainte de l'hypnotisme que rien ne pourrait les décider à servir de sujets si on prononçait ce mot devant elles. Grâce au moyen indiqué un peu plus loin, cette première difficulté est tournée. J'ajouterai que l'opérateur habile ne doit son pouvoir qu'à la pratique, et qu'en hypnotisme comme partout ailleurs, le vieil adage : « *Ce n'est qu'en forgeant qu'on devient forgeron* » reçoit une éclatante justification. Si le lecteur ne fait que débuter dans la pratique de cette vaste science qu'est l'hypnotisme, il est indispensable qu'il se conforme scrupuleusement aux instructions données, s'il veut compter sur un succès aussi rapide que certain.

Premier essai, passivité du sujet

Pour un débutant dans la pratique de l'hypnotisme, les meilleurs sujets d'expérimentation sont les personnes qui arrivent à détendre leurs muscles, autrement dit à se mettre dans un état passif.

Il est plus difficile qu'on le croit généralement de détendre complètement tous ses muscles, ceux qui arrivent aisément à cette détente sont très bien préparés pour vos premiers essais d'influence. Les moyens de contrôler rapidement cette disposition sont assez nombreux. Je me contenterai d'indiquer dans ce volume le plus pratique et le plus infaillible de tous : le procédé employé par le docteur Liébengen. Ce moyen de contrôle offre un grand avantage, il est possible de l'employer sans parler d'hypnotisme. De cette façon on ne fait naître aucune crainte, aucune appréhension dans l'esprit de la personne soumise à l'épreuve. J'ai vu bien souvent dans différents salons de maisons amies où était reçu le regretté docteur Liébengen, des séances complètes d'hypnotisme obtenues par ce procédé. Chose peu banale, la plupart des personnes de l'assistance, y compris parfois la maîtresse de maison, étaient amenées à servir de sujets volontaires. Le docteur ne parlait pas d'hypnotisme au début, aucune appréhension n'était à craindre dans l'auditoire ; l'opérateur, après s'être rendu compte de la passivité de ses sujets, intéressait à l'obtention de phénomènes de plus en plus marqués et ce n'était que lorsque plusieurs sujets étaient en somnambulisme artificiel qu'il hasardait finalement le nom véritable d'hypnotisme. Personne n'était étonné et l'hypnotisme était jugé chose très intéressante. Pourtant, je suis absolument persuadé que si le savant docteur avait au début causé d'hypnotisme ou de magnétisme, personne n'aurait voulu consentir à se soumettre à ses pratiques, même pour la plus petite expérience. Certaines consciences timorées auraient même, à l'époque, considéré l'hypnotiseur comme un génie malfaisant et s'en seraient écartées avec une crainte superstitieuse. Aujourd'hui, fort heureusement, l'hypnotisme commence à être connu et étudié, en théorie du moins, et il est possible de faire des démonstrations et des conférences sur ce passionnant sujet, voire même d'hypnotiser une assistance sans passer pour un sorcier fleurant l'hérésie et le fagot.

Si, pour une raison quelconque, vous ne voulez pas parler

d'hypnotisme tout en intéressant une assistance aux manifestations de cette science, vous pouvez, dans le cours de la conversation, faire remarquer à vos auditeurs que beaucoup de personnes ne *savent* pas se reposer. Vous pouvez faire observer avec raison que bien souvent la fatigue générale, la lassitude et un grand nombre de malaises de toute nature sont causés uniquement par la difficulté qu'éprouvent ces personnes à détendre complètement leurs nerfs. Certaines personnes sont même dans l'impossibilité absolue d'arriver à cette détente sans un entraînement préalable. Elle est indispensable pourtant si l'on veut goûter les bienfaits du repos parfait et il est de la plus haute importance pour chacun de contrôler jusqu'où peut aller cette détente, ne serait-ce que pour s'exercer à la rendre aussi complète que possible. Il est assez facile d'arriver, en s'observant un peu, à mettre le système nerveux sous la dépendance de la volonté ; le plus grand bien en résulte pour la santé et toutes les personnes nerveuses devraient s'entraîner à se mettre dans un état passif.

Voici d'après le docteur Liébengen un procédé irfaillible permettant de se rendre rapidement compte du degré de passivité d'un sujet :

Lorsque vous aurez intéressé votre auditoire, proposez à un des membres de l'assistance de contrôler jusqu'où peut aller son repos. Pour cela, priez la personne de laisser reposer une de ses mains (n'importe laquelle) sur votre poing. (Voir à la fin du volume la figure 4).

Recommandez-lui bien de laisser son bras absolument sans résistance, jusqu'à ce que vous ayez compté jusqu'à trois. Demandez-lui si elle croit s'être conformée à votre recommandation, c'est-à-dire si elle a bien enlevé toute la force de son bras et si son bras est parfaitement inerte. Si elle répond affirmativement, dites-lui : *Eh bien, je vais compter jusqu'à trois et quoi qu'il arrive, laissez votre bras tel qu'il est ainsi, jusqu'à ce que j'aie compté trois.* Alors comptez lentement : *un...... deux* et, sans dire trois, abaissez brusquement le poing.

Si la personne peut naturellement se mettre dans un état passif, son bras tombera (1) en suivant votre poing ; si, au contraire, son

---

(1) Voir la figure 5 à la fin du volume.

bras reste en l'air, (1) ne cherchez pas une nouvelle preuve qu'elle ne s'est pas conformée à vos instructions, qu'elle n'a pas laissé son bras mou et qu'il lui est difficile d'obtenir la détente complète de ses nerfs.

Dans ce cas vous lui ferez remarquer qu'elle n'a pas su enlever toute la vie, toute la force de son bras, sans cependant lui dire encore comment vous vous en apercevez. Vous tentez une seconde fois l'expérience, en lui recommandant bien de laisser son bras complètement inerte, et au second essai, le bras suivra souvent votre poing.

Si le bras persistait à rester en l'air, après une troisième tentative vous ferez remarquer à la personne que si elle avait réellement enlevé toute la force de son bras, comme elle le croit peut-être, il ne pourrait rester ainsi, car l'action d'élever le bras et de le tenir dans cette position nécessite évidemment une raideur musculaire. Vous pourrez recommander à cette personne de s'exercer à détendre ses muscles par le moyen indiqué à la fin du chapitre, mais vous ne la choisirez pas comme sujet, pour vos premières tentatives d'influence hypnotique, avant qu'elle soit à même de se mettre dans un état passif. Essayez sur beaucoup de personnes cet essai, vous en trouverez certainement un grand nombre capables d'arriver de suite à la détente parfaite.

Le docteur Liébengen, pour choisir dans une assistance les individus pouvant se mettre immédiatement dans un état passif, employait un procédé différent, lorsqu'il voulait contrôler plusieurs sujets à la fois. Vous opérerez pour cela de la façon suivante :

Lorsque vous aurez intéressé quelques personnes aux explications données plus haut, concernant la difficulté éprouvée parfois pour se mettre dans un état de repos complet, vous demanderez aux personnes de l'assistance de contrôler sur elles-mêmes le degré de détente des muscles où elles peuvent arriver.

Vous les priez de reposer complètement leur main droite sur leur poing gauche (voir à la fin du volume la figure 7) et de bien relâcher les nerfs et les muscles du bras droit, il faut que le bras soit comme mort. Ensuite priez-les, tout en continuant de laisser

---

(1) Voir la figure 6 à la fin du volume.

leur bras droit mou, d'enlever rapidement le poing gauche servant de support lorsque vous aurez compté jusqu'à trois. Demandez si elles croient s'être conformées à vos recommandations et si elles laissent bien reposer de tout son poids la main droite sur le poing gauche. Si elles vous répondent oui, comptez *un... deux... trois.*

Toutes les personnes dont la main droite tombera savent se mettre dans un état passif, dans un état de repos absolu. Vous pourrez recommencer l'expérience avec celles dont la main est restée en l'air et il est probable qu'après quelques tentatives elles se rapprocheront de plus en plus de l'état passif. Bien entendu, la main ne doit pas être renvoyée avec force, elle doit tomber naturellement, comme tombe tout corps inerte privé de support. Recommandez aux personnes dont la main n'est pas tombée de s'exercer quelquefois à relâcher leurs muscles, jusqu'à ce que leur main droite tombe naturellement. Avec un peu d'exercice il est facile d'arriver à la passivité complète.

Il y a les plus grands avantages pour la santé à s'en rapprocher le plus possible, ne serait-ce que pour augmenter la valeur du repos que l'on prend. Tous devraient aspirer à la possibilité de détendre complètement leurs muscles, car rien ne fatigue autant que d'avoir les nerfs constamment tendus. Sans le savoir peut-être, beaucoup sont dans ce cas et il en résulte un nombre incalculable d'incommodités.

Lorsque la main tombe naturellement, on peut s'habituer très facilement à mettre le corps entier dans le même état de repos. En dehors de tout essai d'influence hypnotique, c'est un véritable devoir de conseiller à tous de s'entraîner à obtenir le relâchement complet du système nerveux. Un grand nombre y parviennent immédiatement, certains (et ce sont justement ceux qui en ont le plus besoin) n'y arrivent qu'après des tentatives souvent réitérées.

Chute en arrière

Ceux dont la main est tombée naturellement dans l'expérience précédente peuvent être choisis pour l'expérience de chute en arrière.

C'est le premier essai d'influence hypnotique à l'état de veille et le plus facile à obtenir pour un débutant. Vous pouvez vous abstenir de parler d'hypnotisme et dire, par exemple, qu'un livre récent vous a appris que le corps humain et les mains en particulier dégagent une sorte de force, produisent une certaine attraction que l'on peut faire sentir à toute personne capable de relâcher ses muscles et de se mettre dans un état passif. Vous intéresserez davantage et vous n'aurez aucune peine à trouver des personnes se prêtant à l'expérience. Par ces premières expérimentations, votre habileté se développera, vous rendrez plus puissant votre magnétisme personnel et un peu plus tard, vous pourrez avouer que vous faites de l'hypnotisme.

Priez la personne qui se prête à l'expérience de se tenir debout, les yeux fermés, les pieds rapprochés, les bras tombant le long du corps.

Recommandez-lui de se mettre dans un état passif, c'est-à-dire de laisser son corps mou et de ne pas résister à l'influence qu'elle sentira. Dites-lui qu'elle s'y abandonne au contraire et qu'au cas où elle tomberait, elle ne se fera aucun mal, car vous la retiendrez dans sa chute.

Rendez-vous compte si la personne ne résiste pas et se conforme bien à votre recommandation de laisser son corps mou. Pour cela, mettez une main sur l'une de ses épaules et tirez légèrement en arrière; si le sujet ne résiste pas, vous l'entraînerez aisément; si vous sentez une résistance assez prononcée, c'est une preuve certaine qu'il n'est pas dans un état passif. Dans ce cas, dites-lui bien de ne pas se raidir, de ne pas opposer de résistance, mais au contraire de penser mentalement: *je tombe en arrière..... je tombe en arrière.*

Il ne faut pas cependant que la personne mette trop de complaisance et tombe d'elle-même en arrière; ce qu'il faut, c'est que, tout en ne faisant aucun effort pour tomber, elle ne résiste pas si elle sent une tendance à tomber, si elle sent une impression de force qui la *tire en arrière.*

Vous trouverez certainement, et dès vos débuts peut-être, des sujets très sensibles qui, malgré tous leurs efforts, malgré leur résistance acharnée, tomberont en arrière, attirés par une force irrésistible. La pratique de l'hypnotisme en développant votre magnétisme personnel vous permettra également d'avoir, sur des sujets moins sensibles, raison de bien des résistances; mais si vous voulez arriver au plus grand succès, conformez-vous dans vos premiers essais aux instructions données et dites au sujet de penser mentalement ce que vous attendez de lui. Lorsque vous serez entraîné par une pratique suffisante, ce ne sera plus nécessaire.

Placez-vous derrière le sujet et appliquez vos deux mains à plat sur les omoplates (voir à la fin du volume la figure 1). Laissez vos mains en contact à peu près une minute en disant d'un ton convaincu : *Quand je vais retirer mes mains....., si vous ne résistez pas trop,....., vous sentirez une force qui vous tirera en arrière. Ne résistez pas....., ne vous raidissez pas....., vous sentez une chaleur qui se dégage de mes mains..... et lorsque je vais les retirer,....., vous tomberez en arrière.*

Insistez sur ces suggestions, répétez-les sans cesse en pensant, en voulant fortement que le sujet tombe.

Retirez ensuite vos mains, retirez-les très lentement ; que le mouvement de départ en soit au début à peine sensible et, lorsque vous sentirez le sujet suivre ce mouvement, dites d'un ton positif : *Vous êtes tiré..... vous tombez en arrière....., vous tombez, vous tombez.*

Retenez le sujet dans sa chute afin qu'il ne se fasse pas mal en tombant complètement.

Dissertation sur l'expérience précédente et sur l'emploi de la Pensée en hypnotisme. Aperçu sur l'occultisme.

Dans cette expérience d'influence, vous avez mis trois facteurs à contribution : *le Magnétisme* (par l'imposition des mains), la *Suggestion verbale* (par les paroles que vous avez prononcées), enfin, la *Suggestion mentale* (par la pensée que le sujet tombe en arrière).

Les personnes s'occupant de psychologie et de physiologie verront, avec raison, la présence d'un quatrième facteur : *l'attention expectante* du sujet lui-même. Il est un fait prouvé par expérience, c'est que tout effet psychologique ou physiologique attendu dans le corps a la tendance à se produire ; en d'autres termes, toute idée perçue par le cerveau tend à se transformer en action. Le sujet s'attendant à tomber fournit, par sa propre attente, un facteur de plus pour hâter sa chute. La suggestion mentale n'est pas absolument indispensable (dans ce cas du moins). Il ne faut point cependant se baser sur ce seul fait pour nier la réalité de son influence, comme l'ont fait et le font encore beaucoup d'auteurs, parmi ceux dont les connaissances théoriques sont plus étendues que les connaissances pratiques. En hypnotisme comme ailleurs, les ingénieuses hypothèses, les savantes théories, les négations ou les affirmations de savants ne sont pas toujours des preuves; en tout cas, elles n'ont aucune valeur devant un fait et j'ai la certitude, basée sur des expériences psychiques concluantes, que la pensée de l'hypnotiseur est susceptible d'exercer une action réelle en hypnotisme. Le lecteur s'en rendra du reste compte lui-même, lorsqu'il aura étudié plus loin le sommeil hypnotique et transmis des pensées à distance, à un sujet en état de somnambulisme provoqué.

Dans toutes les expériences, pensez donc fortement ce que vous attendez du sujet. Dans le premier essai de chute en arrière, lorsque vous êtes en contact avec le sujet, dites en vous-même : *je veux que vous tombiez en arrière...... tombez en arrière...... en arrière...... vous êtes tiré en arrière...... allons, tombez...... tombez en arrière.*

A ces suggestions mentales, joignez l'effort mental. Ce qu'est l'effort mental? Je vais essayer de le faire comprendre au lecteur. Prenons comme exemple l'expérience précédente de chute en arrière. Dans cette première expérience, pour que la concentration de pensée puisse atteindre son maximum d'effet, il faut, tout en pensant fermement: *Tombez en arrière...... tombez...... vous êtes tiré en arrière...... tombez...... tombez en arrière......*, il faut, dis-je, faire un effort nerveux en nous-mêmes, *comme si nos mains étaient réellement sur les épaules du sujet et que nous le tirions véritablement en arrière.*

Dans toutes les expériences que vous tenterez, joignez la suggestion mentale et l'effort mental employés de cette façon.

Je le répète encore, beaucoup d'hypnotiseurs modernes, et des plus savants même, ont nié l'efficacité de la suggestion et de l'effort mentaux et ont combattu leur emploi. Ils étaient peut-être excusables, puisque la science expérimentale ne disposait pas, à l'époque, de moyens autres que la simple relation de cause à effet pour démontrer la possibilité, je dirai mieux, la certitude de cette influence étrange. Et pourtant non, ils ne méritent aucune excuse puisqu'ils n'ont personnellement rien fait pour s'en rendre compte, pas même essayé d'obtenir le banal phénomène de télépathie ou transmission de pensée, connu de tous les hypnotiseurs de tréteaux.

Cependant cette seule expérience est assez éloquente et aurait à elle-même suffi à dissiper tous leurs doutes. Aujourd'hui, après les essais du docteur Janet, après les admirables travaux du colonel de Rochas sur l'extériorisation de la sensibilité et de la motricité, il n'y a plus de scepticisme possible; c'est la science qui parle et non la tradition et l'imagination.

Il est certain, et je n'ai jamais songé à le nier, qu'on peut faire de l'hypnotisme et obtenir un grand nombre de phénomènes intéressants, sans avoir à employer la concentration de la pensée et l'effort mental; mais il y a des phénomènes étranges et bien plus intéressants encore, qu'il est absolument impossible de provoquer, si on rejette de parti pris ces facteurs importants de l'influence. Les fakirs de l'Inde étonnent les civilisés et effrayent les esprits superstitieux, tout simplement par l'emploi, inconscient peut-être, de *l'extériorisation de la motricité* [1]. Extériorisation qu'ils obtiennent aisément, grâce à l'entraînement patient et méticuleux auquel ils ne craignent pas de se soumettre. Cet entraînement est entièrement basé sur la concentration de la pensée et sur l'effort mental, ainsi que sur l'assujettissement à la volonté de certaines fonctions : l'assimilation et surtout la respiration. L'entraînement mental qu'ils s'imposent leur permet aussi de rendre leur auditoire entier victime des hallucinations les plus extraordinaires; ce sont certainement des maîtres dans l'art de la suggestion, bien qu'ils fassent peut-être, comme M. Jourdain faisait de la prose, de l'hypnotisme sans le savoir.

Chez nous, les « *médiums* » sont tout simplement d'ordinaire des personnes nerveuses qui arrivent rapidement à l'extériorisation de la motricité, par suite d'un entraînement préalable ou par une sorte de disposition spéciale. Leur influence sur une table ou sur n'importe quel objet, même à distance et quelle que soit cette

---

[1] Voir la deuxième partie de cet ouvrage.

distance, est loin d'être une preuve suffisante pour donner une base sérieuse aux rêveries du spiritisme, pas plus du reste que l'écriture automatique ou les révélations de la trance et de l'extase. Un des grands services rendus par l'hypnotisme à la science, c'est de donner l'explication rationnelle de ces phénomènes réputés merveilleux et de déjouer ainsi le dernier effort de la superstition et du mysticisme exagéré.

J'ai fait une étude approfondie de ces questions non pas par une comparaison de théories ou d'opinions, mais par des recherches expérimentales et des observations personnelles sur de nombreux sujets spécialement disposés. Ma conviction, bien arrêtée, est que l'être humain a en lui des forces que beaucoup ignorent, qu'il peut apprendre à développer et à faire agir à distance, mais que ces forces ne sont tirées que de lui seul. Le dédoublement de la personnalité : qu'on l'appelle automatisme psychique, moi sous-conscient, esprit subjectif ou conscience subliminale, donne l'explication logique, scientifique du phénomène d'écriture automatique (écriture dans laquelle les spirites et les médiums de bonne foi croient voir l'agissement d'un esprit). Le réveil de la mémoire, l'exaltation de toutes les facultés, si facilement obtenus dans l'état de somnambulisme artificiel, expliquent parfaitement les révélations de l'extase.

Quant aux déplacements d'objets à distance, aux coups frappés, etc., qui remplissent de terreur un grand nombre de témoins, s'ils ne sont pas dus aux manœuvres de mauvais plaisants ou d'agréables fumistes, grâce à quelque truc ingénieux à la Robert Oudin (ce qui arrive quatre-vingt-dix-neuf fois sur cent), il n'y a qu'à se rappeler que l'*extériorisation de la motricité* est possible pour trouver de tous ces faits l'explication logique. Souvent, il est vrai, ces phénomènes n'existent que dans l'imagination de personnes nerveuses et impressionnables. Ce ne sont alors que des *illusions* ou des *hallucinations* (1). Ils n'en sont pas moins réels parfois et contrôlés scrupuleusement, non pas seulement par les sens des assistants, mais encore par des plaques sensibles d'appareil photographique et le diaphragme enregistreur du phonographe. L'appareil photographique et le phonographe sont, personne ne songe à le contester,

---

(1) Toutes les explications relatives aux illusions et hallucinations sont données un peu plus loin (page 193).

les moyens infaillibles pour reconnaître si une impression visuelle ou auditive est réelle ou imaginaire. Ma conviction absolue, reposant sur de nombreuses années d'expérimentation personnelle, d'observations et d'investigations rigoureuses, ainsi que la fréquentation d'innombrables milieux spirites, est que, dans les cas qui nous occupent, les spirites et les médiums convaincus sont, ou les dupes de leurs propres suggestions (illusions, hallucinations), ou le jouet de l'hypnotisme transcendant se manifestant chez le *médium* sous la forme d'extériorisation de la motricité. Dans toutes les expériences qu'il m'a été donné de contrôler scrupuleusement, il m'a été impossible de reconnaître autre chose que quelques manifestations d'extériorisation, parfaitement explicables. Si les spirites s'en contentent, tant mieux et grand bien leur fasse. Bien entendu, je ne parle pas de la fantasmagorie au moyen de trucs mécaniques, que certains *cercles* spirites de ma connaissance ne craignent pas de mettre en œuvre pour frapper l'imagination des badauds terrifiés. Il est presque superflu de dire que l'entrée est payante, comme au théâtre. Mais revenons aux pratiques étranges des fakirs; ce n'est pas résoudre une difficulté que de se contenter de nier un phénomène, c'est ce qu'ont fait cependant un grand nombre de savants avant que les expériences du colonel de Rochas aient jeté une lumière sur ces faits réputés mystérieux. Le temps n'est pas loin certainement où ces phénomènes dits d'occultisme seront produits aussi facilement que les expériences magnétiques; ils ne sont, du reste, ni plus difficiles, ni plus surnaturels. La pratique de l'hypnotisme est le premier pas dans cette voie. Une chose profondément regrettable, c'est la constatation que de tout ce qui nous entoure c'est peut-être notre propre personnalité avec ses forces cachées et ses mystères que nous connaissons le moins. Il est temps de rattraper le temps perdu, les gens de progrès ne peuvent davantage différer ces études; les savants ne le peuvent pas, sous peine de se voir dépasser par les ignorants. Je sors un peu, par ce chapitre, du cadre d'un Cours pratique; j'ai cru de mon devoir de mettre en garde le public contre les charlatans du spiritisme (médiums de toutes espèces), comme je l'ai mis déjà en garde contre les charlatans de l'hypnotisme (somnambules lucides). Il y a, en effet, dans nos villes, dans nos villages, dans nos campagnes mêmes, des individus de l'un ou l'autre sexe qui se font passer pour *médiums* et qui soutirent de l'argent aux personnes crédules pour leur donner de prétendues communications avec l'au-delà.

Ma conscience me fait un devoir de dévoiler les agissements de ces exploiteurs de la crédulité humaine, afin de réduire autant que possible le nombre de leurs dupes.

L'expérimentateur initié à l'hypnotisme, comprenant la suggestion et ayant conscience des forces que l'être humain possède à l'état latent et qu'il peut extérioriser, constate aisément que dans les phénomènes spirites qu'il peut observer, rien, absolument rien ne nous autorise à voir les manifestations d'entités étrangères à l'homme et la possibilité de communiquer avec un *au-delà*.

Ces phénomènes étranges de l'occultisme, tout le monde peut les obtenir, mais il faut avant tout posséder et comprendre la science de l'hypnotisme : d'abord pour juger sainement les choses, ensuite pour développer les forces psychiques qui sommeillent en nous. Etudier à fond cette science est chose facile aujourd'hui, grâce aux progrès réalisés et au Cours pratique que vous avez sous les yeux, Cours résumant toutes les connaissances humaines sur ce passionnant sujet.

Conformez-vous scrupuleusement aux instructions données dans le présent ouvrage et lorsque vous posséderez complètement l'hypnotisme, si vous désirez vous faire une opinion juste sur les phénomènes étranges obtenus dans l'Inde par les fakirs et chez nous par quelques médiums, si vous désirez étudier et vous entraîner à provoquer ces phénomènes qui sont, il est vrai, peu connus, mais qui n'ont rien de merveilleux ni surtout de diaboliques, vous pourrez lire avec un bien grand intérêt la deuxième partie de cet ouvrage.

En attendant, employez dans toutes les expériences qui vous seront indiquées par ce Cours la concentration de la pensée et l'effort mental, dans les conditions déjà prescrites pour le premier essai de chute en arrière. Vous en retirerez les plus grands avantages, vous augmenterez vos chances de succès et vous vous entraînerez admirablement pour les essais de transmission de pensée et les futures expériences d'influence à distance et d'occultisme.

J'insiste sur l'emploi de la pensée en hypnotisme, j'y reviendrai souvent dans le courant de cet ouvrage. Peut-être m'accusera-t-on de manquer d'unité, de faire des redites..... Je répondrai que cet ouvrage n'a aucune prétention littéraire et que ces redites sont faites avec une intention voulue. Persuadé que l'être humain peut tirer d'immenses avantages de la connaissance approfondie de l'hypnotisme, mon but unique est d'initier le lecteur à la *pratique* de cette vaste science, de lui en indiquer les *applications* les plus diverses et de faire tout ce qui est en mon pouvoir pour l'engager à mettre en œuvre tous les facteurs, toutes les causes pouvant hâter son succès.

Chute en arrière sans que les mains de l'hypnotiseur touchent le sujet

Si vous avez réussi la première expérience donnée, vous pouvez tenter celle-ci. Bien entendu, essayez, pour débuter, sur une personne que vous avez déjà renversée avec les mains en contact.

Pour ne pas parler d'hypnotisme, vous pouvez dire à peu près ceci à celui ou celle qui va se soumettre au nouvel essai : « Un livre prétend que la force nerveuse se dégageant des mains peut se faire sentir à une certaine distance aux personnes capables de détendre complètement leurs muscles. Comme la première expérience de chute en arrière tentée sur vous a été couronnée de succès, je vais essayer la deuxième. Ne résistez pas davantage, vous ne courez aucun risque, je vous retiendrai si vous tombez ».

Approchez alors vos mains des épaules du sujet, mais sans les toucher, à une distance de un ou deux centimètres (1). Laissez ainsi vos mains environ une minute, puis retirez-les lentement, en revenant au point de départ, si le sujet ne vous suit pas encore. Répétez les suggestions telles qu'elles sont données pour la première expérience, et, lorsque vous constaterez que le sujet se penche de plus en plus en arrière, retirez vos mains complètement en insistant sur la dernière suggestion : *Vous tombez en arrière...... vous tombez...... vous tombez.*

Faites bien attention d'arrêter le sujet dans sa chute pour qu'il ne se fasse pas mal.

---

(1) Voir à la fin du volume la figure 2.

Chute en arrière, les mains placées à une distance de plus en plus grande du sujet

Lorsque vous avez réussi l'expérience précédente, vous pouvez la recommencer dans les mêmes conditions, mais en mettant vos mains à une distance de plus en plus grande des épaules du sujet. Dix, quinze et vingt centimètres. Vous rencontrerez, et dès vos débuts peut-être, des sujets très sensibles qui pourront percevoir l'attraction magnétique des mains de l'opérateur à une distance de plusieurs mètres.

Ces petites expériences n'effraieront personne, vous trouverez aisément des sujets et votre pouvoir augmentera avec une grande rapidité et dans une proportion incroyable.

Les personnes qui se sentiront fortement tirées en arrière feront d'excellents sujets pour les essais qui vont suivre.

Pour celles qui resteront insensibles ou à peu près, n'insistez pas pour le moment avec elles. Votre magnétisme personnel n'est pas assez développé et n'a pas encore la puissance nécessaire pour influencer les personnes qui vous paraissent réfractaires. Plus tard, vous pourrez certainement influencer tous vos sujets, mais pour l'instant, si vous voulez avoir le succès dans l'obtention immédiate du phénomène attendu, ne choisissez que des sujets assez sensibles. Le fait d'influencer de tels sujets vous prépare admirablement à la possibilité de faire sentir votre influence à tous indistinctement. C'est par cette pratique, s'ajoutant aux exercices d'entraînement recommandés pour le regard, la parole, les gestes et la pensée, que vous arriverez à développer votre influence, au point de ne plus trouver de personnes capables de vous résister.

Chute en arrière par la seule parole de l'hypnotiseur

Vous pouvez attirer par la seule suggestion verbale toutes les personnes qui ont été influencées par l'expérience précédente. Pour ne pas parler d'hypnotisme, vous pouvez dire à peu près ceci à la personne se prêtant à l'expérience : « J'ai appris par le même livre que la pensée pouvait agir à distance et renverser une personne capable de se mettre dans un état de repos complet. Je vais me rendre compte de la possibilité de cette influence. »

Faites placer votre sujet dans les conditions exigées pour les expériences précédentes et dites d'un ton positif : *Dès que j'aurai compté jusqu'à trois, vous vous sentirez tiré fortement en arrière. Je compte..... un..... deux..... trois* (dites trois un peu plus brusquement et plus fort), *vous tombez..... la force agit de plus en plus..... vous tombez.*

Pensez toujours que *vous voulez que le sujet tombe.*

Chose étrange, cette seule suggestion attirera aussi fortement le sujet sensible que si elle était jointe à l'imposition des mains, et cette force se fera de plus en plus irrésistible.

• • •

Un grand nombre d'expériences d'influence hypnotique sur des sujets éveillés vont être indiquées au lecteur. Certains essais s'obtiennent plus facilement et entraînent le sujet pour les essais plus difficiles. C'est pour cela qu'un classement a été fait et qu'une sorte de progression a été établie en présentant sensiblement ces expériences dans l'ordre de facilité. Autant que possible, cherchez à les obtenir dans cet ordre ; vous augmenterez certainement vos chances de succès.

Je ne saurais trop vous rappeler que si vous ne faites que débuter dans la pratique de l'hypnotisme, il ne faut pas vous attendre à provoquer, de suite et sur tout le monde, tous les phénomènes connus. Ce n'est que par un travail persévérant que les hypnotiseurs célèbres arrivent à d'aussi brillants résultats. Ces résultats, vous les obtiendrez infailliblement si vous vous conformez aux instructions qui vous sont données ; la méthode est éprouvée et le succès certain. Débutez donc sur des personnes assez facilement influençables. Vous avez les moyens de les reconnaître *(essai de passivité, attraction magnétique)* et vous en trouverez très aisément en choisissant parmi les enfants et surtout les jeunes filles.

OBSERVATION TRÈS IMPORTANTE

Vous allez, dans des expériences qui vont suivre, employer le regard (fascination) ; s'il arrivait qu'au cours de certains essais un sujet très sensible à l'influence hypnotique s'endorme complètement, ne perdez pas votre sang-froid, ne vous troublez pas. *Soufflez-lui* sur les yeux en disant : *Bien, éveillez-vous vite....., vous êtes très bien....., éveillez-vous.*

Frappez vos mains l'une contre l'autre, comme en applaudissant, tout en insistant sur les suggestions indiquées plus haut, et la personne s'éveillera.

Servez-vous également de ce moyen pour faire disparaître toute influence qui persisterait, et ayez toujours la précaution, avant de renvoyer vos sujets, de leur suggérer qu'ils sont dans leur état habituel. Dites-leur par exemple : *Maintenant..... toute influence est passée..... vous êtes très bien..... tout à fait bien.*

Ces précautions sont à prendre avec tous les sujets, même pour les influences à l'état de veille ; elles sont particulièrement à recommander lorsque l'expérimentateur opère sur des « *sensitifs* » [1] et vous pouvez en rencontrer dès vos débuts. Il existe des enfants et des femmes si sensibles à l'influence hypnotique, que dès la plus légère tentative, on obtient le sommeil complet. Dans d'autres cas, les influences à l'état de veille persistent très longtemps ; il est donc bon d'être à même de parer à toute éventualité. L'hypnotisme, entre les mains d'un opérateur prudent, N'EST JAMAIS DANGEREUX.

Chute en arrière par le regard (fascination) et la parole (suggestion)

En fixant le sujet à la racine du nez, entre les deux yeux, et en maintenant le regard fixe, l'hypnotiseur provoque, on le sait déjà, l'état spécial de *fascination*. Pour obtenir cet état, l'opérateur

---

[1] Personnes très sensibles à l'influence hypnotique. Lorsque cette sensibilité est développée par l'éducation et l'entraînement donnés par l'hypnotiseur, lorsqu'elle va jusqu'aux phénomènes de lecture et transmission de pensée, de vision à distance, de pressentiment et d'extériorisation, ces personnes sont communément désignées sous le nom de *médiums*.

doit éviter les mouvements instinctifs des paupières (clignements) et regarder sans discontinuer le même point, c'est-à-dire le centre de la racine du nez du sujet, entre les deux yeux. Par l'entraînement indiqué au chapitre traitant du « *Regard* » on arrive rapidement à ce résultat.

Emploi de la boule hypnotique

Si, dans vos premières expériences, lorsque vous fixez le sujet à la racine du nez, pendant qu'il vous regarde dans les yeux, vous n'aviez pas encore l'entraînement suffisant pour réprimer une envie de rire, ou pour dominer le clignement des paupières, si vous trouviez cette fixation prolongée fatigante pour vous, vous pouvez avoir recours avec beaucoup d'avantages à la boule hypnotique et vous servir exclusivement de cet objet mécanique. L'emploi de la boule dans vos premiers essais vous amènera en peu de temps à la possibilité de regarder vos sujets fermement et fixement à la racine du nez. Indépendamment de cet avantage, la boule influencera un grand nombre, je puis même dire la presque totalité des personnes réfractaires qui ne seraient pas impressionnées par le regard de l'hypnotiseur débutant.

Un avantage inappréciable retiré de l'emploi de la boule hypnotique, c'est qu'elle évite toute fatigue à l'hypnotiseur. Non seulement elle retient, elle concentre la pensée et l'attention du sujet sur les suggestions de l'hypnotiseur, mais encore elle aide dans une très large mesure à la réussite de l'expérience, en provoquant par elle-même l'état hypnotique plus ou moins profond, suivant la durée de la fixation. Toutes les fois qu'il arrive à un débutant de ne pas réussir une expérience sur un sujet qui lui paraît difficile à influencer, il devrait toujours renouveler l'essai avec la boule hypnotique.

Voici comment il faut opérer pour obtenir la chute en arrière, par fascination, sur un sujet que les expériences précédentes vous ont permis de juger assez rapidement influençable.

Faites placer la personne dans les mêmes conditions de passivité déjà recommandées pour la première expérience et dites-lui : *Pensez que vous devez tomber en arrière. Dès que je vous regarderai, vous sentirez une force qui vous tirera de plus en plus en arrière*

(Recommandez bien au sujet qu'il doit vous regarder dans les yeux sans discontinuer, s'il regardait ailleurs, rappelez-lui qu'il doit vous fixer dans les yeux. Ne lui dites pas que vous le fixez à la racine du nez, laissez-lui croire que vous le regardez vous-même dans les yeux). Ces recommandations faites, fixez fermement la personne à la racine du nez en disant : *Vous vous sentez tirer en arrière....., vous tombez en arrière....., en arrière....., vous êtes tiré en arrière.* En donnant ces suggestions, avancez-vous légèrement vers le sujet et soyez prêt à l'arrêter dans sa chute, afin qu'il ne se fasse aucun mal.

Chute en arrière obtenue par le regard et sans répéter les suggestions

Vous pouvez, pour varier cette expérience, vous dispenser de répéter les suggestions pendant que vous regardez le sujet.

Dites à la personne : *Dès que je vous regarderai dans les yeux, vous tomberez en arrière.*

Fixez ensuite le sujet à la racine du nez en maintenant votre regard fixe et ferme. Avancez-vous très lentement vers lui, si lentement que le mouvement en soit au début à peine perceptible et le sujet tombera.

Chute en avant par attraction magnétique
Regard et Suggestion

Placez-vous devant le sujet, les mains à quelques centimètres des clavicules. Dites-lui : *Pensez que vous tombez en avant, dès que mes yeux fixeront les vôtres, vous vous sentirez attiré. N'ayez aucune crainte, vous ne vous ferez aucun mal, je vous retiendrai.*

Regardez fixement et fermement le sujet à la racine du nez et dites d'un ton positif : *Vous êtes tiré en avant..... tiré de plus en plus....., vous tombez....., vous tombez en avant..... en avant..... tombez en avant.* En insistant sur ces suggestions, retirez lentement vos mains en pensant que vous voulez attirer le sujet à vous. Ayez la précaution d'arrêter la personne dans sa chute, afin qu'elle ne tombe pas complètement.

Chute en avant obtenue par le Regard et la Suggestion

Fixez brusquement le sujet à la racine du nez en maintenant cette fixation et dites d'un ton assuré, jusqu'à ce qu'il tombe : *Vous vous sentez tiré en avant....., vous tombez en avant....., vous tombez..... vous tombez.*

Retirez-vous légèrement en arrière et le plus lentement possible.

Chute en avant par le Regard et sans répéter les Suggestions

Vous pouvez varier l'expérience précédente en vous dispensant de répéter les suggestions pendant que vous fixez le sujet.

Pour cela, vous dites à la personne : *Dès que je vous regarderai, si vous laissez votre corps mou, vous serez attiré et vous tomberez en avant.*

Fixez ensuite fermement la personne à la racine du nez en vous retirant en arrière le plus lentement possible.

Pensez toujours, pendant la fixation, que vous **voulez** que le sujet tombe. Dites en vous-même, pensez de toutes vos forces : *Je veux que vous tombiez..... tombez en avant..... en avant..... vous tombez en avant.* Figurez-vous par la pensée être en contact réel avec le sujet et le tirer en avant comme si vos mains étaient cramponnées à ses épaules (effort mental). N'oubliez pas d'employer la suggestion mentale et l'effort mental dans toutes les expériences quelles qu'elles soient.

Faire tomber le sujet à droite

Pour faire pencher et tomber le sujet à droite, vous vous placez en face de lui et vous lui dites : *Dès que je vous regarderai, vous sentirez une force qui vous tirera de plus en plus à droite. Laissez votre corps mou et pensez que vous tombez à droite.*

Fixez brusquement le sujet à la racine du nez en maintenant vos yeux grands ouverts et suggérez d'un ton positif : *Vous tombez à droite..... vous êtes attiré à droite..... une force irrésistible vous tire..... tombez à droite....., tombez..... vous tombez.*

Si l'effet tardait à se manifester, penchez-vous vous-même très lentement à gauche (étant placé en face, c'est le côté qui correspond à la droite du sujet) en ne quittant pas des yeux la racine du nez du sujet, et vous l'entraînerez aisément.

Soyez prêt à le retenir pour qu'il ne tombe pas complètement et ne se fasse pas mal.

2° PROCÉDÉ. — Vous pouvez varier cette expérience de la même façon que la précédente, c'est-à-dire en ne répétant pas les suggestions pendant que vous fixez le sujet à la racine du nez. Dites au sujet : *Dès que je vous regarderai, vous vous sentirez attiré à droite, vous tomberez à droite.* Fixez ensuite fermement le sujet à la racine du nez (en maintenant toujours vos yeux grands ouverts), jusqu'à ce qu'il penche et tombe à droite. Comme précédemment, si le résultat se faisait attendre, vous n'avez qu'à vous pencher vous-même très lentement à gauche, tout en continuant la fixation pour entraîner plus facilement le sujet.

3° PROCÉDÉ. — Vous rencontrerez beaucoup de sujets qui seront influencés par la seule suggestion verbale. Tous ceux qui se sentent tirés fortement en arrière par le premier essai sont dans ce cas. Pour faire tomber un tel sujet à droite, dites-lui d'un ton positif : *Dès que j'aurai compté jusqu'à trois, vous tomberez à droite. Un... deux... trois* (dites trois un peu brusquement et plus fort).

Pensez toujours fortement que vous voulez que le sujet tombe (suggestion mentale). Faites un effort nerveux intérieurement comme si vous vouliez l'entraîner (Effort mental).

Faire tomber le sujet à gauche

Pour faire tomber le sujet à gauche, dites-lui : *Laissez votre corps mou et pensez que vous tombez à gauche. Lorsque je vous regarderai, vous sentirez une force qui vous tirera de plus en plus. Vous ne courez aucun risque, je vous retiendrai dans votre chute.*

Fixez ensuite fermement le sujet à la racine du nez sans cligner les paupières et suggérez d'un ton positif : *Vous êtes tiré à gauche....*

vous tombez à gauche...... une force de plus en plus grande vous tire...... tombez à gauche...... tombez...... vous tombez à gauche.

Si l'effet ne s'obtenait pas de suite, penchez-vous vous-même très lentement à droite (étant placé en face du sujet, c'est le côté qui correspond à sa gauche), ne quittez pas des yeux la racine du nez du sujet, pensez que vous voulez qu'il tombe et vous l'entraînerez plus aisément.

Faites attention qu'il ne tombe pas complètement, soyez prêt à le retenir dans sa chute.

Cette expérience peut ensuite s'obtenir sans répéter les suggestions pendant la fixation et enfin, par la seule parole de l'hypnotiseur, sans avoir recours au regard, dans les mêmes conditions que les deux variantes de l'essai précédent : « Faire pencher le sujet à droite. »

Comment employer la boule hypnotique

Toutes les expériences qui ont été décrites et toutes celles qui vont être données s'obtiennent bien plus facilement encore au moyen de la boule hypnotique Fournier.

Dans les essais à l'état de veille, faites toujours fixer le point intérieur. Le point métallique brillant situé à l'extrémité supérieure de la boule est destiné à l'obtention du sommeil hypnotique, le débutant doit s'abstenir de le faire fixer aux sujets très sensibles avant d'avoir étudié parfaitement les méthodes pour éveiller, car il s'exposerait à les endormir et parfois d'un sommeil profond.

Pour obtenir la chute en avant en vous servant de la boule hypnotique, faites mettre le sujet debout, les pieds rapprochés (pointe des pieds et talons joints), les bras pendants naturellement, dites-lui de détendre ses muscles. Placez-vous devant lui et tenez la boule à une distance de 10 à 20 centimètres de ses yeux, en face de la racine du nez. Recommandez-lui, dans toutes les expériences, de bien fixer le point coloré placé à l'intérieur de la boule et de ne pas interrompre cette fixation jusqu'à l'obtention de l'influence. Si le sujet regardait parfois ailleurs, rappelez-lui qu'il doit toujours fixer la boule. Ceci est très important. (Regardez vous-même le sujet à la racine du nez et *pensez que vous voulez qu'il tombe.* Cette recommandation de fixer le sujet à la racine du nez hâtera, dans certains cas, la réussite de l'expérience, mais elle n'est pas du tout indispensable et le lecteur pourra, s'il le veut, se dispenser d'en tenir compte).

Dites au sujet d'un ton assuré : *En fixant cette boule, vous vous sentirez attiré en avant, vous tomberez en avant.*

Laissez fixer de 15 à 30 secondes et retirez lentement, le plus lentement possible la boule en disant : *Vous tombez en avant..... voyez, vous êtes tiré en avant..... vous tombez malgré vous..... une force de plus en plus grande vous tire en avant..... tombez..... vous tombez.....*

Lorsque vous aurez réussi l'expérience, vous pourrez la varier sans répéter les suggestions au moment où vous retirez la boule.

Pour cela, opérez de la façon suivante :

Dites au sujet : *Dès que vous fixerez cette boule, vous tomberez en avant.*

Faites fixer la boule comme précédemment et retirez-la très lentement, après quelques instants de fixation. Soyez prêt à retenir le sujet pour qu'il ne tombe pas complètement.

Avec les personnes assez sensibles, et elles sont nombreuses, il n'est même pas nécessaire de retirer la boule pour obtenir la chute en avant. Dès qu'elles fixent la boule, l'influence se produit et elles tombent immédiatement.

Chute en arrière au moyen de la boule hypnotique

La chute en arrière s'obtient de la même façon que la chute en avant, avec cette différence que pour hâter la réussite de l'expérience, l'opérateur **avance** lentement, très lentement la boule hypnotique vers le sujet, comme s'il voulait le rejeter en arrière. Avec les sujets assez sensibles, il n'est pas nécessaire d'avancer la boule pour obtenir la chute en arrière.

Chute à droite ou à gauche au moyen de la boule

Ces deux essais s'obtiennent d'après les mêmes instructions données plus haut pour les mêmes expériences provoquées sans l'emploi de la boule. La seule différence, dans le cas actuel, est que l'opérateur, au lieu d'avoir recours au regard, se sert de la boule hypnotique dont il fait fixer le point intérieur au sujet. Le nombre de personnes influencées par ce moyen est bien plus grand et les différents phénomènes s'obtiennent plus facilement et sans aucune fatigue pour l'hypnotiseur. Par ce moyen mécanique il est possible, je dirai même il est très facile, d'influencer plusieurs personnes à la fois, et ceci dans toutes les expériences, ce qui en augmente beaucoup l'intérêt.

Si vous tentez d'influencer plusieurs sujets, mettez-les sur un rang en ayant soin de placer aux deux extrémités les personnes que l'expérience magnétique de chute en arrière vous aura permis de juger les plus facilement influençables. Vous vous placez ensuite devant les sujets et quelles que soient les expériences, vous les priez de fixer le point intérieur de la boule; l'effet attendu se produira absolument comme si vous agissiez sur chacun d'eux isolément, en les fixant à la racine du nez. Un grand nombre d'expérimentateurs des plus habiles et des plus réputés font placer leurs sujets en demi-cercle, lorsque dans leurs séances ou démonstrations publiques ils opèrent sur plusieurs personnes à la fois. Ce moyen est excellent et donne de très bons résultats, surtout si l'on prend la précaution de placer, comme il est dit plus haut, les deux sujets les plus rapidement influençables à chacune des extrémités.

La presque totalité des expériences à l'état de veille données dans cette progression peuvent être provoquées sur plusieurs personnes à la fois par l'emploi de la boule hypnotique.

Lorsque l'hypnotiseur opère devant une assistance nombreuse, ce fait donne aux expériences obtenues un intérêt exceptionnel.

Obliger le sujet à avancer

Dans vos débuts en hypnotisme, rappelez-vous qu'il est très important de tenter cette série d'expériences sur les seuls sujets que vous aurez reconnus assez rapidement influençables par l'essai de relâchement des muscles et surtout par l'essai magnétique de chute en arrière. Je ne le répéterai jamais assez, en cherchant surtout parmi les enfants, les jeunes filles, les personnes impressionnables, vous trouverez très facilement des sujets que vous pourrez influencer, surtout si vous continuez à développer les moyens d'influence par les exercices recommandés au début de ce cours. Rien ne développera autant votre magnétisme personnel et vous serez étonné vous-même de la quantité de personnes que vous pourrez influencer par la suite, ainsi que de la rapidité avec laquelle agira cette influence.

Lorsque vous aurez attiré un sujet en arrière, en avant, à droite puis à gauche, d'abord sans la boule hypnotique, puis avec la boule, vous pourrez essayer sur lui l'expérience suivante qui consiste à obliger le sujet à avancer.

Placez-vous en face du sujet et dites-lui d'un ton assuré : *Dès que je vous regarderai, vous ne penserez qu'à avancer. Malgré vous une force vous tirera en avant et vous serez obligé de marcher pour ne pas tomber.*

Regardez brusquement le sujet à la racine du nez en maintenant votre regard fixe et ferme et dites d'un ton positif : *Vous êtes tiré en avant...... vous vous penchez en avant...... plus vous résistez plus vous penchez...... Faites un pas pour ne pas tomber...... vous me suivez...... suivez-moi...... vous marchez en avant...... vous me suivez malgré vous...... suivez-moi......*

Retirez-vous en arrière très lentement en ne quittant pas des yeux la racine du nez du sujet, et le sujet assez sensible vous suivra partout où vous irez.

Pour faire disparaître l'influence, soufflez sur les yeux de la personne et dites en frappant vos mains l'une contre l'autre : *Tout est passé...... vous êtes très bien...... tout à fait bien......* Pour éviter des redites inutiles, je ne le répéterai plus, mais rappelez-vous qu'il est prudent d'agir ainsi avec tous vos sujets, particulièrement avec les sujets très sensibles. Vous en rencontrerez certainement, surtout chez les jeunes filles.

Avant de passer à une autre expérience, enlevez bien toute influence et assurez-vous toujours que le sujet est dans son état normal avant de le renvoyer.

Avec la boule hypnotique, cette expérience s'obtient très facilement.

Dites au sujet : *Fixez bien cette boule, dès que j'aurai compté jusqu'à trois vous serez forcé de la suivre. Malgré vous une force vous entraînera vers elle, impossible de résister.*

Un — deux — trois (dites trois brusquement et un peu plus fort), *vous suivez la boule..... vous marchez en avant..... en avant.....*

En donnant ces dernières suggestions, reculez très lentement. Que le mouvement en soit au début à peine sensible ; puis, lorsque le sujet vous suivra, vous pourrez marcher plus vite et prendre l'allure qu'il vous plaira : l'influence persistera et le sujet se maintiendra toujours à la même distance de la boule, les yeux rivés à elle.

Voici une façon différente de présenter cette expérience : Mettez la boule derrière vous et dites au sujet d'un ton positif en le fixant fermement à la racine du nez : *Dès que je vous présenterai la boule vous vous sentirez attiré vers elle..... impossible de résister..... dès que vous regarderez la boule vous viendrez vers elle.....*

Allez ensuite à n'importe quelle distance du sujet et dès que vous lui montrez la boule hypnotique, il viendra malgré lui vers elle. (Fixez le sujet à la racine du nez en pensant fortement que vous **voulez qu'il vienne**).

Le docteur Liébengen employait très souvent le procédé suivant, qui est très efficace, pour obliger le sujet à avancer. Il disait au sujet d'un ton assuré, en le fixant à la racine du nez : *Dès que je vous présenterai mon doigt, il vous attirera en avant. Impossible de résister, vous marcherez pour ne pas tomber.*

Il présentait ensuite brusquement l'index de la main droite devant la racine du nez du sujet, à une distance de 20 à 30 centimètres. Après quelques instants de fixation, il retirait très lentement son doigt et le sujet suivait malgré lui jusqu'à ce que le docteur eût enlevé toute influence.

Obliger le sujet à reculer

Placez-vous en face du sujet et dites-lui : *Dès que je vous regarderai vous vous sentirez tiré en arrière. Impossible de résister, vous marcherez à reculons pour ne pas tomber.*

Fixez ensuite le sujet à la racine du nez en disant d'un ton positif : *Vous êtes tiré en arrière..... impossible de rester droit..... vous marchez en arrière..... en arrière.....*

Avancez-vous très lentement en ne quittant pas des yeux la

racine du nez du sujet, et la personne reculera jusqu'à ce que vous fassiez disparaître toute influence.

Avec la boule hypnotique, vous opérerez de la façon suivante :

Dites au sujet : *Fixez cette boule et dès que j'aurai compté jusqu'à trois vous serez obligé de marcher en arrière. Impossible de résister, vous serez tiré fortement en arrière et vous marcherez à reculons pour ne pas tomber.*

Laissez fixer quelques secondes et comptez :

Un — deux — trois (dites toujours trois un peu plus fort et brusquement). *Vous êtes tiré en arrière...... vous marchez en arrière...... en arrière...... en arrière. ...*

En donnant ces dernières suggestions, avancez légèrement et très lentement la boule vers le sujet et celui-ci marchera en arrière.

Vous pouvez varier cette expérience comme il suit : Dites au sujet en le fixant à la racine du nez :

Dès que je vous présenterai la boule hypnotique, elle vous repoussera. Impossible de résister, vous marcherez en arrière, en arrière. Pensez que vous allez marcher en arrière.

Mettez brusquement la boule hypnotique devant le visage du sujet et il reculera.

Le docteur Liébengen employait avec beaucoup de succès le moyen suivant :

Il disait au sujet : *Lorsque je vous présenterai mon doigt, il vous repoussera et vous serez obligé de marcher en arrière pour ne pas tomber.*

Il présentait vivement l'index de la main gauche près du visage du sujet. Après quelques instants de fixation, le sujet sensible était obligé de reculer.

Empêcher le sujet de se tenir droit et comment varier les expériences

Dites au sujet en le fixant à la racine du nez :

Pensez qu'il vous est impossible de vous tenir droit, dès que j'aurai compté jusqu'à trois vous ne le pourrez plus. Vous vous sentirez attiré en avant, en arrière, à gauche, à droite ; impossible de vous tenir droit. Vous serez comme une personne prise de boisson, impossible de garder l'équilibre.

Je vais compter jusqu'à trois et vous serez tiré de tous côtés. Un — deux — trois. Maintenant vous ne pouvez plus vous tenir droit….. Voyez, vous penchez à droite, à gauche….. Impossible de vous tenir droit….. vous ne le pouvez plus….. impossible. …

Tenez-vous près du sujet, afin de pouvoir le retenir au cas où il tomberait.

Cette expérience s'obtient bien plus facilement encore en ayant recours à la boule hypnotique.

Dites au sujet : *Dès que vous fixerez cette boule, il vous sera impossible de vous tenir debout.*

Présentez la boule au sujet en suggérant d'un ton positif : *Maintenant vous ne pouvez plus vous tenir droit….. impossible …. vous ne le pouvez plus…..*

Insistez sur ces suggestions jusqu'à ce que vous obteniez l'influence. Lorsque l'influence est obtenue, lorsque le sujet est dans l'impossibilité absolue de garder l'équilibre malgré ses efforts, dites-lui d'un ton positif :

Eh bien ! vous resterez ainsi jusqu'à ce que je fasse disparaître toute influence et quoi que vous fassiez vous ne pourrez plus garder l'équilibre.

Laissez bien constater au sujet que ses efforts sont inutiles, puis remettez-le dans son état normal.

Toutes les expériences données peuvent se varier de cette façon; autrement dit, lorsque l'influence visée est obtenue, on peut laisser le sujet sous cette impression pendant tout le temps qu'on juge nécessaire, sans le regarder et sans répéter les suggestions. Des expérimentateurs de bonne foi et d'une science incontestable ne craignent pas d'affirmer que sur les sujets assez sensibles, l'hypnotiseur exercé peut provoquer, en suggérant la persistance de l'influence, des perturbations qui ne cesseront que par la suggestion contraire. Le lecteur n'ira certainement pas très loin dans l'expérimentation pour reconnaître la justesse de cette remarque.

Cette expérience d' « empêcher le sujet de se tenir droit » peut se varier de la façon suivante :

Lorsque, par l'une des méthodes indiquées plus haut, le sujet est parfaitement sous l'influence, dites-lui d'un ton positif en le fixant à la racine du nez :

Quoi que vous fassiez maintenant, il vous est impossible de vous tenir droit. Plus vous résisterez à l'influence, plus elle deviendra forte. Vous ne pourrez vous tenir droit que lorsque ma main sera fermée.

Attendez quelques instants et fermez brusquement une de vos mains (n'importe laquelle) devant le sujet. Comme par enchantement, toute influence disparaît aussitôt.

Dites ensuite : *Si j'ouvre la main, l'influence revient plus forte que jamais..... tant que ma main restera ouverte, impossible de garder l'équilibre.*

Ouvrez brusquement votre main devant le sujet et laissez-lui constater, avant de le remettre dans son état normal, qu'il lui est impossible, malgré tous ses efforts, de rester immobile toutes les fois qu'il constate que votre main s'ouvre.

Si vous choisissez au début vos sujets parmi les enfants, les jeunes filles ou les personnes très influençables par l'essai magnétique de chute en arrière, toutes ces expériences s'obtiendront très facilement et développeront admirablement votre pouvoir. Rappelez-vous que les suggestions verbales doivent être données d'un ton énergique, positif. Il n'est pas nécessaire de crier; ce qu'il faut surtout, c'est parler avec assurance. Fixez le sujet à la racine du nez lorsque vous avez recours à la fascination, et tenez vos yeux grands ouverts sans clignement des paupières et sans que votre regard quitte un seul instant le milieu de la racine du nez, entre les deux yeux du sujet. Je répète qu'il n'est pas nécessaire d'apprendre les suggestions par cœur, l'important est que le sujet comprenne ce que vous attendez de lui et que vous insistiez sur ce que vous voulez qu'il fasse jusqu'à ce que l'influence se produise. Les modèles de suggestions donnés dans ce cours ne sont que de simples exemples, vous pouvez en changer les termes si vous le désirez, l'influence n'en sera pas moins obtenue.

Il existe un grand nombre de façons de varier les expériences à l'état de veille, le docteur Liébengen employait très souvent celle-ci :

Lorsque l'influence attendue était obtenue et que le sujet était incapable d'y opposer une résistance, le docteur disait : *Eh bien, si je cesse de vous regarder, l'influence disparaît; mais elle reviendra plus forte que jamais toutes les fois que mon regard rencontrera le vôtre.*

En effet, dès que l'opérateur ne fixait plus le sujet, celui-ci reprenait toute sa liberté; mais toutes les fois que le regard de l'hypnotiseur rencontrait les yeux du sujet, l'influence reprenait de plus belle.

Vous voyez donc qu'il est facile de varier une expérience en la présentant d'une façon différente.

D'après les indications déjà données, il vous sera aisé de varier toutes les expériences quelles qu'elles soient. Vous pourrez aussi les obtenir avec ou sans la boule hypnotique; mais vous aurez beaucoup plus de facilité en ayant recours à la boule. Toutes les fois qu'un débutant ne réussit pas un essai sur un sujet qui lui semble réfractaire, il doit toujours tenter une seconde fois le même essai, en employant ce moyen mécanique.

Dans la description des influences qui vont suivre, je n'indiquerai qu'une seule façon d'arriver au résultat, laissant au lecteur le soin de les varier lui-même, en se conformant aux instructions déjà données.

Faire ouvrir la bouche. — Empêcher de la fermer

Dites au sujet : *Pensez que votre bouche va s'ouvrir; quand je vous regarderai, vos mâchoires vont se séparer et s'écarter de plus en plus, votre bouche s'ouvrira complètement.*

Alors fixez le sujet à la racine du nez en disant :

Maintenant votre bouche s'ouvre..... vos mâchoires se séparent..... votre bouche s'ouvre entièrement..... vos lèvres se séparent..... vos mâchoires se séparent..... votre bouche est ouverte..... ouverte..... et elle s'ouvre toujours..... encore..... complètement..... entièrement ouverte.....

Lorsque la bouche du sujet est ouverte, dites :

Maintenant vous ne pouvez plus la garder fermée..... votre bouche s'ouvre malgré vous..... essayez de la fermer..... elle ne peut plus rester fermée..... elle s'ouvre..... elle s'ouvre encore..... et jusqu'à ce que j'enlève l'influence.

Le sujet ferme la bouche, mais elle ne peut rester fermée et, malgré tous ses efforts, elle s'ouvre. Il est peu d'expériences provoquant une telle hilarité dans l'assistance que celle permettant de voir un sujet faire des efforts désespérés pour garder sa bouche fermée, mais n'y pouvant parvenir, car elle s'ouvre encore et toujours chaque fois qu'il la ferme.

Si vous avez affaire à un sujet assez sensible, vous pourrez facilement l'empêcher de fermer la bouche et l'obliger à la garder grande ouverte, jusqu'à ce que vous enleviez l'influence.

Pour cela, lorsque la première expérience, « faire ouvrir la bouche », est obtenue, dites au sujet en continuant à le fixer à la racine du nez, ou bien en lui faisant fixer la boule hypnotique :

Pensez que vous ne pouvez plus fermer la bouche. Dès que j'aurai compté jusqu'à trois, vous ne pourrez plus la fermer. Vos mâchoires se raidissent..... vos mâchoires sont raides..... impossible de les rapprocher..... plus vous essaierez..... plus vous forcerez... plus vos mâchoires se raidiront..... quand j'aurai dit trois, vous essaierez de fermer la bouche et vous verrez qu'il vous sera impossible de le faire..... complètement impossible..... Vos mâchoires deviennent de plus en plus raides..... je vais compter..... et à trois, impossible de fermer la bouche..... Un..... deux..... trois. Essayez, vous ne pouvez plus.

Faites cette dernière suggestion d'un ton très affirmatif et en vous rapprochant légèrement du sujet. Insistez sur cette suggestion : *Vous ne pouvez plus..... impossible..... vous ne pouvez plus.*

Lorsque le sujet est bien complètement sous l'influence, il n'est plus nécessaire de le fixer à la racine du nez pour que cette influence persiste ; il n'est pas nécessaire non plus de continuer à lui donner des suggestions.

Dans la majorité des cas, l'influence obtenue dure jusqu'à ce que l'opérateur suggère *que tout est passé — que toute influence a disparu — que le sujet est très bien, tout à fait bien.*

Chez certains sujets cependant, l'influence se dissipe seule et parfois même assez rapidement ; mais on a vu chez des sensitifs de simples suggestions, à l'état de veille, persister pendant plusieurs jours et jusqu'à ce que l'hypnotiseur en fasse disparaître l'effet, par la suggestion contraire.

En général, ne laissez pas vos sujets trop longtemps sous

l'influence hypnotique, ou si vous le faites exceptionnellement, ayez toujours la précaution de suggérer, en faisant disparaître l'influence, *qu'ils ne sont pas fatigués — qu'ils ne ressentent aucun malaise — que rien ne les gêne — qu'ils sont forts.*

Pour empêcher le sujet de fermer la bouche, vous pouvez encore opérer de la façon suivante :

Dites à la personne : *Ouvrez la bouche et pensez qu'il vous est impossible de la fermer.*

Fixez ensuite votre sujet à la racine du nez ou faites-lui de préférence fixer la boule hypnotique en disant :

Maintenant quand je vous dirai d'essayer de fermer la bouche, vous verrez que ceci vous sera impossible..... vos mâchoires se raidiront..... elles se raidiront de plus en plus..... votre bouche ne pourra pas se fermer..... plus vous forcerez..... plus vous essaierez..... plus vos mâchoires se raidiront..... maintenant vous ne pouvez plus..... votre bouche reste ouverte..... essayez de la fermer..... impossible..... impossible, vous ne le pouvez plus.

Faire tirer la langue au sujet et l'empêcher ensuite de la rentrer

Cette petite expérience est très amusante ; le docteur Liébeugen l'employait très souvent et j'en ai fait moi-même un fréquent usage, dans mes démonstrations et séances publiques.

Lorsque, dans l'essai précédent, le sujet ne peut plus fermer la bouche, fixez-le à la racine du nez ou faites-lui fixer la boule hypnotique et dites d'un ton positif :

Maintenant votre langue sort..... vous tirez la langue..... impossible de la garder dans votre bouche..... elle sort..... elle sort encore..... elle va sortir complètement..... vous ne pourrez pas la rentrer avant que je vous le permette..... maintenant vous tirez la langue..... tirez la langue..... vous ne pouvez plus la rentrer..... impossible, vous ne pouvez pas.

Quand le sujet est bien sous l'influence, il lui est impossible, quels que soient les efforts qu'il fasse, de rentrer la langue ni de fermer la bouche avant que vous le lui permettiez.

Faire écarter les doigts

Faites ouvrir complètement la main ou les mains du sujet, qu'il rapproche ensuite les doigts, de façon à ce qu'il n'y ait pas d'espace entre eux, le pouce doit être collé contre l'index, l'index contre le majeur, le majeur contre l'annulaire et celui-ci contre l'auriculaire.

Dites au sujet de penser que ses doigts vont s'écarter. Fixez-le ensuite à la racine du nez, ou mieux, faites-lui fixer la boule hypnotique et suggérez d'un ton positif :

Vos doigts vont s'écarter..... ils ne peuvent plus rester rapprochés..... vous sentez de petits picotements dans les doigts..... des commotions [1] *dans les coudes..... vos doigts vont s'écarter..... ils s'écarteront par saccades..... ils s'écarteront complètement..... Voyez, ils s'écartent..... ils s'écartent de plus en plus..... ils s'écartent.....*

Quand les doigts se sont écartés, dites :

Maintenant vos doigts ne peuvent plus rester rapprochés..... Essayez de les rapprocher, ils s'écarteront malgré vous..... Essayez..... ils s'écartent...... ils s'écartent toujours.....

Quels que soient les efforts du sujet, ses doigts ne peuvent plus rester rapprochés, car malgré lui ils se séparent et s'éloignent les uns des autres, jusqu'à ce que vous fassiez disparaître toute influence.

Lorsque vous avez fait écarter les doigts d'un sujet assez sensible, vous pouvez le mettre dans l'impossibilité absolue de les rapprocher. Dites-lui :

Vos doigts vont maintenant se raidir et il vous sera impossible de les rapprocher..... Je vais compter jusqu'à trois..... vous verrez que vous ne pourrez plus rapprocher vos doigts..... Plus vous essaierez.....

---

[1] Si le sujet ne sait pas ce que c'est qu'une « commotion » dites de « petites secousses ». Il faut toujours vous mettre à la portée de son intelligence ; il est indispensable qu'il comprenne tous les termes que vous employez. Vous ne vous servirez donc pas absolument des mêmes suggestions lorsque vous influencerez un enfant et lorsque vous opérerez sur des adultes. La pratique vous habituera aisément à changer vos suggestions de façon à vous mettre parfaitement à la portée de la personne à laquelle vous les donnez. Dans vos débuts, servez-vous autant que possible des suggestions à peu près telles que je les donne si vous êtes embarrassé pour les varier.

moins vous pourrez..... *Vos doigts deviennent raides..... de plus en plus raides..... ils se raidissent complètement..... à trois, impossible de les rapprocher..... vous ne le pourrez plus..... Un..... deux..... trois..... essayez, vous ne pouvez plus.*

Pour faire disparaître complètement l'influence, il faut joindre aux suggestions habituelles quelques passes en remontant sur les poignets et les bras du sujet. Ces passes peuvent être faites avec ou sans contact, c'est-à-dire que les mains de l'hypnotiseur peuvent frôler le sujet, ou bien en passer à une petite distance.

Faire rapprocher les doigts écartés

Priez une personne d'écarter les doigts d'une main ou des deux mains et dites-lui :

Pensez que vos doigts se rapprochent, dès que je vous regarderai ils vont se rapprocher.

Fixez alors le sujet à la racine du nez et suggérez d'un ton positif :

Vos doigts vont se rapprocher..... ils se rapprochent..... ils se rapprochent toujours..... ils se rapprochent encore..... ils vont se toucher..... ils se touchent.....

Lorsque l'influence est obtenue, dites au sujet :

Maintenant il vous est impossible de les écarter..... ils ne peuvent pas rester écartés..... dès que vous les séparez, ils se rapprochent malgré vous..... Essayez..... ils se rapprochent encore..... ils se rapprochent toujours.....

Quand le sujet a constaté qu'il lui est impossible de garder les doigts écartés, mettez-le dans l'impossibilité de les séparer les uns des autres. Pour cela dites d'un ton assuré, en lui faisant fixer la boule hypnotique ou en le fixant à la racine du nez :

Maintenant vos doigts vont se raidir..... ils vont se coller et il vous sera impossible de les écarter.

Vos doigts se serrent de plus en plus..... ils paraissent se coller ensemble..... ils se soudent complètement..... ils se collent de plus en plus..... il vous sera impossible de les écarter..... vous ne pourrez plus..... plus vous essaierez..... moins vous pourrez..... maintenant ils sont collés...... essayez, vous ne pouvez plus les séparer...... impossible, vous ne pouvez plus......

Laissez l'influence persister un peu, pour bien montrer au sujet qu'il ne peut parvenir à écarter les doigts malgré tous ses efforts.

Faire fermer la main

Que la personne qui se prête à l'expérience ouvre complètement une de ses mains ou ses deux mains; puis dites-lui :

Pensez que vos mains vont se fermer, lorsque je vous regarderai (1) *vous sentirez de petites secousses dans les poignets, dans les coudes; vos nerfs se contracteront et vos mains se fermeront complètement.*

Fixez ensuite le sujet à la racine du nez ou mieux faites-lui fixer la boule hypnotique en disant d'un ton positif :

Vos mains se ferment...... elles se ferment complètement...... elles se ferment toujours...... encore...... encore...... elles se ferment......

Lorsque l'influence est obtenue, dites au sujet, en le fixant fermement à la racine du nez ou en lui faisant fixer la boule hypnotique :

Maintenant vos mains ne peuvent plus rester ouvertes...... elles se ferment...... Vous sentez une force qui les ferme...... Essayez de les ouvrir, elles se fermeront toujours jusqu'à ce que j'enlève l'influence......

En effet, dès que le sujet essaie d'ouvrir les mains, elles se referment immédiatement. Si vous opérez sur un sujet assez sensible, vous pourrez très facilement l'empêcher d'ouvrir les mains, les poings resteront fermés et, quoi qu'il fasse, quels que soient ses efforts, il lui sera absolument impossible d'ouvrir les mains.

Avec les suggestions d'usage, faites toujours quelques passes en remontant, avec ou sans contact, pour enlever parfaitement toute influence.

---

(1) Si vous vous servez de la boule hypnotique, dites : « *lorsque vous fixerez cette boule* ».

Obliger le sujet à ouvrir la main fermée

Faites fermer les poings ou l'un des poings du sujet et dites-lui :

Pensez que vos mains vont s'ouvrir. Dès que je vous regarderai [1], *il vous sera impossible de les garder fermées ; vous sentirez vos nerfs se contracter et vos mains s'ouvriront.*

Fixez le sujet à la racine du nez ou faites-lui fixer la boule hypnotique en disant d'un ton positif :

Maintenant vos mains s'ouvrent..... elles s'ouvrent entièrement..... vous sentez qu'elles s'ouvrent de plus en plus..... elles vont s'ouvrir complètement.....

Répétez ces suggestions jusqu'à ce que l'influence se produise.

Vous pouvez varier cette expérience comme la précédente. Pour cela, lorsque l'influence est obtenue, dites au sujet en le fixant à la racine du nez ou en lui faisant fixer la boule hypnotique :

Maintenant vos mains ne peuvent plus rester fermées..... elles s'ouvrent..... vous sentez une force qui les ouvre..... essayez de les fermer..... elles s'ouvriront toujours jusqu'à ce que j'enlève l'influence.

En effet, dès que le sujet ferme les mains, elles se rouvrent immédiatement.

Obliger le sujet à lâcher un objet qu'il tient dans la main

Cette expérience n'est, en somme, qu'une simple variante de l'essai précédent : « obliger le sujet à ouvrir la main fermée ».

Faites tenir par le sujet un objet quelconque (crayon, couteau, mouchoir, etc.), soit dans la main, soit entre le pouce et l'index. Dites au sujet, en le fixant à la racine du nez ou en lui faisant fixer la boule hypnotique :

Lorsque j'aurai compté jusqu'à trois, votre main va s'ouvrir, vos doigts vont s'écarter et, malgré vous, vous lâcherez l'objet. Vos doigts s'écarteront..... votre main s'ouvrira et l'objet que vous tenez tombera

---

[1] Si vous vous servez de la boule hypnotique, dites : *Dès que vous fixerez cette boule.*

*à terre...... Un...... deux...... trois...... maintenant vos doigts s'écartent......
ils s'écartent...... ils s'écartent encore...... toujours......votre main s'ouvre......*

Insistez sur ces dernières suggestions jusqu'à ce que l'objet tombe. Cette expérience réussit très facilement, surtout si vous débutez par des sujets assez sensibles.

Lorsque vous aurez réussi l'expérience, dites au sujet :

Maintenant il vous est impossible de tenir l'objet...... vous ne pouvez plus le tenir...... votre main s'ouvre...... vos doigts s'écartent et l'objet tombe...... Essayez...... impossible de le tenir.

En effet, quels que soient les efforts de la personne, sa main s'ouvre, ses doigts s'écartent et l'objet tombe.

Empêcher le sujet de lâcher un objet qu'il tient dans la main

Faites tenir par le sujet un objet quelconque, soit dans la main, soit entre le pouce et l'index. Fixez la personne à la racine du nez ou faites-lui fixer la boule hypnotique et dites d'un ton assuré :

Lorsque je vous dirai d'essayer de lâcher ce que vous tenez, vous verrez que vous ne le pourrez pas, car votre main ne pourra plus s'ouvrir, vos doigts ne pourront plus s'écarter.

Serrez fortement l'objet...... très fort...... encore plus fort...... vos doigts se collent après l'objet...... plus vous voudrez le lâcher...... moins vous le pourrez...... impossible de le lâcher...... dans un instant vous essaierez...... mais vous ne le pourrez pas...... vos doigts sont collés...... complètement collés...... vous ne pouvez plus lâcher...... essayez...... plus vous forcerez, moins vous pourrez......

Dans les deux essais précédents consistant, soit à obliger le sujet à lâcher un objet, soit à l'empêcher au contraire de le lâcher, vous pouvez lui faire tenir des deux mains un bâton, une canne, un balai ; l'expérience n'en est que plus intéressante et ceci permet de varier les essais.

Je vous rappelle une fois encore d'avoir, dans vos premiers débuts, la précaution de choisir d'abord des sujets sensibles, ou du moins assez sensibles et d'essayer ensuite les expériences à peu près dans l'ordre indiqué, c'est-à-dire de ne tenter une expérience nouvelle qu'autant que la précédente aura été suivie de réussite.

Souvenez-vous toujours qu'il y a les plus grands avantages à joindre, dans tous les cas, la suggestion mentale et l'effort mental, d'après la méthode déjà indiquée.

Quand vous ne réussirez pas une expérience avec un sujet, ne le renvoyez jamais avant d'avoir recommencé l'essai avec la boule hypnotique, car vous réussirez immédiatement 80 fois sur 100.

Faire rapprocher les mains écartées

Faites ouvrir les mains du sujet et placer ses bras horizontalement. Dites-lui de penser que ses mains vont se rapprocher et suggérez d'un ton positif, en le fixant à la racine du nez ou en lui faisant fixer la boule hypnotique :

Maintenant vos mains se rapprochent..... elles se rapprochent encore..... encore..... elles se rapprochent toujours.

Lorsque les mains commenceront à se rapprocher, insistez de plus en plus vivement sur les suggestions, jusqu'à la réussite de l'expérience. Quand les mains sont réunies, vous pouvez dire:

Maintenant vos mains ne peuvent plus rester éloignées et, quoi que vous fassiez, elles vont se rapprocher encore et toujours. Ecartez-les, elles vont se rapprocher.

Le sujet peut alors mettre les mains où il voudra, quoi qu'il fasse, elles se rapprocheront pour se réunir.

Obliger les mains à s'écarter

Dites au sujet :

Tenez vos mains l'une contre l'autre et pensez qu'elles vont s'éloigner, vous sentirez une force qui les écartera.

Puis regardez la personne à la racine du nez ou faites-lui fixer la boule hypnotique, en disant d'un ton positif :

Vos mains se séparent..... elles ne peuvent plus rester réunies..... vous sentez des secousses dans les bras..... des picotements dans les doigts..... vos mains se séparent..... elles s'éloignent..... elles s'écartent encore..... vos mains s'écartent..... vos mains s'écartent.....

Lorsque les mains se sont écartées, dites au sujet :

Vous ne pouvez plus garder vos mains l'une contre l'autre ; essayez de les rapprocher, elles s'éloigneront jusqu'à ce que j'enlève toute influence.

Le sujet peut alors rapprocher les mains, mais il lui est impossible de les garder ainsi, car elles s'écartent malgré lui jusqu'à ce que vous le délivriez de l'influence hypnotique.

Si vous opérez sur un sujet assez influençable, vous pouvez aisément le mettre dans l'impossibilité absolue de rapprocher ses mains et, quels que soient ses efforts, il ne pourra parvenir à les faire se toucher.

Pour obtenir cette influence, fixez fermement le sujet ou faites-lui fixer la boule hypnotique en suggérant d'un ton positif :

Maintenant vos mains ne peuvent plus se toucher..... il vous est absolument impossible de les rapprocher..... Essayez..... vous ne pouvez plus..... impossible..... vous ne pouvez plus..... vous ne pouvez plus.....

Obliger le sujet à applaudir

Dites au sujet : *Tenez vos mains ouvertes l'une en face de l'autre et pensez à applaudir.*

Fixez-le ensuite à la racine du nez ou faites-lui fixer la boule hypnotique, en suggérant d'un ton positif :

Vos mains se rapprochent pour s'écarter ensuite..... vous applaudissez..... vous applaudissez..... applaudissez..... applaudissez.....

Insistez sur ces suggestions et, lorsque vous constatez que les mains commencent à s'écarter et à se rapprocher, dites d'un ton très assuré :

Vous applaudissez..... plus fort..... plus vite..... vous applaudissez..... laissez vos bras bien mous..... vous applaudissez vite..... vite..... sans pouvoir vous arrêter.....

Avec un sujet assez sensible, cette expérience est très amusante, car il est impossible à la personne, quelle que soit la position qu'elle prenne et les efforts désespérés qu'elle fasse, de pouvoir s'arrêter avant que vous le lui permettiez.

Obliger le sujet à tourner les bras

Faites fermer les poings au sujet, qu'il les place ensuite l'un au-dessus de l'autre, mais sans qu'ils se touchent, et dites : *Lorsque vous me regarderez dans les yeux*(1), *vos bras vont se mettre en mouvement et vos poings vont tourner en cercle l'un par-dessus l'autre.*

Regardez alors le sujet à la racine du nez, ou mieux, faites-lui fixer la boule hypnotique et dites-lui d'un ton assuré :

Vos bras tournent..... ils tournent..... de plus en plus vite..... laissez vos bras bien mous..... ils tournent..... ils tournent vite, vite..... plus vite..... plus vite..... plus vite encore.....

En opérant sur un sujet assez rapidement influençable, les bras tourneront très vite et il lui sera impossible de les arrêter avant que vous le lui permettiez.

Si le sujet est un peu rebelle à votre influence, prenez-le par les poignets et imprimez à ses bras le mouvement de rotation que vous cherchez à obtenir, en disant :

Quand je lâcherai vos bras..... ils continueront à tourner..... ils tourneront de plus en plus vite..... je vais lâcher vos bras et ils tournent..... ils tournent toujours..... toujours.....

Lâchez alors les bras du sujet et continuez vos suggestions jusqu'à ce que vous obteniez l'influence.

Empêcher le sujet d'ouvrir les yeux

Dites au sujet de fermer les yeux et de penser qu'il ne peut plus les ouvrir. Suggérez, ensuite, d'un ton assuré :

Maintenant vos paupières pèsent de plus en plus..... elles se collent..... elles se collent complètement..... vos paupières sont lourdes..... de plus en plus lourdes..... dans un instant, il vous sera impossible d'ouvrir les yeux..... absolument impossible..... plus vous essaierez, plus vos paupières se colleront serrées..... essayez maintenant..... impossible de les ouvrir..... vos paupières sont collées..... bien collées.....

---

(1) Si vous vous servez de la boule hypnotique, dites : *Lorsque vous fixerez cette boule.*

Cette expérience réussit assez facilement et il est amusant de voir les grimaces faites par le sujet essayant d'ouvrir les yeux sans y pouvoir parvenir. Quelques-uns cependant réussissent à les ouvrir après une certaine résistance; dans ce cas, dites au sujet:

Vos yeux ne peuvent pas rester ouverts...... ils se ferment...... ils se ferment complètement...... ils se ferment...... les paupières se collent.

Lorsque les yeux sont fermés, redonnez les suggestions indiquées plus haut et cette fois l'influence sera irrésistible dans la majorité des cas. Rappelez-vous qu'il faut insister sur les suggestions lorsque l'effet tarde à se produire, car la suggestion verbale est une grande puissance en hypnotisme; n'oubliez pas non plus l'emploi de la suggestion mentale et de l'effort mental, déjà si souvent recommandés.

Obliger le sujet à fermer les yeux

Dites au sujet de vous regarder dans les yeux et fixez-le fermement à la racine du nez. Suggérez ensuite d'un ton positif :

Pensez que vos yeux vont se fermer...... vos paupières pèsent...... elles pèsent de plus en plus...... elles sont lourdes...... bien lourdes,...... vos yeux se ferment...... ils se ferment...... vos paupières battent...... elles s'abaissent...... elles s'abaissent complètement...... vos yeux se ferment......

Répétez ces suggestions jusqu'à ce que l'effet soit obtenu.

Avec la boule hypnotique, cette expérience s'obtient bien plus facilement encore. Dites au sujet :

Dès que vous fixerez cette boule, vos yeux vont se fermer; vos paupières vont devenir lourdes et elles s'abaisseront.

Présentez ensuite la boule hypnotique au sujet. Vous pouvez joindre les suggestions telles qu'elles sont données plus haut, lorsque l'expérience est obtenue sans la boule hypnotique; mais le plus souvent ce n'est pas nécessaire, car les yeux se fermeront rapidement par la seule fixation de la boule.

Obliger le sujet à ouvrir les yeux et l'empêcher de les fermer

Dites au sujet de tenir ses yeux fermés et qu'il sentira une force qui l'obligera à les ouvrir.

Dites-lui ensuite d'un ton positif :

Maintenant vos yeux ne peuvent plus rester fermés..... vos paupières s'élèvent..... vos yeux s'ouvrent..... ils s'ouvrent entièrement..... vos yeux s'ouvrent..... vos paupières s'élèvent..... impossible de les garder fermées..... vos yeux s'ouvrent.....

Si vous opérez sur un sujet très sensible, vous pourrez aisément, lorsque ses yeux se seront ouverts, le mettre dans l'impossibilité absolue de les fermer avant que vous le lui permettiez. Pour cela, vous n'avez qu'à lui dire d'un ton très positif, en le fixant à la racine du nez ou en lui faisant fixer la boule hypnotique :

Vos yeux se sont ouverts..... maintenant vous ne pouvez plus les fermer..... impossible d'abaisser les paupières..... vous ne le pouvez plus..... vos yeux restent ouverts..... toujours ouverts..... impossible de les fermer..... Essayez..... vous ne pouvez plus.....

Un grand nombre de sujets ne pourront parvenir à abaisser les paupières, quels que soient leurs efforts, leurs yeux resteront ouverts, sans clignement de paupières, jusqu'à ce que vous fassiez disparaître toute influence. Ce nombre sera d'autant plus élevé que l'opérateur aura été entraîné par une pratique plus longue, en débutant sur des sujets rapidement influençables.

Ne laissez pas vos sujets trop longtemps sous cette influence, car le fait de ne pouvoir abaisser les paupières est très fatigant pour le plus grand nombre. En suggérant que tout est passé, qu'ils sont dans leur état normal, soufflez-leur légèrement sur les yeux.

Obliger le sujet à s'asseoir

Que le sujet se tienne debout ; placez une chaise derrière lui et dites d'un ton assuré : *Pensez à vous asseoir, dès que vous fixerez mes yeux, vos genoux plieront, vous deviendrez de plus en plus lourd et vous serez obligé de vous asseoir.*

Fixez ensuite brusquement la personne à la racine du nez, en suggérant d'un ton positif :

Maintenant, vous devenez de plus en plus lourd..... vos genoux plient..... vous allez vous asseoir..... impossible de rester debout..... vos genoux plient..... vous vous asseyez..... vous vous asseyez.....

Continuez ces suggestions jusqu'à ce que l'effet soit obtenu. Si cet effet tardait à se produire, baissez-vous lentement sans quitter des yeux la racine du nez du sujet, ceci aidera beaucoup à la réussite rapide de l'expérience.

Si vous vous servez de la boule hypnotique, dites au sujet : *Pensez à vous asseoir. Dès que vous fixerez cette boule, vous deviendrez lourd, de plus en plus lourd ; vos genoux plieront et vous serez obligé de vous asseoir.*

Présentez ensuite la boule hypnotique au sujet, en lui recommandant comme toujours de ne pas interrompre la fixation. Vous pouvez, pendant que le sujet fixe la boule, joindre les suggestions verbales données déjà plus haut :

Maintenant, vous devenez de plus en plus lourd...... vos genoux plient...... vous allez vous asseoir...... impossible de rester debout...... vos genoux plient...... vous vous asseyez.

Mais le plus souvent cela n'est pas nécessaire. Comme précédemment, il y a le plus grand avantage à abaisser très lentement la boule hypnotique, afin de hâter la réussite de l'expérience.

Empêcher le sujet de s'asseoir

Que le sujet se tienne debout, placez une chaise derrière lui et dites d'un ton assuré : *Tenez vos jambes raides, bien raides, et pensez que vous ne pouvez pas vous asseoir. Quand je vous dirai d'essayer, vous verrez qu'il vous sera impossible de le faire.*

Fixez le sujet à la racine du nez en lui recommandant de vous regarder dans les yeux, ou faites-lui fixer la boule hypnotique en lui enjoignant de ne pas regarder ailleurs et suggérez, d'un ton très positif :

Vos jambes se raidissent...... elles raidissent de plus en plus...... dans un instant il vous sera impossible de plier les genoux...... absolument impossible...... vous ne le pourrez pas...... et plus vous essaierez...... moins vous pourrez...... je vais compter jusqu'à trois...... et à trois, impossible de vous asseoir...... Un...... deux...... trois, vous ne pouvez plus vous asseoir...... essayez...... impossible, vous ne pouvez plus.

Vous pouvez, si vous le désirez, ne pas donner de suggestions verbales lorsque le sujet vous regarde dans les yeux ou lorsqu'il fixe la boule hypnotique. En effet, un grand nombre de personnes assez influençables seront mises en quelques instants dans l'impossibilité absolue de s'asseoir, par la seule fixation des yeux de l'opérateur ou du point intérieur de la boule hypnotique. Il faut voir là un effet de *l'attention expectante* du sujet, se compliquant d'un léger état de fascination provoqué, soit par le regard de l'hypnotiseur, soit par la boule hypnotique, suivant que l'expérimentateur emploie le regard ou ce moyen mécanique.

Obliger le sujet à se lever

Priez le sujet de s'asseoir. Dites-lui de penser qu'il se lève et de vous fixer dans les yeux ou faites-lui fixer la boule hypnotique. Suggérez ensuite d'un ton assuré :

Vous ne pouvez plus rester assis..... vous vous sentez attiré en avant..... une force irrésistible vous lève..... vous vous levez..... vous vous levez,..... impossible de rester assis,..... vous vous levez.....

Insistez sur ces suggestions en faisant quelques gestes en remontant, comme si vous vouliez obliger le sujet à se lever.

Si vous choisissez au début des sujets assez sensibles, il leur sera absolument impossible de rester assis.

Si vous opérez sur une personne très sensible, c'est-à-dire une personne qui se sent tirer fortement en arrière par l'essai magnétique indiqué au début du chapitre, vous n'avez qu'à faire quelques passes sur la chaise, pour mettre votre sujet dans l'impossibilité la plus absolue de rester assis, bien qu'il se cramponne de toutes ses forces à la chaise. Pour cela, dites au sujet :

Je vais magnétiser cette chaise et vous verrez que vous ne pourrez plus rester assis jusqu'à ce que je vous le permette.

Faites alors un simulacre de passes sur le siège (n'importe comment, cela n'a aucune importance), et à peine le sujet s'est-il assis qu'il se sent aussitôt enlevé comme projeté par un ressort.

Cette expérience est très amusante, car le sujet ne peut rester assis qu'après votre permission.

Je ne prétends pas dans ce cas que ce soit réellement un **fluide magnétique** qui empêche le sujet de rester assis. Mais bien qu'il faille plutôt voir là un simple effet de la **suggestion** et de *l'atten-*

tion expectante du sujet, cette expérience est très intéressante lorsqu'on la présente de cette façon.

Dissertation sur deux nouvelles formes de suggestion
Suggestion du geste et suggestion de l'exemple

Il est un genre de suggestion dont l'efficacité et l'importance n'ont pas échappé à l'attention de quelques hypnotiseurs. Je veux parler de la suggestion du geste et de la suggestion de l'exemple. Je n'ai pas l'intention de rechercher et discuter ici si le geste extériorise réellement une force, une dynamique magnétique ou s'il n'agit qu'en frappant l'imagination du sujet. Les différentes hypothèses proposées pour expliquer cette influence du geste en hypnotisme seront étudiées et comparées dans la partie théorique et historique. Ce que je veux apprendre au lecteur, c'est que tout geste de l'hypnotiseur est une puissance dans l'influence hypnotique, et une puissance d'une efficacité remarquable. Si vous voulez avoir tout le succès possible, il faut évidemment employer tous les moyens connus d'influence. En joignant le geste à vos suggestions verbales, vous les rendrez beaucoup plus efficaces. Il serait superflu de vous indiquer pour chaque expérience les gestes que vous pouvez faire, lorsque vous cherchez à obtenir une influence sur un sujet à l'état de veille. Ce serait puéril et entraînerait des longueurs interminables et inutiles. Quelques indications générales et un peu de pratique vous mettront parfaitement sur la voie.

Je dois avant tout dire qu'il n'y a pas de forme de geste absolument précise et déterminée. Pour savoir quel geste il convient d'employer dans un cas quelconque, le moyen suivant est infaillible : *Supposez un instant que votre sujet est sourd et faites devant lui le geste ou les gestes que vous jugerez nécessaires pour lui montrer ce que vous attendez de lui.*

Prenons comme exemple l'essai de chute en arrière. Vous n'aurez qu'à tendre brusquement votre poing vers le sujet. Dans les expériences de chute à gauche ou à droite, vous ferez un geste brusque avec la main, dans la direction où vous voulez que le sujet tombe.

Il est inutile d'insister davantage, car il est assez facile, avec ces seules indications, de trouver les gestes que l'on pourra employer lorsqu'on voudra rendre une suggestion verbale plus puissante.

Suggestion de l'exemple

L'influence de l'exemple est assez connue, on a assez parlé de la *contagion* de l'exemple, pour qu'il ne me soit pas nécessaire de m'étendre longuement sur ce sujet. L'exemple est peut-être de toutes les formes possibles de la suggestion celle qui est la plus extraordinaire et la plus étrange, par le caractère impulsif et inconscient qu'elle revêt. L'exemple s'adresse plus particulièrement à *l'être d'instinct* et c'est le plus souvent d'une manière automatique que *l'être de raison* subit sans le vouloir, sans le savoir, son influence.

L'être humain a la particularité d'être poussé à imiter lui-même tout ce qu'il voit faire, que ce soit geste, que ce soit action. Qui ne connaît la contagion des larmes, du rire, du bâillement ? Observez une foule dans n'importe quel lieu, au sermon, au théâtre : quelqu'un tousse, aussitôt un grand nombre toussent ; quelqu'un se mouche, aussitôt plusieurs mouchoirs sortent des poches ; quelqu'un remue, aussitôt plusieurs bougent, et tout cela machinalement, sans le vouloir, sans que ces actions soient discutées par l'être de raison, avant d'être accomplies. Les gens naïfs et simples, qui ne savent pas s'observer, sont parfois des victimes amusantes de l'exemple. Voyez devant une baraque de foire un brave campagnard suivre le boniment et les grimaces du pitre. Sans que notre villageois raisonne, sans qu'il le veuille, sans même qu'il le sache, sa bouche s'ouvre, se ferme, se tord de mille façons comme celle du comédien. Je m'étendrai plus longuement dans la partie théorique sur cette particularité de l'exemple, je citerai différents cas où l'influence de l'imitation peut atteindre une importance extraordinaire et une intensité effrayante (convulsionnaires de Saint-Médard, épidémie de chorée de Metz, suicide de factionnaires dans une même guérite, cérémonies du culte des Aïssaouas, sommeil hypnotique provoqué dans une assistance, à l'insu de l'opérateur, etc., etc.). Je me bornerai à dire dans ce volume que l'hypnotiseur voulant posséder à fond l'état de l'art de l'influence ne doit pas ignorer cette force de l'exemple, ni négliger d'y avoir recours. Lorsque, dans un essai d'influence hypnotique sur un sujet un peu rebelle, le résultat attendu tarde à se produire, la réussite est souvent rendue rapide et certaine en imitant devant le sujet l'acte que l'on veut provoquer.

Je citerai comme exemple l'essai de « *faire ouvrir la bouche du sujet* ». Quand vous avez fait les suggestions indiquées, lorsque vous avez insisté sur ces suggestions, en fixant le sujet à la racine du nez ou en lui faisant fixer la boule hypnotique, ouvrez vous-même la bouche, l'effet est souvent incroyable.

J'ai choisi cet exemple au hasard, il est bien entendu que cette forme de suggestion peut s'employer avec le plus grand succès, partout où elle est possible, c'est-à-dire dans tous les cas où l'hypnotiseur peut imiter devant le sujet et à la vue du sujet ce qu'il attend de lui.

Je juge inutile de rappeler au lecteur l'emploi du geste et de l'exemple dans chaque expérience donnée. Je n'y reviendrai donc plus ; mais avant de clore ce chapitre je dirai qu'il est indispensable de se souvenir de leur efficacité, afin d'y avoir recours pour augmenter dans la plus large mesure les chances de réussite rapide.

Empêcher le sujet de plier le bras

Dites au sujet de tenir son bras droit raide, en pensant qu'il ne peut pas le plier. Fixez ensuite la personne à la racine du nez, en lui recommandant de vous fixer dans les yeux, ou faites-lui fixer la boule hypnotique et suggérez d'un ton positif :

Tenez votre bras raide..... bien raide..... encore plus raide..... dans un instant il vous sera impossible de le plier..... votre bras se raidit de plus en plus..... il devient raide comme une barre de fer..... vos muscles se contractent..... votre bras se raidit encore..... vous ne pourrez pas le plier..... plus vous essaierez, plus votre bras se raidira.....

Tout en continuant la fixation et en insistant sur ces suggestions, faites quelques passes descendantes avec la main droite sur le bras du sujet, commencez à l'épaule et descendez jusqu'au poignet. Il faut que votre main touche le bras en descendant (passe avec contact) pour remonter ensuite sans le toucher. Vous pouvez continuer ces passes jusqu'à l'obtention de l'influence, car avec certains sujets le résultat s'obtient bien plus vite lorsqu'on a recours au magnétisme. Suggérez ensuite :

Votre bras est maintenant raidi.... quand vous essaierez de le plier cela vous sera impossible..... vous ne le pourrez pas..... plus vous essaierez..... plus votre bras se raidira..... je vais compter jusqu'à trois..... et à trois, impossible de plier le bras..... Un..... deux..... trois, vous ne pouvez plus plier le bras..... essayez, vous ne pouvez plus..... impossible de le plier

Pour dégager complètement le sujet, faites quelques passes avec contact en montant du poignet à l'épaule en même temps que les suggestions d'usage : *Vous êtes très bien..... toute influence disparaît..... bien....., vous êtes tout à fait bien....*

Dans les essais d'influence à l'état de veille, il est généralement plus difficile *d'empêcher* le sujet de faire un mouvement que de *l'obliger* à le faire. Lorsque vous chercherez pour la première fois à obtenir l'expérience donnée ici, ayez la précaution de choisir un sujet sensible ou du moins assez sensible à l'influence hypnotique. Vous en trouverez sans beaucoup de peine chez les enfants et surtout les jeunes filles. Un grand nombre se recrute aussi chez les adultes ; l'attraction magnétique des mains de l'opérateur est le moyen le plus sûr et le plus rapide pour reconnaître de tels sujets. Plus tard, après une pratique suffisante, vous pourrez aspirer à faire sentir votre pouvoir à des sujets moins sensibles et enfin aux plus résistants.

DES PASSES

De l'emploi des Passes concurremment avec la boule hypnotique

Dans toutes les expériences où l'usage des passes est recommandé, celles employées pour obtenir l'influence se font en descendant, et celles destinées à faire disparaître l'influence provoquée se font en sens inverse.

Les passes avec contact sont celles où les mains de l'opérateur touchent le sujet. Lorsque les passes sont faites au contraire à une distance plus ou moins grande du sujet (de 1 à 5 centimètres, quelquefois plus), on les nomme *passes sans contact* ou *passes à distance*.

Dans les *passes avec contact*, la pression des mains de l'opérateur peut être plus ou moins marquée, elle ne doit pas cependant être trop forte. L'usage de ces dernières embarrasse parfois le débutant, c'est à tort, car le degré de pression des mains de l'hypnotiseur n'a pas en somme une importance capitale, il n'y a qu'à prendre un juste milieu. La meilleure méthode pour reconnaître dans les passes avec contact la pression qui affecte le plus aisément les sujets est de consulter les premières personnes sur lesquelles on opère, afin d'apprendre d'elles quelles sont les passes qui les impressionnent le plus. On débute par les passes sans contact, ensuite on frôle légèrement le sujet, puis on exerce une légère pression, enfin une pression plus forte et l'on observe quelles sont les passes qui provoquent le plus rapidement l'influence hypnotique attendue. Avec un peu de pratique, on trouvera aisément le genre de passes à employer sur chaque sujet.

Dans toutes les expériences données, lorsque vous employez le regard comme moyen de fascination, faites avec les deux mains les passes indiquées. Si, pour augmenter vos chances de succès et pour vous éviter toute fatigue, vous avez recours à la boule hypnotique, n'ayant dans ce cas de libre qu'une main, faites vos passes avec cette seule main, elles seront tout aussi efficaces.

En opérant sur des sujets très sensibles, sur ceux qui se sentent tirer fortement en arrière par l'attraction magnétique de vos mains ou qui éprouvent par l'imposition prolongée de vos mains sur leurs omoplates, les symptômes ou quelques-uns des symptômes déjà décrits : sensation de chaleur, lourdeur à la tête, picotements, fourmillements, contractions involontaires, oppression, suffocation, etc., vous serez émerveillé vous-même des effets produits par les passes. Vos essais personnels vous convaincront plus aisément encore de l'existence d'un *agent magnétique* que ne pourraient le faire mes affirmations et toutes les dissertations sur ce sujet. Avant de terminer, je dirai des passes ce qu'il est possible de dire de tous les facteurs employés par l'hypnotiseur en vue de produire une influence hypnotique, c'est que vos passes seront d'autant plus efficaces que vous pratiquerez davantage et que vous y aurez plus souvent recours.

Raidir les jambes du sujet

Dites au sujet de raidir ses jambes et de penser qu'il ne peut les plier. (Plus tard vous n'aurez plus besoin de faire ces recommandations, mais pour débuter il y a les plus grands avantages à se conformer aux instructions données). Fixez le sujet à la racine du nez ou faites-lui fixer la boule hypnotique et dites d'un ton assuré :

Raidissez vos jambes..... raidissez-les encore..... dans un instant il vous sera impossible de plier les genoux..... vos genoux se raidissent..... vos genoux deviennent de plus en plus raides..... quand vous essaierez de les plier..... vous ne pourrez pas..... impossible..... plus vous essaierez..... plus vous forcerez..... plus vos genoux se raidiront et moins vous pourrez les plier..... vous allez essayer..... vous verrez qu'il vous sera impossible de plier les jambes..... vos jambes sont raides..... raides..... essayez de les plier..... vous ne pouvez plus..... vous ne pouvez pas.

Avec certains sujets, quelques passes sur les genoux de haut en bas avec contact, commençant à quelques centimètres au-dessus de l'articulation et se prolongeant quelques centimètres plus bas, aident beaucoup à obtenir l'effet. Lorsque vous vous servez de la boule hypnotique, ne raidissez qu'une jambe et faites vos passes descendantes d'une main, tout en maintenant de l'autre la boule devant les yeux du sujet. Quand vous vous servez du regard, continuez, tout en faisant les passes indiquées, de fixer la racine du nez du sujet en lui recommandant de vous regarder dans les yeux sans discontinuer. Il n'a pour cela qu'à baisser un peu la tête lorsque vous faites vos passes, de façon à ce que son regard puisse suivre le vôtre.

Lorsque l'effet est obtenu et que le sujet ne peut plus plier les jambes, dites :

Maintenant vous allez marcher..... mais vos jambes seront toujours raides..... raides..... très raides..... jusqu'à ce que j'enlève toute influence..... essayez..... marchez, vos jambes sont raides.

Si le sujet est assez sensible, il lui sera absolument impossible de plier les jambes avant que vous le lui permettiez.

Faites toujours quelques passes en remontant, pour dégager parfaitement vos sujets.

Faire boiter le sujet

Lorsque vous avez réussi l'expérience précédente, dites au sujet, après avoir fait disparaître toute influence :

Fixez-moi dans les yeux (si vous vous servez de la boule hypnotique, dites : *Fixez bien cette boule*), *votre genou droit va se plier..... impossible de vous tenir sur la jambe droite..... votre genou plie..... il n'a plus de force..... aucune force..... voyez, il plie.....*

Insistez sur ces suggestions jusqu'à ce que vous constatiez chez le sujet une légère flexion de la jambe et une tendance à pencher à droite. Dites alors d'un ton très positif :

Vous ne pouvez plus marcher sans boiter..... essayez..... impossible de marcher sans boiter..... impossible..... vous boitez..... vous boitez.....

Si vous débutez sur des personnes assez rapidement influençables (enfants, jeunes filles, sensitifs), vous constaterez que vos sujets boiteront réellement malgré tous leurs efforts pour marcher d'une manière normale. Cette claudication pourrait même persister très longtemps, si vous ne la faisiez disparaître.

Faire abaisser les bras

Priez le sujet de mettre ses bras en croix, c'est-à-dire de les élever et les maintenir horizontalement au niveau des épaules. Dites-lui de penser que ses bras sont lourds et qu'il va les abaisser. Fixez ensuite le sujet à la racine du nez, ou faites-lui fixer la boule hypnotique en suggérant d'un ton assuré :

Vos bras deviennent lourds..... ils pèsent de plus en plus..... ils sont sans force..... ils vont s'abaisser..... impossible de les tenir en croix..... ils s'abaissent..... ils s'abaissent..... vos bras tombent..... ils tombent complètement..... impossible de les tenir..... vous ne pouvez plus.....

Vous pouvez, lorsque vous vous servez du regard, faire sur les mains du sujet des gestes à distance, comme si vous vouliez peser sur les bras afin de les abaisser. Si vous vous servez de la boule hypnotique, n'ayant de libre qu'une main, vous ferez ces gestes successivement à gauche et à droite.

Empêcher le sujet d'élever les bras

Après la réussite de l'expérience précédente, lorsque les bras du sujet se sont abaissés, dites d'un ton assuré en fixant la personne à la racine du nez ou en lui faisant fixer la boule hypnotique :

Maintenant vos bras deviennent de plus en plus lourds..... ils sont sans force..... ils se paralysent complètement..... ils n'obéissent plus à votre volonté..... vos mains se collent après votre corps..... vos bras se paralysent..... il vous sera impossible de les lever..... absolument impossible.

En donnant ces suggestions, faites quelques passes descendantes avec contact sur les bras, partant de l'épaule jusqu'au poignet, puis continuer de suggérer :

Vous allez essayer de lever les bras..... mais vous ne le pourrez pas..... cela vous sera impossible..... absolument impossible..... maintenant vous ne pouvez plus..... essayez..... vous ne pouvez plus..... plus vous forcez..... plus vos bras deviennent lourds.

Chez les sujets très sensibles, quelques passes en remontant des poignets aux épaules sont parfois nécessaires pour faire disparaître complètement toute influence.

Obliger le sujet à mettre les bras en croix

Que votre sujet se tienne debout devant vous, les bras mous et pendants le long du corps, les mains ouvertes. Dites-lui de penser que ses bras s'élèvent et qu'il ne peut les retenir. Recommandez-lui de vous fixer dans les yeux ou faites-lui fixer la boule hypnotique et suggérez d'un ton positif, tout en fixant la personne à la racine du nez :

Laissez vos bras mous..... bien mous..... ils vont s'élever..... ils vont monter jusqu'au niveau des épaules..... ils vont s'élever et resteront en croix..... ils montent..... ils montent toujours..... vos bras montent encore..... encore..... ils s'élèvent toujours..... toujours.....

Lorsque l'effet est obtenu et que le sujet a les bras en croix, dites d'un ton très positif :

Maintenant vos bras se raidissent..... vos muscles se contractent..... vos bras se raidissent de plus en plus..... il vous est impossible de les abaisser..... vous ne pouvez plus les abaisser.....

Faites quelques passes avec contact sur les bras, partant des épaules jusqu'aux poignets et continuez de suggérer :

Impossible de les abaisser..... essayez, vous ne pouvez plus..... plus vous forcez..... plus vos bras se raidissent.....

Un grand nombre de sujets ne pourront plus abaisser les bras, quels que soient leurs efforts. Quelques-uns réussiront cependant, après quelques tentatives réitérées. Dans ce cas, fixez-les fermement à la racine du nez en leur recommandant de vous regarder dans les yeux, ou mieux, faites-leur fixer la boule hypnotique ; pensez fortement, fermement que vous voulez que les bras restent en croix, faites un effort mental comme si vos mains étaient réellement en contact avec les bras pour les maintenir et dites d'un ton assuré :

Vos bras se sont abaissés..... mais ils ne peuvent pas rester ainsi..... malgré vous ils vont remonter..... il vous est impossible de les empêcher de s'élever..... voyez, ils s'élèvent..... et cette fois il vous sera impossible de les abaisser..... vous ne le pourrez plus..... vos bras montent.....

montent encore..... impossible de les abaisser..... ils ne peuvent plus s'abaisser.

Dans la majorité des cas, vous pourrez mettre votre sujet dans l'impossibilité complète d'abaisser les bras malgré tous ses efforts; il ne pourra y parvenir qu'après votre permission. Ayez toujours la précaution de faire quelques passes en remontant, partant des poignets jusqu'aux épaules, afin de dégager parfaitement le sujet.

RECOMMANDATIONS IMPORTANTES

Je ne saurai jamais trop recommander au débutant, dans la pratique de l'hypnotisme, de choisir pour ses premières expériences à l'état de veille, des sujets au moins relativement sensibles à l'influence. Vous en trouverez sans peine, pour peu que vous cherchiez parmi les enfants et particulièrement les jeunes filles. Un grand nombre peut se recruter également parmi les adultes et toute personne dont la main tombe rapidement et complètement, lorsque vous retirez votre poing dans l'essai de détente des muscles; toute personne, surtout, qui se sent tirer fortement en arrière par l'essai d'attraction magnétique des mains de l'opérateur est un sujet sur lequel vous pouvez travailler avec la perspective d'un succès absolu toute la progression des influences à l'état de veille.

Il serait téméraire de compter influencer de suite tout le monde, car ce n'est qu'après un entraînement patient et une pratique suffisante que l'on parviendra à influencer aisément les sujets qui paraissent rebelles au premier abord. Un grand nombre de personnes sont jugées réfractaires par l'opérateur débutant, parce que ces personnes sont moins sensibles que les autres à l'influence hypnotique et que cette influence ne s'obtient, chez elles, qu'après un temps assez long. Plus souvent, encore, parce que ces personnes résistent de toutes leurs forces et ne se conforment pas aux instructions données. Un débutant ne peut pas aspirer à influencer de telles personnes avec un succès assuré; il n'a pas encore les qualités nécessaires, il lui manque le magnétisme personnel indispensable pour avoir raison de la résistance volontaire de certains sujets de mauvaise foi qui *sentent bien quelque chose* mais n'en veulent pas convenir, par une sorte de respect humain déplacé. Avec de la patience, il est vrai, le débutant aurait quand même raison de la résistance de ces sujets, mais ce serait fatigant pour lui, et le plus grand inconvénient qui pourrait en résulter, c'est qu'il s'exposerait à se décourager et à abandonner peut-être l'étude de cette science. C'est pour éviter cela que je vous recommande instamment de débuter sur des sujets sensibles ou du moins assez sensibles à l'influence hypnotique. De tels sujets sont nombreux et vous n'aurez aucune difficulté pour en trouver. En pratiquant sur eux d'abord, votre pouvoir se développera d'une façon extraordinaire et vous pourrez ensuite influencer tous les sujets qui, à vos débuts, vous paraissent réfractaires.

Je ne veux pas entrer dans des démonstrations théoriques, elles m'entraîneraient trop loin et pourraient ne pas intéresser tous les lecteurs, elles me feraient surtout sortir du cadre d'un cours pratique; cependant, je puis dire que l'hypothèse de deux agents distincts : la suggestion et le magnétisme semblant jouer un rôle marqué et combinant leur action dans l'influence hypnotique, est parfaitement admissible.

Il y a peut-être dans la parole, dans le regard, dans les gestes de l'hypnotiseur entraîné par une longue pratique, une sorte de force particulière, une sorte de *magnétisme*, puisque c'est le mot consacré qui rend l'obtention des phénomènes plus rapide et plus certaine. On peut parfaitement supposer que si des hypnotiseurs comme Donato, Charcot, Liébault, Bernheim, Liébengen et tous les opérateurs entraînés par une pratique suffisante parviennent si aisément à influencer un aussi grand nombre de sujets, c'est qu'indépendamment de l'art de suggestionner qu'ils possèdent à fond, indépendamment du pouvoir absolu qu'ils ont su acquérir sur leur regard en dominant le mouvement réflexe des paupières, indépendamment encore de l'efficacité de la suggestion mentale et de l'effort mental auxquels ils ont recours (bien souvent à leur insu); ils possèdent une force subtile, une puissance exceptionnelle, résultant de la pratique, c'est-à-dire de la fréquente mise en mouvement des facteurs agissant dans l'influence hypnotique.

Ce n'est là qu'une hypothèse, une simple vue de l'esprit; il n'en est pas moins vrai que cette hypothèse rejetée par quelques savants, acceptée par le plus grand nombre, est la seule qui permette d'expliquer la différence des résultats obtenus par un débutant et par un hypnotiseur entraîné, qui pourtant n'emploient que les mêmes moyens.

Le lecteur qui s'intéresse ou qui s'intéressera plus tard à la recherche du *pourquoi* dans l'influence hypnotique pourra consulter la deuxième partie de cet ouvrage. Il verra cette hypothèse d'une force magnétique chez l'opérateur, appuyée sur des bases plus solides, grâce aux phénomènes de télépathie et surtout d'extériorisation.

Si je suis sorti un instant du cadre que je m'étais tracé dans ce Cours pratique, c'est pour engager le lecteur à pratiquer beaucoup, à développer par un entraînement continu les facteurs de l'influence : *regard, parole, passes, concentration de la pensée;* enfin, à essayer beaucoup de sujets reconnus sensibles et assez rapidement influençables, afin de développer son pouvoir. En se conformant à ces recommandations, le succès rapide est absolument assuré.

Revenons maintenant au côté pratique, le seul qui doit nous intéresser pour le moment.

Coller la main du sujet après un mur ou sur une table

Priez un sujet que vous avez reconnu assez sensible de placer une de ses mains à plat sur le bord d'une table ou sur un mur; fixez la personne à la racine du nez en lui recommandant de vous regarder dans les yeux, ou mieux, faites-lui fixer la boule hypnotique et suggérez d'un ton positif en faisant quelques passes descendantes avec contact sur le bras, partant de l'épaule jusqu'au poignet :

Pensez que votre main est lourde et que vous ne pouvez l'enlever..... votre main pèse..... elle pèse de plus en plus..... votre bras se raidit..... votre main se colle complètement..... elle devient de plus en plus lourde..... dans un instant il vous sera impossible de l'enlever..... plus vous essaierez..... plus elle se collera..... votre main pèse de plus en plus..... votre bras s'engourdit..... essayez de partir..... vous ne pouvez plus..... impossible d'enlever votre main..... elle est collée..... bien collée.....

En choisissant un sujet assez sensible, vous constaterez que la personne sera dans l'impossibilité absolue d'enlever sa main avant que vous ayez fait disparaître l'influence. Faites quelques passes en remontant avec contact sur la main et le bras, afin de dégager parfaitement le sujet.

Coller une des mains du sujet sur la vôtre

L'expérience précédente s'obtient plus aisément encore, en faisant mettre une des mains du sujet à plat sur la vôtre, de façon à ce que les paumes soient en contact. Le sujet étant debout, en face de vous, faites mettre, par exemple, sa main droite sur votre main gauche. Les suggestions à donner sont les mêmes que les précédentes. Lorsque le sujet est sous l'influence, vous pouvez aller où vous voudrez, il sera dans l'impossibilité d'enlever sa main et vous suivra malgré lui. Abaissez-vous, il s'abaissera ; marchez, il marchera. Quelques passes descendantes avec contact, partant du coude jusqu'à l'extrémité des doigts, aident beaucoup à la réussite rapide de l'expérience.

Cet essai peut se présenter avec une légère variante de la façon qui suit : Placez-vous en face du sujet, faites-lui placer ses deux mains à plat sur les vôtres, de façon que les paumes soient en contact, fixez fermement la personne à la racine du nez et dites d'un ton très positif :

Regardez-moi dans les yeux et appuyez fortement vos mains sur les miennes..... vous sentez que vos mains pèsent..... elles se collent complètement..... vos bras se raidissent..... vos mains se font de plus en plus lourdes..... elles sont collées..... impossible de les enlever..... essayez..... vous ne pouvez plus..... plus vous forcez, plus elles se collent.....

Coller les deux mains du sujet

Lorsque dans l'expérience précédente le sujet a bien constaté qu'il lui était impossible d'enlever ses mains, retirez brusquement les vôtres, saisissez-le par les poignets et rapprochez rapidement ses mains l'une de l'autre, de façon à ce que les deux paumes soient en contact. Faites quelques passes descendantes avec contact sur les bras, partant des épaules jusqu'aux poignets (bien souvent ce n'est même pas nécessaire) et le sujet ne pourra plus séparer ses mains malgré tous ses efforts.

Au lieu de faire des passes descendantes, vous pouvez presser légèrement les mains du sujet l'une contre l'autre pour lui montrer que *vous voulez* qu'elles se collent (c'est la suggestion par le geste). Vous pouvez aussi faire quelques gestes à distance comme si vous vouliez presser sur elles et empêcher que le sujet les écarte. Vous pouvez encore donner des suggestions verbales et dire au sujet en le fixant à la racine du nez ou en lui faisant fixer la boule hypnotique : *Vos mains sont collées...... vous ne pouvez plus les séparer...... impossible...... vous ne pouvez pas......*

Il est bon de varier un peu vos effets.

Si vous opérez sur un sujet assez influençable (vous en trouverez aisément), il n'est pas du tout nécessaire de commencer par coller ses mains sur les vôtres. Vous n'avez qu'à le fixer à la racine du nez pendant qu'il vous regarde dans les yeux ou mieux encore lui faire fixer la boule hypnotique en suggérant d'un ton positif :

Rapprochez vos mains l'une de l'autre et pensez que vous ne pouvez plus les séparer...... Je vais compter jusqu'à trois...... et il vous sera impossible de les séparer...... Un — deux — trois...... essayez, vous ne pouvez plus...... impossible...... vous ne pouvez plus......

Toutes les personnes qui se sentent tirées fortement en arrière par l'essai magnétique indiqué au début du Cours pratique sont des sujets d'une suggestibilité suffisamment développée pour qu'avec eux il ne soit pas nécessaire d'insister sur les suggestions en les répétant jusqu'à l'obtention de l'influence.

Obliger le sujet à sortir ses mains après les avoir mises sur les vôtres

Priez un sujet reconnu assez sensible de mettre ses deux mains à plat sur les vôtres, de façon que les paumes soient en contact et dites-lui qu'il sera obligé de les retirer.

Fixez la personne à la racine du nez en lui recommandant de vous regarder dans les yeux. Si le sujet est assez influençable, ses mains quitteront les vôtres de suite, et quels que soient ses efforts pour les maintenir.

Empêcher le sujet d'approcher sa main de la vôtre

Vous pouvez dire, au même sujet, que ses mains seront repoussées par les vôtres et qu'il lui est impossible de vous toucher les mains.

En effet, malgré tous ses efforts, le sujet ne pourra réussir à prendre contact avec vos mains et, toutes les fois que vous approcherez vos mains des siennes, celles-ci seront brusquement repoussées.

Empêcher le sujet de vous approcher

Vous pouvez mettre le sujet dans l'impossibilité de vous approcher. Pour cela, vous n'avez qu'à le fixer à la racine du nez en lui recommandant de vous regarder dans les yeux ou mieux encore lui faire fixer la boule hypnotique en suggérant d'un ton assuré :

Maintenant il vous est impossible de m'approcher..... une force invincible vous en empêche..... vous pouvez marcher..... aller où vous voudrez..... mais impossible de m'approcher pour me toucher..... essayez..... impossible..... vous ne pouvez me toucher..... vous ne pouvez pas..... vous ne pouvez plus.....

Lorsque le sujet est sous l'influence et qu'il ne peut vous approcher, avancez-vous vers lui ; il reculera alors immédiatement et ne pourra prendre contact avec vous qu'après votre permission.

Obliger le sujet à vous suivre. Etat de charme

Approchez-vous d'un sujet que quelques-unes des précédentes expériences vous ont permis de reconnaître assez rapidement influençable. Fixez-le fermement à la racine du nez en lui recommandant de vous regarder dans les yeux. Tout en continuant la fixation, faites des passes sur lui de la façon suivante : Réunissez vos deux mains au-dessus de sa tête, laissez-les quelques secondes, séparez-les et descendez, passant sur les côtés de la tête, sur les épaules jusqu'aux coudes en disant d'un ton assuré :

Vous êtes obligé de me suivre partout..... partout où j'irai..... vous me suivrez malgré vous..... impossible de vous empêcher de me suivre..... vous me suivrez..... vous me suivrez.....

Continuez ces passes et ces suggestions environ une minute, puis retirez-vous lentement en disant :

Maintenant vous me suivez..... vous me suivez.....

Lorsque vous aurez constaté que le sujet vous suit, vous pouvez prendre n'importe quelle allure, vous pouvez aller n'importe où sans qu'il soit nécessaire de le regarder ; le sujet vous suivra et sera incapable d'opposer une résistance efficace.

Chez certains sujets, vous provoquerez une sorte d'état spécial désigné sous le nom d'*état de charme*. Le sujet ne dort pas de ce qu'on est convenu d'appeler sommeil hypnotique ou hypnose, mais cependant il ne songera qu'à vous suivre malgré tous les obstacles qu'on peut lui imposer et ne prononcera parfois pas une parole jusqu'à ce que vous fassiez disparaître toute influence. Dans cet état, vous pouvez commander n'importe quelle action, le sujet l'exécutera immédiatement. Contrairement à ce qui se passe généralement dans l'état d'hypnose, le souvenir des actes exécutés persiste. Si on laisse se prolonger trop longtemps cet état chez certains sujets féminins, particulièrement chez des hystériques, l'influence est souvent assez difficile à faire disparaître complètement. Il arrive parfois, en effet, qu'après le retour à l'état normal, le sujet a une tendance à suivre l'opérateur pas à pas. Dans ce cas, il faut faire des passes en remontant et souffler doucement sur les yeux du sujet en suggérant fermement que tout est passé et que le sujet est très bien.

Cet *état de charme*, qui sera traité longuement dans la partie théorique, ne se présente pas toujours de la même façon chez tous les sujets. Comme, du reste, la plupart des états hypnotiques que l'on a essayé de définir et de classer, il n'est pas toujours nettement caractérisé. Il se rapproche beaucoup de l'*état de fascination* que nous étudierons un peu plus loin. Voici une petite anecdote citée par le docteur Marrin, où il est question d'un état semblable : « La note gaie nous est fournie par le *New-York médical journal*, qui rapporte qu'un magnétiseur de passage à Saulx-Sainte-Marie, prié de donner dans une soirée une séance d'hypnotisme, choisit une jeune fille qu'il endormit facilement ; mais celle-ci, fascinée, se mit à suivre son endormeur et, malgré tous les efforts, on ne put l'empêcher de s'attacher à ses pas, si bien qu'on ne put se tirer d'affaire qu'à l'aide d'un bon mariage auquel, dit-on, le magnétiseur se prêta volontiers. »

Si cette histoire est vraie, voilà un magnétiseur qui connaissait bien peu de chose de l'hypnotisme, s'il se jugeait incapable d'enlever une influence provoquée par lui. Je ne sais si cet exemple est cité pour mettre le public en garde contre les *dangers* prétendus de l'hypnotisme, mais ce que je n'ignore pas, par exemple, c'est qu'une pratique de 20 années portant sur des milliers de sujets, me permet d'affirmer catégoriquement qu'un hypnotiseur comprenant la suggestion est toujours à même, *quand il le veut*, d'enlever une influence qu'il a provoquée sur un sujet, soit à l'état de veille, soit dans le sommeil hypnotique superficiel ou profond.

Obliger le sujet à venir vers vous

Cette expérience peut être tentée sur un sujet que vous avez déjà influencé et jugé assez sensible. Elle ne diffère pas beaucoup de l'expérience précédente, mais cette nouvelle façon de la présenter lui donne un cachet d'originalité. Dites à votre sujet en le fixant brusquement à la racine du nez :

Je vais magnétiser une chaise et, quoi que vous fassiez, vous serez obligé de venir vous asseoir lorsque j'aurai compté jusqu'à trois.

Vous vous mettez ensuite à une certaine distance du sujet ; vous prenez une chaise, vous vous placez derrière le dossier et vous faites en regardant le sujet quelques passes (n'importe comment) sur le siège en comptant *un..... deux..... trois.*

Le sujet éprouve alors un tremblement nerveux, et, en dépit de ses efforts pour résister, il est obligé de venir vers la chaise et de s'y asseoir.

Il est presque superflu de dire que je ne prétends pas voir dans cette expérience l'influence du magnétisme par le simulacre de passes sur la chaise. Il est probable, il est même certain que dans ces cas les passes n'agissent que sur l'imagination du sujet et ne sont qu'une forme de la suggestion par le geste. Il est donc logique de voir dans cet essai, un effet de la *suggestion* et de *l'attention expectante du sujet.*

Obliger le sujet à faire le tour d'une table sans qu'il puisse s'arrêter

Choisissez un sujet que vous avez reconnu assez rapidement influençable. Fixez-le à la racine du nez pendant qu'il vous regarde dans les yeux ou faites-lui fixer la boule hypnotique et dites-lui d'un ton convaincu :

Maintenant vous allez marcher..... vous êtes tiré fortement en avant..... pour ne pas tomber vous marcherez..... vous marcherez de plus en plus vite..... jusqu'à ce que je vous arrête..... vous tournerez autour de cette table..... sans pouvoir vous arrêter..... impossible, vous serez poussé en avant..... en avant.....

Lorsque le sujet commence à se déplacer, insistez de plus en plus sur les suggestions :

Marchez..... vous marchez..... impossible de vous arrêter..... marchez.....

Joignez à ces suggestions quelques gestes énergiques.

Si vous n'avez pas de table dans le local où vous opérez, vous n'avez qu'à renverser une chaise afin qu'elle occupe une surface plus grande, et faire tourner le sujet autour. Vous pouvez encore tracer un cercle.

Quand le sujet sera sous l'influence, il n'est pas nécessaire de répéter les suggestions. S'il ralentissait l'allure, vous n'aurez qu'à dire d'un ton très positif :

Impossible de vous arrêter..... vous ne pouvez pas..... plus vous résisterez..... plus vous irez vite.....

Vous pouvez accélérer l'allure du sujet, le faire marcher de plus en plus vite, le faire courir, il ne pourra s'arrêter que lorsque vous le lui permettrez. Cette expérience, qui est une des plus amusantes, s'obtient très facilement sur les sujets assez rapidement influençables.

Empêcher le sujet d'avancer. Le clouer au plancher

Placez-vous en face du sujet, fixez-le à la racine du nez en lui recommandant de vous regarder dans les yeux ou, mieux encore, faites-lui fixer la boule hypnotique. Dites-lui de peser de toutes ses forces sur ses pieds et de penser qu'il ne peut plus les soulever et suggérez d'un ton convaincu :

Vos pieds deviennent lourds..... très lourds..... de plus en plus lourds..... ils se collent complètement..... ils pèsent..... ils pèsent énormément..... dans un instant vous essaierez de les lever..... impossible, vous ne le pourrez pas..... vos jambes se raidissent..... vos pieds pèsent de plus en plus..... plus vous forcerez pour les lever..... plus ils pèseront..... plus ils se colleront..... maintenant il vous est impossible de les lever..... ils sont collés..... bien collés..... essayez..... vous ne pouvez plus..... vous ne pouvez pas.

Un grand nombre de sujets seront comme cloués au parquet sans pouvoir remuer. Faites bien attention que personne ne pousse votre sujet ou soyez vous-même prêt à le recevoir en cas de chute, car le sujet sous cette influence ne peut bien souvent se retenir et il pourrait se faire mal, si vous le laissiez tomber de tout son long. Ayez toujours beaucoup de prudence, et l'hypnotisme ne sera jamais dangereux.

Si un sujet plus réfractaire réussissait à marcher quand même, bien qu'il sente une lourdeur aux pieds, fixez-le fermement à la racine du nez ou faites-lui fixer la boule hypnotique et dites d'un ton positif en accentuant vos suggestions de gestes énergiques :

Vos pieds pèsent..... à chaque pas ils deviennent plus lourds..... encore plus lourds..... impossible de les lever..... ils se collent complètement..... maintenant impossible d'avancer..... vous ne pouvez plus faire un pas.....

Insistez sur ces suggestions jusqu'à l'obtention de l'influence.

Arrêter brusquement le sujet

Lorsque vous avez réussi l'expérience qui précède, dites à votre sujet :

L'influence disparaît..... vos pieds ne sont plus lourds..... vous pouvez marcher..... vous êtes très bien..... tout est passé. Mais dès que je ferme le poing devant vous..... vous êtes obligé de vous arrêter immédiatement.

Le sujet peut alors marcher, l'influence semble avoir disparu ; mais toutes les fois que d'un mouvement brusque vous fermez votre poing près de son visage, il s'arrête net et ne peut avancer que si vous ouvrez la main ostensiblement devant lui.

Obliger le sujet à vous donner malgré lui un objet en sa possession

Choisissez un de vos sujets les plus sensibles ; donnez-lui un objet quelconque qu'il devra mettre dans sa poche et dites-lui qu'il fasse tout son possible pour ne pas vous abandonner cet objet, car malgré lui sa main ira le prendre pour le mettre dans la vôtre.

Lorsque l'objet est dans la poche du sujet, fixez la personne à la racine du nez en lui recommandant de vous regarder dans les yeux ou faites-lui fixer la boule hypnotique et dites d'un ton assuré :

Maintenant je veux cet objet..... vous me le donnerez malgré vous..... impossible de résister..... donnez..... donnez.....

Tendez la main tout en fixant fermement le sujet si vous employez le regard, ou en rapprochant légèrement la boule hypnotique si vous avez recours à ce moyen mécanique.

Le sujet éprouve alors un tremblement nerveux et, quoi qu'il fasse, sa main prendra pour ainsi dire malgré lui l'objet pour le laisser échapper dans la vôtre.

Faire prendre votre doigt au sujet et le mettre dans l'impossibilité de le lâcher

Dites à une personne que vous aurez reconnue assez sensible de vous prendre l'index et de le serrer assez fortement dans sa main. Fixez le sujet à la racine du nez pendant qu'il vous regarde dans les yeux ou faites-lui fixer la boule hypnotique et suggérez d'un ton positif :

Dans un instant..... il vous sera impossible de me lâcher..... serrez bien vos doigts..... encore..... serrez davantage..... vos doigts se raidissent..... je vais compter jusqu'à trois et à trois impossible de me lâcher..... plus vous essaierez moins vous pourrez..... Un..... deux..... trois, essayez..... vous ne pouvez plus lâcher mon doigt.

Lorsque le sujet est sous l'influence, vous pouvez le conduire où vous voudrez, il lui sera impossible d'opposer une résistance efficace et il ne réussira à vous lâcher qu'après votre permission.

Obliger le sujet à bâiller jusqu'à ce que vous l'arrêtiez

Fixez le sujet à la racine du nez ou faites-lui fixer la boule hypnotique et dites d'un ton assuré :

Vous ne pensez qu'à bâiller..... vous allez bâiller sans pouvoir vous arrêter..... vous bâillez..... impossible de vous retenir.....

Insistez sur ces suggestions et ouvrez la bouche vous-même. Le sujet sera pris aussitôt de bâillements et ne pourra les réprimer qu'après votre permission.

Avant de renvoyer votre sujet, ayez la précaution de faire disparaître complètement toute influence, car elle peut, chez les enfants surtout, persister très longtemps. Suggérez d'un ton très positif que le sujet *n'a plus envie de bâiller..... qu'il ne pense plus à bâiller..... qu'il est bien..... tout à fait bien.....*

Frappez vos mains l'une contre l'autre et soufflez-lui sur les yeux.

Empêcher le sujet d'ouvrir la bouche

Dites au sujet de penser qu'il ne peut pas ouvrir la bouche. Fixez-le fermement à la racine du nez en lui recommandant de vous regarder dans les yeux, ou mieux, faites-lui fixer la boule hypnotique et dites-lui d'un ton assuré :

Vos mâchoires se serrent..... elles se contractent..... elles se serrent de plus en plus..... bientôt vous ne pourrez plus ouvrir la bouche..... il vous sera impossible de l'ouvrir..... absolument impossible..... et plus vous essaierez..... plus vos mâchoires se raidiront..... plus vous forcerez..... moins vous pourrez.....

En donnant ces suggestions, touchez légèrement les mâchoires du sujet et suggérez ensuite d'un ton très affirmatif :

Vos mâchoires sont maintenant raidies..... complètement raidies..... votre bouche est fermée..... bien fermée..... il vous est impossible de l'ouvrir..... essayez..... vous ne pouvez pas..... vous ne pouvez plus.

Cette influence s'obtient facilement sur un sujet assez sensible et malgré tous les efforts faits ; il ne pourra ouvrir la bouche avant que vous le lui permettiez.

Rendre le sujet muet

Cette expérience n'est en somme qu'une simple modification de la précédente ; elle n'en diffère que par la façon d'être présentée. Fixez votre sujet à la racine du nez ou faites-lui fixer la boule hypnotique et dites d'un ton positif :

Vos lèvres se rapprochent...... elles se serrent...... elles se collent complètement...... votre langue se raidit...... elle se colle contre votre palais...... vos mâchoires se serrent...... dans un instant il vous sera impossible de dire un mot...... vous ne pourrez plus parler...... plus vous forcerez, moins vous pourrez...... maintenant vos lèvres sont collées, serrées...... elles ne peuvent plus se séparer...... votre langue est raidie...... vos mâchoires sont fermées...... serrées...... très serrées...... impossible de dire un mot...... essayez...... vous ne pouvez pas...... vous ne pouvez plus......

Insistez sur ces suggestions jusqu'à ce que l'influence soit obtenue. Avec un sujet assez sensible, cette expérience s'obtient rapidement et est très amusante, car, malgré tous ses efforts, il est absolument impossible à la personne de se faire comprendre autrement que par gestes. Elle ne pourra recouvrer l'usage de la parole qu'après les suggestions appropriées données par l'opérateur.

Vous pouvez varier cette expérience d'une manière intéressante en faisant disparaître et réapparaître ce mutisme, par le geste d'ouvrir et de fermer ostensiblement la main devant le sujet, ainsi qu'il a été dit déjà.

Rendre le sujet muet, bien qu'il puisse ouvrir la bouche

Fixez le sujet à la racine du nez, dites-lui de vous regarder dans les yeux ou faites-lui fixer la boule hypnotique et suggérez d'un ton assuré, tout en faisant d'une main de légères passes avec contact sur la gorge :

Votre gorge se serre...... vous respirez très bien, mais votre gorge se serre de plus en plus...... quand vous essaierez de parler...... il vous sera impossible d'articuler un son...... votre gorge est serrée...... vous ne pouvez plus prononcer la lettre a...... vous ne pouvez plus...... votre bouche peut s'ouvrir...... mais impossible de prononcer un mot...... essayez...... vous ne pouvez plus.

Obliger le sujet à dire pa, pa, pa

Fixez le sujet à la racine du nez en lui recommandant de vous regarder dans les yeux, ou mieux, faites-lui fixer la boule hypnotique et suggérez d'un ton positif :

Vos lèvres vont se séparer brusquement et vous direz pa, pa, pa, jusqu'à ce que je vous arrête. Vos lèvres vont se séparer...... vous pensez à dire pa, pa...... vous ne pensez qu'à cela...... pa...... pa...... pa...... impossible de penser à autre chose...... pa...... pa...... pa...... vos lèvres se séparent et se rapprochent...... pa...... pa...... pa......

Insistez sur ces suggestions jusqu'à ce que vous obteniez l'influence. Avec un sujet assez sensible, cette expérience s'obtient aisément; elle est très amusante, car, quels que soient ses efforts, bien qu'il mette même les mains devant la bouche pour se condamner au silence, le sujet dit et redit toujours pa, pa, pa, jusqu'à ce que vous le remettiez dans son état normal.

En opérant sur une personne un peu rebelle à l'influence hypnotique, il peut arriver parfois que les lèvres s'écartent et se rapprochent sans que le sujet prononce *pa*. Dans ce cas, suggérez d'un ton très positif :

Vous dites pa...... pa...... pa...... tout fort...... à haute voix...... fort...... pa...... pa...... pa......

Insistez sur ces suggestions et vous obtiendrez sans peine l'influence.

Faire bégayer le sujet

Lorsque vous aurez obligé un sujet assez sensible à dire pa, pa, pa, comme l'indique l'expérience précédente, il vous sera très facile de le faire bégayer. Pour cela, fixez-le fermement à la racine du ne... ou faites-lui fixer la boule hypnotique et dites-lui d'un ton très positif :

Maintenant vous êtes obligé de bégayer..... quand vous parlerez..... vous répéterez plusieurs fois et malgré vous la même syllabe....., vous essaierez de dire Paris me plaît beaucoup..... vous serez obligé de dire Pa-pa-pa-ris-ris me-me-me plaît beau-beau-coup..... vous êtes obligé de bégayer..... il vous est impossible de parler sans bégayer..... essayez..... vous bégayez..... vous bégayez.....

Insistez sur ces suggestions jusqu'à ce que l'influence se produise. C'est particulièrement dans ce cas que vous pouvez employer avec succès la *suggestion de l'exemple*. Bégayez vous-même devant le sujet en répétant la phrase proposée comme modèle : *Paris me plaît beaucoup*. Cette phrase a été choisie avec intention, chacun des mots qui la composent commencent par une labiale (p, b, m), c'est-à-dire par une lettre concourant à la formation de syllabes que l'on prononce en écartant brusquement les lèvres rapprochées. Le sujet ayant été entraîné par l'expérience précédente à dire pa, pa, pa, l'effet sera bien plus rapide. Il n'est cependant pas indispensable d'obliger le sujet à répéter la syllabe pa, pour provoquer chez lui le bégaiement suggéré.

Lorsque le sujet ne pourra plus répéter la phrase choisie sans bégayer, il n'est plus nécessaire de le regarder ni de le suggestionner ; dans la majorité des cas l'influence persistera jusqu'à ce que l'opérateur la fasse complètement disparaître. Si votre sujet est assez sensible à l'influence hypnotique, il bégaiera malgré lui sur tous les mots qu'il prononcera ; vous pouvez également l'obliger à parler très vite, puis à parler très lentement, enfin l'obliger à parler en espaçant chacune des syllabes. Tous ces troubles du langage s'obtiennent facilement et donnent lieu à des expériences très amusantes.

COMMENT PRÉSENTER CERTAINES EXPÉRIENCES

Empêcher le sujet de soulever un objet
Diverses expériences originales

Il y a une façon de présenter un grand nombre d'expériences qui frappe l'imagination du sujet et de l'assistance. Dans la plupart des expériences à l'état de veille, l'opérateur peut en effet faire intervenir un prétendu *magnétisme*, sous la forme de passes. Je dis prétendu magnétisme, car si je reconnais un effet du *magnétisme*[1] dans l'essai de chute en arrière par l'attraction des mains de l'opérateur et en dehors de toute suggestion ; si je reconnais un effet réel du magnétisme dans les symptômes que le contact prolongé des mains sur les omoplates provoque chez les *sensitifs*, je ne reconnais pas du tout son influence dans les quelques expériences que je vais indiquer. Ces expériences s'obtiennent par *suggestion* sur l'esprit du sujet ; le simulacre de passes fait par l'hypnotiseur ne fait que rendre plus puissant l'effet de la suggestion, en ajoutant aux suggestions mentales et verbales de l'opérateur, la suggestion par le geste. Je ne voudrais pas cependant que les adversaires du magnétisme voient dans cette observation personnelle, la justification de leurs théories. Le souci de la vérité me fait un devoir de reconnaître, dans certains cas, l'action directe de la force magnétique. Il existe des sensitifs sur lesquels le *magnétisme* a une influence si considérable qu'il peut même contre-

---

[1] On l'appelle aujourd'hui ode, force neurique rayonnante, force nervique, etc. J'ai dit déjà que je ne changerai pas le terme consacré pour désigner une modalité de l'énergie qui était soupçonnée et connue aussi loin que peuvent nous reporter les antiques traditions. Les Hébreux appelaient *ob* le principe de l'action curative des mains de leurs magnétiseurs. Si certains savants ne veulent pas reconnaître la vérité, elle peut se passer de leur patronage.

balancer les effets de la suggestion. Il n'est pas nécessaire de poussez bien loin l'expérimentation pour trouver de tels sujets. Si le lecteur s'intéresse à ces manifestations du fluide magnétique sur les sujets sensitifs, il trouvera dans la partie théorique et historique l'exposé de la théorie complète du Magnétisme, les lois de la polarité, les remarques des docteurs Durand (de Gros), Boirac, Liébengen, etc., et différentes expériences concluantes enlevant tous les doutes concernant l'existence et l'action réelles de cette modalité de l'Energie.

Je dois dire cependant que dans les expériences qui vont suivre rien ne nous autorise à croire que les passes recommandées servent de moyen de transport à un fluide produisant, par son action, le phénomène attendu.

Mettez un objet quelconque sur une table. La boule hypnotique est tout indiquée, car, par sa forme mystérieuse et surtout par son influence dans les expériences précédentes, elle impressionnera davantage le sujet et rendra la réussite plus rapide. Choisissez un sujet que vous avez déjà jugé assez rapidement influençable et, en le fixant à la racine du nez, dites-lui d'un ton assuré :

Je vais magnétiser cette boule et il vous sera impossible de l'enlever...... elle va devenir lourde...... très lourde...... impossible de l'enlever.

Faites ensuite un simulacre quelconque de gestes sur la boule et dites au sujet d'un ton très positif :

Essayez de l'enlever......vous ne pouvez pas......c'est impossible......vous ne pouvez pas.

Le sujet assez sensible ne pourra pas enlever la boule malgré tous ses efforts. Lorsqu'il aura essayé en vain de la déplacer, mettez cet objet sur une chaise et, bien que vous ne fassiez aucune suggestion nouvelle, le sujet ne pourra pas soulever cette chaise tant que l'objet restera dessus.

La boule repoussant les mains du sujet. — Remettez la boule sur la table et dites au même sujet :

Je vais magnétiser un peu plus la boule et il vous sera ensuite impossible de la toucher, elle repoussera vos mains.

Faites quelques passes, et toutes les fois que le sujet approchera ses mains de l'objet, elles seront repoussées malgré tous ses efforts.

Vous pouvez varier cette dernière expérience en remplaçant la boule par une pièce de monnaie, la promettant au sujet s'il parvient à la saisir. Quel que soit son désir d'avoir la pièce, le sujet ne pourra la toucher et ses doigts se crisperont de plus en plus violemment à chacune de ses tentatives.

La boule attirant ou repoussant le sujet. — Vous pouvez, par les mêmes procédés, faire reculer le sujet jusqu'au fond de la pièce, l'attirer au contraire vers la boule, l'obliger même à venir coller son nez sur la boule et le mettre dans l'impossibilité de partir avant que vous le lui ayez permis.

La boule animée. — Voici une expérience très amusante, que je tiens du docteur Liébengen ; elle est basée sur les mouvements inconscients. La boule hypnotique étant placée sur une table, dites à un sujet déjà influencé par les essais précédents :

Prenez la boule entre le pouce et l'index, je vais compter jusqu'à trois et vous sentirez alors la boule partir sans que vous puissiez la retenir. La boule fera le tour de la table sans discontinuer et, quoi que vous fassiez, vous ne pourrez ni l'arrêter, ni enlever votre main.

Comptez ensuite *un..... deux..... trois*. En disant trois, indiquez par un geste quelconque la direction que doit prendre la boule, et le sujet sera étonné, effrayé même de sentir sous ses doigts l'objet partir malgré lui, sans qu'il puisse ni l'arrêter ni le lâcher.

Il faut voir ici l'un des nombreux effets des mouvements inconscients. C'est le sujet lui-même qui, sans le vouloir, sans même s'en douter, imprime ce mouvement à la boule hypnotique. La plus grande partie des résultats obtenus dans les essais populaires de prétendu *spiritisme* (tables tournantes, écriture automatique), sont dus à ces mouvements d'autant plus inconscients et marqués que la personne est plus nerveuse et a l'imagination plus frappée. Les autres phénomènes, tels que : déplacement d'objets à distance, coups frappés, phénomènes d'apport[1], etc., sont beaucoup plus

---

[1] L'exposé détaillé de tous ces phénomènes, ainsi que les indications pratiques pour les obtenir seront donnés dans la deuxième partie de cet ouvrage.

rares, et cela s'explique aisément puisqu'ils ne peuvent s'obtenir que par l'intermédiaire de *médiums* exceptionnels, ayant subi un entraînement plus ou moins conscient. Ainsi que je l'ai dit déjà, rien ne nous autorise du reste à chercher dans ces manifestations l'action d'un pouvoir occulte, car tout est explicable par la possibilité de *l'extériorisation de la motricité*. Quant aux phénomènes de *lévitation*, c'est-à-dire de maintien d'un corps sans support dans l'espace, je m'étendrai longuement sur ce passionnant sujet dans la deuxième partie de cet ouvrage.

Dans le but d'éviter des redites et longueurs désormais inutiles, je me contenterai, pour les expériences qui vont suivre, d'indiquer simplement quelques-unes des suggestions verbales à employer pour obtenir sur le sujet l'effet attendu. Je ne répéterai plus que l'opérateur débutant ou non encore entraîné par une pratique suffisante, doit choisir pour ses essais, des sujets assez rapidement suggestibles et sur lesquels il a commencé à prendre de l'influence par l'essai magnétique de chute en arrière ; je ne recommanderai plus qu'il doit fixer le sujet à la racine du nez ou lui faire fixer de préférence la boule hypnotique ; je n'insisterai plus sur l'importance du geste et de l'exemple et sur l'efficacité de la suggestion mentale et de l'effort mental, en rappelant à l'hypnotiseur qu'il doit toujours penser fortement en lui-même *qu'il veut que le sujet obéisse*. Le lecteur qui s'est conformé aux instructions données a obtenu infailliblement des résultats pratiques, il sait maintenant ce qu'il doit faire en donnant les suggestions appropriées à son sujet ; je puis donc me dispenser de le répéter indéfiniment au début de chaque expérience.

Toutes les influences que nous avons étudiées jusqu'à présent sont désignées théoriquement sous le nom de *perturbations motrices*. Elles sont en effet le résultat de suggestions de mouvements ou d'actes. Je pourrai m'étendre à l'infini sur les mouvements et les actes divers que l'hypnotiseur peut suggérer à des sujets éveillés. Par des suggestions appropriées qu'il saura maintenant trouver sans peine en s'inspirant de la façon dont sont données celles des expériences déjà obtenues ; après avoir choisi une personne assez suggestible, assez rapidement influençable, l'étudiant en hypnotisme obtiendra très aisément toutes les influences qui ont pour but : soit d'empêcher le sujet de faire un mouvement ou d'accomplir un acte (suggestion négative), soit au contraire d'obliger le sujet à faire ce mouvement ou à accomplir cet acte (suggestion positive). Tout ce que le lecteur pourra trouver dans son imagination comme mouvement à faire exécuter ou acte à faire accomplir peut se tenter sur le sujet assez influençable qui se prêtera aux expériences. Les mêmes mouvements et les mêmes actes pourront être empêchés chez le sujet par les suggestions contraires.

Voici quelques influences de ce genre : *Obliger le sujet à s'agenouiller et l'empêcher de se relever — l'empêcher de sauter par-dessus un bâton mis sur le plancher — l'obliger à sauter — le faire cligner des yeux très vite — lui donner des tics nerveux — le faire trembler — l'empêcher de rester en place — rendre le sujet très lourd et le faire s'affaisser sur le plancher en le mettant dans l'impossibilité absolue de se relever ou de faire un seul mouvement — obliger le sujet à rire aux éclats sans qu'il puisse s'arrêter.* Pour cette expérience, suggérez à la personne qu'elle éprouve une envie irrésistible de rire, dites-lui qu'elle sent un chatouillement dans la gorge et qu'elle est obligée de rire aux éclats. Riez devant elle (suggestion de l'exemple) et le résultat sera rapidement obtenu. — Vous pouvez aussi *l'empêcher de rire*, dans ce cas suggérez que les muscles de sa face se raidissent, qu'ils se contractent et qu'il lui est impossible de rire ou de sourire. Il est possible également de l'obliger à froncer les sourcils, de l'obliger à faire les grimaces les plus comiques malgré sa résistance. Vous pouvez l'obliger à chanter, à compter, à énoncer les lettres de l'alphabet sans qu'elle puisse s'arrêter avant que vous ayez dissipé l'influence ; donnez vos suggestions verbales d'un ton très positif et ne négligez pas le recours à la suggestion de l'exemple. Tous les essais de ce genre seront rapidement couronnés de succès si l'on opère sur des personnes se sentant tirées fortement en arrière par l'expérience d'attraction magnétique des mains de l'opérateur, et si l'on a développé la suggestibilité de ces sujets par quelques-uns des essais indiqués au début de ce chapitre.

Perturbations sensorielles

Les expériences qui vont suivre sont étudiées théoriquement sous le nom général de *Perturbations sensorielles*. Elles comprennent toutes les suggestions de sensations et d'impressions les plus diverses pouvant affecter les organes des cinq sens : goût, odorat, vue, ouïe et toucher ou sens du tact.

Comme je l'ai dit déjà, afin d'éviter des répétitions absolument inutiles, je ne donnerai pour chaque expérience que quelques formules de suggestions verbales. Je le répète encore, ces modèles de suggestions ne sont que de simples exemples présentés au lecteur à titre d'indication. Il peut parfaitement en changer les termes, sans pour cela compromettre son succès et nuire en quoi que ce soit à la réussite de l'expérience. Le point capital dans l'art de la suggestion est de se mettre avant tout à la portée de l'intelligence du sujet ; il faut que celui-ci comprenne tous les termes employés. Si l'étudiant en hypnotisme a expérimenté quelque peu il s'est rendu aisément compte qu'avec les sujets assez influençables il n'est pas du tout nécessaire d'insister sur les suggestions verbales, en les répétant indéfiniment, pour obtenir l'effet attendu. Au fur et à mesure que l'influence personnelle du débutant se développe par la pratique, au fur et à mesure que l'entraînement indiqué pour chacun des facteurs de l'influence (regard, parole, gestes, pensée) rend plus puissante leur intervention en augmentant leur efficacité, au fur et à mesure enfin que grandit le pouvoir de l'opérateur par des essais réitérés sur de nombreux sujets, les expériences s'obtiennent de plus en plus facilement et il n'est plus besoin alors de se conformer à toutes les recommandations données au début de ce chapitre. On peut omettre l'essai de relâchement des muscles, on peut intervertir l'ordre des expériences composant la progression ; mais il faut néanmoins prendre contact avec tout sujet nouveau, par l'essai magnétique de chute en arrière, ou par l'imposition prolongée des mains sur les omoplates. Toutes les personnes qui se sentiront attirées en arrière par le premier essai ou qui, par le second essai, ressentiront quelques-uns des symptômes déjà décrits : sensation de chaleur, lourdeur à la tête, picotements, fourmillements, contractions involontaires, oppression, suffocation, frissons, etc., sont des sujets que votre *magnétisme personnel* vous permet d'influencer avec un succès certain. Le nombre de ces personnes ira toujours en augmentant et les sujets rebelles à votre influence seront de plus en plus rares. Ces deux essais magnétiques (ou l'un de ces deux essais, mais de préférence l'attraction en arrière avec les mains en contact) vous permettront de reconnaître immédiatement et infailliblement les sujets que votre entraînement vous met à même d'influencer. Pour le moment, n'expérimentez que sur ces sujets. Vous trouverez un peu plus loin, au chapitre spécial traitant de la *Fascination*, un procédé qui impressionne parfois d'une façon extraordinaire les personnes paraissant réfractaires à l'influence magnétique de l'opérateur ; mais je conseille de ne pas employer ce moyen avant d'avoir endormi et éveillé quelques sujets.

Avant d'aborder les expériences qui vont suivre, je dois donner quelques explications sur les *Perturbations sensorielles*. Personne n'ignore que des impressions imaginaires, ayant le caractère de la réalité, peuvent être perçues par les organes de chacun de nos sens. Elles peuvent également impressionner plusieurs sens à la fois. Quel que soit le parti qu'en ait su tirer la superstition, ces faits n'ont rien de surnaturel ni de mystérieux. Nous en avons des exemples, d'abord dans le sommeil naturel : rêve, vision, cauchemar. Les perturbations sensorielles se manifestent parfois spontanément sous l'influence de certaines causes telles que fatigue extrême, longues privations, peur. Dans la fièvre, les hallucinations de la vue et de l'ouïe sont fréquentes, elles provoquent alors le délire. Elles se produisent également dans la folie. L'état spécial du système nerveux connu sous le nom *d'extase* donne souvent lieu à des hallucinations de la vue ou de l'ouïe. *L'extase* peut être provoquée par des manœuvres hypnotiques ; elle se produit parfois spontanément sous l'influence d'une idée fixe ou d'une profonde méditation. Dans l'intoxication par l'alcool, les hallucinations peuvent atteindre une intensité exceptionnelle. Les alcooliques, dans les accès de *delirium tremens* (délire tremblant), se voient poursuivis ou menacés par des voleurs, des assassins ; ils se voient tourmentés par des animaux : serpents, rats, etc. Les cerveaux affaiblis par la maladie, les vieillards, les enfants sont sujets à des hallucinations de la vue : *fantômes, apparitions*. Sous l'influence de certains parfums, d'excitants tels que l'opium, le chanvre indien ou haschich, la morphine, etc., des illusions et hallucinations de toutes sortes sont provoquées. Les adeptes de certaines sectes magiques et théosophiques ont recours à de tels procédés et poussent la crédulité jusqu'à prendre pour des réalités les visions ainsi obtenues. Il n'est pas besoin de dire que la folie et une mort prématurée sont le dénouement infaillible auquel conduisent de pareilles pratiques.

Toutes les perturbations sensorielles peuvent être obtenues par l'hypnotisme. Elles sont provoquées plus aisément dans l'état d'hypnose, c'est-à-dire en endormant au préalable le sujet ; cependant, un grand nombre de personnes peuvent être influencées à **l'état de veille**.

ILLUSIONS DU GOUT

SAVEURS IMAGINAIRES SUGGÉRÉES

Il est possible de donner à un sujet assez sensible, l'illusion de n'importe quelle saveur. Les illusions du goût sont celles qui s'obtiennent le plus facilement par la suggestion hypnotique. Vous pouvez, par exemple, commencer par donner à votre sujet **un goût de sel dans la bouche**. Suggérez :

Dans un instant vous aurez un goût de sel dans la bouche..... Ce goût sera de plus en plus marqué..... votre salive aura une saveur salée..... votre bouche est remplie de sel..... du sel est sur votre langue..... c'est salé..... de plus en plus salé.....

Insistez sur ces suggestions jusqu'à l'obtention de l'effet. Quelques sujets, surtout les enfants, feront d'affreuses grimaces et cracheront jusqu'à ce que vous dissipiez l'influence. Donnez ensuite, par des suggestions appropriées, le goût de moutarde et suggérez à votre sujet que la moutarde lui monte au nez, ses yeux pleureront et il fera les grimaces les plus comiques. Passez au goût d'huile de foie de morue, de quinine, de poivre, enfin toutes les substances d'une saveur désagréable que vous pourrez imaginer. Pour enlever toutes ces mauvaises impressions, donnez l'illusion de saveurs plus agréables : goût de sucre, de sirops, de chocolat, de bonbons, etc., vous verrez alors les enfants passer la langue sur leurs lèvres et donner l'expression de la plus profonde satisfaction.

Pour frapper l'imagination des sujets que vous êtes à même d'influencer, vous pouvez leur présenter un verre d'eau et changer ce liquide en n'importe quelle liqueur, les sujets en percevront immédiatement la saveur. Il vous est également possible de donner à cette eau une saveur piquante, fade, salée, sucrée, etc., ou de la présenter comme glacée, chaude ou tiède. Lorsqu'on opère sur des enfants ou sur des personnes très sensibles à l'influence hypnotique, on peut donner à ces expériences un certain cachet de mystérieux, qui contribue à les rendre plus extraordinaires et plus intéressantes. Supposons que vous vouliez donner à votre sujet l'illusion d'une eau sucrée. Dites d'un ton très positif, en fixant fermement à la racine du nez la personne que quelques-unes des expériences précédentes vous ont permis de juger assez influençable :

Je vais, en frappant ce verre trois fois avec la boule hypnotique, changer cette eau pure en eau sucrée...... vous goûterez cette eau et vous verrez qu'elle sera sucrée...... très sucrée.

Frappez légèrement le verre en comptant à haute voix *un...... deux...... trois* et dites au sujet en lui présentant le liquide :

Goûtez cette eau...... elle est sucrée...... très sucrée.

Donnez ensuite par le même procédé toutes les saveurs qu'il vous plaira.

Si vous n'avez pas de boule hypnotique, vous pouvez frapper le verre avec un objet quelconque ; mais la boule par laquelle vous avez déjà obtenu des influences sur vos sujets a plus d'effet sur leur imagination et rend la réussite infiniment plus certaine et plus rapide. Vous pouvez employer avec les mêmes chances de succès un simulacre quelconque de passes sur le verre. Prenez-le par exemple dans la main gauche, et faites avec la main droite quelques gestes à distance avant de le présenter au sujet sensible, celui-ci percevra toujours la saveur suggérée.

Il vous est possible, par la même simagrée de prétendues passes magnétiques, de donner à un morceau de bois, à un crayon la saveur d'un bâton de réglisse, de sucre de pomme, de sucre d'orge, etc., en ayant recours bien entendu aux suggestions d'usage. En opérant sur des enfants, l'effet obtenu est incroyable ; ils sucent ce bâton avec un tel contentement qu'il est impossible à l'assistance de garder son sérieux.

Abolition momentanée du sens du goût

Les expériences précédentes portent sur des saveurs imaginaires suggérées ; il existe un second ordre de perturbations du goût tout aussi intéressantes à étudier. Il est possible d'empêcher le sujet de percevoir la saveur des substances qu'on lui présente. On peut en quelque sorte abolir chez lui le sens du goût et la personne trouvera insipide, tout ce qu'elle essaiera de goûter. Un exemple pris au hasard indiquera au lecteur comment obtenir ces nouvelles expériences.

Supposons que vous vouliez empêcher un sujet sensible de percevoir la saveur du sucre ; voici quelques-unes des suggestions que vous pourrez donner :

Voici un morceau de sucre, mais il n'aura aucun goût..... aucune saveur..... lorsque vous le goûterez vous ne percevrez aucun goût..... pas de goût de sucre..... il n'est pas sucré..... il n'a aucune saveur..... goûtez-le..... impossible de lui trouver un goût!.....

Lorsque vous aurez réussi cet essai, vous pourrez, par des suggestions appropriées, mettre votre sujet dans l'impossibilité de trouver une saveur aux substances les plus diverses qu'il vous plaira de lui présenter.

Dans leurs séances, les hypnotiseurs professionnels ne provoquent guère ces expériences avant d'avoir, au préalable, endormi le sujet. Il est certain que de cette façon les chances de réussite sont augmentées considérablement, car la suggestibilité des sujets se développe au fur et à mesure que les manœuvres de l'opérateur rendent le sommeil hypnotique de plus en plus profond. On peut néanmoins obtenir ces influences sur un grand nombre de personnes éveillées et rien ne développe autant le pouvoir de l'étudiant qu'un tel exercice. N'oubliez pas de débuter toujours sur des enfants ; vous pourrez ensuite opérer sur des adultes en choisissant des sensitifs et, plus tard, sur des personnes moins rapidement influençables

Aberrations du goût

Il existe enfin un dernier mode de perturbations du goût, dans lequel le sujet confond les saveurs et attribue, sous l'influence de la suggestion de l'hypnotiseur, la saveur de la substance désignée par cette suggestion, aux lieu et place de la saveur propre à la substance qu'il goûte. Vous pouvez par des suggestions appropriées, dont il vous est maintenant facile de trouver les termes, changer une pomme de terre en un fruit délicieux, du sel en sucre et vice versa ; le sujet mis sous l'influence de ce genre de suggestion boira de la bière pour du vin, de l'eau pour du lait, etc. Tout ce qu'il est possible de s'imaginer comme changement apporté à une saveur quelconque peut être essayé et sera immédiatement accepté par les sujets assez sensibles. Ces expériences seront couronnées de succès sur un grand nombre de personnes.

ILLUSIONS DE L'ODORAT

ODEURS IMAGINAIRES SUGGÉRÉES

Il est facile de donner à un sujet sensible l'illusion d'une odeur quelconque et cette odeur, pourtant imaginaire, lui paraîtra réelle. De toutes les expériences d'hypnotisme, celles basées sur les perturbations sensorielles sont celles qui intéressent le plus les personnes sur lesquelles on opère. Toutes les odeurs peuvent être suggérées. Prenons comme exemple l'expérience suivante :

Faire sentir au sujet une rose imaginaire

Voici quelques-unes des suggestions que vous pouvez employer, en regardant le sujet ou en lui faisant fixer la boule hypnotique :

Dans un instant vous sentirez une rose..... un parfum délicieux..... une rose..... maintenant vous commencez à sentir légèrement l'odeur de la rose..... elle embaume..... elle sent bon..... le parfum est de plus en plus marqué..... vous sentez une rose..... respirez..... vous sentez une rose.....

Insistez sur ces suggestions et toutes les personnes qui ont été influencées par les expériences précédentes croiront sentir réellement une rose. Vous pouvez ensuite suggérer n'importe quel parfum, bon ou mauvais, agréable ou désagréable. Parmi les nombreux essais qui sont ainsi rendus possibles, une expérience très amusante est de suggérer à l'un de vos sujets qu'il va sentir le tabac à priser et qu'il éternuera sans discontinuer jusqu'à ce que vous y mettiez fin. En choisissant un sujet assez suggestible, peu d'expériences provoquent dans l'assistance un pareil fou rire. Le sujet, tout en faisant les grimaces les plus comiques, ne cessera d'éternuer que lorsque vous l'aurez débarrassé de l'influence. Voici, à titre d'indication, quelques modèles de suggestions verbales :

Dans un instant vous éprouverez un picotement dans le nez..... comme si vous aviez pris du tabac à priser..... vous sentez un léger picotement..... ce picotement devient plus marqué..... vous sentez un picotement dans le nez..... le nez est rempli de tabac à priser..... il vous pique de plus en plus..... l'envie d'éternuer se fait sentir..... vous allez éternuer..... impossible de vous en empêcher..... vous éternuez..... vous éternuez.....

Insistez sur ces suggestions jusqu'à ce que l'effet soit obtenu. La majorité des personnes que vous aurez pu influencer par les précédents essais, le seront également par celui-ci. Ne laissez pas vos sujets trop longtemps sous cette influence et ayez la précaution de vous assurer si elle est bien dissipée, avant de les renvoyer.

Toutes les expériences basées sur les illusions de l'odorat sont susceptibles d'être variées de la façon indiquée au chapitre précédent, traitant les illusions du goût, c'est-à-dire que pour frapper l'imagination des sujets, vous pouvez joindre à vos suggestions verbales un simulacre quelconque de prétendues passes magnétiques. Prenez, par exemple, d'une main un morceau de papier et en faisant de l'autre quelques gestes à distance et quelques passes sur ce papier, dites au sujet d'un ton très positif :

Je donne à ce papier l'odeur de la violette...... dans un instant vous le sentirez et vous percevrez une odeur de violette...... une forte odeur de violette...... maintenant ce papier sent la violette...... il sent la violette...... sentez-le...... il sent la violette......

Insistez sur ces suggestions et faites sentir le papier ; la majorité des sujets seront impressionnés par l'odeur imaginaire de la violette. Il vous est ainsi possible de donner à un corps inodore quelconque : bois, verre, métal, etc., toutes les odeurs que vous pourrez imaginer. C'est surtout avec la boule hypnotique que vous réussirez ces expériences, car si vous avez préalablement obtenu par son emploi quelques influences hypnotiques sur le sujet, son imagination est frappée et les illusions les plus diverses s'obtiennent avec la plus grande facilité. Vous n'avez, pour cela, qu'à faire quelques passes sur la boule et le sujet, en la sentant, percevra immédiatement toutes les odeurs qu'il vous plaira de suggérer.

Abolition momentanée du sens de l'odorat

L'hypnotisme peut abolir momentanément le sens de l'odorat chez les sujets sensibles, et les mettre ainsi dans l'impossibilité de sentir. Suggérez :

Vous ne sentez plus...... impossible de sentir...... vous ne percevez aucune odeur...... aucun parfum...... vous ne sentez plus...... vous ne pouvez pas sentir......

Insistez sur ces suggestions et, lorsque la personne sera sous l'influence, faites-lui sentir des substances très odorantes, elle ne percevra aucune odeur.

Aberrations de l'odorat

Par des suggestions appropriées, l'opérateur peut obliger les sujets sensibles à confondre les odeurs. Ceux-ci sentiront la violette pour la rose, le musc pour le camphre, etc., etc.

Comment augmenter l'intensité des illusions du goût

Les physiologistes ont remarqué depuis longtemps que l'odorat n'est pas sans influence sur le goût. Quand un rhume de cerveau émousse l'odorat, la saveur des aliments est perçue plus difficilement ; personne n'ignore que le meilleur moyen de surmonter la répugnance qu'inspire l'huile de foie de morue est de l'introduire dans la bouche après avoir rendu les voies nasales insensibles par une pression des doigts sur les ailes du nez. Le bouquet du vin ne fait d'impression que sur l'odorat. L'hypnotiseur doit mettre à profit cette influence de l'odorat sur le goût en suggérant à ses sujets *qu'ils sentent en même temps l'odeur de la substance imaginaire qu'ils croient goûter*. L'illusion est ainsi rendue plus parfaite. Prenons comme exemple l'essai de donner l'illusion du vin avec un verre d'eau. Dites d'un ton positif en fixant le sujet ou même sans le fixer, si sa suggestibilité est assez développée : *Dans un instant cette eau aura le goût du vin..... elle sentira le vin..... vous pourrez goûter..... vous pourrez sentir..... vous percevrez le goût et l'odeur du vin..... c'est du vin..... de l'excellent vin..... sentez..... goûtez....., c'est du vin.....*

Toutes les perturbations du goût peuvent être accompagnées de perturbations semblables portant sur l'odorat.

ILLUSIONS ET HALLUCINATIONS DE LA VUE

VISIONS IMAGINAIRES SUGGÉRÉES

Les illusions et hallucinations de la vue sont généralement plus difficiles à obtenir que les impressions imaginaires sur le goût et l'odorat ; néanmoins, un assez grand nombre de personnes sont susceptibles de percevoir ces influences étranges.

La susceptibilité des sujets, ou plutôt leur suggestibilité, joue peut-être un rôle moins important dans l'obtention de ces phénomènes que l'influence personnelle de l'hypnotiseur. En effet, lorsqu'un débutant dans la pratique de la science hypnotique réussit à illusionner deux personnes sur dix, le professionnel entraîné par une expérimentation suffisante en influencera aisément six ou huit. Il faut toujours débuter sur des enfants ou des sujets très sensibles, que l'on a préalablement influencés par quelques-unes des expériences précédentes. Rien d'aussi étrange que les hallucinations de la vue, rien ne frappe davantage l'imagination des personnes sur lesquelles on opère, rien n'excite autant leur étonnement. Sur la suggestion de l'hypnotiseur, les sujets assez influençables, et ils sont assez nombreux, croient réellement voir des paysages fantastiques, des scènes de féeries, des fantômes, des apparitions, des êtres aimés et depuis longtemps disparus, etc., etc., en un mot tout ce qu'il plaît à l'opérateur de suggérer. Un grand nombre de sujets percevront ces hallucinations les yeux ouverts, d'autres ne le pourront qu'en gardant leurs yeux fermés. Voici la meilleure méthode pour obtenir aisément les illusions de la vue : Lorsque vous avez reconnu la susceptibilité d'un sujet par quelques-unes des expériences de début, faites-lui fermer les yeux et en le fixant à la racine du nez ou sur le milieu du front tout en pensant fermement *que vous voulez qu'il voie ainsi*, tout en voyant vous-même par la pensée l'impression que vous allez suggérer, dites d'un ton positif :

Tenez vos yeux fermés...... dans un instant vous verrez tout rouge...... vous distinguerez d'abord une légère teinte rose...... puis ce rose foncera et deviendra rouge...... rouge, de plus en plus rouge...... rouge comme du sang...... maintenant vous commencez à voir rose...... ce rose devient rouge...... de plus en plus rouge...... rouge...... tout est rouge...... vous voyez tout rouge...... rouge comme du sang...... rouge écarlate...... tout est rouge...... rouge......

Insistez sur ces suggestions en vous montrant de plus en plus positif jusqu'à l'obtention de l'influence. Si le sujet sur lequel vous opérez perçoit l'impression du rouge, c'est une preuve qu'il est assez influençable. Vous pouvez continuer alors d'autres expériences d'illusions ou d'hallucinations avec des chances de succès. Essayez d'abord de lui faire voir rouge lorsqu'il ouvrira les yeux Pour obtenir ce résultat, dites d'un ton très affirmatif :

Vous voyez tout rouge..... lorsque je vous dirai d'ouvrir les yeux..... vous continuerez à percevoir cette couleur..... tout ce qui vous environne sera rouge..... vous verrez ainsi jusqu'à ce que j'enlève l'influence..... vous verrez rouge..... tout rouge..... tout est rouge maintenant...... rouge..... vous voyez tout rouge..... ouvrez les yeux..... tout est rouge.....

Toutes les personnes ne sont pas susceptibles ; néanmoins, les sujets influençables sont assez nombreux et vous en trouverez d'autant plus facilement que vous pratiquerez davantage. Je ne le répéterai jamais assez, *débutez toujours sur des enfants ou des personnes très impressionnables.*

Si, après avoir ouvert les yeux, le sujet ne perçoit que du rouge et voit rouge tout ce qui l'entoure, vous pouvez multiplier les expériences de ce genre en suggérant ensuite les couleurs et les teintes les plus diverses. Quelle que soit la couleur suggérée, le sujet la verra comme la précédente et cette impression persistera chez les sujets très sensibles, jusqu'à ce que l'opérateur y mette fin en suggérant que tout est passé, que le sujet est bien et qu'il ne voit plus de couleurs imaginaires. Si l'influence tardait à se dissiper, soufflez légèrement sur les yeux de la personne et faites quelques passes en remontant, partant des poignets jusque sur les côtés de la tête.

Vous pourrez obtenir ensuite des hallucinations plus complexes ; lui montrer par exemple un grand arbre, un espace couvert de mousse, un pré, une forêt, un bois de sapins, etc. Pour suggérer la vision d'une forêt, dites d'un ton très positif :

Fermez vos yeux..... vous verrez une forêt..... une forêt immense..... des arbres touffus..... Voyez cette forêt devant vous..... voyez ces arbres verts..... de tous côtés des arbres et encore des arbres..... vous voyez la forêt..... vous êtes maintenant au milieu de cette forêt..... vous voyez de tous côtés des arbres..... voyez ces arbres..... ces feuilles..... cette verdure..... voyez cette forêt..... cette forêt immense.....

Insistez sur ces suggestions en vous montrant de plus en plus affirmatif. Pensez surtout *que vous voulez que votre sujet voie une forêt.* VOYEZ-LA VOUS-MÊME EN IMAGINATION, ceci hâte le succès d'une manière incroyable. Je m'étendrai longuement sur le pourquoi, dans la deuxième partie de cet ouvrage, au chapitre traitant les *illusions télépathiques.*

Lorsque votre sujet aura vu la forêt, il vous sera possible de lui suggérer la vision de n'importe quelle chose ou de n'importe quel être. Vous pourrez lui montrer, en ayant recours à des suggestions appropriées, des paysages : montagnes, plaines, fleuves, jardins, etc. ; des animaux : lion, chat, cheval, chien, etc., etc. ; des scènes animées : défilé d'un régiment, défilé de voitures, etc. ; vous pourrez faire apparaître devant lui des personnes de sa connaissance, même décédées ; en un mot, tout ce qu'il vous sera possible d'imaginer.

Si vous leur en faites la suggestion sur un ton très affirmatif, certains sujets très sensibles verront ces images suggérées, même après avoir ouvert les yeux. Dans ce cas, ils n'apercevront rien de ce qui les environne et ne pourront percevoir que l'hallucination imposée par l'opérateur.

Je n'ai pas besoin de dire que lorsque ces expériences sont provoquées sur des enfants ou des personnes nerveuses et très impressionnables, qui n'ont aucune notion de physiologie, qui ne soupçonnent pas l'existence d'impressions imaginaires possibles sur tous les sens, il est du devoir de l'hypnotiseur de ne jamais suggérer des visions de scènes effrayantes ou terribles. Le devoir le plus impérieux est de donner surtout une explication de ces phénomènes, et ne pas les provoquer pour servir à entretenir la superstition ou dans le but de s'attribuer un pouvoir imaginaire que personne ne possède.

Vous pouvez néanmoins donner à ces expériences un cachet de mystérieux, à la condition, je le répète, d'en donner ensuite l'explication au cas où des personnes superstitieuses (je ne dis pas ignorantes) vous considéreraient comme un sorcier.

Lorsque vous avez reconnu la susceptibilité d'un sujet, montrez-lui par exemple différentes scènes dans une carafe d'eau, en faisant précéder l'apparition de chaque scène d'un simulacre quelconque de prétendues passes magnétiques ou gestes magiques. Avec un miroir, on obtient des manifestations qui impressionnent et étonnent beaucoup les personnes susceptibles de perturbations sensorielles. Après avoir développé la suggestibilité de votre sujet par quelques-unes des hallucinations déjà indiquées, vous pourrez lui montrer dans un miroir tout ce qu'il vous sera possible d'imaginer. Si la personne est très sensible, rien ne vous empêchera de la mettre dans l'impossibilité de se voir dans le miroir, ou de l'obliger à voir une physionomie tout autre que la sienne. Si vous faites intervenir une prétendue *magie*, c'est le moment de multiplier les simagrées et les pitreries. Avec des gestes affectés, tracez un cercle autour de la personne et montrez-lui ce cercle environné d'animaux domestiques, sauvages ou mythologiques, puis de flammes, enfin, de toutes les choses que votre imagination vous suggérera. Vous pouvez obliger le sujet à vous voir grandir jusqu'à une hauteur prodigieuse, puis à vous distinguer à peine tant vous serez petit, enfin à ne plus vous apercevoir ; il peut en être de même de tous les objets et ceci donne lieu à des expériences très amusantes. Il vous est enfin possible de paraître opérer des métamorphoses. Par des suggestions appropriées, vous obligerez le sujet sensible à voir un oiseau à la place de votre mouchoir, puis l'oiseau se changer en chat, etc. Vous n'avez qu'à donner libre cours à votre imagination pour varier à l'infini ces expériences basées sur les *perturbations sensorielles suggérées*.

ILLUSIONS DE L'OUÏE

AUDITIONS IMAGINAIRES SUGGÉRÉES

On peut obliger les sujets assez sensibles à percevoir des bruits qui, bien que leur semblant réels, n'existent pourtant que dans leur imagination.

Obliger le sujet à entendre un bourdonnement

Voici quelques-unes des suggestions que vous pouvez employer soit en regardant le sujet, soit en lui faisant fixer la boule hypnotique, soit enfin en vous dispensant du recours à l'un et l'autre de ces deux moyens si la suggestibilité de la personne est suffisamment développée :

Dans un instant vous entendrez un bourdonnement....., un bourdonnement continu..... prêtez l'oreille..... vous entendrez un bourdonnement..... écoutez maintenant..... c'est un bourdonnement..... entendez-vous ce bourdonnement?..... il devient de plus en plus fort..... vous l'entendez maintenant.....

Insistez sur ces suggestions jusqu'à ce que l'illusion soit obtenue. Obligez ensuite le sujet à entendre des cris d'animaux, le bruit de la mer, le bruit d'une voiture ou d'un train de chemin de fer, le bruit du vent ; puis des clameurs, des sanglots, des détonations, des voix qui l'appellent, une musique lointaine qui se rapproche et s'éloigne, des chants, des éclats de rire, des gémissements, des plaintes, etc.

Par des suggestions appropriées, l'hypnotiseur peut faire entendre au sujet tous les bruits possibles et imaginables.

Si l'on veut donner un cachet de mystérieux à ces illusions, il faut les faire entendre dans la boule hypnotique en faisant sur elle un simulacre de gestes et passes avant de l'approcher de l'oreille du sujet. Ceci frappe davantage l'imagination et le résultat s'obtient ainsi beaucoup plus rapidement.

Abolition momentanée du sens de l'ouïe

L'hypnotiseur peut abolir momentanément le sens de l'ouïe chez les sujets sensibles et les mettre ainsi dans l'impossibilité d'entendre les bruits les plus violents. Pour rendre un sujet complètement sourd suggérez d'un ton positif :

Vous entendez de moins en moins..... vos oreilles vous paraissent bouchées..... vous n'entendez presque plus..... lorsque j'aurai compté jusqu'à trois..... vous serez sourd..... complètement sourd..... impossible d'entendre..... vous ne percevrez aucun son..... aucun bruit..... maintenant vous n'entendrez pas avant que je mette ma main sur votre front..... un..... deux..... trois.

Le sujet sensible ne recouvrera pas l'usage de l'ouïe avant que l'opérateur, se conformant à la suggestion donnée, lui ait appliqué une des mains sur le front.

Aberrations de l'ouïe

Par des suggestions appropriées, l'hypnotiseur obligera les sujets sensibles à confondre les sons et les bruits. Il pourra faire entendre le bruit de l'eau à la place du tic tac de la montre approchée de l'oreille du sujet. Si la personne sait distinguer les timbres des instruments de musique, et s'il y a des instrumentistes à proximité, il l'obligera à entendre le timbre du hautbois à la place du cornet à pistons, de la flûte à la place du saxophone, etc., etc. Il peut encore faire croire au sujet qu'une personne imite le cri d'un animal désigné (chat, chien, etc.) lorsque, sur la recommandation de l'opérateur, cette personne ne fait qu'articuler une voyelle quelconque, *A* ou *O* par exemple. Il peut encore obliger le sujet sous l'influence de la suggestion, à entendre une lettre pour une autre, à percevoir les miaulements d'un chat, lorsque quelqu'un frappe les mains l'une contre l'autre.

Ces aberrations de l'ouïe s'obtiennent surtout sur les enfants, et le débutant ne doit chercher à les provoquer que sur de jeunes sujets

L'hypnotiseur entraîné par une longue pratique, l'expérimentateur qui a développé son *Influence personnelle* peut seul aspirer à provoquer ce genre de perturbations de l'ouïe sur un grand nombre d'adultes. Par contre, ces expériences réussissent très facilement si on endort le sujet du sommeil hypnotique.

ILLUSIONS DU TOUCHER

Par *toucher* il faut entendre non seulement la sensibilité tactile proprement dite, mais encore toute la sensibilité générale. C'est donc par le sens du toucher que nous percevons toutes les impressions de sensibilité générale (douleur, faim, soif, fatigue, etc.); les impressions de température (froid, chaud); de pression et enfin d'effort musculaire.

Les impressions imaginaires portant sur ce sens s'obtiennent facilement chez les sujets assez sensibles à l'influence hypnotique. Elles donnent lieu à des expériences aussi intéressantes que nombreuses et variées.

IMPRESSIONS TACTILES SUGGÉRÉES

Démangeaisons

L'illusion de démangeaisons se donne sans difficulté aux sujets assez sensibles. Voici quelques-unes des suggestions verbales que l'on peut employer :

Vous allez sentir des démangeaisons au bras gauche..... des démangeaisons insupportables..... vous ne pourrez vous empêcher de vous gratter..... vous commencez à sentir ces démangeaisons...... elles sont de plus en plus fortes..... elles occupent tout le bras..... de l'épaule au poignet..... impossible de ne pas vous gratter..... vous sentez maintenant ces démangeaisons..... elles augmentent..... elles augmentent encore.....

Insistez sur ces suggestions jusqu'à l'obtention de l'influence. Vous trouverez un grand nombre de sujets qui se gratteront avec fureur, jusqu'à ce que vous les délivriez de cette suggestion. Le bras a été choisi au hasard comme exemple, mais vous pouvez donner à vos sujets l'illusion de démangeaisons sur le corps entier ou sur une partie seulement.

Impressions diverses

Par des suggestions appropriées dont il vous est maintenant facile de trouver les termes, vous pouvez faire sentir à votre sujet des chatouillements, des grattements, des pressions sur différentes parties du corps. Suggérez à une personne assez sensible une démangeaison dans la gorge et faites-la tousser jusqu'à ce que vous l'arrêtiez ; dites-lui qu'elle a des picotements dans les yeux, insistez sur cette suggestion en affirmant que ses yeux pleurent et les larmes couleront abondantes. Donnez ensuite des illusions de chaleur ou de froid. Pour donner une apparence de mystérieux à ces expériences de température, servez-vous de la boule hypnotique et, tout en faisant sur cet objet un simulacre de prétendues passes magnétiques, suggérez d'un ton assuré :

Cette boule devient chaude..... très chaude..... de plus en plus chaude..... elle est brûlante..... il vous est impossible de la toucher sans retirer votre main..... la boule est brûlante..... essayez de la toucher.

Si vous opérez sur un sujet assez sensible, il ne pourra toucher la boule sans retirer vivement la main ; si vous approchez la boule de sa personne, il s'éloignera brusquement ; si, enfin, vous le touchez avec la boule, il éprouvera réellement la sensation d'une brûlure. Il est évident que l'illusion s'arrête à la seule sensation et que le sujet ne garde d'ordinaire aucune trace de sa brûlure imaginaire.

Après ces suggestions de chaleur, donnez des illusions de froid. En faisant la même simagrée de gestes sur la boule, dites *qu'elle devient froide, glacée, gelée, froide comme de la glace* et le sujet sensible ne pourra la toucher sans frissonner.

Une expérience très amusante est de dire au sujet que la boule est électrisée et qu'il lui est impossible de la toucher, sans sentir de fortes commotions. Si le sujet assez sensible approche son doigt de la boule que vous lui présentez, il sent immédiatement une commotion et le retire bien vite. Si vous le touchez avec la boule, il éprouve la même impression.

Bien que les expériences qui vont suivre s'obtiennent surtout lorsque la personne est endormie du sommeil hypnotique, on peut néanmoins après un entraînement suffisant aspirer à les provoquer à l'état de veille sur un grand nombre de sujets sensibles. On peut donner à un sujet une impression générale de chaleur. Pour cela suggérez d'un ton affirmatif :

Vous avez chaud....., vous avez de plus en plus chaud..... vous éprouvez une chaleur intolérable..... cette chaleur augmente encore..... vous avez chaud......

On peut donner une impression générale de froid par les suggestions contraires : *Vous avez froid....., etc.*

En opérant sur un enfant ou sur un adulte très sensible à l'influence hypnotique, la sensation d'une douleur quelconque peut être suggérée. Il en est de même de la sensation de la faim et surtout de celle de la soif.

Abolition momentanée du Toucher (Insensibilité)

On dit qu'il y a insensibilité lorsque le sens du toucher est aboli. Si l'insensibilité artificielle n'affecte qu'une partie du corps (bras, jambe, etc.), on l'appelle *analgésie;* si elle affecte le corps entier, c'est l'*anesthésie*. Nous abordons ici l'une des possibilités les plus admirables de l'hypnotisme; un long chapitre lui est consacré plus loin dans l'étude du sommeil hypnotique, car c'est surtout dans le sommeil hypnotique profond que l'insensibilité la plus complète s'obtient. Cependant l'opérateur entraîné provoque aisément l'analgésie ou l'anesthésie sur un grand nombre de sujets éveillés. Il est très utile de s'habituer à obtenir l'insensibilité; vous pouvez en effet soulager beaucoup de douleurs et faire disparaître un grand nombre de malaises. Le lecteur non initié à la pratique de l'hypnotisme, celui qui n'a pas eu l'occasion de lire quelques-uns des innombrables ouvrages scientifiques publiés sur ce passionnant sujet, doutera peut-être de la possibilité d'obtenir l'anesthésie ou l'analgésie sans employer le chloroforme, la morphine, le kellen, la cocaïne ou l'opium. Pourtant cette insensibilité peut être provoquée très facilement sur les sujets assez sensibles, et cela par la seule suggestion verbale avec ou sans fascination, sans qu'il soit nécessaire de les induire préalablement dans le sommeil hypnotique superficiel ou profond.

J'ai dit plus haut que je ferai mon possible pour convaincre d'abord, afin d'engager à expérimenter ensuite. Nous abordons ici un sujet trop important pour que je ne mette pas tout en œuvre, dans le but de dissiper tous les doutes. Nous n'avons pas en effet là une des applications amusantes de l'hypnotisme, nous avons encore et surtout une de ses nombreuses applications utiles. Je dirai même la plus utile et j'ajouterai que, par elle, il vous sera possible de goûter l'une des plus douces joies que l'on puisse éprouver sur cette terre : combattre victorieusement la douleur, soulager ceux qui souffrent ! Un des meilleurs moyens de convaincre de la réalité d'un fait est d'appuyer ses affirmations sur l'autorité incontestable de savants, dont la compétence et la bonne foi ne peuvent être mises en doute par personne.

Il faut évidemment que ces savants soient connus du plus grand nombre, c'est pour cela que dans tous les comptes rendus d'expériences je m'abstiendrai autant que possible de signaler les essais du docteur Liébengen qui, n'ayant rien publié en France, est peu connu du public, même du public scientifique ; je m'abstiendrai également de signaler les expériences provoquées par les hypnotiseurs professionnels, je ne parlerai pas non plus de mes essais personnels, je veux pouvoir appuyer toutes mes citations sur l'autorité de nos savants médecins modernes, qui n'ont pas dédaigné faire des recherches sur cette admirable science. Si le lecteur le désire, il pourra consulter les ouvrages théoriques parus jusqu'à ce jour et si les affirmations de leurs auteurs sont insuffisantes pour le convaincre de la réalité des phénomènes décrits, il n'aura qu'à expérimenter lui-même d'après les indications de ce cours pratique. J'indique en somme quelques opinions des savants les plus connus, dans le but unique d'amener les incrédules à reconnaître que cette science de l'hypnotisme est absolument réelle et qu'il y a pour tous les plus grands avantages à l'étudier.

Dans un Congrès qui fut tenu à Rouen, en 1883, par l'Association française pour l'avancement des sciences, le docteur Bernheim, professeur à la Faculté de Nancy, a fait la communication suivante :

« Des modifications de la sensibilité peuvent être obtenues chez certains par suggestion à l'état de veille. Chez un de mes somnambules, Sch..., il me suffit de dire : « Votre côté gauche est insensible » ; si alors je pique avec une épingle le bras gauche, si j'introduis celle-ci dans sa narine, si je chatouille sa gorge, il ne sourcille pas ; l'autre côté réagit. Je transfère l'insensibilité de gauche à droite ; je produis l'anesthésie totale, je la produis si profonde, qu'un jour mon chef de clinique lui a enlevé cinq racines dentaires fortement enclavées, torturant les alvéoles pendant plus de dix minutes. Je lui disais simplement : « Vous ne sentez absolument rien ». Il crachait son sang en riant, ne manifestant pas la moindre impression douloureuse ».

Des faits semblables ont été constatés par les docteurs Dumontpallier, Liégeois, Ch. Richet, Brémaud, etc. Il n'est pas un ouvrage sur l'hypnotisme qui ne signale la possibilité d'obtenir l'insensibilité à l'état de veille. Cette découverte n'est du reste pas nouvelle, car l'abbé Faria, le général de Noizet, Braid [1] et un grand nombre d'expérimentateurs avaient fait depuis longtemps des remarques à ce sujet.

L'insensibilité complète obtenue à l'état de veille par des manœuvres hypnotiques a été également l'objet de nombreux rapports au Congrès International d'Hypnotisme, qui fût tenu à Paris dans le mois d'août 1900, sous la présidence de M. le docteur Jules Voisin, médecin de la Salpêtrière. C'est à la suite de ce congrès que l'hypnotisme a été considéré comme une science et a attiré l'attention des savants du monde entier.

Comment obtenir l'insensibilité sur un sujet à l'état de veille

Lorsque par quelques-uns des essais déjà indiqués vous aurez reconnu la susceptibilité de votre sujet, dites-lui d'un ton très positif, soit en le regardant à la racine du nez, soit en lui faisant fixer la boule hypnotique, soit enfin en vous dispensant de l'emploi de l'un et l'autre de ces deux moyens si vous jugez la suggestibilité de la personne suffisamment développée :

Dans un instant votre main gauche sera insensible..... complètement insensible..... elle sera comme morte..... vous ne sentirez rien..... absolument rien..... ni piqûre..... ni pression..... ni froid..... ni chaud..... votre main sera insensible..... je vais la toucher, mais vous ne sentirez rien..... aucune impression..... aucune sensation..... vous ne sentez plus..... impossible de sentir..... votre main gauche est insensible..... vous ne sentez rien..... vous ne sentez plus.....

Insistez sur ces suggestions jusqu'à ce que l'insensibilité complète soit obtenue. Le temps au bout duquel elle se manifeste est

---

[1] Voir les expériences et les théories de ces précurseurs de l'Hypnotisme moderne dans « l'Histoire de l'Hypnotisme, depuis les temps les plus reculés jusqu'à nos jours ».

plus ou moins long ; il est subordonné non seulement au degré de susceptibilité du sujet, mais encore à l'entraînement de l'opérateur dans l'art de suggestionner.

Pour vous rendre compte du résultat obtenu, touchez légèrement la main gauche du sujet en lui disant :

Vous ne sentez rien....., rien..... absolument rien..... Sentez-vous quelque chose ?

Si la personne ne perçoit pas la pression de votre main, appuyez un peu plus fort, serrez ses doigts dans votre main, serrez-les de plus en plus fort, piquez ensuite la main insensible avec une épingle. Si le patient est assez suggestible, il ne sentira rien, tant que vous le laisserez sous l'influence de cette suggestion.

Si votre sujet est rebelle, insistez sur les suggestions : *Vous ne sentez plus..... il vous est impossible de sentir..... vous ne pouvez pas sentir..... votre main est insensible..... complètement insensible.....*

Donnez ces suggestions verbales d'un ton très assuré, en vous montrant de plus en plus affirmatif. Le nombre de personnes sur lesquelles vous réussirez ces essais augmentera dans une proportion incroyable, si vous commencez sur des enfants ou des sensitifs et si vous pratiquez sur un grand nombre de sujets.

Lorsque l'insensibilité de la main a été obtenue, vous pouvez, par des suggestions appropriées, insensibiliser une autre partie du corps ou obtenir l'anesthésie complète.

Arrivé à ce degré d'initiation dans la science hypnotique, le lecteur peut, dès à présent, tirer parti de ses connaissances et apporter un soulagement à un grand nombre de maux. Il serait peut-être téméraire d'affirmer que l'hypnotisme est à même de guérir par lui seul toutes les maladies. Cependant, s'il n'est pas une panacée universelle, il n'en est pas moins susceptible de faire des merveilles dans les affections qui sont justiciables de son action, et il peut, dans tous les cas, aider puissamment au retour à la santé, en remontant, en soutenant le moral du malade.

Par une heureuse coïncidence, par un hasard providentiel, il soulage surtout les maux contre lesquels la médecine par iatrochimie n'est pas armée ; je veux parler des migraines, névralgies, maux de dents, douleurs locales, points de côté, etc. A l'heure actuelle, si la thérapeutique chimique s'avoue à peu près impuissante contre ces affections, malgré l'antipyrine, l'atropine, l'aconit napel, la codéine, l'éther, l'exalgine, le menthol, la phénacétine, le chlorhydrate, sulfate ou acétate de morphine, l'hypnotisme soulage immédiatement.

Le lecteur trouvera plus loin, au chapitre « *Hypnothérapie* », écrit d'après l'enseignement du docteur Liébengen et en collaboration avec le professeur Jacquemont, des conseils pour employer l'hypnotisme dans chaque cas particulier. Il est bien entendu que si le lecteur n'est pas médecin, nous n'avons pas la prétention de le mettre à même d'exercer la médecine; nous ne pouvons aspirer à lui enseigner cette science si complexe, cet art si difficile et ce chapitre n'est pas écrit dans ce but. Les cas où un profane peut employer sur autrui l'hypnotisme comme moyen curatif sont très rares, mais il peut dans toutes les circonstances faire appel à l'auto-suggestion et appliquer à sa propre personne les bienfaits de la psychotérapie (1). Un jour viendra peut-être où cette application, la plus utile et surtout la plus efficace, sera connue de tous. C'est à désirer, car elle peut rendre d'inestimables services, même (je pourrais dire surtout) dans la guérison des maladies où le traitement médical classique est jugé nécessaire et est employé. En dehors de l'emploi de cette forme d'auto-suggestion, sur laquelle nous nous étendrons plus loin, le médecin seul a autorité et compétence pour appliquer l'hypnotisme dans le traitement des maladies. Lui seul possède les connaissances et les qualités suffisantes, pour distinguer les maladies justiciables de l'hypnotisme et celles où le traitement médical est indispensable. Le chapitre spécial, traitant de l'emploi de l'hypnotisme en thérapeutique, développement des longues et patientes recherches du docteur Liébengen, s'adresse surtout aux médecins.

Les essais d'anesthésie totale ou partielle, le soulagement de certaines affections qui, bien qu'étant douloureuses ou très douloureuses, ne présentent cependant aucun caractère de gravité;

---

(1) **Psychothérapie.** — Guérison obtenue par l'influe. : du moral sur le physique. Ce traitement, par la volonté ou concentration de la p r é , est aussi désigné sous les noms de . *Science mentale, cure de foi*, etc. Voir plus loin le chapitre d'Hypnothérapie générale et spéciale (page 349).

les tentatives de cures morales qui feront plus loin l'objet d'un chapitre, sont à la portée de tous les lecteurs.

Dans tous vos essais sur des sujets, tentez des expériences d'anesthésie ; vous arriverez à des résultats incroyables et vous serez vous-même étonné de votre pouvoir. En débutant sur des personnes sensibles (enfants, sensitifs) et avec une pratique suffisante, vous ferez cesser comme par enchantement, toutes les douleurs qui pourraient être éprouvées par vos sujets.

Exagération de la Sensibilité

Au lieu d'insensibilité, l'hypnotiseur peut provoquer au contraire une exagération de la sensibilité (hyperesthésie). Dans ce cas le plus léger contact est vivement senti par le sujet et la plus petite pression devient douloureuse. Suggérez d'un ton assuré :

Votre sensibilité va augmenter...... vous sentirez vivement tous les contacts...... la moindre pression vous paraîtra douloureuse...... votre sensibilité augmente...... elle augmente de plus en plus...... lorsque je vous toucherai vous éprouverez une vive douleur...... le plus léger frottement est douloureux...... maintenant vous ne pouvez supporter aucun contact......

Insistez sur ces suggestions en vous montrant de plus en plus affirmatif, et, lorsque le sujet sera sous l'influence, touchez-le légèrement, ce simple contact lui paraîtra très douloureux.

Par des suggestions appropriées vous pouvez aussi exalter les sens de la vue et de l'ouïe. Le sujet ne pourra supporter la lumière et les plus légers bruits lui impressionneront douloureusement le tympan.

Indépendamment de cette exaltation portant exclusivement sur *l'intensité* de la sensation, exaltation qui se manifeste parfois spontanément sous l'influence de certains troubles pathologiques, il est encore possible, toujours par suggestion pendant la veille, de rendre la vue et l'ouïe beaucoup plus subtiles. Bien que cette exaltation des sens s'obtienne surtout dans le sommeil hypnotique, il existe cependant beaucoup de sujets sensibles sur lesquels l'opérateur peut tenter avec succès ces expériences et cela sans provoquer préalablement le sommeil. Pour augmenter momentanément l'acuité visuelle d'un sujet sensible, dites d'un ton positif :

Vous verrez très loin..... vous verrez distinctement..... votre vue devient perçante..... vous pouvez voir à une grande distance...... vous voyez de mieux en mieux..... vous voyez très loin.....

Insistez sur ces suggestions et lorsque le sujet sera sous l'influence, l'étendue du champ visuel sera bien supérieure à celle existant à l'état normal.

On peut agir de la même façon sur l'ouïe et sur l'odorat et par des suggestions appropriées, dont il est facile de trouver les termes en se basant sur l'expérience précédente, on amène le sujet sensible à percevoir à distance un léger bruit, puis une légère odeur.

Avec un bon médium, endormi du sommeil hypnotique profond, on obtient des résultats déconcertants. Ces expériences sont surtout intéressantes lorsqu'on les provoque sur un somnambule. Lorsque le lecteur aura étudié le sommeil hypnotique il pourra aisément, par l'entraînement qui sera indiqué plus loin, dresser quelques-uns de ses sujets à entendre, voir et sentir à des distances étonnantes.

ILLUSIONS ET HALLUCINATIONS COMBINÉES

CONSEILS AU LECTEUR

Par des impressions imaginaires portant sur plusieurs sens à la fois, il est possible de donner à une illusion suggérée l'apparence de la plus complète réalité. Sur les affirmations verbales de l'opérateur, les sujets sensibles verront par exemple un fruit imaginaire; ils pourront le saisir, le soupeser, le sentir et le goûter. Toutes les combinaisons d'illusions pourront être obtenues; l'hypnotiseur n'a qu'à donner libre cours à son imagination. Il faut dire cependant que la possibilité de provoquer ces phénomènes sur un grand nombre de sujets ne s'acquiert que par la pratique. Si le débutant veut le succès, il doit avant tout chercher à les obtenir sur des enfants d'abord, puis sur des sensitifs avant de passer aux sujets plus réfractaires. Les individus assez sensibles percevront à l'état de veille ces hallucinations et illusions; leurs yeux ouverts ne seront pas impressionnés par les objets du voisinage, tous leurs sens se concentreront sur l'hallucination suggérée, qui aura pour eux tous les caractères de la réalité. Il est inutile d'insister sur le parti que la superstition, s'appuyant sur la profonde ignorance, a su et sait encore tirer de cette particularité. Je vous rappelle que vous ne devez, dans aucune circonstance, profiter de l'ignorance de vos sujets relativement à la possibilité des *perturbations sensorielles suggérées* pour vous targuer d'un pouvoir que personne ne possède et présenter ces expériences sous le couvert d'une prétendue magie, comme le faisaient les thaumaturges des temps passés et comme le font, aujourd'hui encore, des charlatans de ma connaissance. N'entretenez pas la superstition, combattez-la au contraire avec ses propres armes.

Les somnambules dites lucides ne connaissant rien du véritable sommeil hypnotique, les médiums de toutes espèces signalés déjà plus haut n'en sont pas les seuls exploiteurs. Ajoutez-y les individus qui, pour une somme plus ou moins élevée, mettent en possession de prétendus talismans pour réussir en tout, ou pour se faire aimer; ajoutez-y les initiateurs aux sciences cachées: magie, sorcellerie, gnostique, kaballe, nécromancie, etc., qui, moyennant une rémunération variant entre 10 et 50 francs, s'engagent à initier les masses aux pratiques secrètes, pour soumettre à sa volonté toutes les puissances, même celles de mondes autres que le nôtre et les faire servir à l'accomplissement de ses desseins; n'oubliez pas non plus les marchands de recettes infaillibles pour trouver les trésors cachés; puis, si vous voulez juger de l'efficacité de pareils procédés, prenez la peine de constater que tous ces agréables fumistes, possesseurs de secrets merveilleux, connaissant la formule de la pierre philosophale, capables de changer en or pur les métaux les plus vils, pouvant découvrir tous les trésors de la terre et commander en maîtres à toutes les puissances, infernales ou autres, en sont réduits prosaïquement pour vivre à vendre un prix exorbitant de vieilles ferrailles qu'ils intitulent *clous de cercueil*, des fragments de ficelle proposés sous le nom de *corde de pendu* et une quantité incroyable d'objets les plus disparates formant le capharnaüm le plus hétéroclite qu'il soit possible d'imaginer ; tout cela destiné à servir aux prétendues opérations magiques recommandées. Le plus souvent, le lecteur ferme le livre et se contente de hausser les épaules, mais il y en a cependant qui, prenant la plaisanterie au sérieux, ne craignent pas de se lancer à corps perdu dans ce genre d'expérimentation. Si les exercices indiqués ne parviennent pas à provoquer des perturbations sensorielles: visions, illusions, hallucinations ; si l'individu qui prend au sérieux son rôle de magiste n'est pas assez impressionnable pour que les troubles précités se manifestent spontanément chez lui par auto-suggestion, on lui recommande alors le recours à l'opium, au haschich, à des fumigations de plantes odoriférantes et l'apprenti sorcier voit enfin quelque chose. Ce qu'il voit, ce sont évidemment les derniers sujets sur lesquels s'est arrêté son esprit avant l'hallucination. Après avoir fait des incantations dans un galimatias composé de grec, d'hébreux, le tout émaillé d'un latin de cuisine capable de faire bondir le plus nul des auteurs de la décadence, il voit les monstres les plus griffus, les plus cornus qu'il soit possible d'imaginer mettre à son entière disposition tous les trésors de l'univers. Mais il y a loin de la coupe aux lèvres et lorsque le rêve est fini, lorsque la vérité véritablement vraie est là inexorable, notre sorcier n'est, hélas ! ni plus puissant ni plus riche, mais pour compenser il gagne, s'il ne s'arrête pas à temps..... un cabanon et une camisole de force. Voilà où conduisent infailliblement les essais d'initiations de MM. les Charlatans de l'occultisme. Ma conscience me fait un devoir de dévoiler les agissements de ces gens-là, afin de réduire autant que possible le nombre de leurs dupes et, de cette façon, empêcher peut-être quelques malheureux de sombrer dans la folie.

Je sors, il est vrai, du cadre d'un Cours pratique d'hypnotisme, mais il est des devoirs auxquels on ne peut se dérober sans se diminuer à ses propres yeux ; celui-là est du nombre. Je veux apprendre au lecteur que, jusqu'à présent et malgré une investigation très rigoureuse dans le domaine des sciences psychiques, malgré la fréquentation des milieux où les prétendus magiciens se livrent à leurs simagrées grotesques, il m'a été impossible de reconnaître dans les résultats obtenus, autre chose que quelques rares manifestations hypnotiques ou télépathiques, doublées d'une exploitation éhontée de la crédulité et de la bêtise humaines. Ne vous faites jamais le complice de ces charlatans, enlevez chez les esprits superstitieux, en donnant l'explication logique des phénomènes obtenus, la croyance que des individus ont sur cette terre un pouvoir occulte qu'ils peuvent employer pour le mal. Si vous avez vous-même quelque doute à ce sujet, étudiez parfaitement l'hypnotisme, surtout l'occultisme [1] expérimental complétant la deuxième partie de cet ouvrage, entrez ensuite chez MM. les Spirites, regardez d'un peu près les phénomènes obtenus, vous saurez alors à quoi vous en tenir, votre opinion sera faite, vous serez définitivement fixé.

D'un autre côté, on a exagéré beaucoup la puissance des fakirs. J'ai sous les yeux un ouvrage où il est dit que les fakirs gardent jalousement leurs secrets « parce qu'ils ne jugent pas l'humanité encore capable d'user de la terrible puissance que lui donnerait leur possession [2]. » Certes les mahatmas arrivent à des résultats étonnants, mais il faut tenir compte que ces résultats s'obtiennent toujours devant une assistance dont les membres *donnent* leur attention expectante et qu'à côté des phénomènes psychiques réels, il faut laisser une large place aux *perturbations sensorielles* des témoins et aux effets de prestidigitation, art dans lequel ces Orientaux sont passés maîtres. Dire que les fakirs ont une *terrible puissance* n'est qu'une plaisanterie pouvant frapper l'imagination des seules personnes crédules qui ne se donnent pas la peine ou qui sont incapables de penser et de juger.

Voulez-vous un exemple de cette terrible puissance?

Lisez la conquête de l'Inde et vous verrez tous ces fils du Ciel, du Soleil, de la Lune ou des étoiles, fuir comme des lapins apeurés devant une poignée d'Européens armés de fusils et de canons! Voilà ce qu'est cette terrible puissance, elle ne les empêche pas de supporter, parce qu'ils ne peuvent d'ailleurs faire autrement, la domination anglaise !!

Il serait certainement téméraire d'affirmer que tout est imagination dans les phénomènes que prétendent obtenir les occultistes, magistes, nécromans, kabbalistes, spirites, etc. Parler ainsi serait

---

[1] *Occultisme* est le terme consacré par l'usage, mais *Psychisme* serait bien plus exact.
[2] *Les Sortilèges de la Science*. Traité expérimental et pratique des sciences occultes. LEGRAN.

se mettre au niveau de ceux qui ont nié l'hypnotisme, parce qu'ils n'ont voulu ou su expérimenter. Les théologiens font eux-mêmes de grandes réserves......

Ces phénomènes seront exposés, ainsi que les théories des différentes sectes magiques, spirites ou théosophiques, dans la deuxième partie de cet ouvrage. Mais un dilemme au sujet de l'étude de ces sciences semble s'imposer :

Si on ne *croit pas*, il est inutile d'expérimenter ; si *on croit*, c'est un devoir impérieux de ne pas expérimenter.

Je le répète, dans tous les faits qu'il m'a été possible de contrôler, je n'ai vu autre chose que quelques manifestations hypnotiques ou télépathiques parfaitement explicables par la suggestion mentale, la lecture de pensée et l'extériorisation de la motricité. La foi n'a donc rien à voir avec ces phénomènes.

Je ne prétends pas avoir tout vu, je prierai cependant le lecteur de remarquer que toutes les personnes de ma connaissance qui se sont lancées à corps perdu dans ces pratiques, n'ont eu comme fortune que la ruine complète, comme puissance la folie, comme palais enchanté la jouissance d'un cabanon dans une maison de santé. J'ai cru de mon devoir de prévenir charitablement le public, au moment où une littérature décadente paraît vouloir remettre ces questions à la mode.

PERTURBATIONS DES IDÉES

Il existe, indépendamment des perturbations motrices et sensorielles qui viennent d'être étudiées, un autre ordre de perturbations portant sur le cerveau lui-même et agissant sur les facultés du sujet : ce sont les perturbations des idées. Un exemple bien connu est la perte momentanée de la mémoire (amnésie). L'amnésie se produit facilement chez les enfants et les sensitifs, et le débutant n'aura aucune peine à l'obtenir en tentant ses premiers essais sur de tels sujets. Voici quelques-unes des suggestions verbales que l'hypnotiseur peut employer :

Dans un instant il ne vous sera plus possible de vous rappeler l'ordre des chiffres..... vous ne saurez plus compter..... il vous sera impossible de compter..... tout se brouille dans votre esprit..... les chiffres se présentent au hasard..... vous ne savez plus compter..... vous ne savez plus..... vous ne pouvez plus..... impossible de compter..... essayez..... vous ne savez plus..... impossible..... vous ne vous rappelez plus..... essayez de compter jusqu'à vingt..... vous ne savez plus.....

Lorsque le sujet sera sous l'influence, quels que soient les efforts de mémoire, il lui sera impossible de placer les chiffres dans l'ordre normal ; il comptera, par exemple : 10, 1, 9, 120, etc.

Vous pouvez, par des suggestions appropriées, dont il vous est facile de trouver les termes en vous basant sur les précédentes, enlever à votre sujet la mémoire des lettres de l'alphabet, de certains mots, de tous les chiffres (il sera incapable de trouver et d'énoncer un nombre), de son nom, du lieu de sa naissance, du nom des objets qui l'entourent. Vous obtiendrez peu à peu une amnésie complète, il n'aura plus de mémoire, ne saura plus parler, n'aura aucune conscience. Chose extraordinaire, cette amnésie pourrait persister très longtemps.

Ayez la précaution d'enlever parfaitement toute influence avant de renvoyer votre sujet. Suggérez d'un ton très positif :

Tout est passé..... vous êtes très bien..... vous vous rappelez maintenant..... votre mémoire est excellente..... vous avez une bonne mémoire..... vous vous rappelez mieux qu'avant l'expérience..... bien mieux..... votre mémoire est bonne..... très bonne.....

Digression sur les Influences à l'état de veille (suggestions d'actes). Dangers réels de l'hypnotisme. Conseils.

Je recommande une fois encore au lecteur, de pratiquer beaucoup les expériences de suggestions à l'état de veille, concurremment avec l'entraînement indiqué pour le *Regard*, la *Suggestion*, les *Passes* et la *Concentration de Pensée*. Cette méthode développera son pouvoir d'une façon merveilleuse.

Ces essais sur les sujets éveillés n'effraient personne, car si beaucoup redoutent le sommeil hypnotique, aucun n'hésite à se rendre compte si les mains de l'opérateur attirent réellement en arrière ; tous sont même désireux de constater l'effet produit.

La seule tentative d'attraction en arrière par l'imposition des mains sur les omoplates, vous permet de reconnaître immédiatement les sujets que vous êtes à même d'influencer. Cette simple expérience magnétique développe en même temps leur suggestibilité et vous pourrez ensuite amener progressivement vos sujets d'essai en essai, jusqu'au sommeil hypnotique le plus profond. Rien ne développera autant votre *influence personnelle* que ces expériences de suggestion sur des personnes éveillées. Toutes celles d'entre elles que ces essais influenceront rapidement, feront de très bons sujets pour les futurs essais de sommeil hypnotique. Lorsque plus tard vous aurez endormi et éveillé un sujet, vous constaterez ensuite qu'il acceptera bien plus facilement encore toutes les suggestions à l'état de veille qu'il vous plaira de lui donner (suggestions négatives ou positives d'actes, de mouvements ou de sensations).

L'expérience vous montrera bien vite que toutes les personnes ne sont pas également influençables, et que le tempérament n'est pas du tout une indication infaillible du degré de suggestibilité des sujets. Vous pouvez, en effet, rencontrer des personnes vigoureuses que vous influencerez rapidement, et des sujets nerveux et anémiques sur lesquels vos suggestions seront moins rapidement suivies d'effet. Il en est de même du sexe ; les femmes sont généralement plus influençables que les hommes, mais il y a des exceptions à la règle et vous pourrez parfois influencer plus rapidement certains hommes que certaines femmes. Pour peu que vous expérimentiez, vous rencontrerez certainement des *sensitifs*, c'est-à-dire des personnes d'une suggestibilité extrêmement développée, vous trouverez aussi des individus très impressionnables ; avec ces sujets, il n'est pas nécessaire d'insister sur les suggestions en les répétant indéfiniment pour obtenir l'effet attendu, il n'est même pas indispensable de les fixer à la racine du nez après leur avoir recommandé de vous regarder dans les yeux ou de leur faire fixer la boule hypnotique. Dès que vous avez pris contact avec ces personnes par l'imposition des mains sur les omoplates, elles sont entièrement soumises à votre volonté et ne peuvent opposer de résistance efficace à vos suggestions. Nous n'avons guère étudié jusqu'à présent que les suggestions de mouvements ou de sensations ; il existe une classe de suggestions beaucoup plus complexes et qui affirment plus parfaitement encore l'état de dépendance absolue du sujet à la volonté de l'opérateur : ce sont les *suggestions d'actes*. Dans la progression donnée, des expériences pendant la veille, quelques exemples existent cependant, car on peut, à la rigueur, considérer comme suggestion d'actes les essais d'obliger le sujet à vous remettre un objet. Quelques-uns cependant ne veulent voir là, qu'une simple suggestion de mouvement et n'admettent comme *suggestions d'actes* que celles ayant pour objet l'exécution d'actes plus compliqués. Il est possible de suggérer au sujet sensible éveillé l'accomplissement d'actes très compliqués qu'il exécutera infailliblement.

Suggérez-lui qu'il aille dire bonjour à une personne du voisinage que vous lui indiquerez, il obéira.

Dites-lui d'aller vous chercher pour dix centimes de sucre chez le boulanger ou le charcutier ; bien qu'il se rende compte du ridicule d'une semblable commission, il ne pourra que se conformer à votre désir. Tout ce que vous imaginerez comme acte à faire exécuter sera accepté docilement par le sujet assez sensible. Dominé par vos suggestions, il se soumettra aveuglément à votre volonté.

Rappelez-vous que vous êtes responsable devant votre conscience, des suggestions que vous pourrez donner ; n'oubliez pas que c'est un devoir de ne jamais commander au sujet des choses que vous ne feriez pas vous-même.

Le nombre de sujets très sensibles, susceptibles de réaliser ces suggestions d'actes pendant la veille n'est pas très élevé. Il en existe cependant et l'entraînement rigoureux de l'opérateur, la pratique continue des essais sur de nombreuses personnes, en débutant par des sujets sensibles, permettent d'augmenter ce nombre dans des proportions incroyables. L'hypnotiseur qui a voulu développer les quatre facteurs de l'influence, celui qui a su porter à son maximum de puissance son magnétisme personnel, peut obtenir dans l'expérimentation des résultats déconcertants. Pour donner au lecteur un exemple du pouvoir d'un tel opérateur, afin qu'il puisse se faire une idée de l'intensité effrayante de la puissance de la suggestion hypnotique lorsqu'elle est mise en œuvre par un hypnotiseur entraîné, pour lui donner en même temps une preuve irréfutable de l'utilité qu'il y a pour tous, de s'entraîner à résister aux suggestions et de combattre les hypnotiseurs avec leurs propres armes, je cite deux expériences provoquées par le docteur Liégeois, de la Faculté de Nancy. Les ouvrages publiés par ce savant médecin sur l'hypnotisme sont universellement connus, le lecteur pourra donc les consulter et vérifier par lui-même l'authenticité du rapport fait par l'auteur de ces deux applications de la suggestion hypnotique à l'état de veille :

« Je produis chez Mlle P..... un automatisme si absolu, une disparition si complète de tout sens moral, de toute liberté, que je lui fais tirer, sans sourciller, un coup de pistolet à bout portant sur sa mère. La jeune criminelle paraît aussi complètement éveillée que les témoins de cette scène, mais elle est beaucoup moins émue qu'ils ne le sont eux-mêmes. »

La deuxième expérience porte sur la reconnaissance d'une dette fictive signée par le sujet éveillé :

« Mlle P..... reçoit facilement et réalise aussitôt toutes sortes de suggestions ; je lui dis : Je vous ai, vous le savez, prêté cinq cents francs ; vous allez me signer un billet qui constatera ma créance. — Mais, monsieur, je ne vous dois rien, vous ne m'avez rien prêté. — Votre mémoire vous sert mal, mademoiselle ; je vais préciser les circonstances du fait. Vous m'avez emprunté cette somme, et j'ai consenti volontiers à vous la prêter ; je vous l'ai remise hier, ici même, en un rouleau de pièces de vingt francs. Sous l'action de mon *regard*, et en présence de mon affirmation faite d'un ton de sincérité, Mlle P..... hésite, sa pensée se trouble ; elle cherche dans sa mémoire ; enfin celle-ci, docile à ma *suggestion*, lui rappelle le fait dont je viens d'évoquer le souvenir ; elle reconnaît sa dette et signe un billet ainsi conçu :

« Je reconnais devoir à M. L..... la somme de cinq cents francs qu'il m'a prêtée, et promets de la lui rembourser le 1ᵉʳ janvier 1884.

Nancy, le 30 novembre 1883.

Bon pour cinq cents francs.

Signé : E.....

« Mˡˡᵉ P....., est majeure ; le *Bon pour* est écrit de sa main, conformément à l'article 1326 du Code civil ; le billet est donc conforme à la loi ; si je le remettais entre les mains d'un huissier, il en poursuivrait le paiement. »

Le même auteur cite également des cas où il a poussé l'expérimentation jusqu'à se faire signer (toujours par suggestion pendant la veille) des quittances, des donations, des reconnaissances et même des testaments. Il rapporte qu'il s'est fait reconnaître un cautionnement de 100.000 francs par Mᵐᵉ D.....

Le docteur Bernheim, l'un des grands maîtres de l'hypnotisme moderne, dit en parlant de pareils actes : « Quand on a expérimenté, sans enthousiasme et sans parti pris, on arrive à cette conviction absolue que tous les actes réalisés par suggestion ne sont pas de pures complaisances, mais donnent aux sujets l'illusion parfaite de la réalité, et que beaucoup, parmi les plus honnêtes peuvent être conduits à des actes délictueux et criminels. »

Lorsque des essais de cette nature sont tentés par des hommes intègres, dans un but d'expérimentation, il n'y a ni inconvénient ni danger, mais qui peut affirmer que des misérables n'abusent pas de leurs connaissances en hypnotisme, pour perpétrer des crimes par l'intermédiaire du sujet ou sur le sujet lui-même ? On peut consulter tous les ouvrages publiés jusqu'à ce jour sur l'hypnotisme, on n'en lira peut-être pas un seul qui ne cite au moins l'un des crimes célèbres, dans la perpétration desquels la suggestion hypnotique a joué un rôle capital, et où la certitude de ce rôle a été démontrée, reconnue et acceptée par les cours d'assises qui ont jugé et par ceux qui ont revisé le jugement

Le danger existe réellement et ce n'est pas en faisant comme l'autruche, ce n'est pas en se dispensant de le voir, ce n'est pas en s'efforçant de se le dissimuler qu'on y parera. Ce danger est d'autant plus grave, d'autant plus à redouter qu'il n'est pas nécessaire, ainsi qu'on l'a vu dans les exemples cités, d'endormir préalablement le sujet, ni de lui parler d'hypnotisme, pour en faire l'automate sans volonté, pensant et agissant comme le veut l'opérateur. Chercher à cacher les dangers de la suggestion lorsqu'elle est employée par des misérables, laisser les sensitifs et les sujets impressionnables sans défense et dans l'ignorance absolue du mécanisme de l'hypnotisme est un bien mauvais remède au mal. Il n'y a qu'un moyen de parer à tous ces dangers et ce moyen unique c'est au contraire de vulgariser l'hypnotisme, c'est de regarder le mal bien en face et de s'armer contre lui.

Dans l'expérimentation du docteur Liégeois, si Mlle P..... avait connu l'hypnotisme pratique, si elle s'était entraînée par la concentration de pensée, à résister par sa propre auto-suggestion aux suggestions étrangères qui lui étaient imposées, elle n'aurait pas signé la reconnaissance d'un emprunt qu'elle n'avait pas fait, ni tenté de commettre le plus abominable de tous les crimes. Voilà ce que je voudrais pouvoir crier bien haut, voilà ce que tout le monde devrait savoir ! Je voudrais que chaque créature humaine puisse écouter ce conseil et ne jamais l'oublier :

« *Si vous n'êtes pas sûr de la moralité de l'opérateur, ou s'il n'y a pas quelques témoins suivant les expériences de très près, ne vous prêtez jamais à des influences hypnotiques, soit à l'état de veille, soit avec attente du sommeil magnétique* ».

Lorsque, dans le cours d'une conversation, vous constaterez que la personne avec laquelle vous conversez vous fixe avec insistance sans cligner les paupières; si vous remarquez que votre interlocuteur accentue la fixité dans le temps qu'il vous demande ou vous propose quelque chose pendant que la voix prend un ton plus positif; dirigez hardiment votre regard, non pas dans les yeux, mais à la racine du nez de cette personne et soutenez-le ainsi jusqu'à ce qu'elle détourne les yeux et pensez fermement : Ma volonté est maîtresse..... je ne fais que ce que je veux bien faire..... personne ne peut m'en imposer..... ma volonté est forte.

Après avoir donné ces conseils aux personnes qui pourraient recevoir l'influence hypnotique consciemment ou inconsciemment, je dois recommander à celles qui pratiquent ou vont pratiquer l'hypnotisme, de ne jamais employer au mal la puissance que leur donnera « *l'art de faire des suggestions efficaces* ». Je leur recommande particulièrement de ne jamais consentir à expérimenter sur les *sensitifs*, sans la présence d'une tierce personne offrant toutes les garanties de moralité, afin de se protéger contre toute accusation mensongère. C'est surtout dans les essais de sommeil hypnotique que l'opérateur soucieux de sa dignité et de sa réputation doit se souvenir de cette recommandation. On pourrait peut-être en effet le rendre responsable des actes répréhensibles que le sujet pourrait commettre, et attribuer à des suggestions venant de l'hypnotiseur, ce qui pourrait n'être parfois que le résultat des propres impulsions du sujet.

J'ai dit déjà que la possibilité d'influencer un sujet sans l'endormir au préalable du sommeil hypnotique, était connue depuis très longtemps. Un grand nombre d'expérimentateurs tentèrent des essais de ce genre après que l'Américain Grimes eut créé dans son pays vers 1853, une école hypnotique nouvelle, dont les adeptes obtenaient des résultats déconcertants par le seul emploi de la suggestion verbale sur des sujets éveillés (1).

Braid n'ignorait pas non plus ces phénomènes puisqu'il écrivait en 1846 : « Il est des individus si impressionnables aux suggestions qu'on peut les dominer même à l'état de veille apparente (par une affirmation énergique), comme l'on fait pour d'autres en hypnotisme et à la période du dédoublement de la conscience ».

Le docteur Liégeois, de la Faculté de Nancy, est le premier médecin français qui ait fait des recherches sur ces expériences.

Par une pratique journalière, il parvint à développer une personnalité magnétique extraordinaire et obtint des résultats si surprenants que leur publication, bien qu'étant l'expression de la plus exacte vérité, fut accueillie par des protestations de presque unanime incrédulité de la part de tous les médecins n'ayant pas expérimenté eux-mêmes ou étudiant l'hypnotisme dans des livres et sur des théories sans fondement.

---

(1) Les *Électrobiologistes*

Dans « *l'Hypnotisme théorique et pratique* », le docteur Marin s'exprime ainsi : « Du premier coup, sans insistance de sa part, il fait manier le revolver, verser le poison, par des personnes éveillées ; un mot de lui suffit. Bien mieux, il lui suffirait de regarder fixement, pendant quelques minutes, un compagnon de voyage pour obtenir tous les phénomènes de l'hypnotisme sans passer par le sommeil : de sorte que, suivant la remarque de M. Arthur Desjardins, « l'humanité se diviserait en tyrans, les hypnotisants, et en esclaves, les hypnotisés ; les hypnotisants seraient maîtres de l'univers ». Tout cela est d'autant moins vraisemblable que M. Liégeois est le seul qui ait réussi jusqu'ici dans ces suggestions d'actes à l'état de veille : il est donc sage *d'attendre* pour y croire qu'elles aient été réalisées assez souvent et dans des conditions assez inattaquables pour que la conviction s'impose ».

Je prends la liberté de faire remarquer que le moyen le plus sûr pour se convaincre d'une vérité n'est pas *d'attendre* que le voisin affirme : *cela est* ou *cela n'est pas*, mais bien *d'expérimenter soi-même* et que si le docteur Liégeois est le seul qui ait réussi dans ces suggestions d'actes à l'état de la veille, c'est qu'il est le *seul* qui ait expérimenté et qui se soit entraîné à les obtenir. Bien entendu je veux dire le seul, parmi les médecins, car les empiriques de l'hypnotisme obtiennent depuis des siècles ces essais à l'état de veille. Ce sont de tels essais qui de nos jours ont consacré la réputation populaire des Donato, Verbeck, Pickman, Onofroff, etc., etc.

LE
SOMMEIL HYPNOTIQUE

EXPOSÉ COMPLET

DE TOUTES LES

MÉTHODES D'HYPNOTISATION

LE RÉVEIL DES SUJETS

LE
SOMMEIL HYPNOTIQUE

EXPOSÉ COMPLET DE TOUTES LES MÉTHODES
D'HYPNOTISATION

LE RÉVEIL DES SUJETS

Nous allons aborder l'étude du sommeil hypnotique et pour nous conformer scrupuleusement à la méthode expérimentale, nous verrons d'abord les différents procédés employés jusqu'à ce jour par les hypnotiseurs de toutes les écoles, dans le but d'induire le sujet dans cet état spécial. Nous passerons ensuite à l'étude détaillée de tous les phénomènes qui peuvent se manifester dans l'hypnose, en insistant surtout sur la façon de les obtenir. Avant d'aller plus loin, je tiens à faire au lecteur une recommandation capitale : *Il est indispensable, afin d'éviter tout accident, tout émoi et tout trouble, d'étudier* soigneusement les méthodes recommandées pour *éveiller, avant d'essayer d'endormir*. Il peut arriver en effet au débutant, et cela à son premier essai peut-être, de tomber sur un sujet très sensible sur lequel les manœuvres hypnotiques produisent de suite le sommeil profond. Si l'opérateur n'est pas sûr de lui, s'il ne garde pas son sang-froid, si, en un mot, il ne sait pas ce qu'il a à faire pour faire sortir le sujet de cet état, il peut effrayer son entourage. La prudence la plus élémentaire exige donc que la recommandation donnée plus haut soit prise en considération, afin de ne pas s'exposer à jeter le discrédit sur l'hypnotisme. Vous vous exposeriez, en ne suivant pas ce conseil, à provoquer des craintes injustifiées, chez les personnes témoins, d'un sommeil se prolongeant outre mesure et auquel vous devriez vous avouer impuissant peut-être à mettre un terme. Je vous recommande donc instamment de lire attentivement cette partie du cours (*sommeil et éveil*) avant de tenter aucun essai d'hypnotisation.

APERÇU SUR LE SOMMEIL HYPNOTIQUE

Je dirai au lecteur du sommeil hypnotique ce que j'ai dit déjà des influences à l'état de veille : si vous voulez le succès rapide et certain, il faut absolument choisir pour vos premiers essais des personnes assez influençables et obtenir leur consentement à se conformer à vos instructions. Il arrive parfois de rencontrer des sujets qui résistent, qui s'opposent de toutes leurs forces au sommeil, avec une intention marquée et bien arrêtée, parce qu'ils croient faire preuve d'une *volonté* plus forte que celle de l'hypnotiseur et donner ainsi une marque de leur supériorité. Le sommeil hypnotique n'est pas le résultat d'un combat de deux volontés, dont la plus faible doit s'avouer vaincue et succomber. Lorsque l'opérateur donnera à ses auditeurs une idée juste de l'hypnotisme, de pareilles conceptions disparaîtront pour toujours. Certes, il est indéniable que l'expérimentateur entraîné par une pratique suffisante peut arriver, par des méthodes spéciales qui seront indiquées, à endormir des gens contre leur volonté et malgré leur résistance acharnée. Le débutant n'est pas encore à même d'employer ces méthodes et il ne doit pas avoir à vaincre chez ses sujets, une pareille résistance volontaire.

Il faut que le sujet concentre toute son attention sur les suggestions de l'hypnotiseur. Les personnes donc qui ont beaucoup de volonté sont plus capables que les autres de maîtriser leurs pensées et de diriger leur attention exclusivement sur un objet déterminé et partant, offrent le plus de chances d'être rapidement endormies par les méthodes ordinaires. La possibilité d'être hypnotisé n'a rien d'injurieux pour le sujet ; l'hypnotisme n'a jamais été l'influence d'un esprit cultivé sur un esprit faible, puisque tous les expérimentateurs de tous les temps et de toutes les écoles ont remarqué que les gens instruits sont bien plus facilement hypnotisables que les idiots, les maniaques, les crétins ou les fous. Lorsque vous aurez à endormir des adultes, donnez-leur toujours une idée claire du sujet et efforcez-vous de dissiper la crainte ridicule que leur amour-propre soit blessé par le fait d'être influencés. Si vous voulez arriver au plus grand succès possible comme hypnotiseur, tentez vos premiers essais sur des enfants que vous aurez déjà influencés à l'état de veille. Vous aurez beaucoup plus de chances de réussite, en ayant plus facilement raison de leur résistance consciente ou non.

Les jeunes filles particulièrement font d'excellents sujets, mais vous en trouverez également un grand nombre parmi les adultes. Le procédé d'attraction en arrière par l'application des mains sur les omoplates, la constatation des symptômes produits chez les personnes sensibles par cette application prolongée, vous donneront la possibilité de reconnaître immédiatement les plus facilement influençables. Il est impossible, dans l'état actuel de la science, de savoir pourquoi une personne est plus sensible qu'une autre ; la genèse de la suggestibilité nous échappe complètement et nous ne pouvons que constater. Certains auteurs, savants réputés, ont voulu voir dans la facilité avec laquelle un grand nombre de sujets étaient endormis, la preuve de l'hystérie ou de désordres nerveux. Quelles que soient l'autorité et la bonne foi de ces auteurs, il est facile de se rendre personnellement compte qu'en suivant la progression indiquée, on arrive parfaitement à influencer des gens nullement nerveux et qu'il advient parfois même, que certains nerveux sont plus difficiles à hypnotiser. Il n'est donc pas permis d'avancer que l'hypnotisme est un état pathologique, une variété de l'hystérie. Nous ne pouvons admettre non plus la question de tempérament puisque des personnes de même tempérament, deux lymphatiques par exemple, ne sont pas également influençables ; ni la richesse du sang ; on endort indifféremment les sanguins et les anémiques ; ni la force physique, car des individus très vigoureux sont parfois facilement hypnotisables, lorsque des sujets faibles, débiles même, sont plus rebelles. L'âge a par exemple une influence beaucoup plus marquée. J'ai dit déjà que les enfants de 4 à 15 ans sont presque tous endormables par les procédés ordinaires, je pourrais peut-être m'avancer jusqu'à dire **tous hypnotisables**, car je n'ai constaté jusqu'à présent aucune exception à cette règle. Il m'a toujours été possible de provoquer rapidement le sommeil hypnotique complet, par les méthodes ordinaires, chez tous les enfants sur lesquels j'ai expérimenté. Tous les opérateurs donnant des séances démonstratives dans les lycées, collèges ou institutions ; tous les médecins qui ont eu recours à l'hypnotisme dans le traitement des maladies ou des mauvaises habitudes où il opère des merveilles à peine croyables, sont unanimes à reconnaître que les enfants font de très bons sujets d'expérimentation. Leur suggestibilité est chose étonnante et c'est un devoir pour les parents de comprendre et appliquer l'hypnotisme. Me basant sur une expérience de vingt années, il m'est possible d'affirmer que l'influence hypnotique entre des mains compétentes est absolument inoffensive. Avec les suggestions appropriées et les précautions recommandées dans le cours de cet ouvrage, on peut hypnotiser les enfants ou les adultes des centaines de fois et ceci pendant des années, sans qu'il en résulte un seul inconvénient. Le sommeil hypnotique est un sommeil physiologique, au même titre que le sommeil naturel. Je ne saurai jamais trop répéter que si des accidents, des désordres nerveux se manifestent parfois au cours des tentatives d'hypnotisation ; si des malaises : vertiges, nausées, pesanteur de tête, engourdissement, titubation, sensation de fatigue générale, se montrent et persistent après l'éveil, c'est que l'hypnotiseur a été mal initié, c'est qu'il a manqué de prudence, c'est une preuve certaine qu'il ne possède pas l'art de la suggestion. En se conformant scrupuleusement aux instructions données, qui sont du reste d'une exécution très facile, on peut expérimenter sans aucune crainte, sans aucune appréhension ; il n'en résultera toujours que le plus grand bien pour la personne, quels que soient son âge et son état de santé. Le sexe a aussi une grande influence sur la facilité d'hypnotisation, les femmes s'hypnotisent plus aisément et plus rapidement que les hommes, et cette règle n'a que de très rares exceptions.

Il existe un grand nombre de procédés pour endormir un sujet du sommeil hypnotique, en réalité, ils se ramènent tous à trois facteurs principaux : 1° la fixation d'un point (de préférence brillant) ou des yeux de l'hypnotiseur (fascination); 2° la suggestion; 3° les passes. Les physiologistes voient avec raison la présence d'un quatrième facteur, aidant dans une large mesure à la production de l'hypnose : *l'attention expectante du sujet lui-même*. L'attention expectante peut se définir : l'état spécial de la personne qui *s'attend* à être endormie.

Nous verrons successivement toutes les méthodes connues jusqu'à ce jour pour obtenir l'hypnotisation, en commençant par un procédé combiné de fixation, suggestion et passes, qui est très efficace et surtout absolument inoffensif. Vous savez déjà qu'il y a des personnes chez lesquelles les dispositions pour recevoir l'influence hypnotique sont développées d'une façon extraordinaire. Pour débuter, efforcez-vous de choisir vos sujets parmi ces personnes en tenant compte de l'âge, du sexe et de la sensibilité à l'attraction magnétique de vos mains appliquées, soit sur les omoplates du sujet, soit à une légère distance. La pratique des influences à l'état de veille vous a permis de découvrir quelques individus très suggestibles. Tentez votre premier essai sur le plus sensible de vos sujets. Dans toutes vos expériences, tâchez de gagner avant tout la confiance du sujet, efforcez-vous de le persuader que le sommeil hypnotique ne présente aucun danger et qu'il n'a rien d'injurieux pour celui qui se prête aux tentatives. Il n'est pas une preuve de faiblesse de caractère ou d'infériorité de l'intelligence et, bien que cela ne soit pas toujours vrai, dites que vous ne pouvez l'endormir qu'autant qu'il le veut bien et que vous n'avez d'influence sur lui que pendant le sommeil seulement. Parlez toujours avec beaucoup de douceur, de façon à bannir toute crainte de l'esprit du sujet. S'il appréhende que le sommeil se prolonge trop ou que vous ne puissiez y mettre fin, dites que vous êtes absolument sûr de l'éveiller rapidement par le recours à des méthodes infaillibles, dont l'efficacité est extraordinaire. Ajoutez que vous désirez l'endormir simplement pour vous rendre compte de son degré de susceptibilité, que vous l'éveillerez de suite et qu'il n'ait aucune crainte. Lorsque vous aurez obtenu son consentement, faites asseoir la personne commodément et dites-lui de penser au sommeil, de ne pas résister quand le sommeil viendra, de se dire au contraire mentalement : *je m'endors, je m'endors.....*

Faites fixer votre doigt ou un objet quelconque, mais brillant autant que possible, de préférence la boule hypnotique (1), en recommandant de ne pas quitter des yeux le point fixé, quels que soient les mouvements que vous pourrez lui imprimer. L'expérience nous enseigne qu'il ne faut pas, du moins dans les premiers essais d'hypnotisation, laisser immobile le point fixé, car, en agissant comme il est recommandé, il y a d'abord moins de fatigue pour le sujet et son attention, se concentrant sur les mouvements exécutés, a moins de chance de s'égarer. Recommandez-lui donc de bien suivre avec les yeux tous les mouvements qui seront faits. Tenez votre doigt ou l'objet à fixer à une distance de dix à vingt centimètres environ de la racine du nez et légèrement plus haut, de façon à ce que la fixation oblige le sujet à lever les yeux. Imprimez ensuite à votre main un léger mouvement de va-et-vient, soit de gauche à droite, soit de haut en bas, vous pouvez aussi décrire une petite circonférence ou bien un huit ∞ devant les yeux du sujet, en disant d'une voix monotone :

Vos paupières deviennent lourdes..... elles pèsent de plus en plus..... elles vont s'abaisser..... elles s'abaissent..... elles s'abaissent complètement..... un brouillard paraît devant vos yeux..... vos yeux sont fatigués..... ils se ferment..... ne résistez pas..... ils se ferment complètement..... vous avez sommeil..... sommeil.....

Continuez ces suggestions jusqu'à ce que les yeux se ferment. S'ils tardaient trop à se fermer, dites au sujet :

Abaissez vos paupières..... fermez les yeux..... votre tête va devenir lourde..... vous vous endormirez profondément.

Mettez ensuite les mains de chaque côté de la tête, les deux pouces à la naissance des cheveux (voir à la fin du volume la figure 9) et imprimez aux pouces un mouvement de haut en bas, de la racine des cheveux jusqu'aux sourcils. Vos pouces doivent

---

(1) Voir à la fin du volume la figure 8.

exercer une légère pression sur le front lorsqu'ils descendent et remonter sans toucher. Continuez ce mouvement de va-et-vient pendant trois ou quatre minutes en disant :

Dormez profondément..... votre tête devient lourde....., vous avez sommeil....., sommeil..... dormez..... votre tête est très lourde..... lourde comme du plomb..... dormez..... vous dormez.....

Vous plaçant maintenant derrière le sujet, passez les mains lentement du milieu du front jusqu'aux tempes (comme l'indique la figure 10 à la fin du volume) en suggérant :

Vos bras deviennent lourds..... vous ne pensez plus..... vous n'écoutez plus que ma voix....., rien que ma voix....., vous êtes fatigué....., impossible de faire un mouvement..... le sommeil vient..... dormez..... dormez d'un sommeil profond.....

Continuez ces suggestions et ces passes pendant trois ou quatre minutes.

Reprenez votre place devant le sujet et faites des passes avec ou sans contact, partant de la tête, suivant les épaules et descendant jusqu'aux coudes, ou bien si vous préférez jusqu'à l'extrémité des doigts [1] en insistant d'une voix de plus en plus basse sur les suggestions : *dormez..... dormez profondément.....*

Persistez jusqu'à ce que le sommeil hypnotique profond soit obtenu.

Pour le premier essai néanmoins, si au bout d'une demi-heure le patient ne dort pas, il sera bon d'interrompre la séance et de la remettre au lendemain. Le jour suivant, autant que possible à la même heure, l'essai devra être renouvelé dans les mêmes conditions, pendant une demi-heure environ. Il arrive souvent que des sujets ayant résisté à une première tentative d'hypnotisation, s'endorment d'un sommeil très profond à la deuxième.

Le débutant dans la pratique de l'hypnotisme ne doit pas s'attendre, par l'emploi de cette méthode, à provoquer dans une seule séance, le sommeil chez toutes les personnes qui se prêteront aux essais. Quelques-unes s'endormiront immédiatement, mais

---

[1] Voir à la fin du volume la figure 11.

d'autres n'y parviendront qu'après avoir répété les tentatives deux, trois ou quatre fois, quelquefois plus. Chose étrange, les personnes qui n'arrivent à l'hypnose qu'à la suite de tentatives souvent réitérées, font parfois les meilleurs sujets ; cette remarque a été faite par tous les expérimentateurs. Quant aux sensitifs dont les yeux se ferment irrésistiblement dès la première suggestion, ils s'endorment parfois en quelques secondes et d'un sommeil très profond, quel que soit l'entraînement de l'opérateur. Dans ce cas, il n'est pas nécessaire de passer par les quatre formes de passes qui ont été indiquées, ou bien on peut réduire le temps recommandé pour chacune d'elles.

Pour reconnaître si votre sujet dort du sommeil hypnotique, prenez-lui le bras, élevez-le légèrement et dites d'un ton positif :

Votre bras devient raide...... de plus en plus raide...... il se raidit encore...... vous ne pouvez plus le plier.

Si le bras se raidit en effet et si vous constatez une résistance lorsque vous essaierez vous-même de le plier, c'est que votre sujet est dans le sommeil hypnotique. Pour remettre le membre dans son état normal, vous n'avez qu'à dire : *Votre bras n'est plus raide...... vous le pliez très bien......* Vous pourrez ensuite placer le bras où vous voudrez. Les passes avec contact aident beaucoup à obtenir ces effets. Faites des passes en descendant pour raidir le bras et en remontant du poignet à l'épaule, pour faire disparaître la raideur.

Lorsqu'un sujet a été endormi une fois, il est ensuite très facile de provoquer à nouveau chez lui le sommeil hypnotique. Il n'y a en somme que la première hypnotisation qui, chez certains sujets, est parfois un peu longue à obtenir. En répétant les tentatives plusieurs jours de suite, on arrive infailliblement à induire dans l'hypnose profonde, la personne sur laquelle on opère. On le verra plus loin, des méthodes rapides et absolument infaillibles existent aujourd'hui pour endormir tous les sujets quels qu'ils soient, mais elles ne doivent être employées que lorsque toutes les autres ont été essayées en vain ; de plus, ce n'est qu'après une pratique suffisante que l'étudiant en hypnotisme est à même d'y avoir recours. Il y a du reste pour lui les plus grands avantages à provoquer le sommeil par les méthodes simples, car cette pratique développera son *influence personnelle* et portera au plus haut degré l'art de donner des suggestions. Cette première méthode indiquée est certainement celle qui vous permettra d'endormir, sans aucun danger, le plus grand nombre de personnes. Je vous recommande expressément de l'employer dans vos premiers essais, de préférence à toute autre.

Il arrive parfois que des sujets nerveux ont la respiration embarrassée, ou s'agitent au début du sommeil. Suggérez dans ce cas : *Vous êtes très bien...... vous respirez aisément...... rien ne vous gêne...... vous êtes tout à fait bien.*

Avant d'aborder les particularités du sommeil hypnotique, nous allons étudier les méthodes de différents médecins ou hypnotiseurs anciens et modernes. Il est bon de varier et de se rendre personnellement compte de la valeur de chacune des méthodes connues jusqu'à ce jour. Du reste il ne faut pas juger un procédé d'après la facilité avec laquelle le sujet est endormi, car le procédé choisi peut être très efficace sur une personne et bien moins sur une autre. Il est bon de posséder toutes les méthodes afin d'essayer une méthode différente, lorsque celle employée ne donne pas tout le succès désirable. Rappelez-vous aussi que l'opérateur entraîné par une pratique suffisante, est parfois plutôt l'agent de succès que la méthode elle-même et qu'un tel opérateur peut souvent réussir avec n'importe quelle méthode.

Méthode du docteur Charles Richet

« Je fais mettre le patient dans un fauteuil, bien en face de moi ; puis je prends chacun de ses pouces dans une main et les serre assez fortement, mais d'une manière uniforme. Je prolonge cette manœuvre pendant trois à quatre minutes ; en général, les personnes nerveuses ressentent déjà une sorte de pesanteur dans les bras, aux coudes, et surtout aux poignets. Puis je fais des passes, en portant la main étendue sur la tête, le front, les épaules, mais surtout les paupières. Les passes consistent à faire des mouvements uniformes de haut en bas, au devant des yeux, comme si, en abaissant les mains, on pouvait faire fermer les paupières. Au début de mes tentatives, je pensais qu'il était nécessaire de faire fixer un objet quelconque par le patient ; mais il m'a semblé que c'était là une complication inutile. La fixation du regard a peut-être quelque influence, mais elle n'est pas indispensable. »

Méthode du docteur Bernheim

« Je commence par dire au malade[1] qu'il ne s'agit d'aucune pratique nuisible ou extraordinaire; que c'est un sommeil qu'on peut provoquer chez tout le monde, sommeil calme, bienfaisant, qui rétablit l'équilibre du système nerveux. Alors je lui dis : *Regardez-moi bien et ne songez qu'à dormir. Vous allez sentir une lourdeur dans les paupières, une fatigue dans vos yeux; ils clignotent, ils vont se mouiller; la vue devient confuse; ils se ferment.* Quelques sujets ferment les yeux et dorment immédiatement. Chez d'autres, je répète, j'accentue davantage, j'ajoute le geste; peu importe la nature du geste. Je place deux doigts de la main droite devant les yeux de la personne et je l'invite à les fixer, ou bien avec les deux mains je passe plusieurs fois de haut en bas devant ses yeux, ou bien encore je l'engage à fixer les miens, et je tâche en même temps de fixer toute son attention sur l'idée de sommeil. Je dis : *Vos paupières se ferment, vous ne pouvez plus les ouvrir. Vous éprouvez une lourdeur dans les bras, dans les jambes; vous ne sentez plus rien, vos mains restent immobiles, vous ne voyez plus rien, le sommeil vient,* et j'ajoute d'un ton un peu impérieux : *Dormez.* Souvent ce mot emporte la balance, les yeux se ferment, le malade dort.

« Si le sujet ne ferme pas les yeux, ou ne les garde pas fermés, je ne fais pas longtemps prolonger la fixation de ses regards sur les miens ou sur mes doigts, car il en est qui maintiennent les yeux indéfiniment écarquillés, et qui, au lieu de concevoir ainsi l'idée du sommeil, n'ont que celle de fixer avec rigidité : l'occlusion des yeux réussit alors mieux. Au bout de deux ou trois minutes de fixation, je maintiens les paupières closes, ou bien je les étends lentement et doucement sur les globes oculaires, les fermant de plus en plus, progressivement, imitant ce qui se produit quand le sommeil vient naturellement, je finis par les maintenir closes, tout en continuant la suggestion : *Vos paupières sont collées, vous ne*

---

[1] Le docteur Bernheim applique surtout l'hypnotisme dans la guérison des maladies.

pouvez plus les ouvrir; le besoin de dormir devient de plus en plus profond; vous ne pouvez plus résister. » Je baisse graduellement la voix, je répète l'injonction : *Dormez;* et il est rare que plus de quatre ou cinq minutes se passent sans que le sommeil soit obtenu. »

Méthode Gessman

« Je choisis parmi la société une personne à l'air pâle et nerveux, les yeux exaltés, et je lui dis qu'il se trouve dans mon organisme un fort développement d'électricité, qui me permet d'électriser les sujets qui ne sont pas trop robustes. Pour le prouver, je lui fais saisir avec les deux mains deux doigts de ma main droite. Quelques minutes après, je lui demande si elle sent quelque chose. Si elle est hypnotisable, elle répond d'ordinaire qu'elle sent comme une formication et un engourdissement des bras et de la partie supérieure du corps. Je dis alors : *Serrez ma main — davantage — encore davantage — là ! Maintenant vous ne pouvez plus lâcher ma main !* Et il en est ainsi. En passant ma main gauche sur ses bras, je fortifie la crampe musculaire, en sorte qu'elle ne peut lâcher ma main, même sur mon ordre. Un souffle sur la main et l'assurance qu'elle est libre chasse immédiatement la crampe. Cette expérience me donne la preuve certaine que la personne se prête à l'hypnose véritable, qui a lieu de la manière suivante : Je m'assieds en face d'elle, je lui fais fermer les yeux, je prends ses mains dans les miennes, de façon que les quatre pouces sont appuyés les uns contre les autres, je la prie de demeurer tranquille et de ne pas résister à l'envie de sommeil qui apparaît. Quand elle sommeille — d'habitude au bout de deux à dix minutes — je rends le sommeil profond par des passes sur la tête et la poitrine et j'essaie d'amener la dormeuse à parler, ce qui réussit facilement quand je place une main sur sa tête, je saisis avec l'autre une de ses mains et je demande, près du creux de l'estomac : *M'entends-tu ?* Souvent il faut répéter cette question quatre ou cinq fois avant d'obtenir une réponse à voix très basse. Le moment est alors venu de continuer les expériences. Toutefois, il faut s'arrêter là la première fois pour ne pas fatiguer les sujets. »

Méthode des fascinateurs Donato, Verbeck, Pickman, Onofroff, etc., et des docteurs Brémaud, Teste, Bourneville, etc.

Tous ces opérateurs endorment leurs sujets par la seule fixation. M. Teste expose ainsi sa méthode : « Vous vous asseyez vis-à-vis de votre sujet. Vous l'engagez à vous regarder le plus fixement qu'il pourra, tandis que de votre côté vous fixez sans interruption vos yeux sur les siens. Quelques profonds soupirs soulèveront d'abord sa poitrine ; puis ses paupières clignoteront, s'humecteront de larmes, se contracteront fortement à plusieurs reprises, puis enfin se fermeront. »

Les professionnels de l'hypnotisme se servent généralement de ce procédé, mais le plus souvent dans leurs séances ils endorment leurs sujets debout.

Le docteur Bourneville (1) joint à la fixation, la pression des pouces du sujet. Si le sommeil tarde à se produire, il laisse aller les mains du sujet et lui applique alors les pouces sur les globes oculaires en refermant les paupières supérieures.

Méthode de l'Hypnotiseur danois Hansen

Je cite cette méthode simplement pour mémoire et pour la seule documentation du lecteur. Je n'en recommande pas l'emploi, car si elle est efficace, elle n'est pas sans danger, comme du reste la plupart des impressions brusques et violentes sur le système nerveux.

Hansen opère de préférence sur des jeunes gens qu'il choisit pâles, nerveux, l'œil exalté ; en un mot offrant tous les caractères de la parfaite suggestibilité. Après les avoir fait tourner en rond, il en arrête un brusquement, lui renverse la tête en arrière et le fixe de très près.

---

(1) Iconographie photographique de la Salpêtrière.

Méthode Gerling

Cet opérateur fait asseoir un sujet commodément, autant que possible le dos tourné à la lumière. D'une voix douce et monotone il le prie de porter beaucoup d'attention à ses paroles et de penser au sommeil tout en le regardant dans les yeux. Il pose alors ses mains sur celles du sujet et lui suggère d'abord une sensation de chaleur, puis de pesanteur et d'engourdissement dans le bras. Tout en continuant la fixation, il fait des passes très lentes de la tête à l'estomac et suggère la fatigue, la pesanteur des paupières, la lourdeur de la tête, en un mot tous les symptômes de l'arrivée du sommeil. Lorsque les paupières du sujet clignotent et sont sur le point de se fermer, l'hypnotiseur appuie légèrement la main droite sur la tête du patient tout près du front et abaisse doucement cette main, de façon à hâter l'occlusion des paupières. Quand les yeux sont fermés, il fait avec les pouces une pression sur les globes oculaires en disant : « Maintenant vous dormez. »

Méthode de l'abbé Faria

Un prêtre portugais, l'abbé Faria, initié aux pratiques hypnotiques par un long séjour au pays des fakirs, est l'un des premiers expérimentateurs qui firent connaître en France la méthode d'hypnotisation par *suggestion verbale*. Voici, d'après le général Noizet, sa façon de procéder : « Il y avait auprès de lui une espèce de gouvernante et deux ou trois personnes habituées sur lesquelles il produisait le somnambulisme par le seul fait de son commandement. Puis il s'adressait au public, et choisissait trois, quatre, cinq ou un plus grand nombre de personnes sur lesquelles il essayait d'obtenir des phénomènes analogues. Il les faisait asseoir commodément, leur disait de penser au sommeil, de le regarder ; il fixait lui-même de loin ses grands yeux sur eux, leur montrait le revers élevé de sa main, avançait de quelques pas, puis abaissait brusquement le bras devant eux en leur ordonnant avec autorité de dormir. Quelquefois, mais rarement, il marchait vers eux, et, leur appuyant le doigt sur le front, il répétait le commandement : Dormez ! Trois fois au moins sur cinq, je l'ai vu réussir ainsi au bout de moins d'une minute. »

Méthode du docteur Liébault

Le docteur Liébault pose la main sur le front du sujet et en abaissant très lentement sa main, de manière à fermer progressivement les yeux de la personne qu'il veut endormir, il suggère d'une voix de plus en plus basse et tranquille :

Pensez au sommeil..... vos yeux sont fatigués..... vos paupières sont lourdes..... elles s'abaissent..... vos bras sont lourds..... votre tête est lourde..... vous vous endormez..... dormez profondément..... vous avez sommeil..... dormez....., dormez.....

Il insiste sur ces suggestions jusqu'à ce que le sommeil soit obtenu.

LES MAGNÉTISEURS

Méthode de Deleuze — Méthode du baron du Potet

Au début les deux méthodes qui vont suivre étaient surtout employées dans un but de guérison, et si le sommeil hypnotique se produisait, ce n'était pas du tout le résultat cherché par les opérateurs. Puységur fut amené ainsi par hasard à découvrir le somnambulisme artificiel.

Je vais donner d'abord ces deux méthodes telles qu'elles sont décrites par leurs auteurs, c'est-à-dire exclusivement en vue d'un traitement magnétique. J'indiquerai ensuite les modifications et simplifications apportées par les magnétiseurs modernes, lorsqu'ils emploient ces méthodes pour provoquer le somnambulisme artificiel.

Méthode de Deleuze

« Lorsqu'un malade désire que vous essayez de le guérir par le magnétisme, et que sa famille et son médecin n'y mettent aucune opposition; lorsque vous vous sentez le désir de seconder ses vœux, et que vous êtes bien résolu de continuer le traitement autant qu'il sera nécessaire, fixez avec lui l'heure des séances, faites-lui promettre d'être exact, de ne pas se borner à un essai de quelques jours, de se conformer à vos conseils pour son régime, de ne parler du parti qu'il a pris qu'aux personnes qui doivent naturellement en être informées.

« Une fois que vous serez ainsi d'accord et bien convenu de traiter gravement la chose, éloignez du malade toutes les personnes qui pourraient vous gêner, ne gardez auprès de vous que les témoins nécessaires, un seul, s'il se peut, demandez-leur de ne s'occuper nullement des procédés que vous employez et des effets qui en sont la suite, mais de s'unir d'intention avec vous pour faire du bien au malade. Arrangez-vous de manière à n'avoir ni trop chaud, ni trop froid, à ce que rien ne gêne la liberté de vos mouvements, et prenez des précautions pour ne pas être interrompu pendant la séance.

« Faites ensuite asseoir votre malade le plus commodément possible, et placez-vous vis-à-vis de lui, sur un siège un peu plus élevé et de manière que ses genoux soient entre les vôtres et que vos pieds soient à côté des siens. Demandez-lui de s'abandonner, de ne penser à rien, de ne pas se distraire pour examiner les effets qu'il éprouvera, d'écarter toute crainte, de se livrer à l'espérance et de ne pas s'inquiéter ou se décourager si l'action du magnétisme produit chez lui des douleurs momentanées.

« Après vous être recueilli, prenez ses pouces entre vos deux doigts de manière que l'intérieur de vos pouces touche l'intérieur des siens et fixez vos yeux sur lui. Vous resterez de deux à cinq minutes dans cette situation ou jusqu'à ce que vous sentiez qu'il s'est établi une chaleur égale entre ses pouces et les vôtres.

« Cela fait, vous retirez vos mains en les écartant à droite et à gauche, et les tournant de manière que leurs surfaces intérieures soient en dehors, et vous les élèverez jusqu'à la hauteur de la tête;

alors vous les poserez sur les deux épaules, vous les y laisserez environ une minute, et vous les ramènerez le long des bras jusqu'à l'extrémité des doigts, en touchant légèrement. Vous recommencerez cette passe cinq ou six fois, toujours en détournant vos mains et en les éloignant un peu du corps pour remonter. Vous placerez ensuite vos mains au-dessus de la tête, vous les y tiendrez un moment et vous les descendrez en passant devant le visage à distance d'un à deux pouces, jusqu'au creux de l'estomac. Là, vous vous arrêterez encore environ deux minutes, en posant les pouces sur le creux de l'estomac et les autres doigts au-dessous des côtes; puis, vous descendrez lentement le long du corps jusqu'aux genoux. Vous répéterez les mêmes procédés pendant la plus grande partie de la séance. Vous vous rapprocherez aussi quelquefois du malade, de manière à poser vos mains derrière ses épaules, pour descendre lentement le long de l'épine du dos et, de là, sur les hanches et le long des cuisses jusqu'aux genoux ou jusqu'aux pieds.

« Lorsque vous voudrez terminer la séance, vous aurez soin d'*attirer* vers l'extrémité des pieds, en prolongeant vos passes au delà de ses extrémités, en secouant vos doigts, à chaque passe. Enfin, vous ferez devant le visage et même devant la poitrine quelques passes en travers, à la distance de trois à quatre pouces.

« Il est essentiel de magnétiser toujours en descendant de la tête aux extrémités, et jamais en remontant des extrémités à la tête.

« Les passes qu'on fait en descendant sont magnétiques, c'est-à-dire qu'elles sont accompagnées de l'intention de magnétiser. Les mouvements que l'on fait en remontant ne le sont pas.

« Lorsque le magnétiseur agit sur le magnétisé, on dit qu'ils sont *en rapport*, c'est-à-dire qu'on entend par le mot *rapport* une disposition particulière et acquise, qui fait que le magnétiseur exerce une influence sur le magnétisé, qu'il y a entre eux une communication du principe vital.

« Une fois que le *rapport* est bien établi, l'action magnétique se renouvelle dans les séances suivantes, à l'instant où l'on commence à magnétiser. »

Méthode de du Potet

« Du moment qu'on adopte l'hypothèse d'un agent, les procédés doivent avoir pour but unique sa transmission rapide. Les magnétistes ont compliqué ce qui doit être extrêmement simple, ils ont cherché plutôt dans leur imagination que dans la nature et se sont de plus en plus éloignés de celle-ci ; il faut donc y revenir et suivre, autant que possible, les leçons qu'elle nous donne.

« Mon premier soin, je puis dire ma première étude, fut de comparer les méthodes enseignées par tous les auteurs, de varier l'expérimentation, afin d'obtenir des résultats comparatifs, et d'en tirer de justes inductions. Ce fut un travail laborieux et difficile, mais il me donna bientôt une supériorité marquée sur les magnétistes, mes contemporains, en me permettant d'agir là où ils n'obtenaient rien, et de suivre une opération magnétique dans son développement successif. Ma marche étant éclairée, je savais où j'allais, et le magnétisme, dès lors, n'était plus pour moi une chose vague autant qu'incertaine, mais au contraire un principe fixe, un levier d'une puissance incommensurable qu'un enfant pouvait cependant faire mouvoir.

« J'étudiai particulièrement les propriétés de l'agent magnétique, le dégageant lui-même des attributs de convention, car s'il est le véhicule naturel qui transmet nos idées et nos sentiments, il a un mode d'action qui lui est propre. Je reconnus les erreurs commises, les fausses idées émises et les phénomènes qu'il m'arrivait de produire avaient dès lors un caractère déterminé et indélébile.

« Voici, sans autre préambule, les procédés qui me sont personnels :

« Lorsque le patient peut s'asseoir, nous le mettons sur un siège, et nous nous plaçons en face de lui sans le toucher. Nous restons debout autant que possible et, lorsque nous nous asseyons, nous tâchons toujours d'être sur un siège un peu plus élevé que le sien, de manière que les mouvements des bras que nous avons à exécuter ne deviennent pas trop fatigants.

« Lorsque le malade est couché, nous nous tenons debout près de son lit et l'engageons à s'approcher de nous le plus possible. Ces conditions remplies, nous nous recueillons un instant et nous considérons le malade avec attention. Lorsque nous jugeons que nous avons la tranquillité, le calme d'esprit désirable, nous portons une de nos mains, les doigts légèrement écartés et sans être tendus ni raides, vers la tête du malade; puis, suivant à peu près une ligne droite, nous la descendons ainsi jusqu'au bassin et répétant ces mouvements (passes) d'une manière uniforme pendant un quart d'heure environ, en examinant avec soin les phénomènes qui se développent.

« Notre pensée est active, mais n'a encore qu'un but, celui de pénétrer l'ensemble des organes, surtout les régions où gît le mal que nous voulons attaquer et détruire. Quand un bras est fatigué par cet exercice, nous nous servons de l'autre et notre pensée, notre volonté constamment actives déterminent de plus en plus l'émission d'un fluide que nous supposons partir des centres nerveux et suivre le trajet des conducteurs naturels, les bras et par suite les doigts. Je dis supposons, quoique pour nous ce ne soit qu'une hypothèse. Notre volonté met bien évidemment en mouvement un fluide d'une subtilité extrême; il se dirige et descend en suivant la direction des nerfs jusqu'à l'extrémité des mains, franchit la limite de la peau et va frapper les corps sur lesquels on le dirige.

« Lorsque la volonté ne sait pas le régler, il se porte par irradiation d'une partie sur une autre qui lui convient ou l'attracte; dans le cas contraire, il obéit à la direction qui lui est imprimée et produit ce que vous exigez de lui, quand toutefois ce que vous voulez est dans le domaine du possible.

« Nous considérant donc comme une machine physique, et agissant en vertu de propriétés que nous possédons, comme nous l'avons dit, nous prenons sur les trois cavités splanchniques, nos membres supérieurs comme conducteurs de l'agent dont le cerveau paraît être le réservoir ou tout au moins le point de départ, en ayant soin que des actes de volonté accompagnent nos mouvements.

« Voici une comparaison qui rendra notre pensée plus compréhensible. Lorsqu'on a l'intention de lever un fardeau, on envoie la volonté, la force nécessaire aux extrémités et cette force, ce principe de mouvement obéit, car si elle ne s'y *transportait* point, nous ne pourrions; de même pour magnétiser.

« Les effets dont le développement plus ou moins rapide est le fruit ordinaire de toute magnétisation apparaissent dès lors en raison de l'énergie, de la volonté, de la force émise, de la durée de l'action et surtout de la pénétration de l'agent à travers les tissus humains.

« Nous avons toujours l'intention que les émissions magnétiques soient régulières, et jamais nos bras, nos mains ne sont en état de contraction; ils doivent avoir toute souplesse pour accomplir sans fatigue leur fonction de conducteur de l'agent.

« Si les effets qui résultent ordinairement de cette pratique n'ont pas eu lieu promptement, nous nous reposons un peu, car nous avons remarqué que la machine magnétique humaine ne fournit pas d'une manière continue et selon notre désir ou notre volonté, la puissance que nous exigeons d'elle. Après cinq ou six minutes de repos, nous recommençons les mouvements de nos mains (passes) comme précédemment pendant un nouveau quart d'heure et nous cessons tout à fait pendant que le corps du patient est saturé du fluide que nous supposons avoir émis. »

Méthode des magnétiseurs modernes

C'est à quelque chose près la méthode de Deleuze, mais dans l'esprit de ceux qui l'emploient aujourd'hui, le but cherché n'est pas de faire servir le magnétisme comme agent curatif. Le but poursuivi est de produire le somnambulisme artificiel, qui est, on le verra plus loin, l'une des formes du sommeil hypnotique. Voici cette méthode : La personne étant assise sur une chaise, vous vous asseyez en face d'elle, de manière que vos genoux et vos pieds touchent les siens. Prenez-lui les pouces et restez dans cette situation jusqu'à ce que vous sentiez que vos pouces et les siens ont le même degré de chaleur. Posez ensuite les mains sur ses épaules; laissez-les y deux ou trois minutes et descendez le long des bras pour reprendre les pouces; répétez cette méthode trois ou quatre fois. Posez ensuite une main ou les deux mains sur son estomac, de manière que vos pouces soient placés au niveau du creux de l'estomac et les autres doigts sur les côtés. Lorsque vous sentirez une communication de chaleur, descendez les mains jusqu'aux genoux; ensuite replacez-les au-dessus de la tête, pour les ramener de nouveau jusqu'aux genoux, ou même jusqu'aux pieds; et continuez de la même manière, en ayant la précaution de détourner vos mains chaque fois que vous remontez vers la tête pour recommencer vos passes. Ces pratiques répétées suffisent pour endormir un sujet. Certains magnétiseurs y joignent la suggestion verbale ou mentale. Dans ce dernier cas, ils pensent fortement en faisant les passes indiquées : *Je veux que vous dormiez...... endormez-vous...... dormez...... dormez !*

D'autres enfin emploient au début la fixation des yeux concurremment avec les passes, jusqu'à ce que les paupières du sujet s'abaissent. Lorsque le sujet a fermé les yeux, ils continuent les passes avec ou sans suggestion, jusqu'à ce que le sommeil profond soit obtenu.

Méthode Moutin pour produire le Somnambulisme

La méthode recommandée par M. Moutin est basée sur la fixation et les passes.

« Dès que nous nous trouvons en présence de la personne qui veut bien se prêter à nos essais, nous la prions de s'asseoir commodément. Cela fait, nous lui recommandons de rester passive et de ne pas s'occuper de ce que nous allons faire; puis nous nous asseyons en face d'elle, sur un siège plus élevé que le sien, de manière à pouvoir faire, sans nous fatiguer, les mouvements nécessaires, et nous commençons aussitôt l'opération.

Nous prenons d'abord les mains du sujet; nous appliquons nos pouces contre les siens, de telle façon que le contact ait lieu par la face palmaire et nous la fixons dans les yeux [1] en l'invitant à nous fixer de même.

Nous restons ainsi pendant dix minutes ou un quart d'heure, et, autant que possible, nous ne laissons pas échapper les symptômes physiologiques qui se manifestent, ce qui nous permet de suivre la marche de l'opération.

---

[1] Il y a de grands avantages à fixer la racine du nez.

Si nous avons affaire à une personne impressionnable, ce laps de temps est suffisant pour obtenir la clôture des paupières, mais pas toujours le sommeil.

Quand les paupières sont fermées, nous remarquons que les yeux exécutent dans leur orbite les mouvements que nous avons indiqués au chapitre des « Prodromes du sommeil ».

Nous lâchons alors les mains du sujet, et nous nous mettons debout, toujours en face de lui, afin de pouvoir faire nos mouvements plus librement et avec moins de fatigue. Nous élevons nos bras au niveau de sa tête, et nous plaçons nos mains à quelques centimètres au-dessus de celle-ci. Nous les y laissons pendant quelques secondes, pour les descendre ensuite latéralement à la hauteur des oreilles, où nous les arrêtons également pendant quelques secondes. Nous dirigeons ensuite nos doigts *en pointe* vers le cervelet et nous abaissons *lentement* nos mains sur les épaules (toujours sans toucher), en prolongeant ensuite les passes jusqu'aux coudes.

Dès lors, nous remontons nos mains au-dessus de la tête et nous recommençons l'opération que nous venons de décrire pendant environ cinq minutes. Il ne nous reste plus à ce moment qu'à faire des passes de face, qui sont moins fatigantes et dont voici la description.

Nous nous asseyons de nouveau, en face de notre sujet, et nous élevons une de nos mains à peu près *au niveau de la racine de son nez*; puis, nous la descendons *lentement* jusqu'au sommet de sa poitrine et même jusqu'en face de l'épigastre. Nous la remontons ensuite, et nous continuons ainsi jusqu'à ce que nous ayons obtenu l'immobilité et l'insensibilité absolues. Quand une de nos mains est fatiguée, nous employons l'autre. Nous avons soin que nos bras conservent toujours leur souplesse, car s'il n'en était pas ainsi, nous nous fatiguerions en pure perte.

De temps à autre, nous nous rendons compte du degré auquel est arrivé l'hypnotisation, en prenant un des bras du sujet, en l'élevant lentement à une certaine hauteur, et en le lâchant brusquement. S'il conserve la position que nous lui avons donnée, c'est que nous avons déjà produit le sommeil nerveux.

Cette règle n'est pourtant pas absolue, mais quand on a obtenu une sorte de catalepsie et l'insensibilité, on est sûr d'avoir produit le sommeil, mais pas toujours le somnambulisme. Pour arriver à ce dernier état, il ne reste plus qu'à avoir un peu de patience.

Nous adressons la parole au sujet, qui nous fait connaître lui-même son état; il peut même nous dire pendant combien de minutes nous devons encore continuer nos passes *de face* pour le faire entrer en somnambulisme, s'il n'y est pas déjà.

Quelquefois les mâchoires du sujet se contractent et il est dans l'impossibilité de nous répondre. En ce cas, nous faisons un léger massage sur les masséters et la contraction disparaît.

On peut se trouver aussi en présence d'une paralysie de la langue; de légères frictions sous le menton et sur la partie antérieure du cou la font promptement cesser. Si le patient éprouve de la fatigue, s'il souffre d'une douleur quelconque, pour mettre fin à ces malaises sans importance il suffit de promener les mains sur la partie affectée.

Enfin, si l'on avait affaire à une indisposition plus sérieuse, il n'y aurait qu'à s'en rapporter à la description que nous en avons donnée dans les « *Accidents magnétiques* » et à appliquer les moyens que nous y recommandons pour les combattre. »

Dans son ouvrage, « *Le Nouvel Hypnotisme* », M. Moutin s'étend longuement sur les « *accidents magnétiques* » qui se produisent parfois spontanément chez certains sujets très nerveux. Si, avant de provoquer le somnambulisme, l'hypnotiseur se rend compte de la susceptibilité de la personne se prêtant à l'expérience; si, ainsi qu'il est recommandé plus loin, il choisit une méthode appropriée lorsque le sujet est reconnu très sensible; s'il prend encore la précaution de développer sa suggestibilité par quelques influences à l'état de veille et qu'avant de chercher à provoquer le sommeil hypnotique, il ait réussi *à en imposer* à son sujet, autrement dit à lui avoir donné une preuve de la puissance de son ascendant sur lui, il y a toutes les chances pour n'avoir à redouter aucun accident de ce genre. Ce qu'il faut surtout, c'est ne pas abandonner le sujet à lui-même lorsque le somnambulisme artificiel est obtenu; il est indispensable de le garder toujours sous sa dépendance, de ne pas avoir de faiblesse, de se montrer ferme, calme, résolu et toujours prêt à lui imposer sa volonté. Si, par suite de ce manque de précaution, le somnambule avait une crise nerveuse ou un accès de colère, appliquez-lui une main sur l'estomac, l'autre sur la tête et soufflez froid sur le visage.

Observations sur le sommeil hypnotique

Lorsqu'un sujet a été endormi une fois, n'importe quel procédé peut être ensuite employé, le succès est certain. Par les seules méthodes ordinaires tout le monde peut être hypnotisé jusqu'à un certain point, mais si certaines personnes dorment d'un sommeil profond dès le premier essai, d'autres par contre n'arrivent au sommeil complet qu'après plusieurs tentatives qu'il faut, autant que possible, répéter le jour suivant et à la même heure. Pour vos premiers essais, choisissez des sujets très sensibles à l'influence hypnotique : enfants, jeunes filles, sensitifs, et n'essayez pas d'endormir avant d'avoir longuement pratiqué les influences à l'état de veille. Un grand avantage résultant de cette méthode, c'est que vous saurez garder tout votre sang-froid et que vous n'aurez à surmonter aucun trouble lorsque vous endormirez un sujet pour la première fois. Toutes les suggestions que vous lui aurez données déjà à l'état de veille seront acceptées et réalisées bien plus facilement encore, dans l'état de sommeil léger ou profond.

Méthode de Braid (Fixation)

Lorsqu'un sujet a déjà été endormi plusieurs fois du sommeil hypnotique, la méthode de fixation qui va être indiquée suffit pour provoquer rapidement l'hypnose. Même sans avoir été au préalable hypnotisés par une autre méthode, un grand nombre de sujets sensibles s'endormiront en quelques minutes par ce moyen. Si toutefois la personne sur laquelle on expérimente ne s'endormait pas au bout de 6 à 8 minutes, il sera bon d'interrompre et de choisir un autre procédé.

Placez le sujet dans une position commode et faites-lui fixer un objet brillant : une petite pièce de monnaie, une clef, un porte-crayon en métal ou bien le point brillant métallique de la boule hypnotique Fournier, en tenant l'objet à fixer en face de la racine du nez et à une distance de 10 à 15 centimètres. Dites au sujet d'avoir les yeux constamment fixés sur l'objet et l'esprit exclusivement attaché à l'idée de cet objet et du sommeil. Après quelques minutes de fixation, les pupilles se dilatent, les paupières frémissent et s'abaissent complètement, le sommeil survient. Le temps au bout duquel il se manifeste est d'autant plus court que le sujet est plus nerveux, plus impressionnable et que son imagination est plus facilement frappée.

Vous pouvez rendre ce sommeil plus profond au moyen de passes partant de la tête, effleurant les épaules et les bras jusqu'à l'extrémité des doigts.

S'il n'est pas absolument nécessaire que l'objet fixé soit brillant, il n'en est pas moins vrai que, sur un grand nombre de sujets, l'objet brillant est beaucoup plus efficace et d'un effet bien plus rapide. Le sommeil a d'autant plus de chances de se produire que l'objet est regardé de plus près.

Précautions à prendre avec certains sujets

Les personnes nerveuses, très impressionnables, très sensibles à l'influence hypnotique ne doivent pas fixer d'objets brillants, ni regarder de trop près l'objet non brillant, car cette fixation provoque parfois chez elles un strabisme fatigant et même des convulsions. Quand vous aurez recours à la méthode de fixation, présentez d'abord au sujet un objet non brillant : votre doigt par exemple ou bien le point intérieur de la boule hypnotique Fournier, en ayant la précaution de ne pas approcher trop près des yeux. Si le moyen n'est pas assez efficace, il est toujours temps de faire fixer la partie supérieure de la boule en la rapprochant un peu.

Comment reconnaître les sujets difficiles à éveiller

Rappelez-vous toujours que vous avez, dans l'influence à l'état de veille, un moyen sûr de reconnaître les personnes très sensibles à l'influence hypnotique. Certaines d'entre elles seraient peut-être difficiles à éveiller, si vous aviez recours aux objets très brillants. N'employez donc dans certains cas que la suggestion verbale et laissez de côté les passes et la fixation; de cette façon vous n'aurez jamais de danger à redouter. Si par exemple, après avoir raidi un bras à un sujet éveillé, il lui était difficile de le plier lorsque vous aurez suggéré qu'il peut le faire; si cette raideur persistait quelque temps, vous avez devant vous une personne très sensible qui sera peut-être difficile à éveiller. Développez d'abord sa suggestibilité par quelques essais à l'état de veille et, si vous voulez l'hypnotiser, ayez recours exclusivement à la méthode de suggestion recommandée un peu plus loin.

En hypnotisme, la prudence n'est jamais déplacée. Un opérateur entraîné par une longue pratique est toujours à même de parer à toutes les éventualités et de pallier les inconvénients qui pourraient résulter de l'emploi d'une méthode trop violente sur un sujet très sensible, mais un débutant n'est pas toujours dans ce cas. Il est donc indispensable de prendre toutes les précautions désirables, afin de ne pas jeter le discrédit sur l'Hypnotisme et justifier, dans une certaine mesure, les attaques de gens intéressés, ennemis acharnés de sa vulgarisation. Avec quelques précautions, l'hypnotisme n'est jamais dangereux. Je vous conseille donc de ne pas employer ce procédé de fixation d'objet brillant, avant de vous être rendu compte du degré de susceptibilité du sujet et avant d'avoir déjà endormi et éveillé quelques personnes par la première méthode donnée au commencement de ce chapitre. Ce procédé d'action combinée (fixation d'un point mobile, suggestion et passes) est absolument inoffensif et d'une efficacité remarquable.

Méthode Braid modifiée par le docteur Liébengen

Le docteur Liébengen avait souvent recours à une modification très heureuse de la méthode de Braid, pour les sujets très sensibles. Il se plaçait à côté du sujet, lui posait la main droite à plat sur la tête et faisait fixer son pouce dont l'extrémité était placée en face et à quelques centimètres de la racine du nez.

Méthode d'Hypnotisation par suggestion verbale
Hypnotisme instantané

La pratique des expériences à l'état de veille sur des enfants, des jeunes filles et des sensitifs développe chez l'opérateur, un merveilleux pouvoir de suggestion. Le débutant qui, se conformant à la méthode recommandée par ce Cours pratique, consacrera journellement quelques instants à l'entraînement spécial des facteurs de l'influence hypnotique (regard, parole, passes, concentration de pensée) et qui essaiera d'obtenir sur de nombreux sujets, en commençant par des personnes sensibles, toute la progression des influences à l'état de veille, sera étonné lui-même des résultats qu'il obtiendra par la suite. Il lui sera possible d'endormir un grand nombre de sujets, par la seule suggestion verbale.

Après avoir attiré le sujet en arrière, par l'imposition des mains sur les omoplates, il n'y aura qu'à dire d'un ton très positif en pensant toujours *qu'il faut que la personne dorme :*

Fermez vos yeux...... pensez au sommeil,..... vos membres s'engourdissent...... vos paupières sont lourdes...... vous n'entendez presque plus...... vous ne pensez plus...... votre tête est lourde...... vous avez sommeil...... sommeil...... vous dormez...... dormez profondément......

Vous emploierez cette méthode lorsque vous aurez une pratique suffisante et vous constaterez alors que, quoi qu'en disent certaines écoles hypnotiques, la suggestion est bien la clef de l'hypnotisme, que tout n'est pas dans le sujet comme beaucoup l'affirment et que le *magnétisme personnel* ou *Influence personnelle* de l'opérateur joue un rôle capital dans l'obtention de toute expérience hypnotique, en rendant plus puissantes et plus efficaces, les suggestions imposées au sujet par l'opérateur.

Méthodes d'Hypnotisation peu connues et peu usitées

La plupart des procédés que je vais indiquer ne sont guère employés par les hypnotiseurs professionnels, surtout dans leurs séances publiques, sur des personnes qui n'ont encore jamais été hypnotisées. Ils n'auront des chances d'efficacité qu'autant qu'ils seront mis en œuvre sur des sujets assez influençables, et que *l'Influence personnelle* de l'opérateur sera assez développée. Il est bon que l'étudiant connaisse toutes les méthodes d'hypnotisation, c'est pour cela que je me suis imposé le devoir de donner l'initiation la plus complète. Il peut arriver du reste qu'un de ces procédés endorme rapidement un sujet, lorsque beaucoup d'autres auront échoué. Ceci ne veut pas dire qu'un tel procédé est meilleur que les autres, car il faut admettre, et on le reconnaîtra par la pratique, que certaines méthodes influencent certaines personnes bien plus facilement que d'autres.

On peut agir sur le sens de l'ouïe pour provoquer le sommeil hypnotique.

Mettez une montre sur une table, faites asseoir votre sujet près de la table, recommandez-lui de fermer les yeux et d'écouter le tic tac avec attention, en pensant au sommeil.

Certains sujets sensibles s'endormiront en quelques minutes. Le résultat sera plus certain et surtout plus rapide, si vous joignez quelques suggestions verbales. Suggérez d'une voix de plus en plus basse et tranquille : *N'écoutez que le tic tac de la montre...... vous avez sommeil...... vos paupières sont lourdes comme du plomb...... vos yeux sont fatigués...... dans un instant vous dormirez profondément...... écoutez la montre...... vous dormez...... dormez.*

Attendez quelques minutes et vous constaterez bien souvent que le sujet sensible dormira du sommeil hypnotique.

Certains expérimentateurs remplacent la montre par un verre, ou un bol en porcelaine qu'ils frappent doucement à intervalle régulier, à quelque distance de la tête du sujet.

Si vous voulez vous rendre compte de l'efficacité du procédé, dites à votre sujet : *Tenez vos yeux fermés et pensez au sommeil...... Dès que je frapperai sur ce verre...... vous vous endormirez...... Ecoutez bien...... vous allez dormir.*

Frappez ensuite doucement et à intervalles réguliers sur le verre.

Vous pouvez remplacer le verre ou le bol par un morceau de papier que vous froisserez, en ouvrant et fermant la main, tout près de l'oreille du sujet.

Méthode du docteur Charcot

Le docteur Charcot, de la Salpêtrière, endormait ses hystériques par une impression violente et brusque sur la vue, l'ouïe ou l'odorat. Dans le premier cas, il avait recours à un jet de lumière qui était dirigé brusquement sur le visage du sujet ; ou bien après avoir fait séjourner quelque temps la personne dans un milieu peu éclairé, il la faisait placer près d'une lampe Bourbouze. Dans le deuxième cas, il faisait résonner tout d'un coup près de l'oreille du sujet un tam-tam, un gong ou un énorme diapason. Enfin des hystériques ont été endormies, lorsque l'opérateur débouchait brusquement devant leur nez, un flacon d'ammoniaque.

Il agissait dans ces cas sur les sens des sujets, d'une manière violente et brusque. Nous avons vu précédemment et nous verrons encore des cas où l'on agit au contraire, d'une manière faible et répétée. Si les procédés classés dans cette dernière catégorie ne présentent aucun danger et peuvent toujours être employés, même par des opérateurs encore peu expérimentés, il n'en est pas de même de ceux qui sont basés sur des impressions violentes. Le débutant qui n'est pas médecin doit s'en abstenir complètement, avant de se juger à même de parer aux inconvénients qui pourraient se produire chez des sujets hystériques.

Méthodes d'hypnotisation par la pression des zones hypnogènes

Quelques hypnotiseurs emploient des méthodes qui sont basées sur l'impression du sens du tact.

Le professeur Pitres (de Bordeaux) est, je crois, le premier médecin qui a attiré l'attention sur ce qu'il appelle les zones hypnogènes qu'il définit ainsi : « régions circonscrites du corps dont la pression a pour effet, soit de provoquer instantanément le sommeil hypnotique, soit de modifier les phases du sommeil artificiel, soit de ramener brusquement à l'état de veille les sujets préalablement hypnotisés ».

La situation de ces zones, leur nombre varient beaucoup; suivant les sujets, le nombre peut être de deux jusqu'à cinquante et plus.

Elles sont assez difficiles à trouver, car leur diamètre est très limité et aucun signe extérieur ne les signale à l'attention.

Ce n'est souvent qu'après de minutieuses recherches qu'on arrive à les reconnaître ; mais une fois trouvées, leur pression brusque provoque immédiatement le sommeil. Lorsque le corps d'une per sonne présente des zones hypnogènes, c'est un véritable danger, car les toucher soit par hasard, soit avec intention, suffit pour induire immédiatement la personne dans le sommeil hypnotique, sans qu'elle le sache, sans qu'elle en garde le souvenir.

La difficulté que l'on éprouve dans leur recherche, fait que cette méthode d'hypnotisation est rarement employée. Cependant l'expérience enseignant que des zones hypnogènes se trouvent souvent aux poignets, à la première phalange des doigts, près de la racine de l'ongle, à la racine du nez, au pli du coude; on peut joindre la pression de l'une de ces parties à un procédé déjà connu.

Voici une méthode du docteur Liébengen que j'ai souvent employée avec succès.

Faites asseoir commodément le sujet et dites-lui : *Fermez les yeux, pensez au sommeil. Votre tête va devenir lourde, vous n'entendrez plus et vous vous endormirez profondément.*

Pressez ensuite d'une façon uniforme la racine de l'ongle de l'index de chaque main et souvent le sommeil arrivera rapidement. Si le sujet ne s'endormait pas, joignez alors les suggestions de sommeil, d'une voix douce et monotone.

Vous pouvez remplacer la pression du bout des doigts par celle des poignets, de la racine du nez, des chevilles, du pli du coude, etc. Enfin il est bon que vous expérimentiez un peu dans la recherche des zones hypnogènes, car elles existent, je le répète, chez un grand nombre de sujets.

Lorsque vous expérimenterez sur une personne que vous aurez déjà endormie par une autre méthode dans de précédents essais, ne considérez pas toujours comme zone hypnogène la partie du corps dont la pression endormira de nouveau le sujet, surtout si celui-ci s'attend à être hypnotisé. L'hypnotisation n'est pas toujours une preuve suffisante, vous le reconnaîtrez aisément lorsque vous vous serez rendu compte que n'importe quel geste, n'importe quel signe, la seule attention dirigée sur l'idée de sommeil, la seule attente de ce sommeil suffit souvent pour endormir de nouveau, la personne sensible que vous avez souvent hypnotisée.

Je dois dire aux médecins qui emploient l'hypnotisme en thérapeutique qu'une zone hypnogène existe chez un grand nombre de femmes, au niveau des ovaires. La compression de la région ovarienne, surtout chez les hystériques et les nerveuses, est souvent un procédé infaillible pour produire immédiatement le sommeil, lorsque beaucoup d'autres moyens ont échoué.

Méthode du docteur Lasègue

J'ai souvent vu employer par le docteur Liébengen et j'ai employé moi-même avec succès, la méthode du professeur Lasègue.

Ce procédé est, comme les précédents, basé sur l'impression du sens du tact.

Après quelques influences à l'état de veille, placez les mains de chaque côté de la tête du sujet et faites-lui fermer les yeux. Maintenez ensuite pendant quelques minutes les paupières fermées en pressant légèrement les globes oculaires avec les pouces. Sur les sujets très impressionnables, sur les nerveux, les hystériques ce seul moyen réussit souvent, surtout lorsqu'il est employé par un hypnotiseur entraîné.

Hypnotisation par impression sur l'odorat

L'impression sur le sens de l'odorat sert également de base à quelques méthodes d'hypnotisation. Nous avons vu déjà que les médecins de la Salpêtrière endormaient parfois les hystériques par une impression brusque et vive sur ce sens, en débouchant subitement sous leur nez un flacon d'alcali volatil. Le même résultat peut être obtenu en agissant au contraire d'une manière faible et répétée.

Bien entendu, il n'est pas question ici des produits chimiques classés comme soporifiques, narcotiques ou anesthésiques qui ont par eux-mêmes, la propriété de produire chez les sujets un état spécial du système nerveux se rapprochant plus ou moins du sommeil naturel. Dans le cas qui nous occupe, les parfums à employer n'ont pas cette propriété ; ils ne font qu'agir sur l'imagination du sujet, en retenant son attention sur une impression olfactive.

Quelques sujets d'une sensibilité exceptionnelle s'endormiront en quelques minutes en respirant avec intention un parfum quelconque. De pareils sujets sont assez rares, mais j'ai cru néanmoins devoir citer cette méthode, car il m'est arrivé de produire parfois le sommeil hypnotique profond par cette seule pratique. Un grand nombre d'hypnotiseurs l'ont également obtenu. Notez bien que ce procédé peut, sur un sujet prédisposé, réussir en dehors de toute suggestion ou d'attention expectante. On désigne sous ce nom, nous le savons déjà, l'état spécial d'un sujet qui *s'attend à être endormi*. Le seul fait *d'attendre le sommeil* suffit souvent pour plonger dans l'hypnose les sensitifs et surtout les personnes qui ont été souvent hypnotisées ; c'est ce qui rend si difficiles les recherches théoriques sur la valeur respective des moyens employés. Cependant, lorsque le sujet n'a reçu aucune suggestion, lorsqu'on ne présente pas à son esprit l'idée de sommeil, lorsqu'il ne pense pas à dormir et qu'il ne s'y attend pas, il est bien difficile d'invoquer *l'attention expectante* et l'on est obligé d'admettre que la méthode spéciale qui l'a endormi est réellement efficace par elle-même.

Le docteur Liébengen a endormi devant moi des sensitifs qui n'avaient jamais encore été hypnotisés, en les priant de sentir longuement un flacon contenant un parfum quelconque. En répétant moi-même ces expériences, je me suis aisément rendu compte que cette méthode pouvait hypnotiser quelques sujets très sensibles. Il est assez rare d'obtenir l'hypnose par ce seul procédé, mais il y a souvent de grands avantages à joindre l'impression sur le sens de l'odorat à d'autres procédés qui obtiennent de ce fait une efficacité qu'ils étaient loin de posséder.

Voici un exemple de l'emploi de cette méthode.

Faites asseoir le sujet et dites-lui d'une voix douce et monotone : *Fermez vos yeux..... vos paupières deviennent lourdes..... vous avez sommeil..... votre tête est lourde..... Respirez ce parfum longuement, vous dormirez d'un sommeil profond.*

En donnant la dernière suggestion, tournez légèrement l'armature métallique de la boule hypnotique Fournier dans laquelle vous aurez mis préalablement un peu de musc, de benzine ou d'alcool à brûler et approchez la boule près du nez du sujet. Le parfum s'échappera et ce moyen réussira parfois, lorsque beaucoup d'autres ont échoué.

Les parfums à employer peuvent varier à l'infini, car, je le répète, le sommeil est uniquement produit par la rétention de l'attention du sujet sur l'impression olfactive.

Le choix du parfum a si peu d'importance, que le docteur Liébengen a pu obtenir le sommeil hypnotique profond, en faisant respirer à un sujet sensible un flacon ne contenant que de l'eau pure et absolument inodore. Voici comment cette expérience peut être tentée. A un sujet reconnu suggestible par le procédé d'attraction en arrière, on fait la suggestion qu'un flacon dégage un parfum très fort. Le flacon, qui ne contient que de l'eau, ne dégage aucune odeur, mais la suggestion étant presque toujours suivie d'effet sur un sujet assez influençable, celui-ci croit réellement percevoir une odeur. Il arrive alors bien souvent que, sans parler de sommeil, sans laisser deviner la possibilité de ce sommeil, le sujet s'endort spontanément au bout de quelques minutes après avoir, sur la recommandation de l'hypnotiseur, continué à respirer ce parfum imaginaire.

Dans de pareils cas, il est évidemment impossible d'invoquer la suggestion directe ou indirecte de sommeil, puisque le sujet ne sait pas ce qu'on attend de lui. On ne peut davantage invoquer l'effet narcotique ou anesthésique du prétendu parfum et il faut reconnaître que l'hypnose est provoquée en dehors de la connaissance du sujet, par la seule impression réelle ou imaginaire sur le sens de l'odorat. Des expériences d'hypnotisation ont également été tentées par impression imaginaire sur le sens de l'ouïe. Elles furent souvent couronnées de succès sur les personnes très impressionnables. Au lieu de faire percevoir au sujet le tic tac d'une montre placée sur une table, on lui suggérait simplement l'audition de cette montre ou de tout autre bruit imaginaire et la personne sensible s'endormait en quelques minutes en concentrant toute son attention sur ce bruit, qui pourtant n'existait que dans son imagination.

Méthode combinée de suggestions et impression sur l'odorat

On rencontre parfois des sujets très facilement influençables à l'état de veille, qui paraissent rebelles au sommeil profond et n'arrivent qu'à un léger assoupissement.

La méthode suivante est très efficace pour obtenir l'hypnose parfaite.

Lorsque par un procédé quelconque, le sujet est assoupi, dites-lui : *Maintenant vous avez sommeil..... vous allez respirer profondément et sentir le chloroforme..... il vous endormira d'un sommeil profond..... il n'en résultera aucun malaise pour vous..... mais vous dormirez..... impossible de résister à son action..... dormez..... vous sentez du chloroforme..... du chloroforme.....*

Approchez alors la boule hypnotique Fournier des narines du sujet (vous avez mis préalablement un peu d'alcool dénaturé ou tout autre liquide à l'odeur pénétrante) et tournez légèrement l'armature métallique, ce qui a pour effet de faire sortir immédiatement le parfum. Dans la majorité des cas, le sujet s'endormira de suite profondément ; aussi profondément que s'il respirait réellement le chloroforme.

Méthodes infaillibles d'hypnotisation du Dr Liébengen, reprises en France par le Dr Charpentier et en Amérique par le Dr Hawley.

Nous avons vu dans le précédent chapitre que les parfums pouvaient, par leur impression prolongée et lente ou brusque et vive sur le sens de l'odorat, endormir des sujets assez sensibles. Nous abordons maintenant l'étude des méthodes d'hypnotisation absolument infaillibles, basées sur l'emploi de produits chimiques provoquant, par eux-mêmes, l'assoupissement chez tous les sujets. Cet assoupissement est changé ensuite en sommeil hypnotique par les passes et la suggestion. L'éther anesthésique, le kellen ou le chloroforme donnés concurremment avec des suggestions appropriées, peuvent provoquer immédiatement l'hypnose chez presque tous les sujets. Par ces méthodes (c'est du moins l'avis des médecins qui les préconisent), tout le monde est un sujet et les résultats obtenus tiennent du miracle. Je ne sais jusqu'où remontent les essais de vulgarisation de ces procédés, mais ce que je n'ignore pas, c'est que le docteur Liébengen a remarqué depuis longtemps que l'assoupissement produit par le chloroforme peut se changer en hypnose par les passes et la suggestion. En raison des dangers possibles et des inconvénients qui peuvent résulter de l'emploi du chloroforme (on le donnait alors sans beaucoup de précautions), il l'avait remplacé par l'éther anesthésique dont il faisait aspirer les vapeurs par la bouche.

Aujourd'hui on peut y substituer le chlorure d'éthyle, qui est très efficace sans être dangereux. La boule hypnotique Fournier rend l'application de cette méthode très pratique, puisque par elle on peut y avoir recours à l'insu du sujet.

Cette méthode est connue de quelques médecins ; le docteur Charpentier, en France, en fait la base de son système, le docteur Hawley, de New-York, la recommande d'une façon toute particulière.

OBSERVATIONS TRÈS IMPORTANTES

Les méthodes d'hypnotisation par le chloroforme ou le kellen ne doivent être employées que par les médecins, les chirurgiens ou les personnes qui comprennent les effets de ces anesthésiques. Ceux qui n'ont pas fait d'études médicales doivent s'abstenir d'y avoir recours, afin d'éviter tout accident. Du reste, la dernière méthode indiquée (méthode combinée de suggestions et impression sur l'odorat) est déjà d'une efficacité remarquable et si le lecteur qui n'est pas médecin trouve quelque sujet rebelle, il pourra employer l'éther anesthésique ou la méthode du docteur Esdaile qui sera donnée plus loin.

Il y a deux façons d'employer les anesthésiques pour provoquer le sommeil hypnotique : 1º à l'insu du sujet, 2º en lui disant qu'il sent réellement l'anesthésique choisi.

Dans le premier cas, faites asseoir le sujet commodément et dites-lui d'une voix douce et monotone : *Tenez vos yeux fermés..... vos paupières deviennent lourdes...... elles se collent...... vos membres s'engourdissent...... votre tête devient lourde...... la fatigue vous envahit..... vous avez sommeil. .. sommeil...... respirez profondément par la bouche et le sommeil viendra...... vous dormirez d'un sommeil profond...... respirez par la bouche lentement et profondément...... vous dormez......*

Tournez légèrement l'armature métallique de la boule hypnotique Fournier, dans laquelle vous aurez préalablement mis une petite quantité de chloroforme, ou de kellen, ou d'éther (le public ne doit employer que ce dernier anesthésique) et placez près de la bouche du sujet. Les vapeurs se dégagent et provoquent l'assoupissement. Continuez de suggérer d'une voix de plus en plus basse et tranquille : *Vous n'aurez aucun malaise...... vous êtes très bien...... dormez d'un sommeil profond...... vous n'aurez pas de vomissements...... ni de maux de tête...... dormez profondément......*

Si les chirurgiens qui donnent le chloroforme employaient cette méthode, s'ils joignaient la suggestion verbale en s'abstenant de nommer le chloroforme, beaucoup d'accidents seraient évités. Un grand nombre de malades ont une telle appréhension des anesthésiques, qu'on a constaté **des cas de mort de frayeur** avant que le patient ait respiré le chloroforme. Ceci est à peine croyable, pourtant c'est l'exacte vérité. Le docteur Pozzi a remarqué aussi que bien souvent, le sommeil hypnotique profond précède le sommeil chloroformique, il faut donc voir encore là l'effet d'une simple auto-suggestion du malade. Que d'avantages les médecins retireraient, s'ils mettaient à profit ce magique pouvoir de la suggestion !

Dans le deuxième cas, donnez des suggestions de sommeil comme précédemment, mais dites au sujet qu'il va respirer le chloroforme : *Vos yeux sont fatigués...... vos paupières sont lourdes...... la fatigue vous envahit de plus en plus...... vous vous endormez...... vous allez respirer le chloroforme...... il ne vous fera aucun mal...... vous dormirez profondément...... vous n'aurez pas de vomissements...... vous serez très bien...... dormez profondément...... votre tête devient lourde...... dormez...... sentez le chloroforme...... vous vous endormez...... dormez.*

Les dangers du chloroforme ont été exagérés outre mesure. Si le moral du malade ou du patient était préparé, si on introduisait progressivement l'anesthésique dans l'organisme, sans pousser trop loin la saturation, il n'y aurait à craindre que quelques malaises : migraines, nausées, qu'il serait très facile de faire disparaître par suggestion verbale avant d'éveiller. Dans bien des cas, ces malaises ne se montreraient même pas. Quand le chloroforme est donné sans aucune suggestion, en vue d'une opération chirurgicale, le médecin est obligé, pour obtenir l'anesthésie complète, de pousser le sommeil jusqu'au carus. Ce n'est pas la même chose lorsque le médecin fait respirer au sujet quelques gouttes de chloroforme pour provoquer l'assoupissement d'abord, ensuite l'hypnose par suggestion verbale. Le danger réel existe surtout dans l'appréhension du patient d'une part, et de l'autre dans l'introduction dans l'organisme d'une trop grande quantité d'anesthésique, ce qui provoque parfois une syncope qui, dans beaucoup de cas, reste définitive. Ces accidents deviennent de plus en plus rares et même en laissant de côté les immenses avantages de la suggestion et de l'influence hypnotique, il est possible aujourd'hui, avec quelques précautions, d'obtenir le carus sans aucun danger. Je puis citer, comme exemple, le docteur Goldman, qui a donné le chloroforme six mille fois et qui a poussé le sommeil jusqu'au carus sans avoir une seule alerte. Néanmoins, l'emploi du chloroforme ou du chlorure d'éthyle n'est pas à conseiller aux personnes qui n'en connaissent pas les effets et les médecins seuls, peuvent expérimenter ces méthodes d'hypnotisation, basées sur l'emploi de ces deux anesthésiques. L'éther peut s'employer sans inconvénient.

Je recommande d'une façon absolue, de n'employer cette dernière méthode que lorsque l'on possédera toutes les autres, et que l'on aura provoqué plusieurs fois le sommeil par les procédés déjà connus.

Il est indispensable, pour y avoir recours, de savoir donner des suggestions et cet art, vous ne l'ignorez pas, ne s'acquiert que par la pratique. Pour être à même de changer l'assoupissement produit par l'éther, en sommeil hypnotique, il est absolument nécessaire de posséder à fond la science de la suggestion et des passes. Ce n'est qu'un jeu pour un hypnotiseur entraîné par une pratique suffisante, mais un débutant ne peut prétendre posséder cet art par une simple lecture. Si vous voulez arriver à des résultats qui dépasseront toutes vos espérances, conformez-vous scrupuleusement aux recommandations données, car elles sont inspirées par une expérience de vingt années et une étude approfondie des diverses méthodes connues de l'enseignement de l'hypnotisme. Entraînez donc tous les jours les facteurs de l'influence (regard, parole, passes et concentration de la pensée); faites beaucoup d'expériences à l'état de veille sur des enfants d'abord ou bien des sensitifs en suivant scrupuleusement la progression qui est donnée;

exercez-vous ensuite à provoquer le sommeil hypnotique sur vos meilleurs sujets, et si plus tard, après une pratique suffisante, vous rencontrez quelque sujet absolument réfractaire par les méthodes ordinaires, vous pourrez alors employer avec un succès assuré la méthode basée sur l'assoupissement artificiel, changé en sommeil hypnotique par la suggestion et les passes.

Comment changer le sommeil naturel en sommeil hypnotique

Il est possible d'obtenir l'hypnose à l'insu du sujet, sans que sa volonté intervienne, sans qu'il en garde jamais le plus léger souvenir.

Les anciens magnétiseurs connaissaient cette possibilité de changer le sommeil naturel en sommeil hypnotique. Le procédé indiqué par le général Noizet était connu du docteur Liébengen et les hypnotiseurs modernes qui l'ont vérifié (Berger, Liébault, Bernheim) ont admis son efficacité.

Pour faire passer une personne dormant du sommeil naturel dans un sommeil somnambulique artificiel, il faut s'approcher avec précaution de la personne endormie de façon à ce qu'elle ne s'éveille pas, et faire quelques passes pour rendre son sommeil plus profond. Ces passes doivent se faire lentement, du sommet de la tête jusque vers l'estomac, assez près du corps mais sans le toucher. Bien que ce ne soit pas indispensable, vous pouvez joindre la suggestion mentale. Ce genre de suggestion est d'une efficacité extraordinaire sur certains sujets et vous pouvez, ainsi qu'il est dit déjà, l'employer dans tous les cas, car elle ne peut qu'aider à assurer le succès dans les essais d'influence hypnotique. Elle paraît réussir particulièrement dans ce cas. L'explication est du reste aisée, puisque la personne dormant de sommeil naturel est le plus souvent incapable de résister aux influences extérieures. Lorsque, plus tard, vous aurez transmis des pensées à distance, vous serez pénétré de cette vérité que *les pensées sont des ondes* et que bien souvent deux cerveaux peuvent entrer en communication, comme les appareils transmetteurs et récepteurs de la télégraphie sans fil. Essayez en fixant fermement la personne endormie à la racine du nez, de lui faire faire un mouvement par une forte suggestion mentale à laquelle vous joindrez l'effort mental. Concentrez toute votre pensée, toute votre volonté sur le commandement mental : *Remuez le bras gauche...... je veux que vous remuiez le bras gauche...... remuez le bras...... allons ! remuez le bras...... le bras gauche...... le bras gauche......*

Faites un effort nerveux en vous-même, comme si vos mains touchaient le bras du dormeur et qu'elles le déplacent (effort mental), vous réussirez quelquefois à être obéi. Si vous n'obtenez pas de résultat, continuez à faire quelques passes descendantes sans contact et dites d'une voix très basse : *Votre sommeil devient profond...... profond...... vous ne pouvez pas vous éveiller...... impossible de vous éveiller...... vous dormez profondément...... ne vous éveillez pas...... dormez......*

Ayez la précaution de parler à voix basse ou au moins à mi-voix et de préférence au creux de l'estomac, afin que les ondulations sonores n'éveillent pas la personne. Continuez quelque temps les suggestions et lorsque vous voudrez vous rendre compte si l'hypnose est obtenu, levez doucement le bras du dormeur en l'air, en disant à mi-voix, mais d'un ton assuré : *Votre bras est raide...... il se tient en l'air...... il se tient...... votre bras est raide......* Insistez sur ces suggestions et lâchez le bras.

Si, après que vous l'avez lâché, le bras se maintient dans la position que vous lui avez donnée, le sommeil hypnotique est obtenu. Les personnes qui parlent en dormant ou qui s'agitent beaucoup dans le sommeil sans s'éveiller, font d'admirables sujets pour l'emploi de ce procédé. Une fois l'état hypnotique provoqué, dites : *Vous dormez profondément...... impossible de vous éveiller...... mais vous écoutez distinctement mes paroles...... M'écoutez-vous ?...... répondez-moi...... vous pouvez me répondre...... m'écoutez-vous ?......*

Il faut insister sur ces suggestions jusqu'à ce que la personne réponde *oui*. Souvent ce *oui* est précédé de mouvements de lèvres, de marmottages incompréhensibles; dans ce cas, insistez sur la suggestion : *Vous pouvez me répondre...... vous parlez très bien...... rien ne vous gêne...... vous pouvez me répondre...... répondez-moi.*

Lorsque le dormeur vous aura répondu sans s'éveiller, vous pouvez être sûr qu'il est dans un état hypnotique. Vous pouvez alors lui donner n'importe quelles suggestions, en ayant soin de parler clairement et énergiquement, mais à mi-voix. Avant de quitter la personne, suggérez qu'elle s'éveillera naturellement le matin à l'heure habituelle, qu'elle ne sera pas fatiguée et qu'elle ne gardera aucun souvenir de ce qui vient de se passer.

Dans toutes vos suggestions, évitez de prononcer le nom ou le prénom du dormeur, car il arrive souvent que cette imprudence provoque brusquement le réveil lorsque l'hypnose n'est pas encore obtenu.

Exercez-vous, au début, sur des enfants ou sur des personnes sujettes à des accès plus ou moins marqués de somnambulisme naturel (1). Plus tard, et avec les précautions indiquées, vous parviendrez très aisément à changer le sommeil naturel en sommeil hypnotique chez la totalité de vos sujets, quels qu'ils soient.

La méthode artificielle d'assoupissement peut s'employer ici avec beaucoup d'avantages. Ne pas oublier les restrictions recommandées aux expérimentateurs qui ne sont pas médecins.

Méthode du docteur Flower

La méthode du docteur Flower est basée sur la combinaison de compter, et le procédé d'abaisser et de relever les paupières ; elle permet d'endormir plusieurs sujets à la fois et je l'ai souvent employée avec succès.

Faites asseoir le sujet commodément, dites-lui qu'il pense au sommeil et qu'il abaisse et relève les paupières toutes les fois que vous compterez.

Comptez ensuite très lentement et d'une voix monotone : *un*..... *deux*..... *trois*..... etc. Lorsque vous serez arrivé à un certain nombre, le sujet sera souvent incapable d'ouvrir les yeux ; vous constaterez des mouvements de sourcils, mais les paupières sont closes et ne pourront s'élever. Continuez de compter et quand vous jugerez le sujet suffisamment assoupi, employez les passes et la suggestion.

---

(1) Les explications détaillées sur les trois états hypnotiques développés spontanément sont données plus loin (page 341).

Si après avoir compté jusqu'à cent le sujet n'éprouve rien, essayez une autre méthode.

Méthode d'Hypnotisation par téléphone

Nous savons déjà qu'un sujet sensible qui a été souvent hypnotisé, peut être endormi immédiatement par la seule suggestion verbale de l'opérateur. Il suffit de lui dire : *Dormez profondément*, ou bien encore : *Dans une minute vous dormirez profondément*, pour l'induire dans le sommeil hypnotique. Le but peut être atteint de la même façon sans que le sujet voie l'hypnotiseur ; c'est ce qui rend possible l'hypnotisation à distance par téléphone.

Ce procédé ne peut réussir que sur un sujet ayant été préalablement endormi par d'autres méthodes, ou sur un sujet d'une sensibilité exceptionnelle à la suggestion verbale (on en rencontre quelquefois, surtout chez les jeunes filles impressionnables).

Voici comment il faut opérer :

Vous appelez le sujet au téléphone, vous le priez de s'asseoir (afin d'éviter toute chute dangereuse) et, si c'est un sujet sensible que vous avez déjà endormi quelquefois, vous faites les suggestions suivantes :

Pensez au sommeil..... votre tête est lourde....., dormez d'un sommeil profond..... avant une minute vous serez endormi profondément..... endormez-vous..... dormez.

Ces suggestions suffisent, dans la plupart des cas, pour induire la personne dans le sommeil hypnotique. Avec les sujets difficiles, il n'y a qu'à insister plus longuement sur les suggestions de sommeil.

Il est bon, si vous n'avez pas le concours d'un deuxième hypnotiseur qui contrôle le sommeil du sujet, de fixer le temps que durera ce sommeil afin qu'il ne se prolonge pas trop longtemps. Vous pouvez dire : *Vous vous éveillerez dès que vous entendrez la sonnerie d'appel*. Vous n'aurez alors qu'à employer cette sonnerie pour éveiller immédiatement le dormeur.

Avec les sujets très impressionnables, on peut obtenir l'hypnose par téléphone, même s'ils n'ont jamais encore été endormis. La précaution de s'adjoindre un deuxième opérateur, ou bien d'opérer avec un téléphone d'appartement et à une courte distance du sujet, est dans ce cas indispensable.

L'hypnotiseur entraîné, ayant par une longue pratique développé son *influence personnelle* et possédant l'art de donner des suggestions efficaces, obtient des résultats déconcertants.

Méthode d'Hypnotisation par phonographe

Je crois être le premier qui, dans cet ordre d'idées, ait poussé l'expérimentation jusqu'à l'obtention de l'hypnose par le phonographe. Non seulement le sujet qui a déjà été endormi s'endort rapidement par ce moyen, mais j'ai obtenu des résultats incroyables sur des sujets sensibles qui n'avaient jamais été influencés précédemment de quelque façon que ce soit. Le fait est d'autant plus étrange que, dans l'expérimentation rigoureuse que j'ai depuis tentée bien souvent avec le professeur L. Jacquemont, le phonographe impressionné par un opérateur exercé à la suggestion verbale donnait des résultats très satisfaisants, et l'appareil qui avait été impressionné par une personne ne pratiquant pas l'hypnotisme, ne donnait aucun résultat appréciable. C'étaient pourtant les mêmes phrases débitées dans le même ordre. C'est une preuve indéniable que la suggestion verbale répétée, l'insistance sur cette suggestion est une puissance en hypnotisme et c'est une preuve non moins certaine que l'usage cultive d'une façon merveilleuse l'art de donner des suggestions efficaces. Je laisse à certains savants théoriciens qui placent la genèse de tous les phénomènes dans le sujet lui-même et qui nient formellement l'*influence personnelle* de l'hypnotiseur, le soin d'expliquer, s'ils le peuvent, cette différence de résultats en la conciliant avec leurs théories.

Certes, c'est un devoir pour l'expérimentateur de bonne foi de reconnaître et d'admettre l'importance énorme de la suggestion ; il n'est pas déplacé d'en faire *la clef de l'Hypnotisme*, mais il ne faut pas pour cela se cantonner dans un exclusivisme déplacé et nier l'influence personnelle ou magnétisme personnel de l'opérateur. Si certaines conceptions heurtent des théories préconçues, est-ce une raison suffisante pour nier « *à priori* » l'évidence des faits ? Je ne pourrai jamais me résoudre à le croire !

Si le lecteur se trouve dans les conditions nécessaires pour tenter ces essais d'influence par phonographe, cette expérimentation l'intéressera certainement.

Comment hypnotiser par lettre

Cette expérience ne peut être tentée avec des chances de succès, que sur un sujet sensible ayant déjà été hypnotisé, et sur lequel vous avez une certaine influence. Adressez-lui le billet suivant :

Dans une demi-minute vous vous endormirez d'un sommeil profond. Votre tête devient lourde, dormez profondément.

Ecrivez ceci d'une écriture ferme et très lisible, puis signez votre nom en grosses lettres.

Bien entendu, cet essai ne peut réussir que sur un sujet que vous avez déjà endormi et sur lequel, je le répète, vous avez beaucoup d'influence.

Comment hypnotiser par télégraphe

C'est la même expérience que la précédente, avec cette différence que le sujet lit un télégramme au lieu et place de votre écriture personnelle. La réussite est subordonnée à la condition que vous ayiez déjà endormi quelquefois le sujet, et que vous ayiez sur lui beaucoup d'influence. Si ces conditions sont réalisées, la personne s'endormira immédiatement d'un sommeil très profond.

N'oubliez pas de prendre les précautions recommandées plus haut, c'est-à-dire si vous n'avez pas le concours d'un deuxième hypnotiseur qui contrôle le sommeil du sujet et se charge de l'éveiller, indiquez toujours à quel moment vous voulez que le réveil ait lieu.

Hypnotisation par intermédiaire

Dans quelques-unes des expériences qui vont suivre, comme du reste dans un grand nombre de celles qui précèdent, le sujet est endormi tout simplement par suggestion. C'est l'attente du sommeil hypnotique, c'est ce que les physiologistes appellent « *l'attente expectante* », qui produit le sommeil que nous étudions. Le sujet s'endort parce qu'il *s'attend* à être endormi et, chose à peine croyable, le sujet sensible est dans l'impossibilité absolue d'opposer une résistance efficace à ce sommeil. On comprend combien il est facile de tirer parti de cette particularité et d'augmenter, dans une proportion presque infinie, les moyens de provoquer le sommeil hypnotique chez les sujets qui ont déjà été endormis et sur lesquels l'hypnotiseur a beaucoup d'influence.

Voici une méthode de ce genre par laquelle on obtient d'excellents résultats et qui, sur les sujets dont on a développé la suggestibilité par quelques expériences à l'état de veille, réussit admirablement, même lorsque le sommeil n'a pas encore été provoqué chez eux par d'autres méthodes.

Prenez la boule hypnotique ou tout autre objet, mais si vous avez obtenu sur votre sujet quelques influences au moyen de cet objet mécanique, il y a de grands avantages à y avoir recours de préférence. Faites quelques passes sur la boule, bien ostensiblement devant le sujet, regardez-le ensuite fermement et fixement à la racine du nez, et dites-lui d'un ton positif: *Dans un instant, lorsque vous prendrez cette boule, vous vous endormirez d'un sommeil profond.*

Continuez de faire un simulacre quelconque de passes sur la boule en regardant toujours le sujet à la racine du nez et dites : *Maintenant prenez cette boule dans votre main droite, serrez-la, vous dormirez d'un sommeil profond.*

Si la personne qui se prête à l'expérience est assez sensible, dès qu'elle prend la boule, elle s'endort immédiatement et très profondément.

Les anciens magnétiseurs verraient là un phénomène de sommeil produit par le « *Magnétisme* » dont les passes d'après eux auraient imprégné la boule ; il est bien plus sage de reconnaître un simple effet de suggestion sur l'esprit du sujet. L'expérience qui va suivre le prouve aisément.

Dites à votre sujet d'un ton positif en le fixant à la racine du nez : *Dès que vous toucherez le mouchoir de M. X..., vous vous endormirez d'un sommeil profond.*

Priez alors une des personnes de l'assistance de donner son mouchoir au sujet. A peine celui-ci a-t-il touché le mouchoir qu'il s'endort profondément. Il me paraît difficile d'expliquer ce sommeil par l'action du fluide magnétique. Certains me répondront que la personne donnant le mouchoir l'a magnétisé sans le savoir. Cette explication me rappellerait la mésaventure arrivée à un magnétiseur convaincu, Ollivier. Un jour en magnétisant son sujet (Mélanie), il toucha par inadvertance une carafe. Le sujet s'en aperçut. Les petites causes produisent parfois de grands effets; ici l'effet fut terrible ! Le sujet, à qui on avait chanté sur tous les tons que tout objet touché par les magnétiseurs était immédiatement chargé de fluide et capable d'endormir si on y portait la main, voulut se rendre compte du bien-fondé de cette assertion : elle porta une main sur la carafe. Cet objet fut à peine effleuré que le sujet s'endormit profondément. A l'époque, les magnétiseurs jugeaient de la profondeur du sommeil par les « crises nerveuses », autrement dit par une sorte d'imitation grossière d'attaques d'épilepsie ou d'hystérie. S'il faut en croire Ollivier, le sommeil dut être très profond, car la pauvre Mélanie se mit à crier, à se débattre; tant et tant qu'elle ameuta le voisinage et que l'on dépêcha un messager vers le magnétiseur pour qu'il accoure en toute hâte calmer son sujet. Mélanie, qui sans doute voulait éprouver la solidité des murs de sa chambre, n'avait rien trouvé de mieux que de s'escrimer à donner de la tête dedans. Dans sa précipitation, Ollivier manqua plusieurs fois mordre le sol, il volait plutôt qu'il ne courait, raconte-t-il; enfin il eut la chance d'arriver avant que le nouveau bélier eût accompli son œuvre dévastatrice, la maison de Mélanie était toujours debout et des mains secourables, au prix de combien d'efforts, ayant retenu le sujet, la tête aussi était intacte. Le magnétiseur de joie se sentit défaillir, il éveilla Mélanie, mais il ne dit pas s'il a arraché de la malencontreuse carafe le fluide qui avait failli causer d'irréparables malheurs ! Quelle imprudence s'il n'y a pas songé, il en restait peut-être encore ! !

Il ne faut pas voir dans ces lignes la justification des théories de ceux qui nient le magnétisme humain. Certaines recherches, différentes expériences m'ont démontré d'une façon irréfutable l'action réelle des radiations humaines. Les recherches faites à ce sujet sont données à l'article « Passes »; quant aux expériences, la chute en arrière sans que les mains prennent contact avec les omoplates et les symptômes qui se manifestent chez les sensitifs, par l'imposition prolongée des mains de l'hypnotiseur, suffisent pour admettre un facteur différent de la *Suggestion*, de la *Fascination* et de l'*Attention expectante*. D'autres considérations sur lesquelles nous nous étendrons longuement dans la partie théorique et surtout la série d'expériences que l'opérateur pourra tenter avec succès sur tous les sensitifs, compléteront cette étude sur le magnétisme humain. Ces restrictions faites, je dois dire au lecteur qu'il m'est impossible de voir le fluide partout où le voient certains magnétiseurs ; je suis persuadé que la carafe d'Ollivier n'était nullement magnétisée et je puis affirmer que le nombre d'hypnotiseurs qui verront dans le cas du sujet (Mélanie), un effet de la suggestion et de l'attention expectante du sujet lui-même, sera bien plus grand que ceux qui persisteront à vouloir reconnaître une manifestation du fluide magnétique. La croyance populaire à la magnétisation de certaines substances est, il le faut reconnaître, la source de jolis bénéfices pour certains magnétiseurs qui se piquent de philanthropie. J'ai sous les yeux différents tarifs d'eau magnétisée, de charbon magnétisé, d'ouate, de coton, de métaux divers, etc., ce n'est pas précisément bon marché et encore il faut charger de fluide tous les mois ces accumulateurs, évidemment la petite opération n'est pas gratuite. Si vous êtes plus heureux que moi dans vos expérimentations, s'il vous est possible d'arriver à croire à la mise en bouteilles, au transport et à la vente du fluide magnétique, si votre conscience vous approuve, faites comme ces Messieurs, ouvrez boutique ; mais si vous faites du magnétisme une spécialité, pensez à Ollivier, et méfiez-vous des carafes, ou bien ne suggérez pas à vos sujets que le fluide endort profondément et vous n'aurez plus à en redouter les méfaits.

Il faudrait un volume pour donner toutes les possibilités de provoquer le sommeil hypnotique sur un sujet sensible, par la suggestion basée sur l'attention expectante.

Vous pouvez dire au sujet en le fixant fermement à la racine du nez : *Il vous est impossible de quitter cette pièce, dès que vous toucherez le bouton de la porte, vous dormirez d'un sommeil profond. Essayez !*

Souvent le sujet hésite, mais à peine a-t-il touché ce bouton qu'il s'endort profondément.

Présentez-lui un verre contenant de l'eau et dites : *Dès que vous aurez bu cette eau, vous dormirez d'un sommeil profond.*

Lorsque le verre est vidé, le sujet s'endort profondément.

Il est possible de lier l'idée d'attente du sommeil avec l'accomplissement de n'importe quelle action à exécuter soit par le sujet, soit par l'hypnotiseur, soit par une personne de l'assistance. La seule chose nécessaire pour la réussite de ces expériences est d'opérer sur un sujet sensible, qui a été déjà endormi quelquefois.

Comment endormir le sujet à une date déterminée

Cette expérience est basée également sur l'*attention expectante* du sujet. Il est très facile d'endormir un sujet à une heure fixée et en dehors de la présence de l'hypnotiseur. Dites à la personne :

Demain à midi, au moment de votre repas, à peine serez-vous à table que vous dormirez d'un sommeil profond.

Le sujet sensible s'endormira infailliblement à l'heure, et dans les conditions indiquées.

Ceci n'est qu'un simple exemple choisi au hasard, vous pouvez varier à l'infini la façon de présenter les expériences d'obtention du sommeil hypnotique par une suggestion antérieure de l'opérateur.

Comment hypnotiser à distance par Suggestion mentale et sans que le sujet s'y attende

Dans les précédents essais, l'hypnotiseur appliquant la suggestion en vue d'obtenir l'hypnotisation de son sujet, avait recours, soit à la suggestion verbale, soit à la suggestion écrite. Il existe encore une autre forme de suggestion : la suggestion mentale. Ruault la définit : « L'influence que la pensée de l'hypnotiseur exerce dans un sens déterminé, soit sur la pensée de l'hypnotisé, soit sur l'apparition chez cet hypnotisé de phénomènes somatiques de nature hypnotique, sans que la pensée de l'hypnotiseur soit accompagnée de signes extérieurs dont il ait conscience et qui soient appréciables au sens des assistants. » On voit par cette définition que l'auteur veut expliquer la suggestion mentale par une sorte de télégraphie inconsciente de gestes ou d'ébauches de gestes, entre l'opérateur et le sujet. On pourrait admettre cette hypothèse lorsque l'hypnotiseur et le médium peuvent se voir réciproquement, mais quand ils expérimentent dans deux pièces différentes, ou bien à un kilomètre ou même cent kilomètres de distance, l'hypothèse s'écroule de suite. Je ne veux pas, dans cet ouvrage, m'étendre trop longtemps sur des hypothèses, ce serait sortir du cadre d'un Cours pratique ; le lecteur qui désire connaître le mécanisme de la suggestion mentale ou transmission de pensée, d'après les plus récentes conceptions de nos savants psychologues, pourra aisément se renseigner en consultant la deuxième partie de cet ouvrage. Je m'attacherai simplement ici à envisager le fait sous son côté pratique. Il est possible de provoquer le sommeil à distance, par la seule concentration de pensée. Il est presque superflu de dire que, seuls, les hypnotiseurs et les sujets qui se sont entraînés à la transmission de pensées (appelée improprement télépathie) sont dans les conditions requises pour obtenir le sommeil par suggestion mentale (1).

Il y a très longtemps que des opérateurs ont réussi à obtenir le sommeil à distance sur des sujets prédisposés, sans leur écrire, sans les prévenir de quelque façon que ce soit. Les faits ont été contrôlés bien souvent, cependant il fallait que des médecins et des savants, offrant toutes les garanties de bonne foi, d'honnêteté et de compétence, répètent les expériences et puissent affirmer la réalité des faits, pour que la science officielle daignât s'en occuper en en cherchant l'explication dans la théorie des neurones, le tube de Branly et les ondes hertziennes.

MM. Gibert et Pierre Janet ont fait, en septembre 1886, des expériences concluantes au Havre, avec Mme Léonie B..... Ces essais ont été repris à Paris par M. Ch. Richet, au commencement de l'année 1887.

Pour arriver à des résultats, il est indispensable que l'opérateur s'entraîne préalablement à concentrer sa pensée, car la suggestion mentale s'exerce avec d'autant plus de succès, que l'idée à transmettre au médium a été, dans la conscience de l'hypnotiseur, l'objet d'une représentation plus claire, d'une attention plus soutenue et d'une concentration plus forte. Il faut également

---

(1) L'entraînement du sujet n'est pas absolument nécessaire. Des personnes n'ayant jamais été hypnotisées ont été influencées et endormies à distance par des opérateurs entraînés. Ces faits relèvent plutôt du domaine de l'Occultisme expérimental

choisir des sujets susceptibles de percevoir la pensée de l'opérateur. Des personnes douées d'une sensibilité exceptionnelle y parviennent de suite, d'autres, au contraire, ne le peuvent qu'après un entraînement patient et méthodique (voir plus loin le chapitre *Transmission de pensée*), certaines, enfin, paraissent absolument réfractaires à ce genre d'impression. Je suis persuadé que l'étudiant entraîné par une pratique suffisante trouvera, en expérimentant, de préférence sur des femmes nerveuses, des sujets qui lui permettront de se rendre personnellement compte de la réalité de ces troublants phénomènes. Le docteur Liébengen endormait son sujet « *Bertha* » quelle que soit la distance qui les sépare, et lui faisait exécuter n'importe quel acte, écrire n'importe quelle lettre, par la seule concentration de la pensée. J'ai, moi-même, rencontré plusieurs jeunes gens qui ont été amenés très rapidement à percevoir la pensée, dans l'état de somnambulisme artificiel et **même à l'état de veille.**

Voici ce qu'il faut faire pour obtenir le sommeil à distance, par la seule suggestion mentale.

Entraînez-vous d'abord aux essais de suggestions mentales avec quelques sujets en somnambulisme artificiel d'abord, puis ensuite à l'état de veille. Choisissez pour ces expériences les personnes que vous jugerez très sensibles, autant que possible des sensitifs capables de perceptivité de l'agent magnétique. En influençant de nombreux sujets, tout en développant chez vous, d'après la méthode indiquée au début du Cours pratique, la concentration de la pensée, vous trouverez certainement quelques personnes qui vous permettront d'obtenir des résultats. Fixez votre choix sur le sujet le plus sensible et, lorsque vous voudrez l'endormir à distance, concentrez toute votre volonté sur cette pensée : *Je veux que vous dormiez profondément..... ma pensée vous pénètre..... je suis auprès de vous..... vous m'écoutez..... dormez profondément..... je le veux..... impossible de résister..... vous allez dormir d'un profond sommeil..... vous dormez..... dormez !*

Ne vous laissez distraire par rien, concentrez toute votre attention sur ces suggestions et voyez en même temps le sujet en imagination, en voulant de toutes vos forces qu'il s'endorme, qu'il vous obéisse. Figurez-vous par la pensée être auprès de lui, figurez-vous faire des passes sur lui. Un excellent moyen pour un débutant, est d'avoir devant les yeux une photographie du sujet, ou bien d'opérer comme les fakirs indous, en concentrant son regard sur une petite boule de cristal. (Vous pouvez employer pour cela la boule hypnotique Fournier).

(Pour entraîner un sujet à la possibilité de percevoir les suggestions mentales, voir plus loin le chapitre : *Transmission de pensée*).

Méthode infaillible du docteur J. Esdaile, médecin en chef de l'hôpital mesmérique de Calcutta

Par la méthode du docteur Esdaile, il n'y a pas de sujets rebelles au sommeil magnétique ; le sommeil s'obtient après un laps de temps plus ou moins long, mais il est absolument certain. J'ai expérimenté souvent cette méthode avec le concours du docteur Liébengen et du professeur Jacquemont, sur des personnes que nous avions jugées rebelles à l'influence magnétique et je dois avouer que les résultats obtenus ont dépassé nos espérances. Voici le procédé exposé par le docteur Esdaile : « Après avoir magnétisé un malade [1] pendant un quart d'heure ou vingt minutes, nous nous faisons remplacer par un collègue qui le magnétise à peu près le même laps de temps. Lorsque celui-ci est fatigué, il se fait remplacer par un autre et ainsi de suite. » Nous avons opéré de cette façon et nous avons toujours obtenu le sommeil magnétique et l'insensibilité la plus complète, ce qui peut permettre de procéder sans douleur aux opérations chirurgicales les plus délicates. Nous avons eu recours à la méthode de Deleuze en nous remplaçant mutuellement comme le recommande le docteur Esdaile.

Comment éveiller les sujets

J'ai donné à peu près toutes les méthodes qui existent pour induire un sujet dans le sommeil hypnotique. J'en ai omis avec intention quelques-unes qui ne sont que la répétition de méthodes

---

[1] Le docteur Esdaile ne se sert du magnétisme que sur des malades et surtout en vue d'obtenir l'insensibilité pour procéder à des opérations chirurgicales.

déjà connues et qui n'offriraient aucun intérêt au lecteur, car elles n'en diffèrent que par quelques particularités absolument insignifiantes. Pour la documentation du lecteur, toutes les méthodes existantes, avec les noms de leurs auteurs ou des peuples et des sectes qui les emploient, seront néanmoins données dans la deuxième partie de cet ouvrage. Nous allons nous occuper maintenant de la façon d'éveiller le sujet hypnotisé. Je vous recommande avant tout le plus grand calme, toute inquiétude serait déplacée, car vous êtes certainement à même, par les moyens qui seront indiqués, de mettre un terme au sommeil du sujet. Certains débutants manquent de sang-froid, laissent voir de l'inquiétude, pressent trop le sujet; l'entourage s'en mêle, on s'agite, on crie et à cause de cela même, l'hypnotisé ne s'éveille pas. Il n'y aurait en somme aucun danger à laisser dormir le sujet, car après un temps plus ou moins long, l'hypnose se change en sommeil naturel et la personne s'éveille toujours d'elle-même. Mais comme le temps au bout duquel se produit l'éveil est parfois assez long (dans des essais de ce genre le réveil spontané ne s'est produit qu'au bout de trente-six heures), il est indispensable d'être à même de mettre fin à ce sommeil. Si, avant d'endormir le sujet, vous prenez la précaution de développer sa suggestibilité par quelques expériences à l'état de veille, si vous avez de préférence recours aux méthodes d'hypnotisation basées sur la suggestion (voir le premier procédé indiqué au début de ce chapitre), vous êtes sûr d'éveiller votre sujet très facilement et très rapidement. Lorsque vous voudrez faire cesser le sommeil, suggérez :

Je vais vous éveiller..... vous serez très bien..... vous n'aurez pas de maux de tête..... pas de fatigue..... vous vous éveillerez facilement..... Eveillez-vous..... vous êtes très bien..... éveillez-vous..... bien..... éveillez-vous.....

Faites en même temps des passes en remontant partant des poignets, frôlant légèrement les bras, effleurant les épaules et passant à une petite distance de chaque côté de la tête. En continuant ces passes et ces suggestions, la personne s'éveillera sans aucune fatigue dans la majorité des cas. Il arrive parfois que le sujet se rendort du sommeil hypnotique, il est donc prudent d'attendre un instant avant de le renvoyer. Il faut lui parler doucement, lui suggérer toujours qu'il n'est pas fatigué, qu'il se sent très bien. Dites-lui :

Vous êtes complètement éveillé..... vous n'avez plus sommeil..... c'est fini..... tout est passé..... vous êtes très bien..... restez éveillé.

Lorsqu'il vous aura répondu qu'il se sent bien, vous pouvez le renvoyer sans crainte.

Avec les sujets qui ne peuvent s'éveiller par ce moyen, il faut souffler froid légèrement sur les yeux ou sur le front ou bien éventer le visage tout en continuant les suggestions : *Eveillez-vous..... bien..... éveillez-vous.* Généralement la personne s'éveillera après l'insufflation ou l'éventement. Si vous tombiez exceptionnellement sur un sujet difficile à éveiller, ne vous troublez pas, car je ne saurai trop vous le répéter, il s'éveillera toujours de lui-même ; il passera du sommeil hypnotique dans le sommeil naturel et l'éveil se produira naturellement. Néanmoins si vous voulez parvenir à l'éveiller le plus vite possible, employez le moyen suivant : s'il est en état de somnambulisme et qu'il vous parle, demandez-lui de vous dire ce qu'il faut faire pour l'éveiller. Faites alors ce qu'il vous dira et il s'éveillera immédiatement. Lorsqu'il ouvrira les yeux, suggérez : *Vous êtes bien éveillé..... vous n'avez plus sommeil..... vous êtes très bien..... votre tête n'est pas lourde..... vous n'éprouvez aucune fatigue..... aucun malaise..... vous êtes bien..... tout à fait bien.....*

Si le sujet ne répond pas à votre demande et ne vous indique pas lui-même ce que vous avez à faire pour l'éveiller, dites-lui d'un ton positif : *Maintenant il faut vous éveiller..... vous pouvez vous éveiller..... ne tardez pas davantage..... votre sommeil est ridicule..... éveillez-vous..... Serez-vous éveillé lorsque j'aurai compté jusqu'à cinq ?.... me promettez-vous de vous éveiller quand j'arriverai à cinq ?.....*

Insistez pour avoir une réponse et la promesse qu'il s'éveillera lorsque vous aurez compté. Persévérez jusqu'à ce qu'il vous en donne l'assurance et lorsqu'il vous aura promis de s'éveiller, comptez lentement : un, deux, trois, quatre, dites cinq plus fort, et en même temps frappez vos mains l'une contre l'autre, suggérant d'un ton très positif : *Eveillez-vous..... bien, éveillez-vous..... éveillez-vous..... vous êtes très bien.....*

Faites des passes en remontant, soufflez froid sur les yeux ou sur le front, frappez vos mains très fort, continuez les suggestions jusqu'à ce que le sujet s'éveille.

Si le sommeil persiste, insistez sur le ridicule de cet état, dites au sujet que ce sommeil n'a plus sa raison d'être, que vous ne le tolérerez pas davantage ; faites impression sur l'amour-propre du sujet en disant que les assistants se moquent et qu'il est ridicule s'il ne s'éveille pas. Exigez qu'il vous dise dans combien de temps il s'éveillera. S'il ne vous répond pas, demandez-lui s'il sera éveillé dans cinq minutes. S'il vous promet d'être éveillé après ce temps ou s'il demande un temps plus long, accordez-le lui ; laissez-le et lorsque le moment qu'il a fixé sera venu, approchez-vous et suggérez : *Maintenant vous êtes bien et cette fois vous allez vous éveiller car le temps est passé. M'écoutez-vous ?*

Insistez pour qu'il vous réponde et dites-lui avec autorité :

Cette fois vous vous éveillerez, je vais compter jusqu'à cinq et à cinq vous serez parfaitement éveillé et vous vous sentirez très bien.

Comptez lentement jusqu'à cinq, énoncez ce chiffre d'une voix forte et frappez vos mains l'une contre l'autre en disant : *Eveillez-vous..... vous êtes très bien..... éveillez-vous.....*

Assurez-vous que toute influence hypnotique a disparu, car il arrive parfois que des sujets difficiles à éveiller se rendorment presque immédiatement. Dans de tels cas, donnez les suggestions suivantes en renouvelant l'essai : *Maintenant quand vous vous éveillerez, vous resterez éveillé..... vous ne pourrez pas vous rendormir..... vous vous sentirez très bien et vous resterez éveillé..... bien éveillé.....*

Insistez sur ces suggestions et éveillez le sujet.

Il est arrivé que dans certains cas, très rares il est vrai, il a fallu frapper des semelles de souliers avec des livres, promener le sujet dans la chambre, se servir d'aspersions d'eau froide, plonger les mains du sujet dans l'eau, faire beaucoup de bruit autour du sujet pour obtenir le réveil. Ces cas ne peuvent se présenter que lorsqu'un opérateur, comprenant mal l'hypnotisme ou manquant de prudence, emploie des procédés d'hypnotisation qui ne conviennent pas aux sujets très sensibles. Par le recours de la méthode préconisée dans cet ouvrage, méthode consistant à se rendre compte avant tout du degré de susceptibilité du sujet et à développer sa suggestibilité par quelques essais à l'état de veille, ceci n'est jamais à craindre et vous êtes sûr d'éveiller facilement tous vos sujets. N'oubliez jamais de n'employer que la suggestion verbale comme procédé d'hypnotisation sur les sujets très sensibles. Quand vous expérimenterez sur un nouveau sujet, si après quelques expériences à l'état de veille, si après lui avoir, par exemple, raidi le bras, il lui est difficile de le plier, bien que vous lui assuriez que toute influence a disparu ; si cette influence persiste, même après avoir fait des passes en remontant avec contact, vous avez devant vous une personne très sensible à l'influence hypnotique. Parfois, après avoir plié le bras et lorsque toute influence semble avoir disparu, le sujet se sent engourdi, ses yeux clignotent, il éprouve une lassitude ; en pareil cas soyez très prudent, car le sujet est d'une sensibilité exceptionnelle et il serait certainement difficile à éveiller si vous aviez recours, pour l'endormir, aux méthodes ordinaires d'hypnotisation. Ne vous servez que de la suggestion verbale, ne faites pas de passes, gardez-vous d'employer la fixation d'objets trop brillants. Efforcez-vous, par quelques expériences à l'état de veille, de développer la suggestibilité du sujet non seulement pour l'obtention, mais encore, mais surtout pour la disparition complète de toute influence provoquée. Dans le cours de ces essais préparatoires, revenez souvent sur la suggestion que toute influence disparaît immédiatement, dès que vous en faites le commandement. Puis, lorsque vous voudrez hypnotiser le sujet, dites-lui :

Vos paupières sont lourdes..... elles s'abaissent..... vos yeux se ferment..... votre tête devient lourde..... très lourde..... vous n'écoutez plus que ma voix..... vous êtes fatigué..... un engourdissement vous envahit..... vous ne pensez plus qu'au sommeil..... rien qu'au sommeil..... endormez-vous d'un sommeil profond..... dormez..... Dormez ! mais vous vous éveillerez aisément..... vous vous éveillerez dès que je vous en donnerai l'ordre..... dormez ! vous ne serez pas fatigué.....

Par ce procédé, vous pouvez être absolument sûr d'éveiller, sans difficulté, tous les sujets très impressionnables que vous induirez dans le sommeil hypnotique.

Voici une méthode pour éveiller les sujets difficiles qui réussit presque toujours. Elle consiste à lier l'idée du réveil avec la disparition d'une influence quelconque que vous aurez préalablement provoquée par suggestion. Les influences de ce genre sont si nombreuses que ce procédé peut s'appliquer de bien des façons différentes. Je vais en donner un exemple choisi au hasard. Suggérez à votre sujet endormi que son bras se raidit, qu'il est raide et qu'il ne peut le plier malgré ses efforts. Lorsqu'il aura essayé de le plier sans y parvenir, dites-lui d'un ton positif : *Dès que votre bras ne sera plus raide, vous vous éveillerez de suite..... vous m'écoutez, quand vous pourrez plier le bras vous vous éveillerez immédiatement..... Votre bras n'est plus raide, éveillez-vous..... votre bras se plie très bien, éveillez-vous..... vous vous sentez très bien, éveillez-vous..... éveillez-vous et restez éveillé.*

Certains hypnotiseurs professionnels se servent avec succès du procédé suivant pour éveiller les sujets difficiles. Ils font partir tout près de l'hypnotisé, un pétard ou une petite fusée produisant une détonation assez violente, ou bien encore ils tirent un coup de pistolet chargé de bourre. J'ai toujours vu ce moyen réussir immédiatement, sans d'autres inconvénients pour les sujets qu'une brusque surprise suivie d'un peu d'hébétement vite dissipé. Néanmoins, je ne l'ai jamais employé personnellement et je n'en conseille pas l'usage, car je m'élèverai toujours contre le recours à tous les procédés qui ont pour point de départ une impression brusque et vive sur le système nerveux, qu'ils soient employés pour endormir ou pour éveiller.

Je tiens à vous dire, après ce long exposé de procédés d'éveil, que les sujets difficiles à éveiller ne sont que l'exception et que, dans la majorité des cas, la première méthode indiquée au commencement de ce chapitre suffira pour mettre fin au sommeil des personnes que vous aurez induites dans l'état d'hypnose superficiel ou profond. Je vous rappelle, une dernière fois encore, que l'hypnotisé s'éveille *toujours* de lui-même au bout d'un temps plus ou moins long. Le sommeil hypnotique fait toujours place au sommeil naturel et l'éveil se produit naturellement.

Il est bon, néanmoins, d'être à même de mettre fin à un sommeil qui pourrait être une cause d'inquiétude pour l'assistance. En vous conformant aux conseils donnés, en tenant compte des recommandations concernant les sujets très sensibles à l'influence hypnotique, vous n'aurez jamais à redouter la moindre alerte.

Il ne faut pas ignorer que seuls les médecins ne connaissant ou n'employant que les méthodes de Braid ou les procédés de surprise brusque sur n'importe quel sens (lumière éblouissante, coup formidable de tam-tam ou de gong, etc.), ont eu des surprises et ont dû faire de grandes réserves concernant l'emploi de l'hypnotisme. Quant à ceux qui n'ont pas dédaigné faire appel à la suggestion et aux radiations humaines; ceux-là qui n'ont pas cru devoir se cantonner dans un exclusivisme déplacé, ont trouvé l'hypnotisme absolument inoffensif et se sont toujours attachés à démontrer qu'il y aurait pour tous, les plus grands avantages à le vulgariser. Je ne saurai jamais trop dire, je ne saurai jamais assez répéter que si parfois le réveil s'obtient difficilement, si après ce réveil le sujet éprouve des malaises qui tardent à se dissiper, si des hypnotisations successives par le recours à des moyens violents ébranlent le système nerveux et conduisent le sujet aux fâcheux inconvénients d'auto-hypnotisation involontaire, ceci n'est pas imputable à l'hypnotisme. On ne peut s'en prendre qu'à l'opérateur qui n'a pas su ou qui n'a pas voulu développer la suggestibilité de son sujet par des expériences à l'état de veille, et qui a eu recours à des méthodes trop violentes ou trop brutales pour provoquer l'hypnose. C'est pour cela que j'ai cru devoir recommander, d'une façon toute particulière, les expériences à l'état de veille, afin de reconnaître par là quelle méthode d'hypnotisation il convient d'employer. J'ai cru également devoir laisser de côté les méthodes de sommeil basées sur l'impression subite des sens : lumière aveuglante, bruit subit, renversement brusque du sujet, commotion sur le cerveau par l'action de ramener brutalement la tête à droite et à gauche, faire tourner le sujet et l'arrêter brusquement, etc. Je ne recommande aucun de ces moyens, ils sont inutiles, parfois dangereux et n'ont pas une efficacité supérieure à celle des procédés que j'ai développés dans le chapitre traitant du sommeil hypnotique. Le médecin, seul, peut y avoir recours dans un but d'expérimentation.

PARTICULARITÉS

DU SOMMEIL HYPNOTIQUE

LES DIFFÉRENTS ÉTATS DE L'HYPNOSE

D'après l'opinion répandue par certains traités scientifiques, le sommeil hypnotique ne se manifeste pas spontanément d'une façon identique. Une école hypnotique célèbre (celle de Paris) admet trois manifestations bien marquées de cet état spécial : 1º la *Léthargie* (sommeil très profond pendant lequel l'usage des sens est aboli); 2º la *Catalepsie* (sommeil caractérisé par une raideur des muscles, une tension du système nerveux); 3º le *Somnambulisme* (sommeil pendant lequel le sujet peut accomplir des actes plus ou moins compliqués dont il perd le souvenir au réveil).

Je ne veux pas, dans ce Cours pratique, rechercher si ces phases diverses de l'hypnose sont réellement obtenues par le recours aux procédés différents qui, dans les traités des savants de l'École de Paris sont recommandés en vue de l'obtention de chacune de ces manifestations, ou si l'éducation spéciale, l'attention, l'auto-suggestion et l'instinct d'imitation du sujet suffisent pour expliquer les différences d'état.

Je puis dire, cependant, que dans mes nombreuses expérimentations par le recours aux méthodes recommandées, c'est-à-dire en laissant la plus large part à la suggestion verbale (après avoir développé la suggestibilité du sujet par de nombreuses expériences à l'état de veille), je n'ai jamais obtenu spontanément ni la léthargie, ni la catalepsie, ni le somnambulisme, mais toujours au début un sommeil calme, profond, tranquille, se rapprochant beaucoup du sommeil naturel et pouvant aisément se confondre avec lui.

Une fois ce sommeil provoqué, j'ai toujours obtenu par la seule suggestion (verbale ou mentale) tous les états spéciaux de l'hypnose, sans avoir recours aux manipulations ou aux agents préconisés par l'Ecole de Paris. J'indique, un peu plus loin, les caractéristiques des principaux états différents admis par cette école hypnotique ainsi que la façon de les provoquer, d'après les méthodes du docteur Charcot et de ses successeurs directs. On admet aujourd'hui (classification de M. Pierre Janet) jusqu'à neuf états différents :

1º Catalepsie ;

2º Catalepsie léthargique ;

3º Catalepsie somnambulique ;

4º Catalepsie cataleptique ;

5º Léthargie ;

6º Léthargie somnambulique ;

7º Somnambulisme ;

8º Somnambulisme cataleptique ;

9º Somnambulisme léthargique.

L'état spécial du sujet, lorsque celui-ci est sous l'influence de l'une des manifestations hypnotiques que nous avons étudiées sous le nom d'*Influence à l'état de veille*, est désigné par beaucoup de savants sous le nom d'*état de crédulité*, par d'autres sous le nom d'*état suggestif, somnambulisme éveillé*, ou encore *veille somnambulique*. Il existe encore un autre état spécial dans lequel le sujet, bien que gardant toute sa connaissance, est incapable de faire un mouvement, sa volonté n'a aucune action sur les muscles, mais il a conscience de ce qui l'entoure : c'est la léthargie lucide. J'ai lu dans divers traités scientifiques d'hypnotisme qu'une dame sur qui on s'était amusé à des expériences d'hypnotisme tomba dans cet état et fut le témoin impuissant de l'effroi de son entourage et de l'inquiétude de l'opérateur qui ne savait comment l'en faire sortir. Cette anecdote est peut-être citée pour mettre le public en garde contre les dangers de la vulgarisation de l'hypnotisme, je répondrai aux auteurs que lorsque des individus ne connaissent à peu près rien de cette science, leur premier devoir est de ne pas expérimenter avant d'en avoir fait une étude approfondie et que, dans le cas cité plus haut, on ne peut logiquement s'en prendre qu'à la parfaite ignorance de l'opérateur, en déplorant le défaut de vulgarisation des différentes méthodes qui lui auraient permis de mettre fin à cet état.

J'ai parlé déjà de l'*état de charme* dans le chapitre traitant des influences à l'état de veille, ainsi que de l'*état de fascination*.

On peut se convaincre par la liste qui précède que le sommeil hypnotique est susceptible de se manifester sous bien des aspects et encore rien n'empêche de chercher de nouveaux termes, pour relier les états intermédiaires entre eux. Puisque, après avoir admis trois états principaux, on en reconnaît aujourd'hui neuf ou douze en les reliant par des états intermédiaires, il n'y a pas de raisons pour ne pas en admettre vingt ou trente et plus encore, en supposant des états inter-intermédiaires.

Pour que le lecteur puisse se reconnaître dans ce véritable labyrinthe, nous aurons recours ici à la méthode expérimentale, en remettant à la deuxième partie, les explications théoriques sur l'hypnose et ses manifestations. L'opérateur pourra aisément se convaincre, non pas par ce que je dis, mais par ce qu'il obtiendra lui-même, qu'en ayant recours à la méthode combinée de fixation d'un point mobile, passes et suggestion verbale recommandée pour induire dans le sommeil hypnotique une personne déjà influencée à l'état de veille, on obtient toujours, dès le début, un sommeil calme se rapprochant beaucoup du sommeil naturel. Ainsi que le reconnaîtra le lecteur, tous les sujets ne sont pas aussi facilement endormables et certains n'arrivent au sommeil complet qu'après plusieurs essais successifs. Dans les premières séances, l'opérateur n'obtient parfois que des effets peu marqués et lents à se manifester, puis, peu à peu, ils s'obtiennent de plus en plus vite et sont plus nettement caractérisés. Il arrive bien souvent qu'un sujet qui a résisté vingt ou trente minutes aux deux premières tentatives s'endort instantanément à la troisième et devient, par la suite, un médium d'une susceptibilité étonnante. Parfois il faut plusieurs hypnotisations pour amener certains sujets à se mettre, dans leur sommeil, en rapport avec l'hypnotiseur et obéir à ses suggestions.

D'autres, au contraire, arrivent dans une seule séance et en quelques instants au sommeil hypnotique le plus profond et peuvent parcourir toutes les phases, passer par tous les états de l'hypnose. Il est indéniable que dans ce cas les dispositions spéciales du sujet entrent en scène et jouent, indépendamment de l'habileté de l'opérateur, un rôle bien marqué dans l'obtention des résultats. Certaines jeunes filles impressionnables, certaines femmes hystériques, certains hommes nerveux et tous les sensitifs en général ont des dispositions extraordinaires et font de merveilleux sujets. Ce sont ces sujets que l'on peut entraîner en vue de l'obtention des phénomènes étranges de transmission de pensée, d'extase, de vision à distance et sans le secours des yeux, de prédiction de l'avenir [1] et des manifestations bien plus étranges encore, d'extériorisation de la sensibilité ou de la motricité. Ces sujets existent en petit nombre, il est vrai, mais je suis persuadé que le lecteur en trouvera, pour peu qu'il expérimente. C'est par leur intermédiaire qu'il obtiendra les phénomènes les plus extraordinaires, ceux qui intéressent au plus haut degré et qui ouvrent le plus vaste champ aux possibilités de cette science merveilleuse.

Je ne puis terminer cet exposé des particularités du sommeil hypnotique, sans parler de la classification donnée par l'Ecole de Nancy.

Le docteur Liébault admet que le sommeil hypnotique comprend six degrés :

      1° Somnolence ;

      2° Sommeil léger ;

      3° Sommeil profond ;

      4° Sommeil très profond ;

      5° Sommeil somnambulique léger ;

      6° Sommeil somnambulique profond.

---

[1] Je ne sais si le médium prévoit les événements futurs d'après une sorte de calcul des probabilités, mais je n'ignore pas que quelques sujets en somnambulisme m'ont donné la certitude absolue de l'existence de cette faculté de prévision, sans qu'il soit possible d'invoquer l'effet de coïncidences dues au hasard.

Somnolence : Signes variables et peu précis, pesanteur des paupières, torpeur, fatigue locale ou générale, assoupissement (conscience complète).

Sommeil léger : Les paupières sont fermées, la catalepsie commence à apparaître et les bras restent plus ou moins longtemps dans la position qui leur est donnée (la conscience et le souvenir restent).

Sommeil profond : Les sujets exécutent malgré leur volonté les mouvements commandés par l'hypnotiseur, la sensibilité est diminuée, mais la conscience demeure entière.

Sommeil très profond : L'attention du sujet se porte exclusivement sur l'hypnotiseur, il n'entend que lui seul, mais la conscience existe encore.

Sommeil somnambulique léger : Le sujet ne se souvient absolument de rien au réveil, il est soumis à la volonté de l'hypnotiseur qui peut lui imposer des hallucinations plus ou moins vives.

Sommeil somnambulique profond : Conscience entièrement éteinte, le sujet dépend absolument de l'hypnotiseur, qui peut lui imposer des actes à exécuter après le réveil (post-suggestions), perte complète de tout souvenir.

Le docteur Magnin fait observer avec beaucoup de justesse que « tous les états différents décrits dans l'hypnose ne sont que des degrés d'une même affection, degrés entre lesquels il ne saurait y avoir de transition brusque. L'hypnotisme doit être envisagé comme un processus essentiellement progressif et, depuis l'état de veille jusqu'à la léthargie, qui nous semble être le degré le plus profond du sommeil provoqué, on observe tous les intermédiaires. »

ACTIONS DANS LE SOMMEIL HYPNOTIQUE

Phénomènes de l'Hypnose

Nous avons appris, après l'exposé de la première méthode indiquée pour produire l'hypnose, que l'opérateur voulant s'assurer du sommeil du sujet lui raidissait le bras en suggérant une légère catalepsie. Si le bras se raidit en effet et que le sujet ne puisse le plier malgré ses efforts, c'est une preuve à peu près certaine que le sommeil est obtenu. Vous pouvez ensuite obliger le dormeur à fermer la main en suggérant :

Maintenant votre main se ferme..... votre main se ferme...... fermez la main..... votre main se ferme complètement...... elle se ferme encore..... fermez la main.....

Certains sujets la fermeront immédiatement, chez quelques-uns le mouvement sera plus lent, d'autres enfin paraîtront ne pas vouloir obéir à votre suggestion. Dans ce dernier cas, insistez davantage et aidez même au mouvement des doigts, vous arriverez ainsi à développer peu à peu la suggestibilité de vos sujets. Vous ne devez pas oublier que le sommeil hypnotique est plus ou moins profond, et qu'il ne se présente pas de la même façon chez tous les sujets. Quelques-uns arrivent de suite au sommeil le plus profond et obéissent à tous vos commandements, sans qu'ils puissent résister. D'autres ont conscience de ce qu'ils font et en gardent le souvenir au réveil, mais ils ne peuvent ouvrir les yeux, ils sont incapables de faire un mouvement volontaire et sentent qu'ils sont dans l'obligation absolue de faire tout ce que leur commande l'hypnotiseur. D'autres enfin sont dans un véritable somnambulisme artificiel, ils acceptent et réalisent toutes les suggestions possibles et n'en gardent aucun souvenir au réveil. Chez les sujets qui paraissent un peu rebelles, le sommeil deviendra de plus en plus profond par des tentatives réitérées d'influences à l'état de veille et d'essais d'hypnotisation.

Lorsque les mains du sujet se sont fermées, faites-les-lui ouvrir et pour cela suggérez : *Vos mains s'ouvrent..... ouvrez vos mains..... elles s'ouvrent..... elles s'ouvrent entièrement..... elles s'ouvrent toujours..... encore..... vos mains s'ouvrent..... ouvrez vos mains.....*

Vous pouvez ensuite essayer les diverses expériences indiquées dans le chapitre traitant des influences à l'état de veille. La réussite sera d'autant plus facile et rapide que le sommeil du sujet sera plus profond. Ne manquez pas dans vos premiers essais de suggérer de temps en temps : *Dormez profondément..... ne vous éveillez pas..... dormez..... dormez d'un sommeil profond.*

Faites quelques passes descendantes partant de la tête, effleurant les épaules et frôlant les bras jusqu'aux poignets et même, si vous le désirez, jusqu'à l'extrémité des doigts.

Donnez ensuite vos suggestions comme si le sujet était éveillé (se reporter aux influences à l'état de veille). Faites-lui ouvrir la bouche, écarter les doigts, joindre les mains, tourner les bras. Suggérez-lui des illusions du goût, de l'odorat; des hallucinations de la vue et de l'ouïe; des impressions portant sur le sens du tact : démangeaisons, sensation de chaleur ou de froid. Insistez sur les suggestions et, autant que possible, cherchez à obtenir les expériences à peu près dans l'ordre indiqué pour la progression des influences dans la veille. Le grand art de l'hypnotiseur est d'amener progressivement le sujet à une suggestibilité parfaite et l'induire dans un sommeil de plus en plus profond, tendant et arrivant peu à peu au *somnambulisme artificiel*, qui est caractérisé par l'oubli au réveil et l'obéissance absolue à toutes les suggestions de l'opérateur. Si un grand nombre de sujets sont conduits dans cet état dès le premier essai, d'autres n'y arrivent que progressivement et en répétant les tentatives. Ne brusquez jamais vos sujets, n'oubliez pas qu'il est parfois dangereux de donner des suggestions trop impératives. Ne faites pas vos suggestions sur un ton brutal de commandement, essayez plutôt de convaincre le sujet, ayez recours à la persuasion et vous en ferez ce que vous voudrez. Rappelez-vous que la douceur est une arme terrible et que la persuasion a raison de résistances contre lesquelles se briseraient, impuissantes, la brusquerie et l'intimidation. Le respect humain n'est pas un vain mot et c'est peut-être le défaut ou la qualité (je ne sais), dont l'inhibition s'obtient le plus difficilement chez l'hypnotisé. Tenez-en compte, le succès est souvent à ce prix.

Un grand nombre de sujets, peu suggestibles à l'état de veille, deviennent influençables dès que vos manœuvres ont produit chez eux un léger sommeil. On peut poser en principe que l'hypnose est en quelque sorte l'inhibition de l'esprit objectif [1] du sujet, ce qui place le dormeur dans l'obligation d'accepter, sans contrôle possible, tout ce que lui dit l'hypnotiseur, de le croire et de lui obéir. Avec un peu de patience, vous amènerez vos sujets à accepter

---

[1] Voir l'hypothèse de l'esprit objectif et de l'esprit subjectif, ainsi que celle de la sous-conscience, dans la deuxième partie de cet ouvrage.

toutes les suggestions qu'il vous plaira de leur donner et ils les réaliseront. Ils verront réellement ce que vous voudrez qu'ils voient, sentiront ce que vous voudrez qu'ils sentent, vous obéiront aveuglément et seront en un mot transformés en véritables automates, incapables d'opposer la moindre résistance à votre volonté.

L'hypnotisé est comme le dormeur qui rêve et prend momentanément pour des réalités tout ce que son imagination lui représente, avec la différence cependant que dans le sommeil naturel, les différents rêves peuvent parfois se présenter à l'esprit sans cause bien déterminée, tandis que dans l'hypnose la volonté seule de l'hypnotiseur dirige le rêve en se rendant maîtresse de l'imagination du sujet. Ce qui caractérise le rêve hypnotique, c'est que non seulement le dormeur accepte le rêve suggéré, mais encore il le vit pour ainsi dire, en s'identifiant complètement avec lui. Tous les sujets ne se comportent pas de la même façon. Suivant la profondeur du sommeil hypnotique, suivant l'habileté de l'opérateur, suivant les dispositions particulières du sujet lui-même, le rêve suggéré sera plus ou moins facilement et complètement accepté. Voici ce que le docteur Bernheim [1] observe fort justement à cet effet : « Présentez à plusieurs (sujets) un verre de vin imaginaire à boire ; l'un ne fera aucun geste, il croira cependant avoir bu son vin ; l'hallucination a été passive. L'autre portera sa main à sa bouche comme pour boire, mais ne fera pas de mouvement de déglutition ; l'hallucination a été floue, ébauchée. Le troisième portera le verre à la bouche, avalera le liquide, fera tous les mouvements de la déglutition, fera claquer sa langue et, s'il boit plusieurs verres fictifs, il manifestera les signes de l'ivresse. Chez ce dernier l'hallucination est active et complète, elle est vraie comme la réalité. »

Il va sans dire que l'expérimentation est beaucoup plus intéressante avec un sujet de cette espèce qui, non seulement accepte l'hallucination imposée par l'hypnotiseur, mais encore se comporte comme en face de l'image réelle en s'identifiant avec elle. Les personnes très suggestibles à l'état de veille sont, ne l'oubliez pas, les meilleurs sujets pour étudier la phase la plus extraordinaire du sommeil hypnotique : *le somnambulisme artificiel.*

---

[1] Je cite autant que possible des opinions de médecins connus, afin de convaincre plus aisément le public que l'hypnose est une chose absolument réelle.

Un opérateur comprenant la suggestion et son effet spécial sur l'esprit humain ne peut pas connaître d'insuccès, il n'est pas de résistance qu'il ne puisse vaincre chez le sujet hypnotisé. Les savants qui affirment qu'il est impossible de faire exécuter au sujet endormi des actions contre ses sentiments, contre ses convictions ou contre ses intérêts n'ont certainement pas poussé bien loin l'expérimentation ou n'ont pas travaillé beaucoup l'art de la suggestion verbale ou mentale. Les opérateurs de bonne foi qui ont étudié l'hypnotisme ailleurs que dans des livres ou autrement qu'en théorie savent parfaitement à quoi s'en tenir sur la puissance des suggestions de l'hypnotiseur et ils n'ignorent pas que dans tous les cas, quels qu'ils soient, on peut toujours avoir raison de la résistance du sujet avec du temps, de la patience et des suggestions appropriées. Le docteur Liébault, professeur à la Faculté de Nancy, ayant expérimenté sur plus de 12.000 sujets, remarque avec beaucoup de justesse que toutes les personnes ne sont pas également suggestibles, que toutes sont plus ou moins dociles aux commandements de l'hypnotiseur. Il ajoute : « Ce qui a trompé les expérimentateurs qui ont admis l'impossibilité de faire réaliser des crimes, c'est le choix peu réfléchi qu'ils ont fait de ceux auxquels ils ont voulu les imposer. Aussi ne faut-il pas s'étonner s'ils ont rencontré dans ceux-ci des sujets désobéissants aux ordres donnés, du moment que ceux-ci étaient contraires à leurs principes moraux ou à leurs intérêts. Et encore ces dormeurs auraient-ils peut-être cédé à leurs injonctions, si elles avaient été insinuées dans leur esprit *avec art et insistance.* » Vous voyez par cette citation jusqu'où pourrait aller le pouvoir de l'hypnotiseur sur l'hypnotisé.

La charité vous fait un devoir de ne pas trop abuser des suggestions désagréables, tristes, douloureuses ou terribles. Le sujet, il est vrai, n'en a pas le souvenir au réveil, mais, comme il considère dans son sommeil provoqué tout ce que vous lui suggérez comme réalité, certaines suggestions pourraient l'effrayer et produire peut-être des accidents.

Le docteur Ch. Richet rapporte le cas suivant : « Un jour, une des malades de Beaujon[1] désira voir en rêve un cimetière. Arrivée

---

[1] L'hôpital Beaujon est un des hôpitaux généraux de Paris.

près de la grille de la tombe qu'elle voulait visiter, elle s'arrêta, déclarant qu'il lui serait impossible d'aller plus loin. Je lui ordonnai néanmoins d'aller plus avant, d'ouvrir la grille, d'entrer dans la tombe et de soulever les planches du cercueil. A ce moment, elle éprouva une telle émotion, un sentiment d'horreur et de dégoût tel, que jamais je n'oublierai l'expression qui se peignait sur ses traits. A la suite de cette émotion trop forte, j'en conviens, elle fut atteinte d'une crise nerveuse qui dura plus d'une heure et que j'eus beaucoup de peine à calmer. »

Soyez donc assez sobre de ce genre de suggestions, surtout lorsque vous opérez sur des personnes très impressionnables. Si vous voulez cependant, par exception, vous rendre compte de l'effet produit par elles, sans avoir d'inconvénients à redouter, suggérez avant tout et d'un ton très affirmatif que le sujet n'aura pas de malaises, que sa frayeur ne lui causera aucun mal. Bien qu'elles ne soient en somme que la répétition d'influences déjà étudiées à l'état de veille, je vais indiquer quelques-unes des expériences habituelles des hypnotiseurs de profession.

Sensation de chaleur

Lorsque votre sujet est hypnotisé, dites-lui d'un ton assuré :

Il fait chaud..... vous avez chaud..... chaleur étouffante..... oh ! quelle chaleur..... un four..... une fournaise..... vous avez de plus en plus chaud.

En insistant sur ces suggestions, vous arriverez à faire transpirer le sujet et il donnera toutes les marques d'une impression de chaleur insupportable. Certains sujets feront même mine de se déshabiller et ils le feraient, si vous ne les en empêchiez en disant qu'il fait moins chaud et qu'ils se sentent très bien. Le plus grand nombre, sous l'influence de la suggestion, souffleront très fort, déboutonneront quelques boutons, quitteront leur chapeau, s'épongeront le front avec leur mouchoir ou feront mine de s'éventer, jusqu'à ce que vous leur assuriez qu'il ne fait plus chaud.

Sensation de froid

Dites à votre sujet : *Il fait froid..... un vent glacé souffle..... la neige tombe..... tout est gelé..... quelle bise glaciale !..... oh ! qu'il fait froid..... vous avez froid..... vous grelottez..... vous tremblez..... il fait froid..... brrr ! qu'il fait froid.....*

Vous verrez alors le dormeur frissonner, se pelotonner, coller ses bras au corps; si c'est un homme, il cherchera à relever le collet de son habit, enfoncera son chapeau jusqu'aux oreilles.

En insistant sur les suggestions, le nez du sujet bleuira, certains auront la chair de poule, claqueront des dents et trembleront de tous leurs membres.

Comment faire croire au sujet qu'il touche une barre de fer rougie au feu

Suggérez : *Une barre de fer rouge va vous toucher..... une barre brûlante..... sortie d'un brasier ardent..... elle est rouge..... toute rouge..... attention, cette barre vous touche.....*

Touchez alors légèrement la main du dormeur, il sursautera brusquement et se croira réellement en contact avec une barre de fer chauffée. Les sujets assez sensibles retireront vivement la main et souffleront avec force sur la partie touchée ou la passeront dans leurs cheveux, absolument comme s'ils avaient une brûlure véritable.

Faire gratter le sujet

Dites au sujet : *Vous allez éprouver des démangeaisons insupportables..... vous êtes couvert de puces..... entièrement couvert..... elles vous piquent..... elles vous piquent.....*

En insistant sur ces suggestions, le dormeur se grattera avec fureur et se démènera frénétiquement jusqu'à ce que vous fassiez disparaître toute influence. Ayez la précaution de ne pas prolonger outre mesure cette sensation de démangeaison, car certains sujets se gratteraient jusqu'au sang.

***

Présentez une pomme de terre crue à votre sujet en lui disant que c'est une pêche délicieuse, il mordra à belles dents et tout dans sa physionomie laissera percer le contentement qu'il éprouve.

Changez la suggestion et dites-lui qu'il mange un fruit très amer, il fera aussitôt le geste de le jeter loin de lui et donnera toutes les marques du plus profond dégoût.

Certains hypnotiseurs font manger un morceau de chandelle ou de bougie à leurs sujets et les éveillent au moment de la dégustation ; il n'est pas besoin de dire les grimaces et la confusion des pauvres sujets devant l'hilarité générale de l'assistance. Je ne conseille pas de pousser la plaisanterie jusque-là.

Vous pouvez varier à l'infini ces expériences basées sur les illusions et hallucinations des sens.

Comment faire parler le sujet hypnotisé

Le sommeil hypnotique étant obtenu, un grand nombre de sujets vous répondront dès que vous les interrogerez, d'autres le feront avec peine, certains ne pourront articuler un mot, quels que soient leurs efforts, quelques-uns enfin resteront impassibles, ne paraissant même pas vous entendre. Le praticien entraîné par une pratique suffisante a facilement raison du mutisme de ses sujets et, par des suggestions verbales appropriées, ceux-ci sont toujours amenés à obéir aux commandements qui leur sont faits. Un peu de persévérance est parfois nécessaire et il ne faut pas oublier qu'en hypnotisme comme ailleurs : « Patience et longueur de temps font plus que force ni que rage. »

Lorsque, après avoir raidi le bras de votre sujet, vous aurez constaté que l'état hypnotique est obtenu, suggérez d'une voix douce et monotone : *Dormez profondément..... ne vous éveillez pas..... vous m'écoutez..... vous m'écoutez très bien..... vous pouvez me répondre..... vous pouvez parler..... vous parlez sans peine..... rien ne vous gêne..... vous êtes très bien..... m'écoutez-vous ? répondez-moi..... vous pouvez me répondre..... m'écoutez-vous ?*

La majorité des sujets vous répondront, quelques-uns remueront les lèvres, feront des efforts pour parler, mais n'y pourront parvenir. Dans ce cas suggérez : *Vous pouvez parler..... rien ne vous gêne..... votre gorge n'est pas serrée..... votre bouche s'ouvre facilement..... votre langue n'est pas raide..... vous parlez sans peine.....*

En donnant ces suggestions, faites quelques passes sur la gorge et touchez légèrement les mâchoires. Continuez ensuite de suggérer :

Vous pouvez parler..... répondez-moi..... m'écoutez-vous ?

En insistant sur ces dernières suggestions, le sujet sera amené infailliblement à vous répondre. Aux dormeurs qui paraissent ne pas vous entendre et ne font aucun effort pour prononcer une parole, dites d'un ton très positif en voulant que le sujet obéisse : *Vous m'entendez..... entendez ma voix.....* (touchez légèrement les oreilles de l'hypnotisé en donnant ces suggestions), *vous m'entendez très bien et vous pouvez me répondre..... allons, répondez-moi..... m'écoutez-vous ? répondez..... vous pouvez me répondre..... m'écoutez-vous ?*

Avec un peu de persévérance et en renouvelant plusieurs fois les tentatives, si cela est nécessaire, il est toujours possible d'amener un sujet dormant du sommeil hypnotique à répondre aux questions posées par l'hypnotiseur.

LA POST-SUGGESTION

Étymologiquement et en laissant à chacun des termes qui le composent sa valeur propre, la post-suggestion (de *post* = après, *suggestion* = suggestion) est une suggestion faite ou accomplie après.

En réalité on la définit : Une suggestion faite à l'état d'hypnose, mais dont l'accomplissement n'est imposé qu'après le réveil. La post-suggestion n'a rien qui la distingue d'une suggestion quelconque : verbale ou mentale, elle a pour domaine le champ illimité dévolu à la suggestion ordinaire ; un seul caractère la spécifie : celui lié à son accomplissement. Je n'ai pas à discuter ici la possibilité ou la non-possibilité du curieux phénomène, je l'affirme comme un fait qu'il est facile à tous de produire, de constater et qui, partant, se passe de démonstration et de commentaires. Bien que les philosophes estiment de peu de valeur un argument de ce genre, je me contenterai d'exiger des adversaires de la post-suggestion ce que Liébengen demandait à ceux qui dénigraient l'hypnotisme, sous le fallacieux prétexte qu'il était une science sinon supra, du moins extra-naturelle : une preuve fondée de leur assertion

Le lecteur est en droit de savoir et nous avons le devoir de lui apprendre si la post-suggestion a des limites, en d'autres termes si on peut indifféremment suggérer une chose qui ne devra se réaliser que dans une semaine, un mois, une année même, ou s'il est nécessaire de suggérer une chose devant s'accomplir immédiatement, le jour ou le lendemain de l'hypnotisation.

Fidèle à la ligne de conduite que je me suis tracée, je ne citerai pas les expériences du docteur Liébengen, bien que dans plusieurs expériences il ait augmenté le temps écoulé entre la suggestion et son accomplissement, pas plus que mes tentatives personnelles dans le même sens. Quelques essais des hypnotiseurs les plus célèbres serviront seuls à renseigner le lecteur. Le docteur Bernheim a obtenu des résultats à 63 jours d'intervalle, le docteur Beaunis à 172 jours, le docteur Liégeois, enfin, à une année.

Si le lecteur a scrupuleusement suivi la progression indiquée dans le cours de cet ouvrage, s'il a consacré chaque jour une heure ou deux à l'entraînement et à l'expérimentation, il pourra sans crainte de courir au-devant d'un insuccès, essayer ces expériences immédiatement après celles de suggestion simple. Je lui conseille toutefois de ne point essayer de la post-suggestion à trop longue portée. Ne présentant un réel intérêt que pour ceux qui se sont donné le but d'approfondir la science de l'hypnose, ces suggestions manquent de pratique. En un an en effet, nous prenons par hypothèse un terme d'une année, il y a trois cent soixante-cinq jours, en un jour vingt-quatre heures, en une heure soixante minutes et en une minute cent fois plus de temps qu'il n'en faut pour que l'un des deux termes hypnotiseur ou sujet ait disparu de ce monde. Etant admis même que l'année révolue, les deux termes soient en parfaite santé, des circonstances fortuites pourraient séparer le magnétisé du magnétiseur et empêcher celui-ci de se rendre compte de la réussite de son expérience.

Il va sans dire que le sujet ne se souvient généralement de rien, tombé qu'il est en quelque sorte dans un état hypnotique au moment d'accomplir l'acte qui fait l'objet de la post-suggestion.

Le lecteur connaît maintenant la post-suggestion d'une manière suffisante, il ne me reste plus qu'à lui indiquer les moyens les plus simples de la produire. La première des conditions est que l'hypnotiseur connaisse son affaire, la deuxième qu'il ait déjà endormi le sujet, à moins que ce dernier ne soit très sensible, surtout si l'opérateur veut faire de la post-suggestion mentale. Après avoir plongé le sujet dans un sommeil profond, le magnétiseur donne un ordre et à l'instant fixé, après l'éveil le sujet, voit, entend, agit sans en avoir conscience. Je prends un exemple : Vous voulez que le sujet sorte son mouchoir de poche et fasse le geste de s'éponger, tout cela dans une demi-heure. Commencez par l'endormir profondément et dites-lui d'un ton positif en pensant qu'il devra vous obéir si vous employez la suggestion verbale : *Vous m'écoutez....., une demi-heure après que je vous aurai éveillé vous sortirez votre mouchoir....., vous le passerez sur votre visage comme si vous aviez chaud...... Vous ne saurez pas que le commandement vient de moi...... Vous sortirez naturellement votre mouchoir....., vous obéirez...... vous ne pouvez pas ne pas obéir......*

Insistez sur ces suggestions en prenant un ton de plus en plus positif. Il n'est pas nécessaire, bien que ce soit préférable, que la post-suggestion soit la dernière des suggestions faites pendant le sommeil. Plusieurs expérimentateurs recommandent à l'hypnotiseur de prendre dans sa main droite la main gauche du sujet en la serrant légèrement et de toucher le front du dormeur avec les doigts de la main gauche tout en faisant les suggestions. C'est un procédé excellent et, par son emploi, le débutant arrivera toujours à de bons résultats. Si le sujet n'obéissait pas par hasard dès la première fois, ne craignez pas de répéter les tentatives, vous arriverez rapidement à obtenir ce que vous désirez.

DIGRESSION SUR LE SOMMEIL HYPNOTIQUE

L'hypnotisation d'un sujet qui, au premier abord, paraît rebelle au sommeil, est cependant absolument certaine si l'opérateur sait développer la suggestibilité de ce sujet. Sans qu'il soit besoin d'avoir recours aux méthodes Liébengen ou Esdaile, qui sont absolument infaillibles, l'expérimentateur doué de patience et de persévérance peut arriver aisément à vaincre, après un temps suffisant, la résistance de ses sujets et cela par le seul emploi du regard, de la suggestion et des passes. Il est indéniable que l'entraînement résultant de la pratique a une influence très grande sur les résultats obtenus, cela est si vrai qu'il n'est pas rare de voir une personne, résistant aux manœuvres d'un hypnotiseur, succomber immédiatement aux tentatives d'un autre opérateur plus habile. Cet entraînement, le lecteur le sait déjà, consiste à développer, par les exercices faciles qui sont recommandés, les forces qui agissent dans l'influence hypnotique (regard, parole, passes, pensée) et à rendre plus puissant le magnétisme personnel de l'opérateur, par des essais progressifs sur des sujets jeunes ou des sensitifs, c'est-à-dire des personnes rapidement influençables. Lorsque l'étudiant a obtenu quelques résultats probants, rien ne développera son pouvoir comme de nombreux essais sur de nombreux individus. Cette particularité explique les succès des hypnotiseurs professionnels qui, faisant de l'hypnotisme une pratique journalière, arrivent ainsi à développer une personnalité magnétique extraordinaire. Cependant, indépendamment de cet entraînement de l'opérateur, facteur si important du succès, le développement de la suggestibilité du sujet, par des tentatives répétées d'hypnotisation, n'est pas non plus sans exercer une grande influence dans la réussite des tentatives. Un grand nombre de personnes réfractaires au premier essai, le seront moins au second, au suivant elles seront susceptibles et, en insistant, elles pourront devenir d'une sensibilité exceptionnelle. Quelques sujets ne dormiront parfois qu'après une dizaine de tentatives répétées et certains qui, au début, n'arrivent qu'à un léger assoupissement, finiront par dormir d'un sommeil hypnotique très profond. Dans la jeunesse, la faculté d'hypnotisation, autrement dit la possibilité d'être induit dans cet état spécial connu aujourd'hui sous le nom d'hypnose, est dévolue à tous, puisque tous les enfants sans exception sont facilement et rapidement hypnotisables. Si, plus tard, cette faculté finit par se perdre chez ceux qui sont jugés réfractaires, c'est tout simplement qu'elle n'a pas été cultivée. Elle ne fait que subir le sort de toutes celles qui, n'étant pas utilisées, sont par cela même condamnées à péricliter. Cependant, cette faculté ne disparaît jamais complètement et il est toujours possible, avec de la patience, d'arriver à hypnotiser les sujets difficiles. Si l'opérateur ne veut pas avoir recours à la méthode du docteur Esdaile qui, exigeant le concours de deux ou trois opérateurs, n'est pas toujours d'un emploi pratique ; s'il ne veut pas non plus employer la méthode infaillible du docteur Liébengen, il faut absolument qu'il obtienne le consentement absolu de son sujet rebelle *à se laisser endormir*. Il est indispensable que celui-ci se conforme aux recommandations données et n'oppose pas une résistance volontaire et acharnée au sommeil qu'il sent venir. Je répète une dernière fois que l'hypnotisme n'est pas, comme beaucoup le supposent, le combat de deux volontés dont la plus faible doit s'avouer vaincue et succomber, ce n'est pas la lutte d'un esprit fort contre un esprit faible, ce n'est pas non plus l'influence d'une personne saine et forte sur une personne maladive et débile ; c'est tout simplement l'obtention d'un état spécial, différent de l'état de veille et de sommeil naturel, état qu'il est possible de provoquer chez toutes les personnes si elles se conforment aux recommandations de l'hypnotiseur. Avec le temps, tout sujet peut être hypnotisé par les méthodes ordinaires et ce n'est que lorsque l'opérateur manque de patience, ou lorsque la personne, de mauvaise foi, ne veut pas se conformer aux instructions données, ou bien encore quand il est nécessaire, dans une application en thérapeutique, d'obtenir immédiatement le sommeil, que l'hypnotiseur est dans la nécessité de faire appel soit à la méthode du docteur Esdaile, soit au procédé rapide et infaillible du docteur Liébengen.

Les médecins et savants modernes obligés, devant l'autorité des faits, de reconnaître enfin les résultats extraordinaires obtenus par l'hypnotisme, ne peuvent plus les nier. Certains s'en vengent en faisant remarquer combien, d'après eux, sont rares les sujets qui arrivent au sommeil hypnotique profond et ils croient ainsi démontrer l'inutilité de l'étude de cette science, qui ne peut, c'est du moins l'opinion qu'ils voudraient accréditer, rendre des services que dans quelques cas isolés. En épousant leur parti pris et en admettant momentanément avec eux que les sujets hypnotisables sont en minorité, ce serait, malgré tout, un devoir de connaître les méthodes d'hypnotisation, puisque le hasard pourrait faire qu'un malade soit justement très influençable et qu'il pourrait de ce fait être soulagé immédiatement et guéri rapidement. N'y aurait-il que 10 ou 15 % de sujets hypnotisables, ce serait quand même une obligation pour le médecin et l'éducateur de faire une investigation dans le domaine de la pratique de l'hypnotisme, je dirai même un devoir et un devoir impérieux dicté, imposé par l'idée de charité et d'humanité. On jugera cette obligation bien plus impérieuse encore, lorsqu'on saura qu'avec les moyens dont on dispose aujourd'hui, dans l'état actuel de nos connaissances sur cette science merveilleuse, il est possible d'hypnotiser tout le monde. Oui, avec un peu de patience et de persévérance de la part de l'opérateur, par l'influence de son magnétisme personnel rendu puissant par une pratique suffisante, par le recours à des méthodes appropriées d'hypnotisation, il n'est pas d'insuccès à redouter. L'emploi des procédés Esdaile ou Liébengen, l'influence personnelle et la persévérance de l'opérateur dans les cas difficiles, ne seraient même pas nécessaires si, persuadés enfin des innombrables avantages que nous offre le sommeil hypnotique, on consentait à y avoir recours. Que l'on n'invoque plus l'impossibilité d'endormir certains sujets pour négliger ou combattre l'étude de l'hypnotisme, car la raison est absolument mauvaise. Il y a peut-être difficulté quelquefois, mais impossibilité *jamais*, et cette difficulté n'est imputable qu'à l'ignorance voulue de l'hypnotisme. Elle disparaîtra à jamais lorsque cette science sera vulgarisée et présentée sous son véritable aspect, lorsqu'on reconnaîtra enfin cette vérité *que tous les enfants sont rapidement hypnotisables et que la faculté d'hypnotisation se conserve jusqu'à la mort si elle est cultivée.*

Si l'être humain enfant est endormi souvent du sommeil hypnotique, il le sera ensuite adolescent, il le sera toujours adulte, il le sera encore vieillard. Je ne veux pas dans ce chapitre m'étendre sur l'utilité de l'hypnotisme. Je laisse au lecteur le soin de juger si le sommeil spécial qui permet de développer à leur apogée la mémoire, les bonnes qualités et toutes les facultés ; si le sommeil qui donne la possibilité de soulager immédiatement toute douleur et de hâter infailliblement la crise de guérison dans n'importe quelle maladie, si le sommeil qui permet encore de découvrir des facultés nouvelles telles que télépathie, sens du temps, pressentiment, vision à distance, prévision de l'avenir ; si ce sommeil qui permet enfin d'avoir raison de tous les mauvais instincts, de tous les mauvais penchants, des défauts et des vices, mérite d'être provoqué. Est-il possible de ne pas reconnaître tous les avantages qu'il peut procurer ? Est-il possible de ne pas considérer comme un devoir l'étude des moyens qui permettent de l'obtenir ? Au lecteur de répondre.

Que l'on ne vienne pas invoquer, comme on l'a fait tant de fois, les prétendus dangers de l'hypnotisme.

Des médecins de talent et d'une bonne foi incontestable croient devoir avancer que les tentatives d'hypnotisation sur certains sujets peuvent être suivies d'accidents graves et produire même *des désordres irréparables.* Il est bon que l'on sache qu'il y a là beaucoup d'exagération et que si des inconvénients se produisent parfois, ils sont toujours imputables à l'opérateur lui-même. L'hypnotiseur seul est coupable parce qu'il n'est pas initié à l'art de la suggestion ou parce qu'il n'a pas su ou pas voulu choisir la méthode d'hypnotisation qu'il convient d'employer sur les sujets très sensibles. Dans l'hypnose, la plupart des phénomènes se produisent par les suggestions de l'hypnotiseur ou les auto-suggestions du sujet. La suggestion joue donc un rôle très important et le premier devoir de l'opérateur aspirant au succès le plus complet est d'apprendre avant tout à donner des suggestions, puis à développer la suggestibilité de la personne qu'il veut endormir. Les expériences à l'état de veille conduisent rapidement au but. Dans les tentatives d'hypnotisation, il est bon d'écarter l'emploi des moyens brusques comme le jet d'une lumière éclatante, le bruit soudain d'un instrument sonore, car ces moyens, je ne le répéterai jamais assez, n'ont d'efficacité que sur les névropathes, les hystériques, et ne sont pas exempts de tout danger. La fascination (regarder le sujet de très près) telle que l'emploient généralement les hypnotiseurs professionnels, n'est pas non plus à conseiller, du moins à un débutant. Il faut aussi s'abstenir complètement du procédé brutal qui consiste à secouer violemment la tête du sujet, ou à la renverser brusquement en arrière (coup de Hansen). Je sais très bien que ces procédés sont souvent d'une grande efficacité, mais leur emploi peut occasionner des accidents et nous avons aujourd'hui des moyens aussi sûrs de produire l'hypnose qui sont absolument inoffensifs.

On peut affirmer que l'hypnotisme n'est jamais dangereux par lui-même lorsque l'opérateur, initié à l'art de la suggestion, emploie la méthode de douceur et de persuasion basée sur la suggestion verbale (voir la première méthode indiquée).

Que l'on ne vienne pas soutenir, comme on l'a fait déjà, que l'hypnotisme porte atteinte à la liberté de l'individu, lorsqu'on l'emploie pour relever son niveau moral, pour le corriger de ses défauts et de ses vices et remplacer par de bonnes qualités ses impulsions au mal. Dans un état civilisé, il n'est pas chose plus condamnable que la liberté absolue, autrement dit le droit de faire tout ce qu'on veut. Cette conception de la liberté est impossible et serait la pire des choses. Il faut avouer qu'un éducateur qui, pour respecter la liberté, laisse à un être la possibilité de voler, d'incendier ou de tuer, se fait une idée étrange de la morale et il est impossible de n'en pas tirer comme conclusion que si la liberté est respectée dans le but de permettre l'accomplissement de pareils actes, c'est en somme une chose bien peu enviable. On ne peut raisonnablement élever aucun grief contre l'hypnotisme, car il n'attente pas davantage à la liberté que les suggestions de la morale et de l'éducation et les lois nécessaires de répression contre les crimes et délits. Son emploi dans la pédagogie et l'éducation morale peut du reste n'être conseillé que lorsque tous les autres moyens ont échoué. Un jour viendra certainement où l'hypnotisation de chaque individu sera des plus faciles. Nous en serons là lorsque, ayant enfin compris et reconnu les incomparables avantages qui découlent de l'hypnose, on se sera attaché à provoquer ce sommeil chez l'enfant dès l'âge de raison.

A l'heure actuelle, certains sujets conservent en avançant en âge la faculté d'hypnotisation telle qu'ils la possédaient dans leur jeunesse; elle s'émousse chez certains, chez d'autres enfin elle semble avoir complètement disparu. Les premiers sont les sujets sensibles, les seconds les sujets ordinaires et les derniers les sujets réfractaires. Il est impossible, dans l'état actuel de nos connaissances, de savoir pourquoi certaines personnes conservent cette faculté lorsqu'elle s'atténue et paraît même disparaître complètement chez d'autres. Ce n'est pas une question de tempérament, ni d'éducation, ni de culture intellectuelle, ni de volonté, ni surtout de force physique ou de richesse du sang comme le croit si communément le public non initié. Quoi qu'en ait dit une école d'hypnotisme (celle de Paris, docteur Charcot [1]), célèbre par ses discussions avec une école rivale (celle de Nancy, docteurs Bernheim, Liébault, Liégeois), l'état normal du système nerveux chez le sujet ne donne pas l'explication de la sensibilité à l'influence hypnotique, puisqu'il peut arriver qu'un « nerveux » s'hypnotise difficilement et qu'un « lymphatique » s'endorme profondément dès les premières manœuvres de l'hypnotiseur.

En terminant cette digression sur le sommeil hypnotique, je recommande une fois encore au débutant de tenter ses premiers essais d'hypnotisation sur des sujets assez sensibles. Il les reconnaîtra infailliblement par les expériences de chute en arrière ou la constatation des symptômes produits par l'imposition prolongée des mains sur les omoplates. Il essaiera ensuite sur les plus suggestibles la progression des influences à l'état de veille, puis enfin l'hypnotisation. Son magnétisme personnel se développera par cette pratique; il lui sera possible, un peu plus tard, d'influencer les personnes moins sensibles, puis enfin les sujets qui lui paraissaient absolument réfractaires. Si, arrivé à ce degré d'entraînement, l'opérateur rencontrait des personnes qu'il ne puisse endormir par les moyens ordinaires, il emploiera alors la méthode absolument infaillible du docteur Liébengen, procédé qui est rendu d'une application très facile et très pratique par la boule hypnotique Fournier.

CATALEPSIE

La catalepsie est un état spécial du système nerveux caractérisé par une raideur des muscles et une tension des nerfs. L'obtention de cet état donne lieu à des expériences intéressantes et permet

---

[1] Voir l'Histoire de l'Hypnotisme

de reconnaître que l'hypnose n'est pas un sommeil simulé. C'est une des expériences classiques des hypnotiseurs professionnels et il n'est pas une séance publique d'hypnotisme, au cours de laquelle l'opérateur ne présente à l'assistance quelques expériences de catalepsie. Pour obtenir la catalepsie, hypnotisez le sujet et suggérez en faisant des passes descendantes avec contact partant des épaules, suivant les bras, le bassin et les cuisses jusqu'aux genoux (1): *Votre respiration n'est pas gênée..... votre cœur bat régulièrement..... mais votre corps se raidit..... il devient de plus en plus raide..... vos nerfs se contractent...... vous devenez raide..... de plus en plus raide..... raide comme une barre de fer..... vous êtes complètement raide..... plus raide..... encore plus raide..... raide.....*

Après quelques suggestions de ce genre, le corps de certains sujets est raidi à un tel point, qu'il est possible de mettre la tête de l'hypnotisé sur une chaise et les pieds sur une autre sans que le sujet fasse le plus petit mouvement, sans que son corps plie. En continuant les suggestions citées plus haut, la catalepsie s'accuse de plus en plus; il est possible de monter sur le corps du dormeur sans que celui-ci paraisse incommodé. Dans des cas de catalepsie intensive, le corps raidi d'un hypnotisé a pu supporter le poids de deux, trois et même quatre personnes, dans d'autres cas, on a pu jouer du piano sur le corps du sujet et lui briser sur le ventre une pierre très lourde à coups de marteau. Il est possible de donner aux membres du sujet les positions les plus bizarres et les plus fatigantes, il les conservera très longtemps sans effort apparent. La catalepsie est une des nombreuses preuves que le sommeil hypnotique n'est pas simulé, car il est absolument impossible à une personne qui feindrait de dormir, de garder comme l'hypnotisé le bras tendu sans aucun mouvement ou de rester en équilibre sur une jambe, le corps étant fortement penché en avant ou en arrière, à droite ou à gauche. Des sujets cataleptisés tenant au bout du bras tendu une plume mise en contact avec un tambour sur lequel se déroule automatiquement une feuille de papier, ont inscrit une ligne absolument droite, dénotant l'absence complète de toute fatigue. Le même essai, tenté par des personnes éveillées, a donné une ligne brisée au bout de quelques minutes.

---

(1) Avec les personnes très suggestibles, ces passes ne sont pas indispensables.

Comment faire cesser la Catalepsie

Pour faire cesser la catalepsie, faites des passes en remontant, partant des genoux jusqu'aux épaules en suggérant : *Vous êtes très bien...... vous n'êtes pas fatigué...... votre corps n'est plus raide...... plus de raideur..... vous êtes très bien......*

Avant d'éveiller le sujet, dites-lui qu'il n'éprouvera aucune fatigue, aucune gêne, aucun malaise. Il est bon d'insister sur ces suggestions lorsque vous aurez laissé le sujet assez longtemps dans une position fatigante. Sur les personnes très sensibles, on peut obtenir une catalepsie intensive, sans qu'il soit nécessaire de les endormir préalablement. Il est prudent de ne pas prolonger trop longtemps l'état de catalepsie intensive, aussi bien chez le sujet endormi que chez le sujet éveillé.

LA LÉTHARGIE

La léthargie est un sommeil très profond. Dans cet état le sujet n'entend rien, ne paraît rien sentir; ses membres sont flasques et mous, ils n'offrent aucune résistance lorsqu'on les soulève et retombent lourdement lorsqu'on les abandonne à eux-mêmes. Le sujet est incapable de faire un mouvement, tous les sens sont abolis, toutes les facultés ont disparu : c'est l'état de mort apparente. On peut lui crier aux oreilles, il n'entend pas ou du moins ne paraît pas entendre; le bousculer, le remuer, il est insensible; essaie-t-on de le mettre debout, il s'affaisse comme une masse. Chez certaines personnes très sensibles à l'influence hypnotique, ce sommeil devient quelquefois si profond, qu'il s'étend jusqu'aux fonctions de la vie végétative; le cœur bat faiblement, la respiration est à peine sensible.

Pour obtenir la léthargie, on endort un sujet par l'une des méthodes ordinaires et on suggère ensuite d'un ton assuré en faisant quelques passes descendantes avec ou sans contact : *Dormez..... dormez profondément...... vous vous endormez d'un sommeil profond......*

sommeil très profond..... vous entendez à peine ma voix..... vous m'entendez de moins en moins.....vous vous engourdissez..... impossible de faire un mouvement..... votre sommeil devient de plus en plus profond..... Lorsque j'aurai compté jusqu'à trois..... vous ne m'entendrez plus..... vous ne sentirez plus et vous ne m'entendrez ensuite qu'après que ma main se sera posée sur votre tête..... Dormez profondément..... vous n'entendez plus..... un..... deux..... trois.....

Le sujet dormira alors d'un sommeil très profond et la résolution du système nerveux sera complète. Toutes les facultés seront suspendues, tous les sens anéantis, jusqu'à ce que vous appliquiez l'une de vos mains sur sa tête en suggérant : *Vous m'entendez..... vous pouvez m'entendre..... vous êtes très bien..... vous pouvez vous éveiller..... éveillez-vous..... vous vous sentez bien..... éveillez-vous..... bien, éveillez-vous.....*

Faites quelques passes en remontant et le sujet s'éveillera. Si vous ne voulez pas éveiller l'hypnotisé, mais simplement mettre fin à l'état de léthargie, appliquez-lui une main sur la tête en suggérant : *Maintenant vous pouvez m'entendre..... vous m'écoutez..... vous m'entendez très bien..... votre sommeil est moins profond..... mais ne vous éveillez pas..... continuez à dormir.*

On peut prolonger la léthargie sans aucun danger, car le sujet n'est plus qu'une masse inerte ; il est incapable de penser et de se mouvoir, l'intelligence et la conscience ont complètement disparu.

Les hystériques peuvent être induites spontanément dans cet état, en dehors de toute suggestion et par le seul emploi d'agents physiques (voir l'article *Hypnotisation par des moyens physiques*). Pour plus de détails, consulter la deuxième partie de cet ouvrage.

ANESTHÉSIE

On appelle anesthésie l'insensibilité complète à la douleur. Elle existe déjà dans la catalepsie et la léthargie, on peut l'obtenir également par suggestion dans le sommeil ou dans la veille. Toute sensibilité est alors abolie chez le sujet, on peut brûler la chair, la percer avec de longues épingles, le patient ne sent rien, absolument rien et c'est même à peine si le sang vient. On a pu tirer parti de cet état dans des opérations très longues, très compliquées et très douloureuses. C'est une des applications les plus utiles de l'hypnotisme, car à cette insensibilité complète s'ajoute l'immobilité absolue et personne n'ignore combien, dans certaines opérations, l'immobilité du patient est chose importante. Parmi les nombreux chirurgiens qui ont fait appel à l'hypnotisme en vue de l'obtention de l'anesthésie, on peut citer le docteur J. Cloquet (opération d'un cancer du sein en 1829), les docteurs Fanton, Joly et Toswel, de Londres (amputations de cuisses ou de bras), les docteurs Rimaud et Guérimaud, de Poitiers, les docteurs Brocca et Follin, de Paris. Le docteur Esdaile, médecin-chef de l'hôpital mesmérique de Calcutta, a eu recours à l'hypnotisme, à l'exclusion de tout autre procédé dans les opérations chirurgicales les plus diverses; le docteur Pitres, de Bordeaux, l'a employé également avec beaucoup de succès. L'anesthésie obtenue par l'hypnotisme peut être mise à contribution dans l'accouchement. Les tentatives faites à ce sujet par le docteur Pritzl, de Vienne, le docteur Liébault, de Nancy, les docteurs Mesnet et Dumontpallier, de Paris, l'hypnotiseur Gerling, de Berlin, ont prouvé d'une façon irréfutable que l'insensibilité complète peut être obtenue pendant le travail et que les accidents qui parfois compliquent la grossesse sont toujours évités. A l'heure actuelle, un grand nombre de chirurgiens profitent, dans le monde entier, des avantages mis à leur disposition par l'hypnotisme.

Pour obtenir l'anesthésie, endormez le sujet par l'une des méthodes ordinaires et suggérez: *Vous dormez très profondément...... vous ne sentez plus...... impossible de sentir...... vous ne sentez rien...... on peut vous piquer...... vous brûler...... vous ne sentez aucune douleur...... vous ne sentez rien...... rien...... impossible de sentir......*

Insistez sur ces suggestions, faites quelques passes descendantes avec contact et, lorsque l'anesthésie sera obtenue, vous pourrez piquer le sujet, lui traverser une partie du bras ou de la joue avec une aiguille stérilisée, vous pourrez lui chatouiller la plante des pieds, les narines avec une barbe de plume; vous pourrez le pincer sans qu'il fasse un seul mouvement, sans qu'il sente la plus légère douleur. Dans l'anesthésie complète, c'est à peine si une goutte de sang s'échappe des piqûres. Il faut prendre la précaution de flamber les aiguilles sur une lampe à alcool et il est bon d'agir avec prudence et de ne pas abuser de ce genre d'expériences. Les opérateurs qui ne sont pas médecins ou qui n'ont aucune notion d'anatomie devraient s'en abstenir, ou du moins ne pas enfoncer trop profondément l'aiguille dans la chair du sujet. Lorsqu'un chirurgien veut obtenir l'anesthésie en vue d'une opération longue et douloureuse, il est indispensable d'endormir le patient d'un sommeil très profond, aussi profond que possible et d'insister sur les suggestions recommandées. Par des tentatives réitérées d'hypnotisation, le sommeil et l'insensibilité suggérés s'accusent de plus en plus; il y aurait donc les plus grands avantages à commencer les tentatives quelques jours avant et à les continuer jusqu'au jour fixé pour l'opération. De cette façon, le chirurgien peut compter sur un sommeil très profond et une insensibilité complète. Si l'opérateur a recours à la méthode du docteur Liébengen, il ne devrait jamais donner le kellen ou le chloroforme avant d'avoir essayé d'obtenir le sommeil avec un parfum quelconque (l'alcool à brûler par exemple ou un parfum non connu du sujet) qu'il présente dans ses suggestions comme étant du chloroforme. Dans bien des cas, en effet, le docteur Pozzy l'a constaté souvent du reste, le sommeil hypnotique précède le sommeil chloroformique. La méthode Esdaile exige beaucoup de patience et n'est pas toujours d'une application pratique, mais lorsque les conditions exigées pour son emploi peuvent être réunies, elle est d'une efficacité remarquable.

Comment faire cesser l'anesthésie

Pour remettre le sujet dans son état normal, faites quelques passes en remontant en suggérant : *Maintenant vous pouvez sentir..... votre sensibilité revient..... vous sentez..... vous revenez dans votre état habituel..... vous êtes très bien.....*

Si vous avez enfoncé assez profondément une aiguille dans la chair du sujet, pour convaincre une assistance incrédule et sceptique de la réalité de l'anesthésie obtenue par l'hypnotisme, il est utile, avant d'éveiller le dormeur, de lui dire : *A votre réveil vous ne sentirez aucun mal..... aucune douleur..... impossible de sentir..... vous serez très bien et très dispos.....*

C'est surtout après une opération chirurgicale que le praticien ou son aide retirent les plus grands avantages de l'insistance sur les suggestions post-hypnotiques [1]. On peut suggérer dans ce cas :

A votre réveil vous n'éprouverez aucun malaise..... vous ne serez pas fatigué..... votre état sera excellent..... pas de maux de tête..... pas de maux d'estomac..... vous serez bien..... très bien..... tout à fait bien..... Votre guérison complète se fera rapidement..... vous voulez guérir..... vous voudrez guérir..... vous vous croirez guéri et votre guérison sera très rapide......

Eveillez ensuite le sujet.

Ces suggestions sont particulièrement indispensables dans les cas où le chirurgien a réellement eu recours au chloroforme. Il est ainsi possible d'annuler l'effet pernicieux de cet anesthésique, effet qui se manifeste souvent au réveil par des nausées et des vomissements.

Les chirurgiens retireraient les plus grands avantages de l'emploi de la méthode du docteur Liébengen, qui permet bien souvent de se passer de chloroforme et qui donne, dans tous les cas, la possibilité de diminuer dans la plus large mesure les dangers que peut présenter le recours à cet anesthésique.

Nous avons vu déjà dans l'étude des expériences à l'état de veille qu'il est très facile d'obtenir l'anesthésie chez les sujets sensibles, sans qu'il soit nécessaire de les induire, au préalable, dans le sommeil hypnotique.

TRANSMISSION DE PENSÉE
SUGGESTION MENTALE. — TÉLÉPATHIE

La transmission de pensée est souvent désignée aujourd'hui sous le nom de télépathie. Ce terme n'est pas absolument exact au point de vue étymologique lorsqu'on l'emploie pour désigner ce

---

[1] Relire le chapitre « La Post-Suggestion » (page 301).

phénomène psychique, car c'est plutôt *téléfrontisie*(1) qui devrait être choisi. Le mot télépathie s'applique plus particulièrement à l'ensemble des phénomènes de communication, d'impression et d'influence à distance, de pressentiment, attribués au spiritisme. L'étude de ces derniers phénomènes est du domaine de l'occultisme expérimental, elle sera donc réservée pour la deuxième partie de cet ouvrage ; je me contenterai, dans le présent volume, d'indiquer la marche à suivre pour parvenir à transmettre une pensée à un sujet en somnambulisme artificiel. Si extraordinaire que puisse paraître le fait, il n'en est pas moins absolument certain, et la science l'explique parfaitement par le tube de Branly et la théorie des neurones. Bien entendu, nous ne considérons pas comme transmission de pensée, le procédé indiqué par Robert Houdin (2), qui n'est qu'un truc ingénieux basé sur une sorte de « grille » dans un langage convenu. Nous n'admettons pas davantage, comme suggestion mentale, le fait de faire deviner à un sujet éveillé (en lui tenant la main ou en mettant les deux mains sur sur l'une de ses épaules) l'action que l'on veut qu'il fasse et à laquelle on pense fortement, puisque nous n'avons là qu'une simple manifestation des mouvements inconscients (2). Nous devons reconnaître exclusivement comme transmission de pensée, le fait de communiquer à distance avec un sujet endormi ou même éveillé, par la seule suggestion mentale, à l'exclusion absolue de tout autre procédé et sans que le sujet puisse surprendre aucun geste, aucun signe de l'opérateur.

Les hypnotisés qui parviennent de suite dans un premier sommeil à percevoir la pensée de l'hypnotiseur sont très rares. Leur éducation est parfois assez longue et exige quelque patience de la part de l'opérateur. Il faut choisir de préférence une personne nerveuse ; les natures cultivées, les esprits romanesques, les sujets à intelligence éveillée sont mieux disposés pour donner des résultats rapides. La sympathie, la vie en commun, augmentent également beaucoup les chances de succès.

L'entraînement personnel de l'hypnotiseur a aussi une grande

---

(1) *Télépathie*, du grec τελου au loin ηχθειν souffrir.
Téléfrontisie, du grec τελου au loin φρουθιζειν penser.
(2) Voir la deuxième partie de cet ouvrage.

importance ; le phénomène sera obtenu plus aisément si l'expérimentateur s'est exercé à concentrer sa pensée d'après les indications données au début de ce volume (voir *concentration de la pensée*), car, nous le savons déjà, le médium a d'autant plus de chances de percevoir une pensée que cette pensée à transmettre a été, dans la conscience de l'hypnotiseur, l'objet d'une représentation plus claire, d'une attention plus longuement soutenue et d'une concentration plus forte.

Les personnes très sensibles qui arrivent rapidement au somnambulisme artificiel et qui ont été souvent hypnotisées pourront donner des résultats certains.

Endormez le sujet très profondément et lorsque le sommeil sera obtenu, faites des passes troisième forme (voir le chapitre traitant du sommeil hypnotique) pendant quelques minutes. Suggérez ensuite d'un ton positif en fixant le sujet endormi à la racine du nez et en voulant qu'il obéisse : *Donnez toute votre attention..... il vous est possible de pénétrer ma pensée..... je vais vous faire un commandement mental..... vous obéirez.*

Pensez alors fortement : *Levez la main gauche..... levez la main gauche..... allons, obéissez..... levez la main gauche..... la main gauche..... je veux que vous leviez la main gauche..... levez la main gauche.....*

Si le sujet n'obéit pas, recommencez les passes troisième forme afin de rendre le sommeil plus profond et dites :

Maintenant vous m'obéirez..... vous pouvez sans aucune peine saisir ma pensée..... obéissez, je le veux..... vous le pouvez.....

Je vais vous faire un commandement mental et cette fois vous obéirez..... vous obéirez de suite.....

Pensez fortement en faisant un effort en vous-même comme si, par la pensée, vos mains levaient celle du sujet :

Votre main gauche se lève..... elle se lève..... elle se lève..... levez la main gauche..... levez la main gauche..... la main gauche.....

Dans bien des cas, le sujet obéira. Si la main ne se levait pas à cette seconde tentative, remettez l'essai au lendemain en suggérant au dormeur que sa sensibilité se développe et qu'il pourra bientôt obéir à vos suggestions mentales. En insistant souvent sur ces suggestions et en répétant les essais tous les jours, vous amènerez infailliblement le sujet susceptible à la possibilité de percevoir votre pensée.

Tout en vous entraînant à l'exercice journalier de la concentration de la pensée et de l'effet mental, essayez de transmettre une suggestion mentale en renouvelant les tentatives sur un grand nombre de sujets. Vous en rencontrerez certainement qui récompenseront votre persévérance et vous donneront de brillants résultats.

Lorsque votre sujet aura levé la main gauche, vous lui commanderez mentalement de l'abaisser. Voici une méthode progressive d'entraînement pour développer la sensibilité du médium : le faire lever, le faire marcher, lui faire ouvrir la bouche, fermer les mains, ouvrir les mains, mettre les bras en croix, etc. Obligez-le ensuite à deviner les chiffres que vous pensez, puis des nombres de plusieurs chiffres, des noms de personnes, etc. (toujours par le procédé indiqué pour la première expérience). Augmentez peu à peu la distance qui vous sépare du sujet, passez ensuite dans une pièce voisine, éloignez-vous davantage encore. Le sujet sensible, dont l'entraînement a été conduit avec patience et persévérance, peut saisir la pensée de son hypnotiseur quelle que soit la distance qui le sépare de celui-ci. La plupart des expérimentateurs professionnels ont toujours à leur disposition un médium entraîné à percevoir leurs pensées, et une grande partie de leurs séances est consacrée à des essais de suggestion mentale. J'ai connu plusieurs opérateurs qui arrivaient à captiver leur auditoire uniquement par des expériences de transmission de pensée. Il est certain qu'il n'est pas d'expériences aussi intéressantes, pouvant se présenter de tant de façons différentes et prouvant d'une façon plus irréfutable la réalité de l'hypnotisme.

Vous pouvez encore employer le moyen suivant pour entraîner les personnes que vous jugerez susceptibles.

Endormez profondément votre sujet. Ecrivez un nombre sur une feuille de papier, mettez ce papier dans une enveloppe et approchez-la de la nuque du dormeur. Suggérez ensuite d'un ton positif en pensant fortement au nombre que vous avez écrit : *Un nombre est inscrit dans cette enveloppe, dites-moi quel est ce nombre...... vous pouvez le dire...... quel est ce nombre ?......*

Pour débuter, n'écrivez qu'un chiffre et, lorsque le sujet vous aura répété à haute voix le chiffre exact, vous pourrez continuer les essais sur des nombres plus élevés. N'oubliez pas de penser constamment au nombre écrit, voyez ce nombre par la pensée, que son image soit nette en votre esprit. Il est un fait étrange, c'est que tous les sujets en somnambulisme qui parviennent à saisir la pensée de leur hypnotiseur répondent invariablement lorsqu'on les interroge sur la façon dont cette pensée leur est révélée, qu'ils la *voient en lettres de feu* ou qu'ils aperçoivent brusquement en eux-mêmes l'objet auquel pense l'opérateur. Il faut donc, pour augmenter les chances de succès, non seulement penser au *nom* de l'objet, mais encore et surtout *voir* en imagination l'objet tel qu'il est et n'avoir que cette image dans l'esprit à l'exclusion de toute autre (1). Certes, tous les hypnotisés ne sont pas aptes à percevoir à distance la pensée de l'expérimentateur, c'est cette particularité du reste qui fait le prix de ce genre d'expériences et qui contribue à les rendre si intéressantes. En endormant beaucoup de personnes, de préférence celles qui se sentent tirées fortement en arrière par l'action magnétique des mains sur les omoplates, en continuant l'entraînement spécial de la concentration de pensée, en voyant mentalement non seulement le *nom* mais *l'objet* lui-même, vous arriverez infailliblement à trouver quelques sujets sur lesquels vos tentatives seront couronnées de succès. Sur de tels sujets, vous pourrez multiplier à l'infini les expériences et arriver plus tard à communiquer avec eux par la pensée, quelle que soit la distance qui vous sépare.

Méthode originale pour entraîner un sujet en vue de la transmission de pensée

Voici une méthode que j'ai employée bien souvent et qui donne d'excellents résultats.

Endormez profondément votre sujet (choisissez une personne très sensible qui arrive aisément au somnambulisme artificiel), rendez son sommeil aussi profond que possible par les passes

---

(1) Voir dans la deuxième partie de cet ouvrage quelques exemples du pouvoir extraordinaire de la pensée humaine.

troisième forme et, après avoir pris les mains du sujet dans les vôtres, dites d'un ton très positif : *Vous pouvez lire ma pensée..... il vous est possible de me dire la lettre à laquelle je vais penser..... voyez bien..... faites bien attention..... il vous est possible de voir..... je vais penser fortement à une lettre de l'alphabet et vous verrez cette lettre..... vous la verrez en vous-même..... comme une lettre de feu..... et vous me direz à haute voix quelle est cette lettre.....*

Approchez votre front tout près de celui du dormeur et pensez fortement à une lettre quelconque, n'ayez de présent à l'esprit que cette lettre et pas autre chose, voyez la forme de cette lettre en imagination et faites un effort mental comme si vous vouliez impressionner avec cette forme, le cerveau du sujet. Si la personne est susceptible de percevoir une pensée, cette méthode est absolument infaillible et, après quelques tentatives de ce genre, le sujet pourra énoncer immédiatement la lettre à laquelle vous penserez. Vous continuerez l'entraînement en lâchant ensuite les mains du sujet, en lui faisant deviner plusieurs lettres, puis des mots, enfin des phrases; vous augmentez finalement la distance qui vous sépare du médium.

Un opérateur patient ayant pratiqué la concentration de pensée trouvera certainement, pour peu qu'il expérimente, des sujets susceptibles de percevoir les suggestions mentales. De telles personnes sont relativement rares, il est vrai, mais l'hypnotiseur professionnel ou le conférencier qui peuvent choisir des sensitifs dans des assistances nombreuses et variées, ne chercheront pas très longtemps sans voir leurs essais récompensés par le succès le plus complet.

LUCIDITÉ, SECONDE VUE, DOUBLE VUE CLAIRVOYANCE

La lucidité, appelée encore seconde vue, double vue, ou clairvoyance est la faculté de voir sans le secours des yeux, de voir à distance et au delà du champ habituel de la vision normale, de voir enfin dans des conditions exceptionnelles (par exemple à travers les corps opaques). En tenant compte des hallucinations possibles du sujet, en écartant les réponses qui peuvent être inspirées par son imagination, son jugement ou sa mémoire que l'état d'hypnose exalte au delà de toute expression, il est assez facile d'obtenir des preuves absolument certaines de l'existence de cette merveilleuse faculté. Elle ne se manifeste généralement chez les sujets susceptibles qu'à la suite d'une éducation patiente donnée par l'opérateur ; mais, dans certains cas, cette éducation permet de développer d'une façon extraordinaire cette étonnante faculté. Les sujets pouvant arriver à la lucidité sont très rares, bien plus rares encore que ceux susceptibles de percevoir la pensée de l'hypnotiseur. Le public non initié confond bien souvent la clairvoyance avec la transmission de pensée, il y a pourtant entre ces deux phénomènes psychiques une grande différence.

La transmission de pensée, improprement appelée télépathie, est admise aujourd'hui par la science. Après avoir été nié avec acharnement, ce phénomène si banal, ce phénomène qui fait depuis si longtemps partie du bagage de la majorité des hypnotiseurs de tréteaux a été enfin reconnu possible, parce que nos savants ont pu en donner une explication acceptable et l'appuyer sur une hypothèse admissible (1)

La suggestion mentale est reconnue aujourd'hui, la lucidité ne l'est pas encore. Pourtant, si le premier phénomène est explicable par le tube de Branly et la théorie des neurones, le second l'est parfaitement par les rayons N qui peuvent, l'expérience l'a depuis longtemps prouvé, être perçus par quelques sujets en somnambulisme artificiel. Si je pouvais, sans sortir du cadre d'un cours pratique, citer tous les documents réunis sur la lucidité, il me serait aisément possible d'en montrer la possibilité. Il est plus logique, et ceci justifiera mieux le titre de cet ouvrage, de donner avant tout au lecteur le moyen infaillible de se rendre personnellement compte de cette faculté, réservant pour la partie théorique et historique tous les renseignements sur l'explication du fait.

Je dois dire, tout d'abord, que les personnes en somnambulisme artificiel, susceptibles de donner des preuves de lucidité, sont très rares. Aucune particularité ne les distingue d'une façon certaine,

---

(1) Voir la deuxième partie de cet ouvrage.

cependant, les sujets très sensibles à l'agent magnétique, ceux qui se sentent tirés fortement en arrière ou qui éprouvent les symptômes déjà étudiés lorsque l'hypnotiseur leur applique les mains sur les omoplates, paraissent avoir beaucoup plus de dispositions et offrent plus de chances de réussite. Ceci provient probablement de ce que ces sujets tombent vite en somnambulisme, car c'est toujours dans l'état de somnambulisme artificiel que la lucidité se manifeste chez les sujets qui en sont susceptibles. Certains sensitifs, spécialement doués, arrivent immédiatement à la « clairvoyance » et donnent à l'opérateur des preuves non équivoques de son existence dès le premier essai d'hypnotisation. D'autres, au contraire, et ce sont les plus nombreux, ne le peuvent qu'à la suite de tentatives réitérées. Lorsqu'on a trouvé un sujet donnant des espérances, il est bon de l'entraîner exclusivement à la double vue et de s'abstenir, autant que possible, de tout autre genre d'expérimentation. Un tel sujet ne se découvre parfois qu'après de longues recherches, mais il peut arriver aussi que le débutant le rencontre dès ses premiers essais. La lucidité dépend exclusivement du sujet ; quel que soit l'entraînement, quelle que soit la science de l'hypnotiseur, il ne peut que développer cette faculté chez le somnambule qui la possède déjà, mais il lui est impossible de rendre lucide un dormeur qui n'a aucune disposition.

Choisissez, pour cet essai, une personne déjà entraînée aux précédentes expériences de suggestion mentale ou transmission de pensée. Endormez profondément le sujet par l'une des méthodes indiquées, de préférence par la méthode de Deleuze ou le procédé Moutin et rendez le sommeil aussi profond que possible en insistant ensuite sur les passes troisième forme. Dites ensuite au dormeur : *Il vous est possible de voir..... vous pouvez voir..... vous voyez..... vous voyez très bien..... vos yeux sont fermés..... gardez-les fermés..... vous voyez tout ce qui vous entoure..... vous voyez plus loin..... très loin..... encore plus loin..... vous voyez très bien.....*

Faites quelques passes légères sur le front en donnant ces suggestions, puis présentez une montre sur la nuque ou mieux sur le front de l'hypnotisé en suggérant : *Vous pouvez voir l'heure qu'il est à cette montre..... voyez-vous l'heure ?..... quelle heure est-il ?..... voyez..... faites tout votre possible pour voir..... quelle heure est-il ?..... voyez.....*

A moins de tomber sur un sujet exceptionnel, il est bien rare que le somnambule puisse voir de suite. S'il ne voit pas, demandez-lui ce qu'il faut que vous fassiez pour l'aider. Faites immédiatement ce qu'il demandera et, s'il ne sait quoi répondre à votre demande, faites des passes avec contact sur le front en disant : *Voyez..... vous pouvez voir..... donnez toute votre attention..... vous voyez..... vous voyez.....*

Reconnaissez ensuite l'expérience consistant à demander quelle heure marque la montre placée sur le front du sujet. Un grand nombre parmi les somnambules paraissant ne donner aucune espérance au premier essai parviennent, en répétant souvent cette expérience, à acquérir une lucidité merveilleuse. Néanmoins, si après une dizaine d'essais vous n'obtenez aucun résultat, vous avez peu de chances de réussir avec le sujet choisi et, dans ce cas, il est bon de tenter l'expérience sur un autre.

Lorsque votre sujet a pu vous dire l'heure exactement indiquée par la montre, présentez-lui un ou plusieurs doigts près de la nuque et demandez le nombre de doigts montrés. Si la réponse est exacte, recommencez cet essai en changeant le nombre de doigts et le médium susceptible vous énoncera immédiatement ce nombre. Demandez-lui ensuite qu'il vous fasse la description de la chambre où il se trouve, puis celle d'un lieu, d'une place, d'une ville qu'il connaît déjà. Si vous opérez devant une assistance, priez votre médium de vous dire ce que font les personnes qui l'entourent, si elles sont assises ou debout, etc. Si, au contraire, vous opérez seul avec votre sujet, placez-vous derrière lui, faites un geste quelconque, tel que lever un bras, sortir votre mouchoir, vous pencher à droite ou à gauche, etc., en lui demandant qu'il vous dise ce que vous faites. Lorsque le sujet vous donnera des réponses exactes, priez-le de vous faire la description d'une maison, d'une place, puis d'une ville qu'il ne connaît pas, mais que vous connaissez vous-même. Si les renseignements donnés sont exacts, le somnambule sur lequel vous expérimentez a beaucoup de chances de devenir lucide. Je dis *devenir*, car toutes les expériences indiquées jusqu'à présent ne sont pas encore du domaine de la véritable *lucidité* et ne peuvent abuser qu'une assistance non initiée aux phénomènes psychiques. Tous ces précédents essais ne sont qu'une forme de télépathie, transcendante peut-être, mais, malgré cela, simple télépathie et pas autre chose. Nous savons depuis longtemps déjà que tout mot pensé se manifeste par une image dans le cerveau de celui qui le conçoit ; nous savons aussi que lorsqu'une personne pose une question dont elle connaît la réponse exacte, cette réponse se présente à son esprit spontanément et d'une manière automatique. Il est facile de reconnaître que les renseignements donnés par votre sujet lui ont été inspirés par un simple effet de télépathie et que vous avez vous-même, d'une manière inconsciente peut-être, transmis par suggestion mentale les réponses exactes qui vous sont données. Un somnambule entraîné par une longue pratique et dont le cerveau est devenu très sensible aux expressions extérieures (je rappelle une fois encore que les pensées sont des ondes) peut aisément abuser de la crédulité des personnes non initiées. J'ai connu en effet des médiums qui, à la suite d'un entraînement journalier, parviennent non seulement à saisir les pensées les plus fugitives de leur hypnotiseur, mais encore à pénétrer les pensées de n'importe quelle personne de l'assistance. Lorsqu'un des membres de l'assistance voulant avoir une preuve de la réalité de ce qu'il considère comme lucidité pose une question au médium en somnambulisme, il ne se doute pas qu'il pense lui-même, sans le vouloir, sans le savoir, à la réponse exacte à donner, qu'il se fait mentalement cette réponse et que le sujet n'a en somme qu'à la lire par télépathie pour l'énoncer aussitôt à haute voix. Supposons par exemple que le questionneur s'adressant au sujet, soit par l'intermédiaire de l'hypnotiseur, soit directement, pose l'une de ces questions : *Quel est mon prénom ? Quel est mon âge ?* Sans en avoir conscience peut-être, la personne (à moins d'être initiée aux phénomènes psychiques et de concentrer son attention sur une réponse inexacte afin de dérouter le médium, qui n'est pas réellement lucide), la personne, dis-je, pense à son nom, à son prénom ou à son âge et ceci, dans tous les cas, sans aucune exception. Nous n'avons donc là aucune preuve de lucidité ou double vue. La lucidité n'existe réellement que si le sujet en somnambulisme artificiel peut **voir** ou **connaître** un objet ou une chose que l'hypnotiseur ou le consultant ne **voit** pas et ne **connaît** pas lui-même. Cela dit, nous allons reprendre l'entraînement du sujet en vue de la véritable clairvoyance.

Lorsque votre somnambule a pu vous dire l'heure exactement indiquée par la montre et répondre d'une façon correcte aux questions ensuite posées, dérangez les aiguilles sans regarder le cadran et demandez au sujet de vous dire quelle heure marque alors la montre. Rendez-vous compte ensuite, en regardant la montre après que le sujet a répondu, s'il a dit juste. Insistez tous les jours sur cette expérience jusqu'à ce que le médium ne vous donne que des réponses exactes. Quand vous aurez obtenu ce résultat, inscrivez chacun des chiffres de 0 à 9 sur un petit morceau de papier blanc que vous placerez ensuite dans une enveloppe fermée. Vous aurez donc 10 enveloppes; l'une renfermera le chiffre 0, l'autre le 1, l'autre le 2, etc. Mêlez bien toutes ces enveloppes et prenez-en une au hasard. Approchez-la du front ou de la nuque de votre sujet et demandez-lui quel chiffre elle contient. En insistant pendant quelques jours, le médium susceptible de clairvoyance vous indiquera immédiatement le chiffre exact. Ayez la précaution de ne regarder le papier sur lequel est inscrit le chiffre qu'après la réponse du sujet. Vous répéterez ensuite ces expériences avec des nombres de plusieurs chiffres, puis avec les lettres de l'alphabet, puis avec des mots, enfin avec des phrases. Après cela vous demanderez à votre somnambule qu'il vous fasse la description d'une pièce voisine de celle où vous opérez; si l'appartement n'a qu'une seule pièce, demandez celle de la cave ou du grenier. Exigez qu'il vous décrive les objets contenus, leur disposition, etc., vous contrôlerez ensuite (il n'y a lucidité seulement si vous ne connaissez pas vous-même ces lieux et si le sujet est dans le même cas.) Suggérez de temps en temps d'un ton très positif et en faisant de légères passes sur le front : *Voyez...... vous pouvez voir...... vous voyez très bien...... allez par la pensée dans telle pièce* (indiquez la pièce, la cave ou le grenier), *dites-moi ce que vous y voyez......*

Demandez ensuite des renseignements sur des lieux plus éloignés, sur des villes, des pays, etc., mais ne prenez pas cependant comme preuve de lucidité l'exactitude des renseignements qui vous seront donnés, car il se peut que votre médium ait entendu parler de ces endroits, qu'il ait lu quelque géographie, quelque guide, quelque description et la mémoire de certains somnambules est tellement exaltée pendant l'hypnose, qu'ils se souviennent de tout ce qu'ils ont entendu, de tout ce qu'ils ont vu, de tout ce qu'ils ont lu, quel que soit le temps écoulé depuis.

Vous pouvez encore dire au médium de se transporter par la pensée chez un de vos amis et lui demander ce qu'il voit, si votre ami est chez lui, ce qu'il fait à l'heure actuelle; vous irez ensuite contrôler les dires du sujet.

Le lecteur a maintenant à sa disposition tous les renseignements, toutes les instructions nécessaires pour obtenir la lucidité chez les somnambules qui peuvent en être susceptibles. Cette méthode progressive d'entraînement du sujet est la plus récente et celle qui donne les résultats les meilleurs et les plus rapides.

Les personnes arrivant à la lucidité véritable sont très rares, mais en essayant un grand nombre de sujets de sexe, d'âge et de tempérament différents, l'expérimentateur patient et persévérant trouvera infailliblement quelques médiums suffisamment doués pour lui donner des preuves irréfutables de l'existence de cette faculté.

DE LA PRÉDICTION DE L'AVENIR

Si la science n'admet pas encore la lucidité, elle accorde bien moins au médium lucide la possibilité de prévoir l'avenir.

Sans tomber dans le fatalisme, il est pourtant assez admissible qu'un sujet en état de somnambulisme puisse tirer des événements actuels des déductions qui lui permettent, d'après une sorte de calcul des probabilités, de prévoir les événements futurs. Nous savons déjà que le médium en somnambulisme artificiel est servi par une mémoire et un jugement portés à leur plus haut degré de développement; par la télépathie, il est sensible à des impressions que nous ignorons; il n'est donc même pas nécessaire de reconnaître formellement la lucidité, bien moins encore d'admettre les affirmations des occultistes relatives au corps astral et ses prétendues relations avec les influences cosmiques, qui ont une influence supposée sur les événements futurs, pour juger le sujet en somnambulisme susceptible de prévoir dans certains cas l'avenir. L'un des phénomènes de télépathie, le plus fréquent et le moins contestable : *le pressentiment*[1], n'a probablement pas d'autre origine, et s'il se produit spontanément et sans que la personne

---

[1] Voir la deuxième partie de cet ouvrage.

puisse se l'expliquer, c'est qu'il est dû à un travail mystérieux de déduction opéré par l'esprit subconscient en dehors du champ limité de la conscience normale. Ce n'est en somme qu'une simple forme des manifestations si nombreuses de la télépathie inconsciente alliée à l'automatisme psychique(1). Dans l'état d'hypnose, le médium découvre avec une grande facilité la relation de cause à effet, il sait tirer des déductions logiques et peut donner des conclusions subséquentes d'une certitude mathématique.

La croyance à la prédiction de l'avenir a été et continue d'être exploitée par des charlatans sans scrupule, sachant admirablement profiter de la crédulité et de l'ignorance de leurs victimes. Il y a des gens qui, à l'heure actuelle et malgré l'instruction largement répandue, prennent encore au sérieux les jongleries des exploiteurs de la chiromancie (divination par les lignes de la main), de la cartomancie (par les cartes ou le tarot), de l'oniromancie (par les rêves), de l'astrologie (par l'observation des astres et l'établissement de l'horoscope), de la rabdomancie (par la baguette divinatoire), du marc de café, du plomb fondu, de la flamme d'un flambeau, etc. Les Grecs et les Romains avaient les Pythies, les Sybilles, les Pythonisses, les augures, les aruspices, les oiseaux sacrés ; cela n'est plus de mode aujourd'hui, mais comme compensation nous sommes infestés de toutes les catégories de médiumnités des marchands de spiritisme. Tous ces procédés de divination seront discutés dans la deuxième partie de cet ouvrage ; je me contenterai, pour le moment, d'aborder simplement ici la prédiction de l'avenir par l'intermédiaire d'un sujet lucide en somnambulisme artificiel. Avant d'aller plus loin, je dois dire que la faculté de prévoir l'avenir est loin d'être constante chez les somnambules, qui en ont donné déjà des preuves irréfutables et que cette prévision ne peut porter indifféremment sur n'importe quel événement. Je considère comme un devoir de dire encore que si la confiance accordée par le public à ceux qui opèrent journellement pour de l'argent n'est pas totalement déplacée, elle doit être en tout cas très limitée. Pour donner au lecteur une idée du charlatanisme de certains devins modernes, je dirai qu'à Paris même des individus sans scrupule trouvent d'innombrables dupes pour prédire, moyen-

---

(1) Voir la deuxième partie de cet ouvrage.

nant une rétribution de deux, trois ou cinq francs....., le numéro gagnant du gros lot à une loterie ou le cheval vainqueur au pari mutuel. Il faut croire que leurs victimes n'ont pas l'esprit de déduction et qu'elles ne ressemblent nullement en cela aux sujets en somnambulisme artificiel, car il me semble qu'il ne faut pourtant pas être grand clerc pour prévoir que si les agréables fumistes vendant ces prédictions étaient sûrs de leur réalité et de leur réalisation, il y a gros à parier qu'ils prendraient leurs dispositions pour en bénéficier les premiers. Si on en est encore là à Paris, la Ville-Lumière, le flambeau de la civilisation, l'orgueil du monde entier, on est en droit de se demander ce qui peut bien se passer dans nos campagnes !

Dans le cas cité plus haut, le mal se réduit simplement à une petite perte d'argent pour le trop crédule consultant, et si l'on veut bien considérer qu'il se gaspille de par le monde des sommes plus considérables, d'une façon bien plus stupide encore, on jugera par comparaison le mal bien petit. Il n'en est pas toujours ainsi, et il est arrivé parfois que des consultations sur l'avenir, ayant donné lieu à des prédictions plus ou moins pessimistes, ont été suivies des pires calamités. Rassurez-vous, ce n'est pas l'inexorable *destin*, ce n'est pas davantage le terrible *ananké* des Grecs, pas plus que le *c'était écrit* résigné des Mahométans, ce n'est pas la *fatalité*, c'est tout simplement l'effet de l'auto-suggestion chez le consultant. Fouillée l'a observé avec une grande justesse et l'hypothèse qu'il présente sur les idées-forces est justifiée par l'expérience. *Un grand nombre de prédictions se réalisent parce que l'idée en est restée dans l'esprit du sujet* et que, même sans en avoir conscience, par une sorte d'automatisme psychique plus fréquent qu'on ne croit, le sujet est poussé à justifier la prédiction. C'est l'idée implantée dans son cerveau par le devin, c'est cette idée par laquelle il a été le plus souvent vivement impressionné, c'est cette seule idée qui l'obsède et le force à accomplir tôt ou tard ce qui a été prédit. On voit par là que les consultations sur l'avenir ne sont pas toujours sans danger lorsqu'elles ont été impressionnantes et qu'elles ont été acceptées par des personnes crédules et ignorantes.

Maintenant que j'ai rempli le devoir de prévenir le lecteur et de le mettre en garde contre les pernicieux effets de l'auto-suggestion inconsciente, au cas où il lui prendrait fantaisie de consulter quelque devin plus ou moins pessimiste, j'ajouterai, après toutes restrictions faites, que certains sujets peuvent exceptionnellement prédire les événements futurs. Ces sujets se recrutent exclusivement parmi ceux qui sont susceptibles de percevoir les suggestions mentales et qui ont donné en outre quelque preuve de véritable lucidité. Ils sont assez rares, mais tous les expérimentateurs de bonne foi qui ne craindront pas de tenter des essais sur de nombreuses personnes en se conformant aux instructions données, c'est-à-dire en entraînant le médium en somnambulisme à la transmission de pensée d'abord, puis à la clairvoyance ensuite, auront infailliblement des preuves irréfutables de la prescience. Le docteur Liébengen m'en a donné par l'intermédiaire de son sujet Bertha et j'en ai obtenu bien souvent moi-même au cours de mes nombreuses expérimentations, par l'intermédiaire de différents médiums de l'un ou de l'autre sexe. Afin d'être réellement et parfaitement fixé sur la possibilité de la prévision de l'avenir, évitez soigneusement toute demande de renseignement sur des événements qui pourraient se réaliser par suite d'auto-suggestion inconsciente et n'interrogez pas votre médium sur des généralités qui ont une chance sur deux de se produire, car dans ce cas on peut toujours invoquer l'effet de simples coïncidences. Lorsqu'un médium en somnambulisme artificiel, après avoir été entraîné à la transmission de pensée, vous aura donné des preuves non équivoques de lucidité véritable, vous pourrez, par la méthode indiquée, le conduire jusqu'à la prescience si ses dispositions naturelles le permettent.

Avant d'aborder les essais portant sur la prescience proprement dite, il est bon de reprendre l'entraînement spécial du sujet où nous l'avons laissé au chapitre précédent traitant de la Lucidité. La dernière expérience consistait, nous le savons, à demander au médium en somnambulisme artificiel s'il pouvait voir à distance et par la pensée, une personne de votre connaissance et vous donner des renseignements sur ses occupations actuelles. Après avoir contrôlé l'exactitude des renseignements fournis, vous pourrez renouveler cet essai en faisant porter les interrogations sur des personnes plus éloignées. En répétant souvent ces expériences, certains médiums vous étonneront par l'exactitude de leurs dires. Lorsque ces résultats seront obtenus, vous tenterez alors les expériences de prescience. Demandez d'abord le nom de la première personne qui entrera dans la pièce où vous opérez, puis celui de la première que vous rencontrerez en sortant. Si les prévisions du sujet se sont réalisées, demandez ce que vous dira la première personne de votre connaissance que vous rencontrerez et où ira cette personne lorsque vous l'aurez quittée. Demandez ensuite des renseignements sur le temps probable du lendemain, sur les visites que vous recevrez, priez le médium de vous instruire de ce que diront ou feront telles ou telles personnes lorsqu'elles seront présentes, de l'heure à laquelle elles vous quitteront et quel sera à ce moment le dernier mot prononcé par elles. Vous pourrez étendre vos recherches sur la prescience, en demandant des renseignements sur des événements susceptibles de se produire dans un avenir plus éloigné.

Ce n'est parfois qu'à la suite de longues et patientes recherches que l'opérateur parvient à trouver un sujet en état de lui donner des preuves indéniables de prévision de l'avenir ; néanmoins, de tels sujets existent, et bien que la science ne l'admette pas encore à l'heure actuelle, le lecteur qui expérimentera sur de nombreuses personnes en se conformant scrupuleusement aux instructions données, trouvera certainement un médium de l'un ou de l'autre sexe qui dissipera tous les doutes pouvant subsister dans son esprit, relativement à l'existence de la prescience.

DE QUELQUES AUTRES POSSIBILITÉS

DE L'HYPNOTISME

Si j'avais voulu indiquer par le détail toutes les possibilités de l'hypnotisme, si j'avais tenu à donner, pour chacune de ces possibilités, la méthode infaillible de production rapide, un volume dix fois plus considérable que celui offert aujourd'hui au public aurait été insuffisant. L'*Influence* a un domaine si vaste, elle revêt des formes d'application si diverses, qu'il est matériellement impossible de les mentionner toutes en détail dans un volume aussi concis. J'ai cru bon, toutefois, d'exposer sommairement en quelques pages une sorte de table des expériences possibles par la suggestion. Le lecteur trouvera aisément les termes à employer lorsqu'il aura acquis un peu de pratique. Ces pages sont en quelque sorte un complément de chacun des chapitres déjà traités ou qui seront traités par la suite. Elles auront trait à l'hypnothérapie, à l'exaltation des facultés et vice versa, et enfin à l'objectivation des types pour me servir de l'expression de M. Charles Richet.

Il est possible, dans le domaine de l'hypnothérapie, d'obtenir une foule de phénomènes dont nous n'avons pas encore entretenu le lecteur, mais qu'ont tenté avec succès ceux de nos sommités médicales qui n'ont pas cru la science de l'Influence indigne de leurs investigations. C'est ainsi que, sans avoir recours à la lancette, les docteurs Bourru et Burot sont arrivés à produire des saignées et qu'ils ont en outre fait apparaître des traces rouges sur les bras ou les cuisses de leurs sujets. Un grand nombre ont essayé d'augmenter, ou au contraire, de diminuer la température de leurs sujets, d'augmenter ou de diminuer la rapidité de leur respiration. Certains ont démontré, d'irréfutable façon, son action sur les muqueuses en faisant apparaître par simple suggestion des ampoules semblables à celles produites par un vésicatoire à l'endroit du corps où ils avaient placé un timbre-poste. D'autres se sont attachés à prouver l'influence de l'hypnotisme sur la sécrétion des diverses glandes de notre organisme. Ils ont augmenté, de notable proportion, la production des glandes salivaires, le sujet bavait ; lacrymales, les larmes lui coulaient sur les joues. Ils ont de même augmenté la sécrétion de l'urine et du lait et provoqué des congestions en des points limités du corps. Quelques-uns enfin ont étudié l'action de l'hypnotisme sur le cœur. A leur gré, cet organe a battu plus vite ou plus lentement ; ils sont ainsi parvenus, quelquefois, après une ou deux séances, à guérir des cardiaques réputés incurables. Je ne conseille pas au lecteur, qui n'est pas médecin, de s'essayer à produire ce phénomène, il pourrait s'exposer à des accidents terribles pour le sujet.

L'influence de l'hypnotisme sur l'exaltation des facultés est encore bien plus incontestable. La création et le développement progressif de l'intelligence et de la volonté sont choses faciles pour l'hypnotiseur éclairé. On a vu des idiots apprendre à lire, à écrire et à compter, lorsque par suggestion, dans le sommeil hypnotique, l'opérateur était parvenu à dégager et augmenter la force de leur faculté d'attention. On obtient des résultats plus merveilleux encore en s'adressant à la mémoire. Toutes les choses apprises et quelquefois depuis longtemps oubliées réapparaissent dans l'esprit de celui à qui on a suggéré, dans le sommeil, le réveil de cette faculté. Il revoit le passé et peut répéter des actes accomplis parfois de longues années auparavant avec une parfaite exactitude ; il retrouve la voix, le geste, les convictions de l'époque qu'on lui fait revivre. Il en est de même pour le sens esthétique ; le colonel de Rochas a provoqué chez son sujet Lina des essais que je qualifierai de merveilleux au point de vue artistique. Sous l'influence de la suggestion verbale, sous l'influence de la suggestion musicale, il lui a fait prendre des poses plastiques complètement en rapport avec les idées rendues par la parole ou la musique : joie, tristesse, enthousiasme. Expression accrue encore par l'extrême sensibilité du sujet qui, dans chacun de ces cas particuliers, aurait pu servir de modèle aux peintres et sculpteurs. Les facultés d'exécution sont, elles aussi, rendues plus puissantes.

Les travaux les plus délicats et les plus pénibles ne sont qu'un jeu pour le sujet dont la force et l'adresse sont décuplées d'une façon prodigieuse. On peut également suggérer au sujet qu'il est dans la peau de tel personnage qu'il vous plaira de concevoir : type historique, type réel ou imaginaire, peu importe. Le résultat est toujours le même. A peine la suggestion est-elle faite, le sujet sera transformé à tous points de vue, geste, attitude, voix, idées, tout en lui appartiendra au personnage qu'il objective. Chose merveilleuse, son écriture est altérée et présente parfois quelque conformité avec celle du type qu'on lui fait incarner. Les graphologues, à tort ou à raison, voient dans ce fait étrange un argument à l'appui de leurs théories. Il est évident qu'il faut toujours tenir compte de la mentalité du sujet, car il ne réalisera la personnalité suggérée que telle qu'il la conçoit, grâce à son intelligence et à son imagination propres.

FASCINATION

Par la *fascination* on peut obtenir des manifestations hypnotiques en dehors de toute forme possible de suggestion et sans que l'on puisse invoquer l'effet de l'attention expectante du sujet. La *fascination* est généralement considérée, et avec raison du reste, comme un état hypnotique particulier. Les magnétiseurs de profession y ont recours de préférence, parce que c'est une des formes les plus saisissantes de l'hypnotisme en même temps que la plus constante dans ses manifestations. Donato en jouait avec une puissance étonnante, attirant invinciblement à ses yeux les sujets disséminés dans l'assistance et les lançant ensuite comme des forcenés sur les personnes dont il leur désignait le regard. Cet état hypnotique, décrit par le docteur Brémaud, qui s'est livré à de longues et patientes études sur cette manifestation de l'influence, a été désigné sous le nom de *fascination*, par analogie avec le charme exercé par le serpent sur l'oiseau. La *fascination* s'obtient surtout sur les individus du sexe masculin âgés de 15 à 30 ans. Si les dispositions spéciales du sujet ont une grande influence sur l'obtention de cet état, l'entraînement de l'opérateur n'est pas non plus sans importance et certains ne craignent pas de dire que cet entraînement joue un rôle capital. L'hypnotiseur qui est arrivé à dominer le clignement des paupières et qui est entraîné par une longue pratique sur de nombreux sujets, parvient aisément à fasciner un nombre considérable de personnes. La *fascination* s'obtient en regardant de très près et sans clignement de paupières, les yeux du sujet, dans un lieu vivement éclairé. C'est ce qu'on appelle la « *prise du regard* ». Vous regardez vivement, brusquement et de très près le sujet, en lui recommandant de vous regarder le plus fixement qu'il pourra. Aussitôt, et sans qu'il soit nécessaire de faire un geste ou de prononcer une parole, le regard de la personne susceptible de fascination s'attache au vôtre et ne s'en détache plus. La physionomie du sujet prend alors une expression particulière, la tête est penchée en avant, les yeux sortent légèrement de l'orbite, les prunelles sont dilatées, les traits figés, les bras tombants. Il suit partout votre regard ; reculez-vous, il avance ; avancez-vous, il recule. Il se baisse si vous vous baissez et se relève en même temps que vous. Certains imiteront tous vos gestes et seront susceptibles d'hallucinations de toutes sortes. Un grand nombre accompliront toutes les suggestions, même les suggestions post-hypnotiques que vous leur imposerez et n'en garderont aucun souvenir. En répétant les tentatives sur le même sujet, l'état de fascination s'accuse de plus en plus et la suggestibilité s'exalte.

Pour mettre fin à cet état, il suffit de souffler sur la face ou sur les yeux du sujet. Celui-ci s'éveille immédiatement et a perdu tout souvenir de ce qui vient de se passer. Chose étrange, un grand nombre se rappellent ce qui a eu lieu dans le premier sommeil si on les endort de nouveau.

Fidèle à la ligne de conduite que je me suis tracée, je veux autant que possible ne citer que des expériences provoquées par des médecins connus, afin d'appuyer la réalité des phénomènes obtenus sur l'autorité indiscutable de savants dont personne ne peut mettre en doute la bonne foi et la compétence.

Voici quelques-uns des essais du docteur Brémaud :

« Je prie M. C..... de fermer vigoureusement le poing, et, l'élevant au-dessus de sa tête, de le faire tomber violemment sur mon épaule ; tant que je ne le regarde pas, il exécute ce mouvement avec une force qui fait honneur à sa musculature et témoigne de sa parfaite indépendance et liberté d'esprit ; mais au moment où, pour la première fois, il va frapper, je le fixe longuement..... le bras est resté suspendu, le poing fermé, le membre est agité de mouvements quasi tétaniques ; c'est que la fascination est survenue, pétrifiant M. C..... dans l'accomplissement de son geste énergique.

« Je prie M. Z....., de vouloir bien compter, à haute voix et le plus fort possible, un..... deux,..... trois..... etc. Je le regarde maintenant de très près, en le priant de fixer son regard sur le mien. Aussitôt sa parole hésite. Il poursuit cependant faiblement : huit....., neuf..... puis se tait. L'état de fascination est survenu.

« Je ris, M. C....., rit aussi ; je lève les bras, même mouvement du sujet ; je saute, il saute ; je grimace, il grimace ; je parle, M. C....., répète toutes mes paroles avec une parfaite imitation d'intonation. Il répète de même avec une imitation scrupuleuse d'accentuation, quelques phrases d'allemand et d'anglais, d'espagnol, de russe et de chinois, prononcées par divers auditeurs ».

Il suffit de placer une main devant les yeux d'un sujet fasciné, et de la diriger ensuite sur les yeux d'une autre personne, pour qu'il s'attache invinciblement au regard de cette personne, en oubliant complètement son premier fascinateur.

Pour obtenir plus aisément l'état de fascination, quelques opérateurs font placer les mains du sujet sur les leurs, étendues horizontalement, en lui recommandant de presser de toutes ses forces.

Il arrive assez souvent que des personnes paraissant absolument réfractaires à l'action du magnétisme (imposition des mains de l'opérateur sur les omoplates du sujet, attraction en arrière) sont fortement impressionnées par la seule fascination du regard.

HYPNOTISATION PAR DES MOYENS PHYSIQUES

Les sujets hystériques peuvent être induits dans un état hypnotique par la seule action de procédés physiques, en dehors de toute forme possible de suggestion et sans que l'on puisse invoquer une influence quelconque de la personnalité de l'opérateur. J'ai dit déjà et je répète encore qu'il m'est impossible de conseiller aux débutants le recours à ces procédés de sommeil, d'abord parce que n'ayant d'action que sur les névropathes ils ne peuvent influencer qu'un nombre assez restreint de personnes, ensuite et surtout parce que leur emploi n'est pas exempt de tout danger. Je réserve donc les détails les plus complets sur ce sujet, pour la deuxième partie de cet ouvrage. Pour la documentation du lecteur, je vais néanmoins donner ici les instructions sommaires pour l'obtention des états hypnotiques sur les sujets nerveux, par l'action des seuls agents physiques, en conseillant au lecteur de ne pas y avoir recours sans s'être entraîné par une pratique suffisante, afin d'être à même de parer aux inconvénients qui pourraient se produire.

L'école de Paris (docteur Charcot) admet trois manifestations nettement caractérisées du sommeil hypnotique : Catalepsie, Léthargie, Somnambulisme.

Catalepsie

Sous l'influence d'une lumière vive (lampe à magnésium, ou à lumière oxydrique), d'un bruit intense (coup de tam-tam ou de gong) ou de la fixation prolongée des yeux sur un objet quelconque, le sujet hystérique tombe en *catalepsie*. Il est immobile, comme pétrifié, les yeux ouverts, le regard fixe, la physionomie impassible. Par suite de l'absence de clignement des paupières, les larmes coulent sur les joues. Les membres gardent les positions qu'on leur donne, même les plus fatigantes, et tout mouvement imprimé à un membre se continue automatiquement. Dans cet état, l'anesthésie est complète, on peut piquer le sujet, brûler la chair ou la percer avec des épingles, le sujet paraît ne rien sentir et c'est à peine si le sang vient. Il est possible de donner des hallucinations, car les sens de la vue et de l'ouïe persistent ; les suggestions verbales peuvent se faire également ; soit qu'elles doivent agir dans le sommeil ou ne s'effectuer qu'après (post-suggestion), le sujet obéit. On obtient des expressions de physionomie en rapport avec l'attitude donnée au sujet. Si on ferme le poing du cataleptique, sa physionomie prend l'expression de la colère ; si on approche sa main de sa bouche, comme dans l'attitude du baiser, il sourit ; si on place les bras et les mains dans la position de la prière, il donne toutes les marques d'une piété fervente ; la tête haute, ce sont des idées d'orgueil [1]. En mettant dans la main d'une cataleptique un

---

[1] Intéressants phénomènes observés déjà par Braid sous le nom d'attitudes communiquées, puis par le docteur Azam, de Bordeaux, et décrits par le docteur Dumontpallier sous le nom de suggestion par l'intermédiaire du sens musculaire.

objet dont elle connaît l'usage, elle accomplit aussitôt une série d'actes en rapport avec sa destination. Si on lui donne de la laine et des aiguilles à tricoter, elle tricotera sans interruption jusqu'à ce qu'on lui enlève l'ouvrage ; un morceau de savon et une cuvette, elle fera mine de se laver les mains durant tout le temps qu'on les lui laissera ; une brosse et un vêtement quelconque, elle brossera sans discontinuer, etc., etc.

Pour éveiller un sujet en catalepsie, il suffit de lui souffler légèrement sur les yeux. Le docteur Dumontpallier se servait d'un soufflet de cuisine et en laissant tomber cet ustensile il obtenait la catalepsie.

Les cas de catalepsie occasionnés par des éclairs ou par la foudre ne sont pas rares.

L'expérimentateur qui a induit une personne dans l'état cataleptique ne doit pas oublier qu'il est parfois dangereux de prolonger trop longtemps cet état, car une attaque de nerfs ou une contracture généralisée pourraient en résulter.

Le sujet en catalepsie passe à l'état léthargique si on lui abaisse les paupières ; on le fait passer à l'état somnambulique en lui frictionnant légèrement le sommet de la tête (vertex).

Léthargie

La léthargie peut succéder à la catalepsie par occlusion des paupières, on l'obtient également en plaçant le cataleptique dans l'obscurité, on peut enfin la provoquer sans catalepsie préalable en faisant fixer au sujet un objet non brillant.

Lorsqu'on invite une hystérique à fixer un objet non brillant placé à quelques centimètres de la racine du nez et un peu au-dessus des yeux, on observe les symptômes suivants : la respiration se ralentit, le regard devient de plus en plus fixe, les yeux s'injectent, un tremblement particulier de la lèvre supérieure se produit ; après quelques minutes de fixation, les yeux se tournent en haut et en dedans, les paupières frémissent puis se ferment, le sommeil arrive calme et profond. Les membres sont flasques, pendants ; si on les soulève et qu'on les abandonne à eux-mêmes, ils retombent lourdement. La léthargie est un état de mort apparente et lorsqu'elle se produit spontanément, il faut beaucoup d'attention pour ne pas la confondre avec la mort réelle. Dans certains cas, en effet, la respiration et les mouvements du cœur sont à peine perceptibles. Dans la léthargie spontanée ou provoquée, la sensibilité est complètement abolie, la résolution musculaire est générale. Le réveil s'obtient, pour la léthargie artificielle, en soufflant légèrement sur les yeux du sujet. Celui-ci ne se souvient de rien, pas même d'avoir dormi. Si on soulève les paupières du sujet en léthargie, on produit la catalepsie. On sait par expérience que les modifications obtenues par ce procédé sont dues à l'action des rayons lumineux sur le cerveau, car si on ouvre les yeux du sujet en léthargie dans un lieu obscur, la catalepsie n'apparaît pas. Grâce à ce procédé, qui permet de passer facilement d'un état dans un autre, il est possible d'obtenir sur la même personne et en même temps, des états différents de l'hypnose. Chez un sujet en catalepsie, il est très facile de plonger un côté du corps en léthargie, pendant que l'autre reste cataleptisé, il suffit pour cela de fermer un de ses yeux. En plaçant un bandeau sur l'œil gauche d'une hystérique et en lui faisant fixer un objet quelconque avec son œil droit, tout le côté droit de son corps sera hypnotisé et le côté gauche ne le sera pas. Ces expériences montrent que les deux côtés du cerveau peuvent fonctionner isolément et d'une façon opposée.

Un sujet en léthargie entre dans l'état somnambulique si on lui frictionne le sommet de la tête (vertex).

SOMNAMBULISME

Nous savons déjà que le somnambulisme peut succéder à la catalepsie ou à la léthargie, et que cette transformation s'opère par une friction légère ou une simple pression du doigt sur le vertex. On peut aussi l'obtenir en partant de l'état normal, par fixation d'un point brillant, par la pression du vertex, par des impressions faibles et répétées sur l'ouïe ou sur l'odorat. Il est assez rare d'obtenir le somnambulisme par le seul recours aux moyens physiques, la suggestion, les passes, la pression des zones hypnogènes le produisent plus facilement. Dans l'état somnambulique les yeux sont généralement fermés, il arrive parfois cependant qu'ils restent entr'ouverts et même complètement ouverts.

Le somnambule a l'apparence léthargique lorsqu'il a les yeux fermés, avec moins de relâchement cependant, car les membres soulevés gardent quelques minutes la position qu'on leur donne. Abandonné à lui-même, il paraît dormir, mais il répond quand on lui parle et obéit aux ordres donnés. Les yeux ouverts, le somnambule a une tendance à l'activité, il est sans cesse en mouvement et son état se rapproche beaucoup de l'état de veille, il discute parfois les ordres donnés et y résiste dans certains cas. On remarque dans le somnambulisme une exaltation extraordinaire du sens musculaire, le plus léger frôlement produit une contracture, un effleurement de la main suffit à faire contracter le muscle, à le faire raidir et durcir. Les mêmes actions qui ont amené la contracture la font également disparaître. Les sens de la vue, de l'odorat, de l'ouïe acquièrent une puissance incroyable et les fonctions intellectuelles atteignent une exaltation remarquable. La force musculaire est accrue, on peut voir des femmes anémiées déployer une vigueur extraordinaire. La mémoire a acquis une précision surprenante, le sujet peut chanter un air de musique, réciter une pièce de vers ou des pages entières de littérature qu'il n'a entendus qu'une fois et à une époque très lointaine. Le somnambule dans quelques cas peut lire les yeux fermés, enfiler une aiguille très fine ou écrire correctement dans l'obscurité, marcher dans une chambre obscure sans se heurter, sentir les odeurs à une grande distance, entendre les plus légers bruits, suivre des pistes et découvrir des cachettes n'ayant d'autre guide que l'odorat. Lorsqu'une personne connue de lui entre dans la pièce, le somnambule la reconnaît immédiatement au bruit de son pas et aux moindres paroles prononcées du bout des lèvres. Nous savons déjà qu'il est possible de transmettre une pensée à distance à un sujet en somnambulisme artificiel et que quelques somnambules donnent des preuves irréfutables de lucidité véritable et de prévision de l'avenir.

Certains somnambules n'obéissent qu'à leur magnétiseur, d'autres se mettent en rapport avec n'importe quelle personne; les premiers sont les électifs, les deuxièmes les indifférents.

Le somnambulisme provoqué peut se prolonger très longtemps (de trente-six à quarante-huit heures) si l'opérateur n'y met fin en soufflant sur les yeux du sujet.

Telles sont les manifestations observées généralement sur les hystériques ou du moins sur les personnes atteintes d'hystérie grave, lorsqu'on expérimente d'après la méthode du professeur Charcot et des médecins de l'école de Paris.

Il ne faut pas s'attendre toutefois à obtenir dans tous les cas, ces phases de l'état hypnotique sur toutes les hystériques. Beaucoup ne traversent pas forcément les phases indiquées, certaines tombent immédiatement en somnambulisme et ne peuvent présenter que cet état, quelques-unes ne dépassent pas la léthargie ou la catalepsie, d'autres présentent des modifications dans l'ordre classique des manifestations étudiées, et chez elles c'est parfois le somnambulisme qui précède la léthargie ou la catalepsie.

Les célèbres essais du docteur Charcot sur les malades de l'hôpital de la Salpêtrière ont été tentés avec succès par le docteur Luys à l'hôpital de la Charité, le docteur Dumontpallier à la Pitié et un grand nombre de médecins de tous les pays. Quelques-uns ont observé des phénomènes nouveaux, mais tous ont vu se dérouler sur la majorité des sujets, la succession de la léthargie, de la catalepsie et du somnambulisme en dehors de toute forme possible de suggestion et sans que l'on puisse invoquer l'effet de l'éducation expérimentale du sujet résultant de l'imitation et de l'exemple.

Je ne terminerai pas sans dire que tous ces phénomènes, toutes ces modifications de l'état hypnotique s'obtiennent bien plus facilement encore par le recours à la suggestion. En faisant intervenir la suggestion, en développant préalablement la suggestibilité par quelques expériences à l'état de veille, tout danger disparaît, car l'opérateur est toujours assuré de rester en communication avec son sujet, de lui imposer sa volonté et de mettre fin quand il veut à l'état qu'il a provoqué.

On ne peut malheureusement toujours en dire autant de l'expérimentation par le recours aux seuls procédés physiques. Je crois donc devoir conseiller au lecteur de recourir de préférence à la méthode préconisée par cet ouvrage, méthode exclusivement basée, on le sait, sur l'action isolée ou combinée du magnétisme et de la suggestion. Parmi tous les objets mécaniques, un seul est réellement utile à l'expérimentateur, encore est-il surtout recommandé en vue de faciliter au débutant l'étude pratique de l'hypnotisme, de reposer l'opérateur, d'augmenter ses chances de réussite, de permettre d'influencer plusieurs personnes à la fois, de rendre pratique les méthodes d'hypnotisation basées sur l'impression de l'odorat et d'employer à l'insu du sujet, la méthode infaillible du docteur Liébengen.

Somnambulisme, Léthargie et Catalepsie spontanés

Personne n'ignore que le somnambulisme peut se présenter spontanément et que des individus de l'un ou de l'autre sexe sont sujets à des accès plus ou moins caractérisés. Ce somnambulisme naturel présente des degrés divers: certains rêves hallucinatoires, l'action de parler en dormant, de se dresser sur son lit, en sont des ébauches très fréquentes. Dans le somnambulisme naturel, l'individu se lève et circule avec une adresse remarquable. Il est capable d'exécuter des travaux avec une habileté étonnante et une perfection qu'il n'atteindrait pas à l'état normal. Plusieurs chefs-d'œuvre ont été exécutés en état de somnambulisme. Le somnambule a les yeux fermés, parfois ouverts avec un regard glacé, l'insensibilité est complète, la physionomie impassible. Il n'entend rien, ne voit rien et reste complètement étranger à tout ce qui n'est pas l'exécution de son rêve. Mais pour ce qui intéresse le rêve dont il poursuit l'exécution, il possède une acuité extraordinaire de la vue, de l'ouïe et du toucher. Tout le monde connaît l'aptitude du somnambule à marcher dans des positions périlleuses, sur les toits, sur les gouttières par exemple. Cette aptitude n'est pas toujours exempte de défaillance et les exemples de chutes ne sont pas rares. Le somnambule peut donc se livrer à des actes dangereux pour lui-même. Il peut aussi se livrer à des actes dangereux pour les autres et les cas de vols, de tentatives de meurtre sont malheureusement trop fréquents dans les accès de somnambulisme. Le docteur Maury a dit avec raison qu'un somnambule d'une parfaite moralité peut, dans sa vie somnambulique, devenir un criminel !

L'accès passé, le somnambule regagne son lit, s'endort tranquillement et ne se souvient généralement de rien au réveil, parfois il se souvient des actes accomplis, mais comme d'un rêve plus ou moins vague.

Un accès de somnambulisme peut se produire à la suite d'une violente commotion physique ou morale ; il peut être encore causé par la concentration soutenue de l'attention sur une idée fixe se rapportant au métier exercé.

Un individu en somnambulisme naturel peut, dans certains cas, se mettre en communication avec une autre personne, recevoir des suggestions, présenter en un mot tous les caractères du somnambulisme artificiel et être éveillé par les procédés employés pour mettre fin à cet état hypnotique.

Léthargie

De même que pour le somnambulisme, des cas de léthargie spontanée se produisent assez souvent. Ils s'observent surtout chez les hystériques, ils se confondent parfois avec les apparences de la mort et peuvent faire croire à une mort réelle. Les mouvements de la respiration et de la circulation sont souvent imperceptibles. La peau et les yeux ont l'apparence qu'ils prennent après la mort et les signes de la décomposition cadavérique sont les seuls certains de celle-ci. Tous les moyens dont dispose la science sont impuissants à mettre fin à certains états de léthargie spontanée, il faut attendre que l'accès prenne fin de lui-même et nourrir le dormeur à la sonde ou à la cuiller. Le sommeil léthargique est tantôt calme, tantôt agité de rêves dont le souvenir a disparu au réveil. Il existe des léthargies lucides où la conscience persiste ; le dormeur entend tout ce qui se dit ou se fait autour de lui, mais la volonté n'a plus d'action sur les muscles et un individu dans cet état se laisserait ensevelir sans pouvoir dire un mot ou faire un geste.

Nous étudierons, dans la deuxième partie de cet ouvrage, les moyens de provoquer sans danger, sur sa propre personne, une léthargie artificielle comme le font depuis des siècles les fakirs indous. Ceux-ci restent plusieurs mois enterrés dans un cercueil, sans prendre aucune nourriture. Nous avons là un simple exemple de suspension de la vie, possible et parfaitement explicable par le fait que les échanges organiques sont réduits à leur plus strict minimum. Certains animaux: marmotte, hérisson, loir, nous donnent un autre exemple de ce genre de sommeil.

Catalepsie

Certains individus, nous le savons déjà, tombent en catalepsie sous l'influence d'un violent éclair; les communications de la foudre produisent parfois cet état. En dehors de ces cas particuliers, la catalepsie ne se montre spontanément que chez des hystériques et des anémiques.

LES MANIFESTATIONS HYPNOTIQUES

CHEZ LES ANIMAUX

Les animaux peuvent présenter des phénomènes hypnotiques sous l'influence de procédés à peu près semblables à ceux que l'on applique à l'être humain : passes, imposition des mains, fixation du regard, pression de zone hypnogène, impressions sensorielles, etc. Il y a cependant de grandes différences entre l'hypnotisme de l'homme et celui des animaux. A part quelques cas assez rares, où le *geste* et l'*exemple* peuvent avoir une influence certaine, toutes les formes de suggestion sont évidemment à écarter et les animaux n'arrivent jamais à l'état somnambulique. Ils ne peuvent pas assez bien nous comprendre pour arriver à cette concentration d'attention nécessaire. Néanmoins, s'ils ne présentent pas tous les phénomènes hypnotiques observés chez le *roi de la création*, il est indéniable que l'homme peut exercer une influence irrésistible sur le plus grand nombre d'entre eux.

Personne n'ignore que la fascination du regard est le moyen le plus puissant employé par les dompteurs. Un animal attaquera rarement le fascinateur qui s'est entraîné à dominer le clignement des paupières, s'il le regarde droit dans les yeux avec une ferme détermination. Par la fixation du regard, les Orientaux fascinent les serpents et les animaux féroces.

Les chevaux s'hypnotisent par la fixation du regard, par une lumière vive et par les passes. Le célèbre écuyer Rarey dressait les chevaux indociles par des passes en croix sur le front et sur les yeux, et par la répétition prolongée des mêmes paroles sur un ton doux et monotone.

Le Hongrois Balassa, à la suite de recherches sur le moyen de ferrer un cheval rétif, disait en 1828 : « En le fixant carrément, le cheval est amené à reculer, à lever la tête, à raidir la colonne cervicale, et on peut en imposer à quelques-uns à tel point qu'ils ne bougent pas, même si un coup de fusil est tiré dans le voisinage. La friction douce, avec la main en croix, sur le front et les yeux, serait aussi un moyen auxiliaire précieux pour calmer et assouplir le cheval le plus doux comme le plus violent. »

Des maîtriseurs de chevaux se servent du procédé suivant pour les dompter. Ils les fascinent d'abord en marchant résolument sur eux et en les regardant fixement dans les yeux, puis ils les prennent par les narines, leur abaissent la tête et leur soufflent dans les oreilles. Ils arrivent ainsi à faire tout ce qu'ils veulent des chevaux et ceux-ci les suivent partout.

Les Indiens se font suivre des jeunes bisons en leur bouchant les yeux et en leur soufflant dans les narines. Les charmeurs de serpents pressent fortement avec deux doigts près de la tête de l'animal et celui-ci s'endort immédiatement. Par cette compression des ouïes, les Orientaux font tomber les serpents en catalepsie et les rendent raides comme des barres de fer.

La plupart des animaux domestiques sont facilement hypnotisables. Dès 1646, un savant jésuite, le Père Kircher, a attiré l'attention sur la possibilité de provoquer chez les poules une immobilité complète par le procédé suivant : On pose une poule sur une table ou sur le plancher après lui avoir lié les pattes et l'on trace devant elle une ligne à la craie partant du bec, et se prolongeant à une distance d'environ un mètre. Après quelques instants on peut la délier, elle reste dans la même position très longtemps. Elle semble fascinée et on peut l'exciter sans qu'elle fasse un seul mouvement. Si une lumière quelconque est placée à l'extrémité de la ligne tracée, l'état de fascination est plus profond encore. Le même résultat s'obtient encore en maintenant quelques instants un fil transversalement sur le bec.

Pour endormir une poule d'un sommeil très profond, il suffit de lui placer la tête sous son aile et de balancer l'animal quelques instants. On peut ensuite poser la poule à terre, faire beaucoup de bruit, frapper des pieds, la toucher même, elle ne bougera pas et restera très longtemps dans cette position. Lorsqu'une poule a fait choix d'un nid, qu'elle y a pondu un certain nombre d'œufs et qu'elle a commencé à couver, si on veut, pour une raison quelconque, lui faire couver d'autres œufs dans un nid différent, on l'endort par ce dernier moyen, puis on la place dans le nouveau nid. A son réveil, elle a oublié son propre nid et adopté les œufs étrangers. Lorsqu'on veut faire couver une poule qui n'en manifeste pas l'intention, on l'endort par le même procédé et on la place dans le nid qu'on lui destine. Elle continuera à couver à son réveil.

Un grand nombre d'animaux s'endorment ou tombent en catalepsie si on place un objet quelconque devant leurs yeux ou si on les tient quelque temps immobiles. Dans ce dernier cas, les observations sur l'écrevisse sont particulièrement intéressantes, car cet animal est susceptible de conserver très longtemps les positions les plus bizarres, si on commence par l'y maintenir quelques instants. Les salamandres, les grenouilles s'hypnotisent par des frictions. On fait tomber une grenouille en catalepsie en la pressant quelques minutes entre le pouce appliqué sous le ventre et les quatre autres doigts placés sur le dos. Elle conserve souvent une heure et plus, l'attitude dans laquelle on l'a placée. On obtient la léthargie si de l'autre main on presse sur la mâchoire inférieure de l'animal.

Un grand nombre d'animaux peuvent être impressionnés par l'intermédiaire de la vue ou de l'ouïe. Il faut voir des manifestations de l'hypnotisme dans l'attraction qu'exerce la lumière sur les insectes et sur certains oiseaux : l'alouette par exemple. Une lumière vive plonge les poissons dans un état voisin de la catalepsie. Ils se laissent prendre ensuite avec une telle facilité qu'on a jugé opportun, dans certains pays, d'interdire la pêche avec des torches.

Les Orientaux charment les serpents en tirant des sons aigus d'une sorte de sifflet. Ils plongent ainsi ces reptiles dans une léthargie pouvant être, à juste raison, considérée comme une sorte d'état hypnotique provoqué par une impression faible et continue sur l'ouïe. Avant l'obtention de l'état léthargique, le serpent est invinciblement attiré par les sons de l'instrument et suit le musicien si celui-ci s'éloigne.

L'Influence hypnotique chez les animaux

Nous avons vu déjà au début de la partie pratique (Regard, Fascination) que certains animaux peuvent exercer sur d'autres une véritable influence hypnotique par la fixation du regard. Les serpents fascinent, mais indépendamment de l'action de leur regard, ils semblent encore exercer une sorte de charme d'une nature magnétique. Ils ne poursuivent pas leur proie, celle-ci vient d'elle-même dans leur gueule et, chose étrange, en essayant de résister, elle y entre à reculons.

Indépendamment de l'influence du serpent sur l'oiseau, de l'épervier sur sa proie, etc., la plupart des animaux ont une sorte d'intuition de la puissance de la fascination et savent y recourir. Lorsque deux animaux de même espèce (chats, coqs, etc.) ou d'espèces différentes (chat et chien par exemple) se livrent combat, il est assez rare que les adversaires en présence ne se fixent pas longuement, sans clignement de paupières, avant l'attaque. Je dirai, en terminant, qu'il est des cas où des animaux ont exercé une influence hypnotique sur l'homme lui-même. Des boas ont plongé des femmes en catalepsie sans que l'on puisse invoquer un effet de la terreur, des perroquets ont agi sur des enfants au point de leur faire imiter leurs attitudes, des crapauds que l'on voulait tuer par fixation ont fait tomber en syncope les fascinateurs.

DE L'EMPLOI DE L'HYPNOTISME

DANS LE

SOULAGEMENT ET LA GUÉRISON DES MALADIES

MESMÉRISME, PSYCHO-THÉRAPIE
THÉRAPEUTIQUE SUGGESTIVE, CALMANT
MAGNÉTIQUE
MÉTHODE D'ACTIONS COMBINÉES

HYPNOTHÉRAPIE GÉNÉRALE & SPÉCIALE

PAR

J. FILIATRE

ET

L. JACQUEMONT

PROFESSEUR DE PSYCHOLOGIE EXPÉRIMENTALE

HYPNOTHÉRAPIE GÉNÉRALE

L'Hypnothérapie est, à proprement parler, la partie de l'hypnotisme qui traite de la guérison des maladies. Elle comprend à la fois les méthodes magnétiques anciennes, la psycho-thérapeutique ou thérapeutique suggestive contemporaine, et enfin la méthode encore peu connue d'actions combinées ou méthode magnético-psycho-thérapeutique du docteur Liébengen.

La différence essentielle entre nos méthodes de traitement et celles employées jusqu'à présent par la science officielle est que, contrairement à celles-ci, nous ne nous attachons point à guérir une partie (la partie endommagée) de l'organe, mais l'organe lui-même. Elles permettent, c'est leur avantage, de généraliser les moyens d'obtenir la guérison, puisque pour la plupart des malaises d'une partie du corps, elles opèrent par des passes ou des suggestions générales très peu différentes dans chaque cas particulier.

Méthode magnétique

Dans le cours de cet ouvrage, le lecteur attentif aura compris les différences qui existent entre le magnétisme porté à son maximum de perfection et l'hypnotisme tel que nous le concevons aujourd'hui. Si, d'autre part, il désire acquérir une connaissance plus complète de cette science, il sait que l'auteur du Cours pratique d'hypnotisme, soucieux de ne laisser aucun doute dans l'esprit de ceux qui lui ont confié le soin de les initier aux sciences occultes, publiera dans un deuxième ouvrage, tout ce qui a trait à l'histoire et aux théories du magnétisme et de l'hypnotisme, avec la collaboration du professeur Jacquemont. Nous n'aurons donc pas à revenir sur cette question et pourrons entrer de suite dans notre sujet.

Les maladies pourraient se classer en trois catégories. La première engloberait les maladies nerveuses, c'est-à-dire celles qui agissent directement sur le double système : grand sympathique et cérébro-spinal ; la deuxième comprendrait les maladies accidentelles, nous entendons par là les blessures, fractures, etc., et toutes les maladies nécessitant une intervention chirurgicale ; nous placerons enfin dans la troisième toutes les autres maladies corporelles.

Celui qui voudra traiter par le magnétisme les diverses maladies dont nous venons de donner la classification relira avant tout et avec le plus grand soin l'article « *passes* ». Il s'entraînera à développer son fluide par des expériences nombreuses tentées sur des sujets à l'état de veille. Il arrivera ainsi à posséder une confiance tranquille autant qu'absolue en son pouvoir. Qu'il sache les premiers temps se contenter de demi-résultats et traiter de légers malaises, plutôt que de graves maladies. La trop grande témérité pourrait conduire à un échec aussi regrettable pour l'opérateur que pour la science qu'il représente.

Gagner la confiance du malade, tel sera le but que devra poursuivre en second lieu le médecin magnétique. C'est dans ces cas que l'influence personnelle ou art de se faire des amis trouvera une application pratique. Si le malade est un sceptique, n'essayez point de le convaincre par de fastidieuses argumentations, vous pourriez vous l'aliéner en parlant contre ses idées et perdre irrémédiablement votre cause. Toutes les controverses du monde, d'ailleurs, seraient impuissantes contre un fait certain. Citez d'un air détaché quelques personnes guéries par vous, ajoutez que vous avez combattu avantageusement des cas plus graves que celui qui vous est soumis, que si vous ne guérissez pas entièrement, vous pourrez toujours soulager, qu'il n'est en outre pas nécessaire de croire à vos pratiques pour qu'elles soient efficaces, qu'on peut enfin toujours essayer. Commencez alors le traitement sans ostentation, simplement en homme qui connaît son affaire.

Passes, imposition des mains, insufflation d'air chaud ou froid, voilà à quoi se réduisent les moyens magnétiques. *Les passes* se font légèrement et lentement sur la partie malade, à nu autant que possible. Toutefois, pour ne pas choquer la pudeur du patient, on peut lui laisser une couverture ou mieux un drap pour les premières tentatives au moins, car il demandera lui-même bientôt que pour ne rien enlever à l'efficacité de vos passes, vous agissiez directement. Après chacune des passes, secouez-vous les mains comme pour les débarrasser d'une matière gluante, chaque séance devra se terminer par un lavage soigneux. *Les insufflations* d'air chaud ou froid ont un effet calmant sur la souffrance. Le meilleur mode d'action est de plier un linge en plusieurs doubles, d'aspirer profondément par le nez et d'exhaler par la bouche en forçant l'air chaud au travers du tissu. Il est préférable de couper son exhalation, c'est-à-dire de se prendre en plusieurs fois pour vider complètement l'air du poumon. L'insufflation froide se fait à distance en soufflant comme pour éteindre une bougie. (L'effleurage, les frictions, l'application, l'action des yeux et les recours à la magnétisation indirecte, n'étant pas indispensables au point de vue pratique, ne seront traités que dans la deuxième partie de cet ouvrage, ainsi que le massage sous ses différentes formes).

Il ne nous reste plus, pour compléter notre exposé de la méthode magnétique, qu'à donner le *processus* [1] d'une séance curative. Le malade étant commodément assis ou couché, l'opérateur lui recommande de fermer les yeux [2] et commence les insufflations en se conformant aux principes donnés plus haut. Il continue par les passes, suivant les mêmes principes, pendant une dizaine de minutes en général, plus ou moins selon les cas. Il est excellent de terminer chaque séance par quelques passes générales, quel que soit le genre de maladie, en recommandant au patient de faire une aspiration lente et une exhalation rapide, de manière à faire coïncider le renvoi de l'air avec la fin de la passe. Une séance ne doit pas durer plus d'une vingtaine de minutes. Voici donc, en quelques mots, une idée sommaire de la méthode des anciens magnétiseurs mise au courant du moderne progrès. On lui reproche, cependant, et non

---

[1] *Processus* : marche à suivre, ordre.
[2] Nous recommandons de fermer les yeux, parce que nous avons toujours remarqué que les résultats obtenus étaient meilleurs lorsque le malade n'est pas distrait par les sens extérieurs.

sans raison, d'être dans la majeure partie des cas d'une lenteur bien souvent désespérante et de n'être pas absolument infaillible. Certains cas ont nécessité jusqu'à quatre-vingts séances. Les farouches partisans de la suggestion absolue prétendent en outre, et nous ne pouvons dire qu'ils aient entièrement tort, que passes et insufflations n'ont d'action qu'autant que le sujet est dans un état d'attention expectante. Il est certain cependant (que ce soit le fluide ou la suggestion) que de nombreux cas abandonnés par la science officielle ont été guéris par cette méthode. Nous disons donc à nos élèves en terminant : courage, ne vous laissez pas abattre par d'apparents insuccès, vous touchez souvent au but alors que vous désespérez y parvenir jamais.

Méthode psycho-thérapeutique

La psycho-thérapie peut se définir : le traitement du corps par l'âme et de l'âme par elle-même. Alors que la méthode magnétique s'adressait aux seules maladies de l'organisme matériel, la psycho-thérapie permet en outre les cures morales. Nous ne nous attarderons point à prouver ici l'existence, la nature et le mode d'action de l'influence du corps sur l'âme ou de l'âme sur le corps, ces faits relèvent de la psychologie pure et n'ont rien à faire avec l'hypnotisme. Toute personne, d'ailleurs, qui sait observer, a remarqué combien les idées noires avaient leur contre-coup sur notre alimentation, et combien le mauvais fonctionnement de notre appareil digestif portait à l'hypocondrie. La psycho-thérapeutique n'agit que par la suggestion faite par le malade lui-même (auto-suggestion) ou par une personne étrangère au malade (étéro-suggestion). Le traitement par auto-suggestion est certainement de beaucoup le plus pratique, mais aussi le plus difficile. Bien peu, en effet, sont initiés à l'hypnotisme et s'entraînent en vue de posséder le pouvoir nécessaire pour prendre sur leur organisme matériel l'empire susceptible d'enrayer les progrès du mal, quel qu'il soit. Pour une personne entraînée, le traitement par auto-suggestion produit de merveilleux résultats. Un de nos élèves et amis fut atteint, l'année dernière, de pneumonie grave.

Le quatrième jour, les médecins abandonnaient leur malade; celui-ci, toutefois, bien que se rendant parfaitement compte de la gravité de son état, restait toujours souriant et ne semblait avoir aucun doute relativement à l'heureuse issue de son mal. Le sixième jour, en dépit de toutes les prévisions, un mieux sensible se manifesta ; le neuvième jour, M. Jean R..... était hors de danger. Le médecin se réjouissait déjà en pensant à la réclame qu'allait lui faire cette cure inespérée, lorsque notre ami lui dit très simplement en lui montrant les remèdes qu'il n'avait point employés : « Oh ! docteur, je n'ignore pas combien votre science est grande, mais j'estime que ma volonté agit plus efficacement encore que toutes les drogues ; vous ne m'ôterez pas de l'esprit, que si je ne suis pas mort à l'heure actuelle, c'est que j'ai *voulu* guérir ». Ce fait était la contre-épreuve, le corollaire d'un cas analogue plus ancien. Dans un voyage qu'il fit dans les Indes, en 1895, pour rassembler des documents certains sur les expériences des fakirs et essayer de s'assimiler leurs procédés, le professeur Edouard H..., un de nos amis communs, fut obligé d'entrer à l'hôpital de Singapour.

Le docteur W....., après un minutieux examen, constata entre autres choses une hyperesthésie nerveuse, de très fortes pulsations dans toutes les artères, mais ne put définir exactement le genre de maladie et la mit sur le compte de l'hystérie. Ne sachant pas à qui il avait affaire, il chargea même un de ses internes de le traiter par la suggestion. Les essais échouèrent piteusement. Une quinzaine de jours d'absolu repos remettaient complètement le professeur H....., qui, malgré sa bonhomie habituelle, trouvant que le représentant de la science officielle avait poussé la plaisanterie un peu loin, résolut de se venger. Il se donna par suggestion le plaisir de parcourir un cycle de maladies aussi peu explicables que variées : gastrite, gastralgie, dyspepsie, etc., il poussa même une pointe dans la trachéo-bronchite pour s'arrêter définitivement par la constipation opiniâtre. Le docteur perdit son latin à chercher un purgatif efficace : calomel, eau purgative, rhubarbe, sulfate de magnésie, huile de ricin furent essayés en pure perte. Tout cela parce que le professeur H..., il nous l'a avoué bien souvent depuis au cours de nos entretiens intimes, se faisait à l'instant de l'ingurgitation du médicament la suggestion de n'en point éprouver l'effet. L'action de la volonté préparée par un long entraînement peut ainsi se manifester sur des organes qui semblent au premier abord en être complètement indépendants.

L'auto-suggestion est partant à l'heure actuelle le seul mode vraiment admissible de traitement. Elle peut se manifester à l'état de veille ou dans le sommeil.

Par étéro-suggestion, les personnes très influençables peuvent, sans être endormies, recevoir le traitement de petits malaises : migraine ou mal de dent par exemple. Il est d'ailleurs toujours préférable de ne pas parler de la nécessité du sommeil pour l'obtention de la guérison. Beaucoup ont des préventions injustifiées contre le sommeil hypnotique, le temps et les conversations habiles de l'opérateur auront raison de ces préjugés.

Pour donner aux suggestions toute leur efficacité, il est absolument indispensable de les exprimer de façon à être comprises de ceux à qui vous vous adressez. Il n'est pas moins indispensable de faire des suggestions précises, c'est-à-dire visant chacune des manifestations douloureuses que vous désirez traiter. La tendance à la généralisation est le plus grave écueil qu'ait à redouter celui qui pratique nos méthodes, elle peut retarder et même irrémédiablement compromettre le succès.

Sur les maladies nerveuses, la psycho-thérapie a une influence directe. Dans quelques cas même de fatigue intense, le simple sommeil suffit à procurer la guérison. Il est facile de comprendre le pourquoi et le comment de l'action de l'hypnose dans ce cas ; en effet, la suggestion n'est possible et efficace qu'autant qu'il y a communication entre les centres nerveux du patient et le cerveau de l'opérateur. Il n'est donc pas difficile de comprendre que dans l'ordre des faits relevant directement du système nerveux, elle soit susceptible de produire de merveilleux résultats. La guérison radicale des maladies accidentelles est moins du ressort de la psycho-thérapeutique qui, pour agir indirectement, n'en agit toutefois pas moins efficacement. On peut toujours, sinon réduire une fracture ou faire une incision par l'effort mental seul, du moins enlever la douleur de l'opéré et hâter sa cure, en dirigeant invinciblement son esprit vers l'idée de guérison. Pour les autres maladies, l'action de la suggestion est mieux définie encore. Elle remplace avantageusement la plupart des médicaments. Il est généralement admis de nos jours que, à très peu d'exceptions près, la maladie a un cours normal terminé par la crise de la guérison. Dans la presque totalité des cas, notre organisme est assez fort pour expulser de lui-même les éléments morbides qui s'opposent à son bon fonctionnement. Les remèdes prescrits par les médecins n'ont d'ordinaire qu'un but : hâter la crise naturelle. Il est évident que nous ne parlons ici que des situations ordinaires et non des cas d'extrême urgence où il faut à tout prix éviter des complications imminentes et demander sans retard à la science d'ajouter artificiellement les énergies nécessaires au triomphe de l'être physique sur la maladie, par exemple dans un cas d'hémorragie abondante. En dehors de ces situations exceptionnelles, l'hypnotisme peut avantageusement remplacer la majeure partie des médicaments. Le lecteur n'aura pas été aussi loin dans l'étude de cette science sans avoir tenté quelques-unes des expériences indiquées plus haut concernant les moyens de faire suer ou grelotter un sujet, de le rendre insensible à la douleur, etc..... Il ne sera probablement pas allé toutefois aussi loin que certains médecins qui ont tenté d'obtenir par la suggestion pure des effets analogues à ceux des révulsifs, de la saignée — nous entendons par ce mot l'écoulement provoqué du sang par quelque procédé qu'il soit obtenu — des excitants ou des calmants, des soporifiques, des purgatifs, des vomitifs. On nous permettra de citer quelques tentatives qui concrétiseront notre pensée. A la Salpêtrière, Charcot et ses successeurs ; à Nancy, Bernheim et ses disciples employaient souvent l'hypnose à la place de morphine, d'opium, de rhubarbe, d'émétique, de caféine ou de bismuth. Le docteur Dumontpallier l'a employé avec succès au lieu de vésicatoires et de sangsues. Le fait suivant dont nous pouvons garantir la rigoureuse authenticité est plus probant encore au point de vue de l'action pharmaceutique de la suggestion. Il y a quelques années, au cours d'une épidémie de fièvre typhoïde, un médecin des hôpitaux de Londres prit dans son service trente typhiques présentant le même degré de gravité dans leur affection. Il les partagea en trois catégories placées dans des chambres spéciales. Dix furent laissés sans aucun remède, dix autres furent traités par les méthodes ordinaires, dix enfin par des lotions et des injections d'eau colorée baptisée pompeusement pour la circonstance de noms bizarres. Le médecin traitant avait ajouté devant ses internes et infirmiers, et assez fort pour être entendu par les malades, que sur toutes les personnes traitées par ce dernier moyen, et elles se comptent par milliers, on n'avait eu à déplorer aucun décès, ce remède étant absolument infaillible, etc..... Deux mois après, la science pouvait enregistrer un résultat bien fait pour dérouter les conceptions reçues. Sept malades de la première série, se croyant abandonnés, moururent, quatre décès furent constatés chez ceux de la seconde, et, chose à peine croyable, les dix malades de la troisième crurent tous de leur devoir de guérir, vu l'infaillibilité des remèdes employés à leur traitement.

Nous croirions manquer à un devoir de reconnaissance si nous ne disions un mot de la façon d'agir du regretté docteur Liébengen. Profond psychologue, sachant que dans nombre de circonstances les clients admettent que l'efficacité d'un médicament croît en raison directe de son prix, il ordonnait des pilules de mie de pain ou des potions d'eau légèrement aromatisée, remèdes vendus par lui-même et très cher. La guérison obtenue, il rendait à ses malades leur argent. Malgré l'évidence, bien peu admirent que la suggestion seule les avait guéris.

Au point de vue moral, comme au point de vue physique, l'état de santé absolue pourrait se définir l'équilibre parfait des forces que nous possédons..... Toutes les fois qu'une source d'énergie se développe plus qu'une autre, il y a déséquilibre, c'est-à-dire souffrance, malaise ou maladie selon que l'ordre primitif est plus ou moins rompu. Pour faciliter au lecteur la compréhension des quelques pages qui vont suivre, il nous sera absolument nécessaire de faire un peu d'anatomie et de physiologie morale. Dans la vie morale en effet on trouve, s'il nous est permis de nommer ainsi ces sources d'énergie, des organes distincts, dont les objets sont absolument différents, mais qui ont tous un point commun, leur connexion étroite avec le système nerveux cérébro-spinal. Ce n'est qu'après avoir défini les facultés internes, mémoire, imagination, intelligence et volonté et indiqué leur rôle dans la vie normale, que nous aborderons l'exposé des troubles qui peuvent les affecter.

La mémoire est le pouvoir de se rappeler les états de conscience passés, de les reconnaître et de les localiser exactement dans le passé. L'imagination est la faculté de créer des représentations neuves et originales avec les matériaux tirés des anciennes. L'intelligence est le pouvoir de saisir l'immatériel. La volonté enfin est la faculté qu'a l'homme d'agir d'après les lumières de la raison.

Ces simples définitions suffisent à indiquer au moins sommairement le rôle de chacun de ces faisceaux de force dans la vie. La volonté, éclairée par l'intelligence qu'aident la mémoire et l'imagination, régit tous et chacun de nos actes. L'intelligence se manifeste soit par l'idée, soit par le jugement, soit par le raisonnement et la faculté essentiellement aveugle qu'est la volonté n'agit que sur ses données. La cause de l'ordre dans la vie morale est donc la bonne action de l'intelligence sous la direction toutefois de la volonté. L'ordre est-il rompu ? voyons d'abord si notre corps n'est pas malade, car si l'esprit a une influence marquée sur le corps, celui-ci exerce une action non moins indéniable sur l'âme. C'est ce qui justifie notre précédente affirmation. Les maladies chroniques, en effet, frappent l'imagination et affaiblissent la volonté. Si toutefois la cause du mal ne réside point dans l'organisme matériel, examinons nos facultés morales les unes après les autres; l'intelligence d'abord. Elle peut-être atteinte dans les facultés qui lui viennent ordinairement en aide ou en elle-même. Dans le premier cas nous nous trouvons soit en présence d'une atrophie, soit en présence d'une hypertrophie d'imagination ou de mémoire. Ramener l'une ou l'autre de ces facultés à l'état normal est d'une simplicité enfantine. Dans le sommeil, dans la veille même pour certains sujets, il est très facile de provoquer l'amnésie ou l'hypermnésie ou développer au contraire l'imagination.

Dans le cas de maladie non provoquée, il est facile par les mêmes moyens d'obtenir d'identiques résultats. Si l'intelligence est atteinte elle-même, ses maladies peuvent être soit constitutives, soit purement morales. Les maladies constitutives congénitales comme l'idiotie, héréditaires comme la folie ou acquises comme la neurasthénie sont celles causées par l'inaction ou la trop grande activité des centres nerveux où l'intelligence est localisée et rentrent donc dans la catégorie des maladies nerveuses. L'absence ou la fausseté de jugement est la seule maladie purement morale dont souffre l'intelligence. La mauvaise formation ou la mauvaise fonction des facultés adjointes, l'hypertrophie d'imagination, l'esprit excessif d'individualisme sont les causes principales de ce défaut. Il n'est pas possible, en effet, de prononcer des jugements exacts sur le passé si la mémoire ne joue pas normalement. Si l'imagination parvient à s'affranchir du joug de la volonté elle devient rapidement maîtresse tyrannique et prépare aux pires conséquences. L'intelligence ne perçoit plus qu'au travers de rêveries qui jouent relativement à la vérité des impressions reçues par les sens le rôle de miroir convexe ou concave. Il lui est donc matériellement impossible de juger sainement. L'exagération de l'esprit d'individualisme qui pousse de parti pris à ne pas penser comme les autres est aussi cause d'erreur dans cette matière. Nous nous sommes abstenus à dessein de parler de la fausseté des idées, bien qu'à l'heure actuelle on use et on abuse trop volontiers de cette expression. L'idée n'étant philosophiquement que la simple appréhension, la simple représentation d'un objet, peut revêtir certains caractères, elle peut être plus ou moins exacte, plus ou moins complète, elle ne saurait être vraie ou fausse. Le jugement nécessite la réflexion. Il est une comparaison entre deux idées et a pour but de se prononcer sur leur convenance ou leur disconvenance. Nous n'avons point non plus à prononcer le mot de sophisme, car le défaut de raisonnement n'est qu'une conséquence de celui de jugement. Comment, en effet, faire d'impeccables déductions, tant au point de vue de la forme que du fond, en prenant comme point de départ des jugements faux ?

L'atrophie de la volonté, aboulie totale, progressive ou partielle, se traite elle aussi par la suggestion. Causée par le mauvais fonctionnement de l'intelligence ou par le contre-coup des maladies chroniques, elle a de bien tristes résultats. Elle est cause aussi des mauvaises habitudes. Certaines de celles-ci semblent relever autant de la vie physique que de la vie morale. Ce sont celles qui, puisant leur cause dans le manque de volonté, ont leur contre-coup immédiat sur l'organisme, la morphinomanie, l'ivrognerie, l'abus du tabac par exemple. Si la volonté chez l'alcoolique, le tabagiste ou le morphinomane était réellement la faculté maîtresse comme elle doit l'être, ces habitudes dont on déplore chaque jour les effets pernicieux seraient facilement guérissables. Il n'en est malheureusement pas toujours ainsi. Le plus souvent, pour ne pas dire toujours, ces pauvres malades, irrésistiblement entraînés par leur terrible passion, courent à la mort sans qu'il leur soit possible de tenter d'y échapper. D'autres habitudes relèvent uniquement de la morale. Ce sont les tendances au vol ou au mensonge, les dispositions à fuir le domicile paternel, etc., etc.

Quel sera donc le rôle de l'hypnotisme au point de vue moral ? Si nous prenons l'enfant dès le commencement de sa formation, il n'aura qu'un rôle éducateur. Il développera les facultés en leur faisant suivre leur cours régulier et enrayera, dès leur apparition, les mauvaises tendances. Au cas où la première éducation aurait déjà fait son œuvre, où les défauts se seraient manifestés déjà plusieurs fois, le rôle sera un rôle réparateur, ce sera en quelque sorte faire de l'orthopédie morale. Tout cela fort simplement,

L'opérateur substituera sa volonté puissante et saine à la volonté étiolée du patient. Il changera le cours de ses idées, réduira son imagination, réveillera sa mémoire suivant le cas. En un mot, il ressuscitera les facultés qui semblaient mortes et revivifiera celles qui pourraient paraître à jamais anémiées.

Que l'on considère l'étendue de son objet ou les résultats obtenus par ses pratiques, la psychothérapie est incomparablement supérieure au magnétisme. Il est rare que cinq ou six séances n'aient pas à jamais raison d'une maladie même chronique ou d'une mauvaise habitude, quelle que soit la force de ses racines. On pourrait lui reprocher toutefois d'être trop exclusive et de laisser de côté l'action calmante, au moins momentanément, du magnétisme dans certains cas.

Méthode d'actions combinées

D'une intelligence éminente, le docteur Liébengen avait remarqué au cours de ses nombreuses expériences que même en dehors de toute suggestion, l'application des mains possédait une action calmante. Il avait, de la sorte, calmé de violents maux de tête et arrêté net des indigestions à leur début. Il résolut donc d'unir celles des pratiques magnétiques qui lui semblaient le plus efficace à la suggestion. Il supprima radicalement les insufflations, mais conserva les passes et imposition des mains sur la partie atteinte. Les effets obtenus par cette combinaison dépassèrent toutes les prévisions. Aucun échec n'a été encore enregistré, bien que la durée du traitement ait été réduite de moitié. Nous engageons vivement le lecteur à l'essayer lorsqu'il sera suffisamment entraîné, il se rendra compte alors par lui-même de la vérité des faits que nous avançons et l'adoptera par la suite à l'exclusion de toute autre.

HYPNOTHÉRAPIE SPÉCIALE

Une logique rigoureuse demanderait que notre hypnothérapie spéciale se conforme au plan donné dans son introduction. Nous avons cru devoir nous dispenser de suivre dans tous ses points le même plan pour faciliter au lecteur la compréhension de notre travail. Nous avons, à propos de chacune des maladies rangées par ordre alphabétique, selon les parties du corps qu'elles affectent, mis les trois méthodes les unes à la suite des autres. De cette façon, pour un même malaise, le lecteur, d'un coup d'œil, pourra se rendre compte des différents modes de traitement préconisés, soit par les disciples de Mesmer, soit par les disciples de Charcot et de Bernheim, soit enfin par ceux de Liébengen. Nous avons, toutefois, cru bon de faire précéder ce petit traité de quelques lignes sur l'auto-hypnothérapie pour ceux de nos élèves qui aspirent à la parfaite possession de leur être physique et moral.

AUTO-HYPNOTHÉRAPIE

Pour arriver à des résultats dans la cure par soi-même de ses propres malaises, il est absolument indispensable :

1° D'être entraîné à influencer les autres ;

2° D'avoir développé à leur maximum les forces agissant dans l'influence. Ce n'est donc qu'après une longue série d'efforts que l'élève pourra, sans craindre un échec, tenter de guérir les maladies qui pourraient l'affliger. La cure par auto-hypnotisme peut se faire soit pendant la veille, soit pendant le sommeil. On peut résister efficacement à toutes les petites affections auxquelles nous sommes tous en butte et même aux maladies plus graves si on s'y prend à temps en prévenant leur éclosion complète par des suggestions appropriées qu'on n'hésitera pas à faire dès les premiers symptômes. Nous nous expliquons : Personne ne conteste qu'il est préférable de prévenir la maladie que de la guérir, car, comme le font judicieusement remarquer les arabes dans un de leurs proverbes : « *La maladie vient au galop et s'en va au pas* ».

Comment donc prévenir une maladie ? Fort simplement : prenons un cas concret qui rendra plus facile l'exposé de nos idées. Vous vous êtes mouillé et avez dû, pour une raison quelconque, garder vos vêtements assez de temps pour que le froid vous ait pénétré. Vous frissonnez et vous vous sentez un peu de fièvre. Si vous ne vous soignez pas aussitôt, vous êtes certain d'être pris par un refroidissement peut-être dangereux. Mais comment arrêter ce malaise ?

En concentrant votre pensée sur cette idée que vous ne pouvez être malade, que le froid n'aura aucune action fâcheuse sur votre organisme. Répétez-vous ces suggestions plusieurs fois en vous mettant au lit et tâchez de vous endormir en ayant fortement gravé dans l'esprit l'idée de guérison parfaite. Neuf fois sur dix vous vous réveillerez dispos, et si nous notons une exception, c'est uniquement parce que certains, tout en croyant s'être conformés pleinement à nos principes, auront oublié quelque chose d'essentiel à cause de leur manque de pratique ou d'un entraînement insuffisant.

Mais la maladie est déclarée..... vos essais abortifs n'ont pu être employés, car vous avez été terrassé soudainement sans avoir le temps de prendre vos mesures ! Que faire ? Si vous voulez vous traiter à état de veille, fixez un point brillant, de façon à n'être point distrait par ce qui se passe autour de vous, concentrez votre pensée sur l'idée de guérison et faites-vous mentalement les suggestions appropriées. Si vous désirez, au contraire, vous traiter pendant le sommeil, endormez-vous en conservant la même idée et en vous faisant les mêmes suggestions. Ces conseils peuvent paraître étrangers à un débutant, il verra par lui-même combien il lui sera facile de les pratiquer pour son plus grand bien, lorsqu'il aura acquis un entraînement suffisant. Nous allons donner quelques exemples pratiques.

Fatigue

Fixez un point quelconque, sans détourner les yeux, et répétez-vous mentalement : *je suis très bien..... absolument dispos, je ne sens aucune fatigue..... je suis très fort..... très fort, etc.....*

Plusieurs membres de clubs excursionnistes, militaires en activité de service, etc., nous ont avoué avoir retiré les plus grands avantages pratiques de ces suggestions dans les étapes pénibles.

Mal de dent

Concentrez votre esprit sur l'idée que vous ne souffrez pas et dites-vous : *la dent ne me fait pas mal..... elle ne peut me faire mal, je suis très bien, il m'est impossible de sentir la douleur.*

Mal de tête

Regardez un point fixement sans que vos paupières s'abaissent et sans détourner les yeux un seul instant. Dites-vous ensuite :

La douleur diminue, elle diminue beaucoup, elle diminue de plus en plus, de plus en plus..... je n'ai plus mal à la tête, je suis très bien.....

Il serait fastidieux de prendre chacune des maladies en particulier et d'en indiquer le traitement. Ce que nous avons dit doit suffire au lecteur pour lui donner une idée complète de la méthode.

Nous ajouterons qu'il est bon de continuer à se suggestionner et d'insister sur les suggestions jusqu'à ce qu'un mieux se produise. Ce qui arrivera immanquablement et rapidement avec un peu d'habitude. Quant à l'efficacité de cette méthode, elle est indiscutable. Un fait regardé comme étonnant par les savants le montrera. Pasteur, qui fut à la fois père de la branche féconde des sciences naturelles qu'est la microbiologie et le rénovateur de la chimie et de la médecine, fut atteint de paralysie pendant qu'il étudiait la maladie du ver à soie dans le Midi de la France. Les remèdes les plus énergiques restèrent impuissants à améliorer son état. Lui seul ne désespérait pas de la guérison vers laquelle son esprit était toujours tendu. L'événement justifia les prévisions de l'illustre maître.

Il revint à la santé. Qu'on vienne nous dire après un tel exemple que l'action de la volonté est nulle dans la guérison des maladies ! Ce fait est, à notre avis, le plus célèbre cas de cure par auto-suggestion en même temps que le moins contestable, car il fut inconscient. Pasteur [1] avoua lui-même son ardente volonté de guérir et les médecins avaient reconnu leur impuissance à obtenir ce but par leur traitement.

ÉTÉRO-HYPNOTHÉRAPIE

Affections cardiaques. — Les maladies de cœur sont très variées, nous n'en indiquerons pas la classification, car toutes, d'après nos méthodes, reçoivent un traitement à base uniforme.

1° *Traitement magnétique.* — Vous placez votre malade la poitrine découverte et faites avec la main droite des passes en demi-cercle comme suite aux insufflations chaudes. Terminez par quelques passes générales.

2° *Traitement hypnotique.* — Le sujet endormi [2], vous combattez par des suggestions appropriées au cas spécial chacune des manifestations douloureuses du malaise.

3° *Traitement d'actions combinées.* — Endormez votre

---

[1] Qui ne pratiquait pas l'hypnose au moins d'une façon consciente.
[2] Que le lecteur ne s'illusionne pas sur le sens que nous donnons à ce mot endormir. Influencer serait préférable. Si, en effet, les tentatives de suggestions faites pendant la veille sont chez certains sujets couronnées de succès, il est absolument inutile de recourir au sommeil. On est toujours à même d'employer ce moyen extrême au cas où le résultat qu'on désire ne pourrait s'obtenir autrement.

sujet rapidement. Suggérez-lui en faisant vos passes spéciales que son cœur bat normalement, que le sang circule librement dans ses veines, qu'il ne présente plus aucun des symptômes morbides que l'auscultation révélait. Vous précisez en vous attachant à cacher avant tout les souffrances un peu vives.

Anémie, Chlorose. — L'anémie, causée par la diminution des globules du sang, se manifeste par la pâleur du visage, l'affaiblissement des forces, l'inappétence, l'insomnie. On la traite par des massages et des reconstituants, mais pas toujours avec succès. Certes, nous ne prétendons pas que les passes et même la suggestion soient capables d'augmenter directement le nombre de globules rouges, ce serait puéril, nous disons simplement que sans aucun remède, sans qu'il soit besoin de recourir au pharmacien, guérir est toujours possible.

Traitement magnétique. — Les passes générales employées dans ce cas ne sont en quelque sorte que des massages, d'autant plus efficaces que c'est le fluide vital même d'un individu sain qui vient régénérer le sang pauvre du malade.

On se contente de ces passes, sauf dans le cas où le malade se plaindrait vivement d'une partie quelconque du corps. On aurait alors recours au traitement complet : passes spéciales, insufflation, etc.....

Traitement hypnotique. — Vous endormez le sujet avec le plus de précautions possible. Vous lui suggérez ensuite qu'à son réveil tous et chacun de ses organes auront repris leur fonction normale, que pendant trois jours, aux heures qu'il vous plaira de fixer, il se sentira un violent appétit qu'il satisfaira en mangeant de préférence des œufs frais crus, des purées de haricots blancs ou de pommes de terre, des biftecks saignants, tous aliments de grande puissance nutritive à la fois et de digestion facile. Car bien souvent le malade éprouve à l'égard des mets qu'il devrait prendre une vive aversion. Vous ajoutez en outre que pendant le même laps de temps, il se sentira le soir une envie irrésistible de dormir et que son sommeil sera calme. Recommencez en fixant des délais de plus en plus longs jusqu'à la guérison complète, qui d'habitude n'exige pas plus de deux ou trois séances.

Méthode d'actions combinées. — Après avoir endormi le sujet, on intercale les suggestions dans une double série de passes générales.

Maladies d'estomac

Parmi les peines qui affligent notre pauvre humanité, les maladies de l'estomac méritent une mention spéciale. L'estomac en effet est en quelque sorte le laboratoire où s'élaborent les sucs régénérateurs indispensables à la vie. L'estomac gravement atteint, c'est à bref délai la dégénérescence absolue de tout l'organisme, et l'affection la plus bénigne en apparence peut devenir rapidement grave si on la néglige. Les principales maladies de l'estomac sont : la dyspepsie, la gastralgie, la gastrite, le cancer et les tumeurs de l'estomac, les ulcères gastriques.

Dyspepsie. — La dyspepsie, manifestée par des digestions difficiles, n'est en somme qu'une inflammation gastro-intestinale.

Traitement magnétique. — Faites coucher le patient sur le dos, horizontalement autant que possible, c'est-à-dire la tête dans le même plan du corps. Faites des insufflations froides, puisqu'il s'agit d'inflammation, et commencez vos passes spéciales quelques centimètres au-dessus du siège du mal que vous arrêtez vers les hanches en secouant les mains après chaque passe. Frictionnez ensuite vivement l'estomac de la main droite, sans toutefois presser trop fort, car ces régions sont très sensibles. Terminez par quelques passes générales. Chaque séance demande une vingtaine de minutes ; dans les cas très graves, faites deux séances par jour.

Traitement hypnotique. — La cure d'une maladie d'estomac est mieux assurée par un régime approprié que par l'emploi de nombreux remèdes qui restent le plus souvent sans effet. La morbidité d'un organe résulte plutôt de l'obligation où on le met d'exécuter un travail au-dessus de ses forces. Notre corps est comparable à une machine qui ne saurait dépasser un maximum d'effort sans subir une détérioration notable. Le mieux est donc de faire reposer la partie atteinte. On ne peut arrêter complètement le fonctionnement de l'estomac dont le rôle est indispensable à la bonne assimilation des aliments. Mais il est toujours possible de faciliter son action en lui faisant prendre des aliments d'une digestion très simple. Le rôle du médecin est précisément de proscrire dans ces cas de l'alimentation, les mets acides ou peu faciles à digérer. Mais le plus souvent les malades éprouvent une attraction particulière pour les mets qu'on leur refuse et n'ont pas assez de force de caractère pour combattre leur inclination naturelle. Comment faciliter l'obtention de la guérison ? En transformant l'idée d'attraction irrésistible vers les matières nutritives défendues en désir à l'endroit des matières bienfaisantes et en faisant disparaître les symptômes douloureux, ce qui est toujours facile par suggestion. Le malade qui, par la seule force de volonté, arrive à suivre son régime, ne fait autre chose que de l'auto-suggestion sans le savoir. La guérison complète peut exiger plus ou moins de temps suivant la gravité du cas, mais il est toujours facile de bannir la souffrance même dès le premier essai.

Méthode d'actions combinées. — Endormez d'abord le sujet de façon à lui rendre moins pénible le nombre d'heures de passes, et faites les passes spéciales en même temps que vous donnerez les suggestions indiquées dans la méthode hypnotique.

Gastralgie. — Etymologiquement, la gastralgie est la névralgie de l'estomac. Ses symptômes varient à l'infini ; aussi est-il nécessaire d'interroger le malade pour les combattre efficacement. Les plus fréquents sont : les vomissements, les gargouillements et une tendance à l'hypocondrie.

Méthode magnétique. — La même que pour la dyspepsie.

Méthode hypnotique. — La question de régime est la seule vraiment importante ; elle se résout de la même façon dans tous les cas d'affection stomacale. Il suffit donc de combattre par des suggestions appropriées, les symptômes douloureux dont le malade a pu se plaindre lorsque nous l'interrogions. Ne pas oublier surtout d'enlever au sujet ses idées noires.

Une gastralgique qui a, relativement à l'existence, les mêmes idées que le commun des mortels est aux trois quarts guérie.

Méthode d'actions combinées. — Unir aux suggestions spéciales à la gastralgie les passes employées pour la dyspepsie.

Gastrite. — C'est une inflammation de l'estomac caractérisée par une sensation de brûlure, des renvois acides, des vomissements, parfois de la diarrhée, mais le plus souvent par une constipation opiniâtre. Cette maladie, comme la précédente, est souvent compliquée d'une dilatation d'estomac, reconnaissable au clapotement qu'on trouve à la percussion (1).

Méthode magnétique.
— *hypnotique.*
— *d'actions combinées.*
} Mêmes que celles indiquées précédemment.

Cancer, tumeurs stomacales, ulcères gastriques. — Ces maladies, quoique d'essence différente, sont placées sous un même titre parce que leurs manifestations sont identiques et leur mode de traitement analogue. On les reconnaît à des vomissements de matières striées de filets sanguins et de vives douleurs dans la région de l'estomac. Les tumeurs et le cancer se reconnaissent en outre à la dureté de l'estomac, qu'on trouve à la palpation (2) et au dégoût invincible que professent les malades pour la viande.

Méthode magnétique. — Certaines personnes pourront sourire en voyant un essai de traitement de malaises réputés incurables, qui n'a d'autres prétentions que celle d'avoir été plus d'une fois couronnée de succès dans des cas abandonnés par la science officielle. Rien d'étonnant à cela du reste, le magnétisme remplaçant en quelque sorte le fluide vital anémié ou corrompu par un fluide sain, on peut parfaitement admettre théoriquement la possibilité de guérir l'infection générale à laquelle on assimile le cancer, puisqu'il régénère lentement, mais sûrement et complètement, les forces du sujet, on doit l'admettre lorsque les théories sont basées sur une expérience certaine. Votre malade étant couché commodément sur le dos, faites des passes après les insufflations d'air chaud prescrites en commençant un peu au-dessus de la partie atteinte pour

---

(1) *La percussion.* — Un des moyens d'investigation qui permet de se rendre compte de l'état des organes internes par la comparaison du son qu'ils ont à l'état normal et dans l'état de maladie. Cette opération s'emploie surtout à l'égard des poumons et de l'estomac. Pour faire la percussion, on applique une main à plat sur la partie qu'on veut explorer et avec un, deux ou trois doigts de l'autre main qu'on replie ordinairement en forme de marteau, on frappe sur cette main. Avec un peu d'habitude, on se rend facilement compte des différences de sonorité dans les divers cas. Les autres moyens d'examen interne les plus employés sont l'auscultation et la palpation.

(2) *La palpation*, autre mode d'investigation interne, est la constatation au moyen du toucher de l'état dans lequel se trouve la partie soumise à l'exploration. Elle consiste à déprimer d'une manière suffisante la peau recouvrant l'organe. Grâce à ce mode d'examen, on peut faire une foule d'observations précieuses pour le diagnostic. Dans le cas qui nous occupe, elle permet de reconnaître la place exacte et l'extension du cancer ou de la tumeur.

vous arrêter un peu au-dessous et continuez pendant une vingtaine de minutes au moins en secouant vos mains.

Ces passes doivent être lentes et légères, si vous appuyez trop, au moins dans les premières, vous causerez de vives douleurs au malade qui a une sensibilité extrême dans toute la région atteinte. Continuez sans jamais vous décourager jusqu'à guérison complète.

Méthode hypnotique. — Vous endormez profondément le sujet et après lui avoir enlevé les souffrances qu'il éprouve, vous suggérez : *vous êtes très bien, votre tumeur est tout à fait bénigne, elle a une tendance prononcée à disparaître, elle va disparaître, elle va disparaître..... je vais compter trois, et vous n'en aurez plus conscience.* Continuez le traitement jusqu'à guérison complète.

Méthode d'actions combinées. — Faites les passes prescrites en même temps que les suggestions indiquées après avoir endormi le sujet. Toutes les guérisons obtenues ont été le résultat de cette dernière méthode, plus pratique et plus efficace que les précédentes, puisqu'elle en est pour ainsi dire l'intelligent éclectisme. Si on trouve puérils les moyens indiqués, qu'on les essaye sans parti pris, ils ne coûtent d'ailleurs aucune dépense puisqu'ils proscrivent l'emploi de tout remède coûteux ou à bon marché, on sera littéralement étonné des résultats obtenus.

Affections intestinales. — Nous ne parlerons ici que des plus communes de ces affections: la constipation opiniâtre, les coliques avec ou sans diarrhée.

Constipation. — *Méthode magnétique.* — Le malade étant étendu horizontalement, le ventre à découvert, vous faites des insufflations et des applications chaudes des mains. Vous continuez ensuite par des frictions circulaires sur le ventre (de gauche à droite). Après les passes générales de la fin, vous recommandez à votre patient de consommer beaucoup de fruits et de boire chaque matin, à son lever, un verre d'eau fraîche [1].

---

[1] Si le lecteur s'étonne de nous voir préconiser l'emploi d'eau fraîche, d'alcool, etc., et s'imagine que nous sortons de notre cadre, qu'il se rassure. Nous donnons, selon notre promesse, les procédés les plus récents de traitement magnétique, procédés qui s'allient souvent aux prescriptions de la médication naturelle.

Méthode hypnotique. — Vous endormez le malade et lui faites les suggestions qu'exige son état.

Méthode d'actions combinées. — La suggestion unie aux passes circulaires produit des résultats bien supérieurs à ceux de la suggestion ou des passes séparées. Le docteur Liébengen avait recours, en outre, dans les cas de constipation opiniâtre, aux applications chaudes des mains.

Coliques. — Sèches ou accompagnées de diarrhée, les coliques reçoivent, dans les trois méthodes, un traitement basé sur les mêmes principes que ceux employés pour le traitement de la constipation, avec cela de particulier toutefois qu'il faut recommander aux malades de ne point faire abus de fruits, principalement de fruits peu mûrs, et subordonner les suggestions aux souffrances.

Maladies de l'appareil excréteur

Les principales, parmi les affections qui atteignent notre appareil excréteur, sont : les maladies du foie et les maladies des reins.

Affections du foie. — *1° Traitement magnétique.* — Faites des passes longitudinales dans la région atteinte et massez l'organe souffrant.

2° Traitement hypnotique. — Enlevez par suggestion la douleur.

3° Méthode d'actions combinées. — Unissez passes et suggestions.

Affections des reins. — *1° Traitement magnétique.* — Servez-vous des passes longitudinales prescrites plus haut auxquelles vous unissez de vigoureuses frictions à l'alcool sur la partie atteinte.

2° Traitement hypnotique. — Ramenez l'organe à ses fonctions normales par suggestion. Insistez sur ce fait qu'après l'éveil cet état se continuera.

3° Traitement d'actions combinées. — Unissez vos suggestions aux frictions à l'alcool sans vous servir des passes.

Maladies de l'appareil locomoteur

Rhumatisme. — Le rhumatisme (arthrite sèche, rhumatisme musculaire, articulaire ou polyarticulaire) peut exister avec ou sans inflammation.

1° Méthode magnétique. — Dans le cas de rhumatisme inflammatoire, quel que soit d'ailleurs le muscle affecté, après avoir placé votre malade commodément et découvert autant que possible le trajet de la douleur et fait une série d'insufflations froides, vous continuez par des passes spéciales faites sur la partie souffrante même, si le malade peut supporter le contact direct, à une légère distance dans le cas contraire, et continuez jusqu'aux extrémités s'il s'agit d'un membre. Il faut avoir soin de se refroidir les mains de temps à autre au moyen de glace ou d'eau fraîche à son défaut. S'il n'y a pas d'inflammation, transformez simplement vos insufflations froides en insufflations chaudes et faites vos passes sans chercher à vous refroidir. La séance, dont la durée maxima est d'une quinzaine de minutes, se termine par quelques passes générales.

2° Méthode hypnotique. — Après avoir profondément endormi le malade, vous essayez de rendre au membre souffrant toute sa souplesse au moyen de suggestions spéciales.

3° Méthode d'actions combinées. — Vous endormez profondément le malade et vous lui suggérez qu'il n'éprouve aucune douleur, vous massez alors complètement le membre en faisant les suggestions propres à la méthode hypnotique.

Paralysie. — La paralysie causée par la non-activité des fibres nerveuses motrices peut être : soit générale, c'est-à-dire affecter toutes les parties du corps, soit spéciale, c'est-à-dire localisée dans les bras, les jambes, etc., ou même dans un seul de ces organes.

1° Traitement magnétique. — Tous admettront sans peine qu'il est plus facile et surtout moins long de traiter la paralysie spéciale que la paralysie générale. Commencez en tout cas par faire des frictions le long de la colonne vertébrale pendant cinq ou six minutes par séance. Massez ensuite complètement (¹) les régions affectées et [...] vigoureusement que le patient pourra supporter, en ayant soin de vous attacher surtout aux articulations. Terminez par une lotion générale à l'alcool et ordonnez au malade de remuer le bras ou la jambe d'un ton qui ne souffre pas de réplique. Essayez, après le quatrième essai, d'obtenir un travail d'abord léger, puis de plus en plus considérable du membre paralysé. Continuez jusqu'à complète guérison sans jamais vous lasser, le traitement de la paralysie étant des plus longs et des plus délicats.

2° Méthode hypnotique. — Endormez le malade très profondément. Faites exécuter pendant le sommeil des mouvements avec les membres malades. Suggérez ensuite, avec insistance, qu'après le réveil l'état de mieux se continuera.

3° Méthode d'actions combinées. — Un massage fait concurremment avec les suggestions résume en ce cas la méthode du docteur Liébengen. L'expérience fréquente nous a montré que cette dernière méthode surpassait des trois quarts, en rapidité et en efficacité, la méthode magnétique et d'un tiers environ la méthode hypnotique.

Maladies de l'appareil nerveux

1° **Organes des sens.** — **Affections des yeux.** — *1° Traitement magnétique.* — Après avoir recommandé au malade de fermer les yeux et fait quelques insufflations chaudes, exercez une légère pression sur les globules oculaires et faites des passes latérales partant des tempes et se dirigeant vers la racine du nez. La fixation de la boule hypnotique, en développant l'acuité du regard, est un excellent moyen d'éviter les affections de l'œil.

2° Traitement hypnotique. — Endormez le malade et faites les suggestions relatives à son état.

---

(1) Le massage complet comprend quatre opérations bien distinctes: 1° l'effleurement; 2° la friction; 3° le pétrissage; 4° le hachage. Pour masser un organe quelconque, après vous être enduit les mains d'un corps gras, on commence par frotter légèrement la partie lésée, c'est l'effleurement. On continue par des frottements plus forts, c'est la friction proprement dite. On essaie ensuite par des pressions faites soit avec le bout des doigts, soit avec la face latérale de la main, à pénétrer entre les muscles, c'est le pétrissage. On frappe enfin (toujours avec la partie latérale de la main) sur les muscles, c'est le hachage. Lorsqu'un organe ne se prête pas à l'une de ces formes, il vaut mieux la supprimer simplement que de s'exposer à augmenter le malaise du patient.

3° Traitement d'actions combinées. — Unir les passes convergentes aux suggestions.

Maladies des oreilles. — *Traitement magnétique.* — S'il s'agit d'un malaise n'attaquant qu'une seule oreille, faites des passes demi-circulaires à l'endroit où l'oreille adhère à la tête, près du rocher du côté atteint. Dans le cas d'affection double, exercez le même traitement, mais des deux côtés. Frappez ensuite légèrement le pavillon près de l'entrée du conduit auditif.

Traitement hypnotique. — Faites au malade les suggestions que vous croirez propres à améliorer son état.

Traitement d'actions combinées. — Unissez les deux méthodes précédentes.

Névralgie. — La névralgie, surexcitation des fibres nerveuses sensitives, arrive dans tous les cas par suite de refroidissement. Elle se divise en névralgie dentaire — la plus commune — qui devient le plus souvent, un moment ou l'autre, névralgie faciale, et en névralgie intercostale localisée, comme son nom l'indique, entre les côtes. Mais qu'elle soit dentaire, faciale ou intercostale, la névralgie, dans chacune des trois méthodes, ne comporte qu'un seul mode de traitement.

Méthode magnétique. — Installez votre patient d'une façon à la fois commode pour vous et peu fatigante pour lui. La position couchée est indispensable pour le traitement de la névralgie intercostale; la position assise sur une chaise à dossier élevé peut suffire dans le cas de névralgie faciale ou dentaire. Il faut en tout cas que la partie malade soit à découvert autant que possible. Recommandez au malade de fermer les yeux et, avant de commencer vos insufflations, appliquez pendant deux minutes vos mains réunies sur la partie malade. Il est nécessaire que, pour cette application, vos mains soient chaudes : frottez-les donc vivement l'une contre l'autre pendant quelques secondes avant de la tenter. Faites ensuite vos insufflations d'après les principes donnés dans l'hypnothérapie spéciale ; s'il s'agit d'une névralgie dentaire, insuffler l'air chaud dans l'oreille. Continuez par les passes spéciales pendant une quinzaine de minutes, en ayant soin de les commencer deux doigts environ en dessus de l'organe atteint, de ne les arrêter que deux doigts au-dessous de la partie souffrante et de vous secouer les mains après chacune d'elles. Terminez par quelques passes générales.

Méthode hypnotique. — Endormez le sujet le plus profondément possible. Suggérez-lui qu'il est très bien, qu'il ne souffre plus du tout et que cette impression bienfaisante se continuera après son réveil pendant quatre ou cinq jours. Il n'est pas nécessaire de vouloir obtenir la cure radicale, car le traitement durerait plusieurs séances et les névralgies sont des malaises passagers dont chaque crise dure tout au plus deux ou trois jours. Toutefois, lorsque la névralgie est causée par une dent cariée et se manifeste fréquemment, on peut tenter l'avulsion dentaire par suggestion. Vous suggérez :

Votre dent malade a disparu complètement...... on vient de vous l'enlever..... à votre réveil vous n'en aurez même plus le souvenir...... Eveillez-le ensuite d'après une des méthodes indiquées plus haut.

Méthode d'actions combinées. — Après avoir fait votre imposition des mains, endormez le malade et donnez-lui les suggestions précédemment indiquées, tout en faisant les passes spéciales. Les insufflations ne sont pas employées dans cette méthode.

Consomption, langueur (*Maladies de*). — Il ne s'agit point ici de la tuberculose, qui trouvera sa place à l'article *Maladies de poitrine*, mais de ces affections qui sont plutôt un affaissement général de l'organisme qu'un malaise proprement physiologique, affections caractérisées d'ordinaire par l'inappétence, l'insomnie et un dégoût universel de la vie. De nombreux médecins, et non des moins célèbres, ont reconnu loyalement que leur art était impuissant et la thérapeutique ordinaire inutile dans ces cas qui ne comportent d'après eux qu'une solution : la mort. Ces malaises en effet relèvent plutôt de l'ordre moral que du domaine physique causés qu'ils sont, dans le plus grand nombre de cas, par des chagrins d'amour, de tristes souvenirs, etc., etc. Nous nous croyons en droit d'affirmer que grâce à nos méthodes curatives l'issue fatale n'est jamais à redouter.

Méthode magnétique. — Les procédés magnétiques, à vrai dire, ne sont pas de grande utilité dans ces cas où la douleur est plutôt sourde qu'aiguë.

Méthode hypnotique. — La méthode hypnotique est capable de guérir tous les cas de ce genre, quelle que soit leur gravité. Après avoir endormi le sujet, ce qui est relativement facile — indifférent à ce qui l'entoure la plupart du temps, il se soumet volontiers à vos manœuvres — vous faites naître des confidences par suggestions. Vous le persuadez qu'il est absolument seul et qu'il a besoin de se confier à lui-même la même cause de ses souffrances. La cause connue, vous êtes certain d'obtenir sans peine et rapidement la guérison. Avec une discrétion délicate et une sage lenteur, vous transformez sans à-coup les idées morbides de votre sujet, vous substituez à son dégoût de l'existence l'amour de la vie, vous lui faites un autre idéal. La cause détruite, l'effet ne tarde pas à disparaître et vous avez la profonde et intime satisfaction de penser que par vous un membre, peut-être utile au bon fonctionnement de la société, est soustrait à une mort inévitable.

Méthode d'actions combinées. — La méthode Liébengen se confond avec la précédente ; toutefois, dans certains cas tout à fait exceptionnels, le docteur se servait de passes comme palliatif de douleurs vives nettement localisées.

Vous suggérez en finale : *Lorsque je vous réveillerai, vous aurez complètement oublié vos chagrins et votre organisme n'en supportera plus le contre-coup. Je compte trois et vous voilà revenu à votre état normal*; vous comptez lentement et fortement un..... deux..... trois....., Le sujet s'éveille guéri, le plus souvent dès le premier essai.

Maladies de l'appareil respiratoire

L'appareil respiratoire peut être atteint dans ses organes profonds (poumons) ou dans ceux de ses organes qui mettent les organes profonds en communication avec l'extérieur (gorge).

Affections de la gorge (*angine, amygdalite, etc., etc.*) :

1° *Traitement magnétique.* — Vous commencez les passes à l'arrière du cou en prenant vos dispositions pour les terminer par une jonction des mains en avant. Vous descendez ensuite le long de la poitrine, puis vous les secouez.

2° *Traitement hypnotique.* — Les affections de la gorge étant très douloureuses et mettant le malade dans un état d'agitation extrêmement pénible, vous pouvez, par **suggestion**, obtenir l'anéantissement de la souffrance, partant le calme.

3° *Traitement d'actions combinées.* — Le docteur Liébengen unissait complètement les deux méthodes pour ces maladies, retirait le plus grand bien de l'union intelligente des passes et de la suggestion.

Affections de la poitrine. — Qu'elles affectent la plèvre ou le poumon lui-même, les profondeurs ou le tissu extérieur de cet organe, les affections de la poitrine ne reçoivent qu'une sorte de traitement dans chacune de nos trois méthodes.

1° *Traitement magnétique.* — Faites les mêmes passes que celles préconisées pour le traitement des maladies de la gorge en les commençant toutefois à l'avant du cou.

2° *Traitement hypnotique.* — Faites des suggestions appropriées à l'état particulier de chacun de vos malades.

3° *Traitement d'actions combinées.* — Même que celui d'affections de la gorge.

Maladies infectieuses

La méthode magnétique étant de peu d'effet en ce cas et la méthode Liébengen se confondant avec la méthode hypnotique, il nous suffira d'indiquer cette dernière pour être complet sur cet article.

Nous classons sous le titre de maladies infectieuses toutes les maladies d'origine microbienne, partant contagieuses, qui causent les épidémies de fièvre scarlatine ou typhoïde et propagent la tuberculose. Ces maladies étant toujours précédées d'une période plus ou moins longue d'incubation peuvent recevoir un traitement abortif ou un traitement curatif, selon qu'on les traite avant ou après qu'elles sont entièrement déclarées. Lorsque la maladie est dans sa phase première, on peut essayer avec avantage de la faire avorter par suggestion. Si elle est déclarée, la première chose à faire est de remonter le moral du malade en concentrant sa volonté, même s'il résiste, sur l'idée de guérison. De cette façon, il est impossible que l'issue fatale se produise.

Sans doute il manque beaucoup de choses à notre essai d'hypnothérapie générale et spéciale. La pathologie humaine a fourni la nature, la matière de très gros et très nombreux ouvrages. Nos lecteurs seront assez intelligents pour comprendre qu'un Cours pratique d'hypnotisme en un seul volume ne peut entrer dans tous les détails, ils seront assez intelligents aussi pour trouver eux-mêmes, lorsqu'ils auront une pratique suffisante, le traitement qui convient à une affection quelles qu'en soient la nature ou la cause. C'est, en terminant, ce que nous leur souhaitons, et l'avenir se chargera de leur montrer que notre vœu ne peut pas ne pas se réaliser.

L'HYPNOTISME COMME AMUSEMENT

L'Art de donner une Séance d'Hypnotisme

Comment donner une séance d'hypnotisme ? Question délicate à laquelle je ne pourrai répondre qu'après avoir résolu au préalable un autre problème : Quelle est l'assemblée devant laquelle vous vous proposez d'opérer ? Est-elle une réunion de personnes intelligentes voyant l'hypnotisme sous son véritable aspect ? est-elle au contraire une réunion de personnes dont l'esprit, prévenu par les assertions fausses de prétendus savants, ne nourrit que défiance à l'égard de cette science ? Dans le premier cas, l'entrée en matière est facile. Vous rappelez brièvement à votre assistance, pour la confirmer dans ses idées, ce qu'est réellement l'hypnotisme. Vous montrez qu'il est une science véritable, développée méthodiquement et qui dans la pratique journalière produit de bienfaisants résultats dans la lutte contre les mauvaises habitudes ou le développement des facultés par exemple. Vous tracez ensuite à grands traits le portrait du sujet hypnotique, réfutant les objections qui tendent à représenter les personnes facilement hypnotisables comme des êtres inférieurs, à intelligence rudimentaire et à volonté presque nulle. Vous tentez ensuite sur ceux qui à première vue vous semblent posséder le plus d'aptitudes, l'expérience de la chute en arrière et vous commencez. Un résultat appréciable est plus difficile à atteindre dans le second cas. Les moyens sont évidemment nombreux de gagner l'esprit des personnes qui vous entourent. J'en indique un entre mille. Proposez à tous, à brûle-pourpoint, de tenter l'expérience d'absolue passivité du docteur Liébengen décrite plus haut. On aurait mauvais goût à se refuser à cela, beaucoup même trouveront la chose amusante. Si vous vous apercevez que certains parviennent rapidement à se mettre dans un état passif, dites-leur d'un air d'envie : Quel merveilleux sujet hypnotique vous feriez ! et donnez aussitôt, pour qu'on ne se formalise point de votre exclamation, des explications sur le sujet qui n'est pas, etc..., continuez en vantant d'un air détaché les avantages de l'hypnose, je suis certain qu'au moins une personne se décidera à se prêter à vos expériences.

Vous voilà donc maître de votre auditoire, il sera facile maintenant de dire la façon de procéder pour ne point décevoir son attente. La marche à suivre est la plus logique : Allez du simple au composé. La série des influences à état de veille (s'y reporter), que vous suivez entièrement ou en choisissant celles qui vous semblent les plus intéressantes, s'indique d'elle-même au début. Vous trouverez en agissant ainsi de sérieux avantages. Vous augmenterez votre confiance en vous-même d'abord et vous vous assujétirez complètement le sujet ensuite, soit en lui faisant perdre ses préjugés, soit en lui montrant que votre pouvoir n'est pas chose vaine. Il vous sera enfin infiniment plus facile d'endormir le sujet. Je n'ai jamais rencontré au cours de ma longue carrière, un seul sujet rebelle parmi tous ceux préalablement soumis avec succès à quelques expériences à état de veille.

Le sujet est entraîné par une des méthodes indiquées plus haut. Le nombre des expériences possibles devient illimité. Chacun peut varier les scènes selon sa propre imagination ou les demandes de l'assistance. Quelques-unes de ces scènes sont en quelque sorte classiques, nous indiquerons les plus intéressantes.

Courses. — Vous suggérez à votre sujet qu'il est un professionnel de la course à cheval, à bicyclette, à automobile. Vous le verrez prendre, selon la suggestion, les attitudes de l'un ou de l'autre de ces coureurs à la grande joie de l'assistance.

Bonne aventure. — Suggérez au sujet qu'il est somnambule extra-lucide, tireuse de cartes, chiromancienne et qu'il est en train de pronostiquer les circonstances futures de la vie d'un client. Suggérez-lui en outre que ce client est sourd afin que tous puissent se rendre compte de la parfaite imitation.

Dentiste arrachant une dent. — Suggérez à un sujet qu'il est dentiste célèbre et que son cabinet regorge de clients, qu'il traite avec une sûreté de main remarquable.

Danser avec un balai. — Après avoir endormi un sujet placezlui un balai entre les mains et suggérez-lui que c'est une charmante demoiselle avec laquelle il devra danser.

Scène d'amour. — Endormez deux sujets de n'importe quel sexe. Suggérez-leur qu'ils sont à côté l'un de l'autre, l'un une charmante jeune fille, l'autre un superbe jeune homme. Suggérez en outre la surdité pour mettre l'assistance au courant de leurs aveux.

Objectivation des types. — Cette expérience est certainement l'une des plus intéressantes et des plus curieuses. Vous suggérez successivement à un sujet (le sexe est indifférent) qu'il est :

1° Général passant une revue ou dirigeant une manœuvre;

2° Professeur célèbre faisant son cours;

3° Avocat plaidant une cause;

4° Homme dont le nom est resté dans l'histoire, par exemple Napoléon.

Vous serez étonné de voir avec quelle perfection le sujet incarnera l'original.

Le Bégaiement. — Vous suggérez au sujet en état d'hypnose profonde ou superficielle l'idée du bégaiement..... *Votre langue s'embarrasse, vous éprouvez une grande difficulté pour parler, vous ne pouvez prononcer aucune parole sans bégayer.....* Vous ajoutez : *essayez de dire un mot, votre nom par exemple,* et vous commencez à le dire vous-même en mimant le bégaiement. Le sujet bégayera tant qu'il vous plaira de le laisser sous cette influence. Vous pouvez aussi endormir deux sujets, suggérant à tous deux en plus de l'idée du bégaiement celle de s'entretenir ensemble. Vous dites ensuite à chacun en particulier que son interlocuteur ne bégaie que pour se moquer de lui et qu'une telle inconvenance mérite d'être reprise. Vous obtiendrez ainsi des scènes d'autant plus comiques que la colère des sujets sera plus grande. Intervenez à temps toutefois pour empêcher le conflit de devenir dangereux en dégénérant en pugilat.

Hallucinations. — Après avoir endormi le sujet vous lui dites qu'un squelette par exemple le poursuit. *Tiens! un squelette! là-bas, près du piano* ou de telle autre partie de l'appartement qu'il vous plaira.....

Mais il s'approche de vous, il vous presse de plus en plus..... il va vous saisir si vous ne fuyez. Vous serez alors spectateur d'une course fantastique en même temps que sur le visage du sujet se manifestera le plus bel effroi.

Chaise brûlante ou électrisée. — Endormez votre sujet, suggérez-lui que toutes les chaises sont brûlantes, et qu'il lui est impossible de s'y asseoir. Dites-lui toutefois qu'elles ne peuvent lui faire que des brûlures insignifiantes (car chez quelques sujets extra-sensibles, on a remarqué des brûlures réelles produites par simple suggestion). *Comme les chaises sont chaudes ! Mais on les a fait rougir, il est impossible de s'y asseoir..... essayez.....* Chaque fois que le sujet prendra contact avec un siège, il se relèvera brusquement avec un cri de douleur. Vous pouvez également suggérer que la chaise est électrisée ; l'effet est pour le moins aussi amusant et en tout cas beaucoup moins pénible pour le sujet.

Sujet en colère. — Le sujet étant endormi, vous lui suggérez qu'il est injurié par des passants qu'il ne connaît pas et vous l'excitez un peu..... *Voyez ces passants qui vous insultent ! Quelle audace impertinente ! Comment, vous n'osez rien répondre ?* Vous assisterez alors à une belle indignation.

Comment décupler la force du sujet. — Endormez profondément le sujet. Suggérez-lui qu'il est fort, de plus en plus fort. *Un homme ne vous effraye pas..... deux, trois, quatre hommes seraient impuissants à vous maintenir..... D'un seul geste vous pourriez terrasser un individu, quelle que soit sa vigueur physique.* Donnez ensuite au sujet un ordre exigeant pour être accompli une force extraordinaire. Vous verrez de frêles jeunes filles avoir raison de la résistance d'hommes robustes, leur arracher par exemple rapidement et en dépit de leurs efforts une clef que vous leur aurez donné à tenir.

Pêche à la ligne. — Endormez plusieurs sujets. Suggérez-leur qu'ils se trouvent auprès d'une rivière et qu'ils pêchent à la ligne. Vous pouvez ensuite ajouter au gré de votre fantaisie que la rivière est poissonneuse. " *Les superbes poissons ! Comme vous êtes habile à vous en emparer. Encore un ?..... Voyez comme il frétille au bout de votre ligne.....* " ou qu'elle n'a pas de poissons "; *vous n'avez pas de chance, vos efforts restent vains, mais cette rivière ne possède aucun poisson*, si vous tenez à avoir une scène de discussion, vous pouvez rejeter la faute sur un ou plusieurs des pêcheurs :

" *Votre insuccès ne m'étonne plus, voyez donc M. X......, c'est lui qui dépeuple la rivière* ".

Transformation du sujet. — Endormez profondément le sujet, suggérez-lui qu'il est transformé en tel animal qu'il vous plaira, et insistez un peu.....

Grenouille. — *Mais je ne me trompe pas, c'est bien vous qui vous trouvez transformé en grenouille ! Vous sautez merveilleusement ! Mais prenez garde au pêcheur..... Tâchez de prendre l'appât, mais d'éviter l'hameçon.*

Chien. — *Le superbe chien que vous faites..... allons ! courez donc au-devant de votre maître en aboyant joyeusement, car il vous apporte du sucre.* Vous obtiendrez ainsi sans peine les attitudes caractéristiques de chaque animal.

Chanteur des rues. — Suggérez au sujet qu'il est devenu chanteur des rues et qu'il interprète les scies populaires en s'accompagnant de l'orgue de barbarie.

Joueurs de billard. — Suggérez à un sujet qu'il joue au billard et menez la partie à votre guise pour le placement des billes et les coups à jouer.

Promenade en ballon. — Endormez un ou plusieurs sujets. Suggérez-leur qu'ils se trouvent dans la nacelle d'un dirigeable. Faites partir le ballon et faites-le atterrir après mille mésaventures dans la planète Mars ou dans la lune. Dites-lui de vous communiquer ses impressions, elles seront à coup sûr peu banales et le plus souvent pleines d'imprévu.

Charlatan. — Vous endormez votre sujet et lui suggérez qu'il est chargé de présenter au public un élixir merveilleux, panacée universelle. *Vous êtes le représentant du célèbre X......, c'est à vous qu'est dévolu l'honneur de faire connaître ce produit célèbre..... Voyez la foule qui s'amasse autour de votre voiture et attend vos explications, allons, commencez votre exposé.*

Scènes militaires. — Vous endormez le plus grand nombre de sujets qu'il vous sera possible. Vous répartissez ensuite les rôles et vous faites évoluer les uns sous le commandement des autres.

Choisissez de préférence les scènes typiques et amusantes, épluchage de pommes de terre, corvée de quartier, leçon de boxe, exercice à la baïonnette. Vous pouvez également changer un peu votre manière de faire et créer des scènes pathétiques, la défense du drapeau par exemple.

L'Orchestre. — Vous endormez une dizaine de personnes, vous leur suggérez qu'ils sont musiciens, et qu'ils vont donner un concert. Choisissez à dessein, dans la répartition des instruments, ceux dont l'usage donne les attitudes les plus réjouissantes : trombone à coulisse, contrebasse à corde, flûte, grosse caisse, etc..... Un des sujets que vous désignerez sera le chef d'orchestre et battra la mesure. Les effets obtenus sont du plus haut comique et il est possible de se les imaginer sans les voir.

Les guêpes. — Vous suggérez à deux ou trois sujets qu'ils ont par hasard détruit un guêpier, et qu'ils sont attaqués par les guêpes. Vous les verrez aussitôt essayer de fuir leurs ennemis, se couvrir le visage, se cacher de toutes façons et manifester leurs souffrances. Vous aurez soin de suggérer de temps à autre une idée de piqûre.

Les expériences que nous venons d'indiquer et dont plusieurs gros volumes seraient impuissants à donner toutes les variétés, relèvent du domaine de l'amusement simple. Il est bon, à mon avis, de consacrer une partie de la séance, plus ou moins longue suivant le cas, à faire dans la science pure une incursion dont l'objet sera déterminé par l'élément prédominant de l'assistance. Si on s'adresse à un auditoire quelconque, sans dispositions spéciales pour la science en général et telle ou telle branche d'étude en particulier, quelques exemples d'anesthésie, de réfrigération ou d'augmentation de chaleur chez le sujet peuvent suffire. Si, au contraire, on trouve plusieurs membres de l'assemblée s'occupant de politique, il sera facile d'obtenir un discours étonnant de votre sujet, en lui suggérant qu'il est le porte-parole d'un parti politique à nuance bien définie, qu'on discute à la Chambre une question vitale pour le groupe dont il est le leader, et que le moment est venu de prononcer le discours qui doit réduire à néant les tentatives de ses adversaires. Votre auditoire comprend-il un grand nombre d'artistes dramatiques, faites déclamer ou chanter le sujet. J'ai obtenu des effets merveilleux dans le sommeil d'acteurs réputés à juste titre très médiocres à état de veille. La magistrature et le barreau sont-ils en majeure partie dans la réunion, faites commettre un crime par votre sujet ; commandez-lui par exemple de poignarder une porte, ou de voler la montre d'un des assistants en ajoutant qu'il dira à tous ceux qui l'interrogeront sur son acte ; « J'ai agi librement, sans être poussé et conseillé par personne », et laissez agir. Recommencez une expérience analogue en suggérant cette fois que c'est M. le Président du tribunal de...... ou M. le Bâtonnier des avocats qui l'a incité à mal faire. Infailliblement le sujet vous obéira, et de cette façon la justice, si elle est boiteuse, ne sera plus aussi aveugle puisqu'elle se sera rendu compte expérimentalement du rôle que peut jouer l'hypnotisme dans un cas soumis à leur appréciation. On obtiendra des résultats plus dignes de remarque encore si, opérant devant des psychologues ou des moralistes, on soulève un à un avec expériences à l'appui les grands problèmes de la philosophie, les questions passionnantes et toujours débattues de libre arbitre, de responsabilité, de conscience, de mérite ou de démérite. En quelques instants, il sera loisible de prouver combien la liberté humaine est difficile à retrouver chez le sujet endormi qu'on peut obliger à agir dans le sens qu'on veut, à l'aide de suggestions appropriées, sans même qu'il s'en doute. On pourra montrer ensuite que nos actions sont en quelque sorte toutes causées par des suggestions nées du milieu, de l'éducation première ou même fruits de réflexions personnelles. On pourra enfin soigneusement étudier les maladies de l'âme, assister comme dans une séance de cinématographie morale (s'il m'est permis de parler ainsi) aux drames infiniment tristes de l'éclosion, du développement et de la terminaison trop souvent fatale des maladies de l'intelligence ou de la volonté; provoquer l'amnésie, l'aboulie (privation totale ou partielle de mémoire et de volonté) et leurs antithèses (hypermnésie, développement exagéré de ces mêmes facultés). Mais des médecins ont remplacé notre auditoire de philosophes. C'est le cas ou jamais de faire un peu la vivisection du cerveau humain sans s'exposer à soulever les protestations, fort justes du reste, de ceux qui mènent une campagne à outrance contre les vivisecteurs d'animaux domestiques et qui ne manqueraient pas, avec raison ma foi, de condamner avec plus de vigueur encore les prétentions cervico-humano-vivisectrices qui ne s'inspireraient point de nos procédés inoffensifs. On peut faire la physiologie complète du système nerveux, faire agir d'une façon autonome chacun des lobes du cerveau pour comparer les résultats à ceux obtenus par l'action combinée et montrer les conséquences de la paralysie absolue de l'un ou de l'autre lobe ; on peut, sans aller aussi loin, voir les résultats donnés par la simple anesthésie ou l'hyperesthésie ordinaire, générale ou locale. On peut encore, entrant cette fois dans le monde de la vie végétative, pour me servir en passant d'une vieille expression scolastique (1), qui rend d'ailleurs parfaitement mon idée, augmenter ou diminuer le nombre ou l'intensité des palpitations du cœur ou des réflexes respiratoires, ralentir, interrompre ou hâter la digestion, etc., etc.

On peut ensuite étudier les maladies purement nerveuses, telles que l'aphasie (perte de la parole), la cécité (perte de la vue) ou de la surdité produites par la paralysie ou le mauvais fonctionnement des nerfs linguaux (de la langue), optiques (de l'œil) ou auditifs (de l'oreille). On peut enfin considérer les causes des maladies morales relevant uniquement de l'ordre physique. J'aimerais m'étendre sur chacun de ces sujets, citer à l'appui de mes affirmations les expériences que le docteur Liébengen, le professeur Jacquemont ou moi-même avons produites au cours de nos longues études. Je suis obligé de les passer sous silence, le cadre d'un cours pratique ne se prêtant pas à ces développements et m'obligeant à énoncer à peine quelques-unes — les plus ordinaires — des possibilités de la science merveilleuse qu'est l'hypnotisme.

J'ai parlé jusqu'ici d'une façon un peu générale, sans m'adresser particulièrement aux débutants qui pour la première fois affrontent le public. Je croirais manquer au devoir que je me suis tracé, si je ne parfaisais ma tâche en ajoutant quelques conseils tout particuliers pour ceux qui, peu familiarisés encore avec l'hypnotisme, n'ont point en leur pouvoir, comme beaucoup de praticiens, une confiance

---

(1) Les philosophes scolastiques, après Aristote et St-Thomas, reconnaissaient trois degrés de la vie :

1° La vie végétative, propre aux plantes et présidant aux fonctions d'assimilation, de désassimilation et de reproduction.

2° La vie sensitive, que les animaux possédaient en outre de la précédente et qui présidait aux fonctions des sens, soit internes, soit externes.

3° La vie intellectuelle enfin, dont l'homme était seul gratifié et dont le jeu des facultés supérieures : intelligence, volonté, constitue les principaux éléments.

basée sur un nombre considérable de succès jamais démentis au cours d'une longue carrière. Je n'ignore pas que, malgré toute la possession que l'on peut avoir de soi-même, il est difficile de réprimer complètement un premier mouvement d'appréhension, lorsque pour la première fois on se trouve devant une salle pleine d'auditeurs inconnus, indifférents la plupart du temps, quelquefois même hostiles. Je suis passé moi-même — comme tout le monde d'ailleurs — par toute la série d'émotions du conférencier commençant, et bien que contenu, ou peut-être parce que contenu le souvenir de ce malaise d'antan, frère du mal des orateurs, est toujours resté présent à ma mémoire.

Aussi, je ne saurai trop répéter à ceux qui voudront pratiquer : Ayez en vous une confiance tranquille, mais absolue et inébranlable. La crainte est certainement de toutes les maladies qui affligent l'homme, une des plus tristes par ses conséquences et celle qui lui cause les plus graves préjudices. C'est elle qui nous empêche d'oser et ainsi compromet le succès de la plupart de nos entreprises, tentées en hésitant et conduites avec une terreur d'autant plus grande qu'elle n'est enfantée que par l'esprit de celui qui la possède. La confiance en soi n'exclut point cependant la prudence. C'est pourquoi je vous ai conseillé avec insistance de toujours avoir soin de choisir dans les suggestions, celles qui vous semblent le plus propres à persuader votre auditoire. Je dis persuader et non convaincre, car toute idée qui ne sort pas du cerveau reste à mon avis lettre morte et un argument, quelle qu'en soit la valeur, ne sera capable d'obtenir notre entière adhésion que s'il est à la fois acceptable par l'intelligence tout en ne contrariant point les aspirations de notre cœur.

A l'heure actuelle, une tentative de vulgarisation de l'hypnotisme choque trop d'intérêts particuliers pour ne point soulever d'amères critiques qui laisseront subsister elles-mêmes longtemps peut-être des préjugés sans fondement. Les assistances devant lesquelles vous devrez expérimenter seront donc ordinairement composées de personnes craignant l'hypnotisme, soit parce qu'elles ne le connaissent pas, soit parce qu'elles le connaissent mal. La lutte contre l'idée préconçue est toujours malaisée, elle comporte même parfois des demi-défaites, car la moindre maladresse est mise à profit par l'adversaire. Toutefois il n'est pas possible à une personne ayant développé son influence personnelle (et nos lecteurs en sont tous là) de n'avoir point le dernier mot dans ce combat de la vérité contre l'erreur, de la lumière contre les ténèbres.

Commencez toujours par des expériences à l'état de veille. Je vous ai dit plus haut pourquoi et comment cette habitude facilitait la cause en rapport entre opérateur et sujet. Débutez également toujours en influençant un seul sujet ; ceux qui se prêteront ensuite à vos expériences seront plus souples, plus maniables, à cause de la contagion de l'exemple.

En résumé, le succès dépend d'un triple facteur : la confiance en soi, la prudence et l'expérimentation à l'état de veille sur un seul sujet.

L'INFLUENCE PERSONNELLE

L'homme est un être essentiellement sociable ; la compagnie de ses semblables lui plaît et il la recherche. Je serai même tenté de dire, en me basant sur l'expérience journalière, que tous, plus ou moins, essaient de nouer des relations plus intimes dans le milieu où ils vivent, que tous aspirent à se faire des amis. Et cependant combien peu arrivent à réaliser leurs désirs dans cet ordre d'idées ! Combien se plaignent de ne soulever autour d'eux que froideur et indifférence. Personne encore n'a eu l'audace d'affirmer avoir rencontré au cours de son existence que délicatesse et prévenance à son endroit. Les causes de ces déboires sont multiples, je vais essayer d'indiquer les principales et de donner en même temps le moyen infaillible d'annihiler leurs funestes effets. Sous quelque aspect qu'il nous soit donné de le considérer, l'homme, esprit et matière à la fois, présente de nombreuses imperfections.

Ces imperfections, soit physiques, soit morales, font en quelque sorte partie intégrante de son individu. Je ne dirai qu'un mot des vices de constitution qu'il est toujours facile d'atténuer avec un peu de précaution. *Avoir le plus grand soin de sa personne*, telle est la seule ligne de conduite à suivre au point de vue physique, pour ne pas s'aliéner ceux avec qui les circonstances nous obligent de vivre. L'haleine fétide est généralement causée par une mauvaise hygiène de la bouche, un lavage sérieux des dents avec une eau légèrement aromatisée suffit d'ordinaire pour la faire disparaître. Si elle a sa source dans un désordre chronique, on pourra essayer d'y remédier en suçant quelques pastilles odorantes et surtout en évitant de diriger sa respiration vers le visage de ses interlocuteurs. Transpire-t-on au point de répandre une odeur désagréable ? De fréquentes ablutions d'eau parfumée discrètement ont vite raison de cet inconvénient.

Si les imperfections physiques, véritablement gênantes pour les autres, sont le partage d'un nombre restreint d'individus, il n'en est pas de même des tares morales. Il n'est pas de caractère qui n'ait ses angles aigus, dont le heurt au cours des relations que crée la société soit pénible pour autrui. Comment arrondir ces angles, au point de les rendre absolument inoffensifs? Par le développement de certaines qualités que tous ont en germe, qualités qui se ramènent toutes à la *Bonté* et n'en sont que des formes diverses. Je sais bien qu'on pourra m'objecter qu'il existe des individus foncièrement mauvais, mais ces individus sont l'exception. La Bonté et la bonté seule peut donner la patience et le calme qui, dans chacune des circonstances de la vie, assurent la supériorité. Si vous êtes vraiment bon à l'égard de tous, vous ne vous aliénerez ni les bavards, ni les autoritaires, ni les emportés. Vous écouterez les confidences des premiers sans impatience, vous arriverez même à prendre intérêt à leur prolixité et l'énumération de détails infimes en apparence, mais auxquels ils attachent la plus grande importance, ne vous paraîtra pas une importunité. Si vous causez avec un tiers et que vous voyez se taire une personne que vous savez aimant la conversation, n'hésitez pas à changer de sujet, ce que vous dites ne l'intéresse pas. Les autoritaires, eux, subiront votre ascendant, qu'ils l'avouent ou non, car la *bonté* est la force la plus terrible que puisse mettre en action un être raisonnable; et ceux-là mêmes qui se prétendent inaccessibles aux influences extérieures *sont les premiers à en ressentir la puissance et à s'incliner devant elle*. Vous aurez enfin sur les emportés la force du calme. Celui qui parvient à conserver toujours sa présence d'esprit n'est jamais en état d'infériorité relativement à ceux qui l'entourent. Celui qui reste maître de lui dans toutes les circonstances, celui qui ne se laisse jamais aller à la colère est une puissance véritable.

S'il vous arrive d'être choisi pour arbitre, ne tranchez jamais brusquement le point en litige, vous vous feriez un ennemi de celui à qui vous ne donneriez pas gain de cause. Réfléchissez sur la question avant d'essayer de la résoudre et comme dans l'immense majorité des cas, l'opinion présente une part d'erreur et une part de vérité, dégagez prudemment cette part de vérité, exprimez ensuite votre idée avec une fermeté tempérée de douceur. Il pourra se faire qu'on vous demande ce que vous pensez d'un fait, d'un livre, d'une théorie ou d'une idée. Ne répondez jamais sans connaître parfaitement la question, vous pourriez vous exposer à exprimer des jugements douteux qui vous feraient baisser dans l'estime de celui qui vous interroge et de ceux qui vous connaissent. Il est parfois plus sage d'avouer son ignorance que de répondre d'un ton suffisant, à tort et à travers. Si par hasard vous professez des idées un peu spéciales dont l'originalité séduise votre esprit, craignez en les exposant et en les défendant avec trop de chaleur de blesser ceux qui ne sont pas de votre avis. Rappelez-vous que vos théories ne sont pas les seules raisonnables, que nul n'a le monopole de l'intelligence, et qu'on peut ne pas penser comme vous sans être nécessairement un fou ou un crétin. Vous demande-t-on des conseils ? Atténuez toujours d'une réserve prudente ceux que vous donnez, si par hasard ils n'étaient pas couronnés de succès, on ne s'en prendrait qu'à vous de l'échec. Evitez soigneusement dans vos entretiens de parler de vous, cherchez au contraire à amener la causerie sur des choses qui peuvent intéresser votre interlocuteur. Ayez l'air d'apprendre quelque chose de lui, vous lui accorderez ainsi en quelque sorte un brevet de savoir qui vous fera gagner son estime. Ce n'est pas le seul avantage que vous en retirerez, car vous apprendrez réellement quelque chose d'utile. Généralement chaque individu ici-bas approfondit plus particulièrement un sujet déterminé. Le choix est motivé soit par le goût ou les dispositions naturelles, soit par les exigences de la profession.

Chaque personne aime s'étendre sur le sujet qui lui est cher et qu'elle possède plus particulièrement ; vous n'aurez donc aucune peine à amener la conversation et surtout à la maintenir sur ce sujet. Avec un jardinier, intéressez-vous au jardinage ; avec un artiste, intéressez-vous à l'art, etc. Il n'est même pas nécessaire d'avoir des connaissances spéciales, je dirai mieux, c'est absolument inutile dans le cas qui nous occupe, car votre interlocuteur vous donnera tous les renseignements désirables, si vous l'interrogez et si vous vous intéressez à ce qu'il vous dira.

Un auteur anglais a écrit par ce seul moyen une encyclopédie complète du commerce et de l'industrie, rien qu'en s'intéressant aux conversations d'ouvriers ou de petits boutiquiers. Rappelez-vous qu'on apprend bien souvent d'un plus petit que soi et qu'il n'est pas un homme sur terre, fût-ce le plus grand génie, qui n'est pas dépassé sur au moins un point par le pire ignorant.

Evitez également de parler de vos peines ou de vos joies pour ne point vous exposer à troubler l'âme de ceux qui vous entourent. Ils peuvent en effet avoir des raisons d'être tristes lorsque vous êtes gai et vice versa. Craignez toujours de les froisser par l'expression trop bruyante et souvent intempestive d'un bonheur ou d'un chagrin..... Si vous parvenez à éviter l'importunité en parlant de vous, le ressentiment en parlant mal des autres, vous aurez bientôt gagné l'universelle confiance, vous n'aurez plus à vous rebuter d'insuccès. Ne dites jamais de mal d'un absent, les personnes présentes pourraient toujours supposer que vous agissez de même à leur endroit et vous entoureraient d'une légitime suspicion. Si la calomnie est une chose révoltante, la médisance est blâmable elle aussi. Lorsqu'on critiquera une personne devant vous, attachez-vous à souligner ses qualités; lorsque les fautes imputées seront absolument certaines, rejetez-en le tort sur les circonstances en présentant le coupable comme leur victime. N'employez pas la flatterie et l'adulation, ce sont des moyens vils qui ne peuvent influencer que les âmes basses; mais rendez toujours un discret hommage aux qualités et aux talents de ceux avec qui vous conversez.

Si une personne vous demande votre approbation et qu'elle la mérite, accordez-la-lui sans restriction. Dans une réunion, c'est œuvre de charité de faire ressortir les qualités réelles des personnes qui nous entourent et d'amener la conversation sur des sujets qui leur sont familiers. Soyez bien persuadé que rien ne vous conciliera à un tel point leur estime. Soyez toujours prêt à rendre service, soyez charitable. Ce n'est pas uniquement en prêtant de l'argent qu'on peut obliger les autres, il existe bien d'autres moyens de le faire. Une bonne parole, un encouragement, une aide dans un travail fatigant ou difficile, un bon conseil, voilà autant de moyens de gagner l'estime de ceux qui vous entourent et de goûter sur cette terre un bonheur véritable.

Relevez le moral des désespérés, présentez-leur la vie sous un jour plus favorable et ranimez leur courage. Ayez toujours des attentions pour les faibles, les déshérités, les vieillards et les enfants. Pénétrez-vous bien de cette vérité, que *les autres agiront envers vous comme vous agirez envers eux et qu'ils diront toujours de vous ce que vous direz d'eux*. Quoi qu'on ait écrit sur l'ingratitude, quoi qu'on ait pu dire sur ce sujet, rappelez-vous toujours qu'un bienfait n'est jamais perdu. Aimez à rendre service, ingéniez-vous à obliger les autres dans toutes les circonstances de la vie, *oubliez-vous* pour les autres et vous verrez que les autres *s'oublieront pour vous*. Respectez la délicatesse de tous ceux que vous approchez, ne dites rien qui blesse ni leur pudeur, ni leurs sentiments, ne soyez jamais ni brutal, ni grossier. Soyez poli, la politesse gagne tous les cœurs, c'est une clef qui ouvre toutes les portes et elle coûte bien peu de chose. *Elle concilie dès le premier abord l'estime et la bienveillance de tous ceux avec lesquels on vient en contact.*

Voulez-vous savoir, quelles que soient les circonstances, la conduite que vous devez tenir à l'égard d'autrui, mettez-vous par la pensée à la place de la personne dont il s'agit et voyez dans ce cas comment vous voudriez qu'on vous traite. Il faut non seulement ne pas faire aux autres ce que vous ne voudriez pas qu'ils vous fassent, mais il faut encore et surtout : *Faire aux autres, dans toute circonstance, ce que vous voudriez qu'ils vous fassent.* Vous m'objecterez peut-être : *Mais je vais jouer un rôle de dupe !* Vous n'avez qu'à essayer, en vous réservant de changer de tactique si l'avenir justifie votre objection. Faites de l'expérimentation comme en hypnotisme et vous n'y perdrez rien, tout au contraire. Vous gagnerez tous les cœurs et ce que vous ferez pour les autres, les autres le feront infailliblement pour vous.

Toutefois, en dépit de la constance de vos efforts, si l'opinion de certains parmi ceux qui vous entourent vous semble longue à se modifier, usez de la fascination alliée à la suggestion mentale pour les réduire. Dans le cours de la conversation, fixez-les à la racine du nez d'une manière plaisante et sans ostentation et pensez fortement: *Je veux que vous m'estimiez..... vous m'estimerez tous les jours davantage..... vous m'estimez..... je veux que vous m'estimiez.....* S'il ne vous est pas possible de les voir fréquemment, procurez-vous leur portrait et, en les fixant à la racine du nez et en vous tournant du côté de leur lieu d'habitation, de préférence à l'heure où vous le savez au lit, faites des suggestions de ce genre : *Je suis auprès de vous..... ma pensée vous pénètre..... vous êtes bien disposé à mon égard..... vous ne pouvez vous soustraire à mon influence..... vous êtes forcé de m'estimer.....*

Continuez chaque soir, la réussite viendra si rapidement couronner vos efforts, surtout si vous vous êtes entraîné à transmettre des pensées à des sujets en somnambulisme artificiel, que vous serez surpris de vos propres succès. Si vous n'avez pas le portrait qui joue en quelque sorte le rôle de condensateur de pensée, concentrez votre esprit sur les mêmes suggestions, en vous représentant par la mémoire celui ou celle que vous voulez dominer. Avec un peu plus d'efforts peut-être, mais non moins certainement, vous parviendrez au même but, car les pensées sont des ondes qui, dirigées par la volonté d'un opérateur entraîné, se communiquent infailliblement au cerveau librement choisi par lui comme récepteur.

L'AUTO-HYPNOTISME

Si, par définition, la suggestion est le fait d'implanter dans un cerveau une idée quelconque, il n'est pas besoin de démontrer la possibilité de l'auto-suggestion puisqu'elle n'est autre chose qu'une suggestion faite par l'opérateur sur sa propre personne. Le lecteur s'en sera servi bien souvent à son insu lorsque, par exemple, sous l'influence d'une lecture et après mûre réflexion, il aura extirpé de son esprit une idée, fruit de l'éducation première, pour la remplacer par une conception qui lui semble plus en rapport avec la réalité ou plus conforme à sa mentalité propre. Somme toute en effet, la vie n'est qu'un échange, qu'une lutte de suggestions et le commerçant, l'auteur, l'éducateur ne cherchent qu'une chose : augmenter la puissance de leurs arguments et les rendre irrésistibles. Nos idées sur le monde, l'humanité, la vie sont-elles autres choses que des suggestions plus ou moins conscientes, fruit de l'éducation et du milieu, auxquelles viennent s'enchaîner des suggestions nouvelles mères du chagrin, de la timidité, du désespoir ou, au contraire, de la confiance en soi et du principe d'application d'une saine philosophie qui permet de placer rationnellement chaque chose à sa place et de donner à chaque événement son importance réelle ? Le qualificatif *d'inconsciente* employé ici à propos de l'auto-suggestion a ici la valeur que je donnais au mot *simple* employé avec la suggestion ordinaire. En d'autres termes, l'auto-suggestion inconsciente pourrait se définir : celle que le lecteur se fait lui-même, mais sans y songer, et à laquelle, par suite, il peut résister. L'auto-suggestion consciente et hypnotique est celle faite volontairement et avec l'intention marquée de la voir aboutir. Certes, au point de vue de l'efficacité, cette dernière est incontestablement supérieure à la précédente, qu'elle soit faite pendant la veille, dans l'attente du sommeil ou pendant le sommeil lui-même, car on peut s'auto-suggestionner de ces trois façons différentes. Cette efficacité tient à ce que l'attention est plus longuement concentrée dans ce cas que dans celui qui précède, puisque l'auto-suggestion consciente repose sur la force incontestable qu'est la concentration de la pensée. L'efficacité, toutefois, de l'auto-suggestion *augmente en raison directe de l'entraînement et de l'exercice de celui qui l'emploie.*

Auto-suggestion à l'état de veille

Le lecteur, pour bien comprendre ce qui va suivre, devra avoir présent à l'esprit le mécanisme de la concentration de la pensée indiqué plus haut (1). La fixation d'un point brillant ou non, en surmontant le clignement des paupières, la lecture mentale de lignes tracées d'une main ferme où sont réunies les suggestions que l'on veut se faire, en augmentent la force. Mais le débutant retirera de plus grands avantages encore de l'emploi de la pratique suivante dont j'ai pu apprécier, par expérience, toute l'efficacité. *Dans les premiers essais*, il est bon de répéter à *haute voix* l'objet de l'auto-suggestion pour empêcher l'attention de s'égarer. Après quelques tentatives, on peut se contenter de faire ces suggestions à *voix basse;* après un entraînement suffisant, enfin, la seule concentration de la pensée suffit. Pour retirer de ces exercices tous les avantages possibles, il est bon de s'y exercer sans interruption pendant au moins vingt ou trente minutes et de préférence le soir.

Auto-suggestion avec attente du sommeil naturel

Plus pratique et plus efficace est ce mode de suggestion. Pendant le sommeil naturel, notre esprit se livre souvent à un travail dont nous trouvons le résultat au réveil. L'illustre Gratry, prêtre de l'Oratoire, connaissait et avait employé maintes fois ce procédé, puisque dans « ses Sources » il recommandait aux jeunes étudiants de « faire travailler leur sommeil ». Souvent, leur disait-il en subs-

---

(1) Voir, au début de la partie *Préparation à l'Hypnotisme pratique*, le chapitre consacré à la concentration de la pensée et à son influence dans l'hypnotisme (page 93).

tance, la solution d'un problème spécial de philosophie ou de mathématiques, qui vous échappe pendant la veille, vous sera en quelque sorte révélée après votre éveil si, en vous endormant, vous avez pensé fortement à ce problème, si vous vous en êtes tracé les données d'une façon nette et précise. L'enfant qui, avant de s'endormir, répète la leçon qu'il devra réciter le lendemain emploie, sans le savoir, le même procédé. La méthode d'auto-suggestion dans l'attente du sommeil naturel est parfaitement indiquée par Gratry ; il suffit, en effet, de concentrer toute son attention sur la suggestion choisie jusqu'à l'arrivée du sommeil, et en insistant plusieurs jours s'il le faut, pour obtenir le résultat attendu.

Auto-suggestion dans le sommeil hypnotique

L'influence de l'auto-suggestion est beaucoup plus puissante et plus rapide encore lorsque l'étudiant s'est entraîné à s'induire lui-même dans le sommeil hypnotique. La possibilité de s'hypnotiser est une des plus admirables et des plus utiles découvertes qui aient été faites. Cette application de l'hypnotisme est encore bien ignorée chez nous, peuples civilisés, mais il y a des siècles que les fakirs de l'Inde et que les moines du mont Athos y ont recours. Il est assez rare d'arriver à s'hypnotiser dès le premier essai, ce n'est parfois qu'à la suite de nombreuses tentatives qu'on peut y parvenir. Seule, la première obtention du sommeil présente quelque difficulté ; lorsque l'hypnose a été obtenu une fois, il est dès lors très facile de s'endormir rapidement et profondément.

Comment s'hypnotiser

Première méthode. — Pour s'hypnotiser, s'asseoir ou se coucher commodément, fermer les yeux et penser fortement : *Je m'endors..... je m'endors profondément..... j'ai sommeil..... j'ai bien sommeil..... je m'endors..... je m'endors..... je dors..... je dors..... j'ai sommeil..... je m'endors profondément.....*

En insistant longuement sur ces suggestions mentales et en renouvelant les tentatives plusieurs jours de suite, le sommeil viendra infailliblement. Il est presque superflu de dire que, seules

les personnes déjà entraînées à l'exercice de concentration de pensée exposé au début de ce cours pratique, se trouvent dans les conditions requises pour employer avec succès cette première méthode d'auto-hypnotisation.

Deuxième méthode. — La fixation prolongée d'un objet, en évitant autant que possible le clignement des paupières, est pour beaucoup de personnes un excellent moyen de s'hypnotiser. Peu importe la nature de l'objet fixé, il n'est pas indispensable que celui-ci soit brillant, il suffit que le regard soit dirigé et maintenu sur un point donné. Il n'en est pas moins vrai que l'objet brillant possède une plus grande efficacité. Cet avantage est contre-balancé par un grave inconvénient : certaines personnes ne peuvent fixer longuement un objet trop brillant sans éprouver des maux de tête plus ou moins violents. Les fakirs et les moines du mont Athos s'hypnotisent aisément en fixant le regard sur l'extrémité de leur nez, sur un point de l'espace ou en regardant leur ombilic. Des femmes hystériques tombent parfois en catalepsie lorsqu'elles se regardent un certain temps dans une glace. Certaines personnes s'hypnotisent également en concentrant toute leur attention sur un travail qui nécessite la fixité du regard.

Un grand nombre d'auteurs recommandent, pour s'endormir soi-même, de regarder un de ses doigts placé assez près des yeux et de prolonger la fixation jusqu'à ce que le sommeil se produise. Un excellent moyen est de s'asseoir commodément auprès d'une table sur laquelle on place une carafe remplie d'eau colorée en bleu et de fixer l'intérieur de la carafe en pensant au sommeil ; c'est le procédé le plus infaillible en même temps que le plus rapide et le plus inoffensif. Son efficacité est encore augmentée si on opère le soir en plaçant une lumière derrière la carafe. L'application la plus pratique de ce procédé est obtenue par le recours à la boule hypnotique Fournier dont on fixe le point intérieur en évitant autant que possible tout mouvement de paupières. Si l'on approche suffisamment la lumière de la boule, l'efficacité de ce mode d'auto-hypnotisation est encore augmentée.

Troisième méthode. — Cette dernière méthode consiste à combiner les deux précédentes, c'est-à-dire à joindre, à la fixation prolongée d'un point, les suggestions mentales recommandées plus haut.

Beaucoup de personnes hésitent à employer sur elles-mêmes les pratiques hypnotiques, parce, qu'elles ont des craintes injustifiées au sujet de l'éveil. Certaines ont une telle appréhension de ne pouvoir s'éveiller qu'elles interrompent les essais dès qu'elles prévoient l'arrivée du sommeil ou qu'elles résistent de toutes leurs forces au sommeil au lieu de s'y abandonner. L'auto-hypnotisation ne présente aucun danger et le réveil se produit toujours de lui-même. Dans les premiers essais, du reste, le sommeil obtenu est généralement assez superficiel et ce n'est le plus souvent qu'après un certain entraînement que l'état hypnotique très profond peut être obtenu. Il y a cependant des exceptions à cette règle et certaines personnes très sensibles s'endorment parfois profondément dès la première tentative. Dans tous les cas, le réveil se produit toujours spontanément, comme dans le sommeil naturel.

Comment s'éveiller à une heure choisie

Supposons, par exemple, que vous vouliez vous éveiller au bout d'une demi-heure. Quelle que soit la méthode d'hypnotisation choisie, vous n'aurez pour cela qu'à concentrer fortement toute votre attention sur les suggestions mentales suivantes :

J'ai sommeil..... je m'endors..... je m'endors profondément..... mais je m'éveillerai au bout d'une demi-heure..... je m'endors d'un sommeil profond.

Avec un peu de pratique, vous arriverez infailliblement, non seulement à vous endormir, mais encore à vous éveiller exactement à l'heure fixée.

Lorsqu'on se sera entraîné à s'induire dans le sommeil hypnotique, on pourra alors profiter de l'incomparable efficacité des auto-suggestions faites dans l'attente de ce sommeil spécial. Pour cela, il faudra tout simplement, lorsque l'hypnose est sur le point de se produire, concentrer toute son attention sur les suggestions que l'on voudra imposer à son esprit et s'abandonner ensuite au sommeil. Quelles que soient la profondeur et la durée de cet état, on constatera toujours au réveil un commencement d'action de ces suggestions.

CE QU'IL EST BON DE SE SUGGÉRER

La confiance en soi

Il ne faut pas confondre ce sentiment avec l'orgueil. Alors, en effet, que l'orgueil est le sentiment exagéré et déplacé de sa valeur personnelle, la confiance, au contraire, n'est que le sentiment qui permet d'oser dans la mesure de ses forces et qui est la base de toute la réussite que nous pouvons espérer. Quel que soit le mode de suggestion choisi ayant trait à la confiance en soi, il faut concentrer toute son attention sur les suggestions suivantes :

Je veux réussir en tout..... il m'est possible de réussir..... je réussirai en tout..... je ne me laisserai jamais abattre..... je suis sûr de réussir..... je suis obligé de réussir..... j'ai confiance en moi..... rien ne peut m'émouvoir..... nul ne peut m'influencer..... je puis réussir en tout.

Volonté forte

J'ai, avec intention, traité à part le développement de la volonté. Je considère en effet cette faculté comme la plus importante de toutes, à cause de son rôle dans la vie. La volonté est la faculté maîtresse de notre existence, base du magnétisme personnel, elle a une influence incomparable sur tous nos actes. Elle se développe aisément par les suggestions suivantes :

Ma volonté est forte..... je sais vouloir..... je veux bien ce que je veux..... je veux avoir une forte volonté..... j'aurai une forte volonté..... lorsque j'aurai décidé quelque chose je ne faiblirai pas..... je n'hésiterai pas..... ma volonté est forte.

Développement de la mémoire et des facultés

La mémoire, l'imagination et toute autre faculté peuvent être développées par d'identiques procédés. Je cite à titre d'exemple le développement de la mémoire. C'est surtout dans l'attente du sommeil naturel ou en s'induisant dans le sommeil hypnotique qu'il est facile d'obtenir d'incontestables résultats dans cet ordre d'idées. Faites-vous des suggestions dans le genre de celles qui suivent, habituez votre esprit à se concentrer et à revenir souvent sur cette idée, qu'elle soit la dernière sur laquelle il s'arrête avant l'arrivée du sommeil, vous serez émerveillé de voir la façon étonnante avec laquelle se développeront toutes les facultés qu'il vous plaira de porter à leur maximum de puissance.

Dans mon sommeil ma mémoire se développera..... je me rappellerai plus facilement..... ma mémoire se développera..... et demain je me souviendrai mieux..... ma mémoire s'améliorera beaucoup..... je veux constater à mon réveil une amélioration notable de ma mémoire..... je veux retenir facilement..... je retiendrai très facilement.

Douleur physique. — Peine morale

La maladie et le chagrin sont certainement les obstacles les plus grands à la félicité parfaite. L'auto-hypnotisme rend possible et facile même l'insensibilité absolue au moral et au physique, pour peu que l'entraînement soit suffisant [1]. Insister sur l'importance de l'entraînement serait répéter ce que j'ai eu maintes fois l'occasion de dire. Je n'y reviendrai pas. Voici quelques suggestions que le lecteur pourra se faire en ce sens :

Ma santé est bonne..... je veux résister à la maladie..... il m'est impossible de tomber malade..... je ne puis être malade..... je ne serai jamais malade..... je ne veux pas être malade..... je ne sens aucune douleur..... je ne puis sentir aucune douleur..... aucun malaise..... rien ne m'incommode..... je ne veux pas avoir de chagrin..... je ne veux pas me tourmenter..... la vie n'est qu'un passage..... les peines ne sont que suggestions..... elles ne changent pas la force des choses..... je ne veux éprouver ni douleur ni peine.

---

[1] Se reporter aux cas cités dans le chapitre *Hypnothérapie*, écrit en collaboration avec le professeur Jacquemont (page 349).

Développement du magnétisme personnel par auto-suggestion

Je ne donnerai plus au lecteur les suggestions qu'il est nécessaire de faire pour chacun des cas en particulier. Il est assez intelligent pour trouver, en se basant sur les suggestions précédentes, celles nécessaires dans les autres cas, quels qu'ils puissent être. L'auto-hypnotisation est en quelque sorte la base de tout magnétisme personnel ; elle permet, en effet, de développer les qualités qui nous feront rechercher par tous, en même temps qu'elle nous donne la possibilité de se corriger très facilement de toutes les mauvaises habitudes, de tous les défauts qui pourraient être un obstacle à l'action sur autrui. Le calme, la possession de soi-même, l'égalité d'esprit qui permet de rester maître des circonstances est facilement acquis. Ce calme est une puissance véritable, je dirai plus, une puissance qu'il est difficile pour ne pas dire impossible d'estimer à sa juste valeur. C'est à lui que sont dues les réussites d'entreprises hasardeuses jugées impossibles par ceux qui ne se rendaient pas compte de la puissance fournie par cette modalité de l'énergie qu'ils ignoraient, à lui que sont dues les issues heureuses de situations qui semblaient absolument désespérées..... Il suffit de se faire les suggestions appropriées, de se dire, avec toute la fermeté désirable, *je suis calme....., les événements les plus imprévus sont incapables de me troubler..... rien ne peut m'émouvoir..... je suis calme..... calme..... je suis cuirassé contre l'imprévu.....* On peut également, par ces mêmes suggestions, combattre la colère, il suffit pour cela d'ajouter quelques membres de phrases ayant trait à ce redoutable défaut..... *Je ne puis me mettre en colère..... rien, ni personne ne peut me faire sortir de mon état normal....., je suis maître de moi..... la colère est moins forte que ma volonté..... elle lui est soumise.....*

J'aimerais assez à dire quelques mots de l'influence néfaste de la colère dans la vie, de la colère obscurcissant la claire vue des réalités, de la colère obstacle au succès certain, de la colère cause d'actes irréparables que toute une vie de remords est impuissante à racheter. Il me suffira de rappeler que certains — l'histoire impartiale rapporte le fait — en sont morts ! Et tous comprendront le pourquoi de mon insistance relativement à ce terrible défaut.

Par l'auto-hypnotisme, le magnétisme personnel conscient sera acquis et porté à son maximum de puissance. Je n'ignore pas que cette théorie de l'influence personnelle heurte beaucoup d'idées préconçues, il n'en est pas moins vrai qu'elle est *toujours* confirmée par l'expérience et toute personne qui concentrera longuement toute son attention sur les suggestions suivantes : *Il m'est possible d'influencer les autres...... personne ne peut résister à mon influence..... je veux être magnétique.....* arrivera infailliblement à développer une personnalité magnétique irrésistible, capable d'impressionner tous ceux qui l'approcheront.

Influence plastique de l'auto-suggestion

Pour être complet, je crois bon de traiter brièvement un dernier sujet de l'influence plastique de l'auto-suggestion. Si on a pu dire que le regard était le reflet des sentiments de l'âme ; si on a pu ajouter que tel visage respirait la bonté, tel autre la candeur, tel autre enfin telle ou telle bonne ou mauvaise qualité, on comprendra sans peine qu'avec la ferme volonté on puisse arriver à modifier son expression de physionomie. On peut, si la nature a disgracié, changer son visage et le rendre sinon beau, du moins sympathique. On peut — et pour affirmer ce fait je me base uniquement sur l'expérience — à son gré développer ses sens, rendre son ouïe plus fine, sa vue plus perçante, son odorat plus subtil. On peut également développer sa musculature, son embonpoint, sa taille ; il est évident qu'on peut se faire maigrir et arrêter sa croissance par les suggestions contraires. Les mouvements du cœur peuvent être augmentés ou diminués, la digestion peut être avancée ou retardée. En résumé, on peut placer sous le contrôle de sa volonté des fonctions qui en paraissent absolument indépendantes à première vue et que dans la généralité des cas on regarde comme telles parce qu'on ne croit pas à l'existence d'êtres jouissant de cette faculté..... Que le lecteur se donne la peine d'essayer, il se rendra compte par lui-même de la justesse de ces affirmations.

JEAN FILIATRE

L'ENSEIGNEMENT FACILE ET RAPIDE
DE
L'HYPNOTISME PAR L'IMAGE

Tous les procédés pratiques
des magnétiseurs et hypnotiseurs anciens et modernes du monde entier
mis immédiatement à la portée de tous

Un magnifique volume, texte et très nombreuses figures explicatives : **4 fr. 50**

Pénétré des immenses avantages que présente aujourd'hui l'enseignement par l'image et soucieux de faciliter à tous, dans la plus large mesure, l'étude pratique de l'Hypnotisme, l'auteur a résolu de mettre **immédiatement** à la portée de tous, **sans exception**, tous les procédés pratiques des magnétiseurs et hypnotiseurs anciens et modernes du monde entier.

Il a réuni dans un superbe volume toutes les gravures avec texte explicatif exposant d'une manière concrète les principes généraux de l'hypnose et le moyen de produire aisément chacune des expériences, depuis la chute en arrière jusqu'au sommeil complet, en passant par l'illusion et l'hallucination. Le placement des mains de l'opérateur et les positions du sujet *pour tous les cas particuliers* y sont nettement montrés. Toutes les méthodes d'hypnotisation avec la façon détaillée de faire les passes recommandées sont scrupuleusement indiquées.

Les gravures sont présentées dans le même ordre et permettent de suivre page par page toutes les indications du Cours pratique.

On ne saurait trop recommander cet ouvrage aux personnes désireuses d'arriver *sans tâtonnements* à influencer leurs semblables, elles y trouveront en quelque sorte l'application pratique des principes énoncés dans le Cours, ainsi que de nouvelles instructions du plus haut intérêt.

Envoi franco par poste recommandée pour tous pays contre mandat-poste de 4 fr. 50.

Adresser lettres et mandats à :
LIBRAIRIE GENEST
Rue de la République, BOURBON-L'ARCHAMBAULT (Allier)

Les quelques gravures qui suivent sont tirées de ce volume

COMMENT RECONNAITRE LES BONS SUJETS HYPNOTIQUES
1° INFLUENCES MAGNÉTIQUES

FIG. 1
Position du sujet et de l'opérateur pour l'expérience magnétique d'attraction en arrière et la production des symptômes se manifestant chez les « sensitifs ».

FIG. 1
Effet de l'attraction magnétique des mains de l'opérateur sur les personnes influençables

FIG. 2
Attraction magnétique des mains de l'opérateur (les mains à distance)

FIG. 2
Effet de cette attraction sur les personnes rapidement influençables

DÉVELOPPEMENT DE L'AGENT MAGNÉTIQUE

FIG. 3
Comment augmenter la puissance du magnétisme humain

COMMENT RECONNAITRE LES BONS SUJETS HYPNOTIQUES
2ᵉ ESSAI DE DÉTENTE DU SYSTÈME NERVEUX

FIG. 4
Position du sujet et de l'opérateur pour l'essai de détente du système nerveux

FIG. 5
Sujet sensible

Fig. 6
Sujet réfractaire

Fig. 7
Essai de détente musculaire sur plusieurs personnes

Sujet sensible

Sujet réfractaire

LE SOMMEIL HYPNOTIQUE
PREMIÈRE MÉTHODE

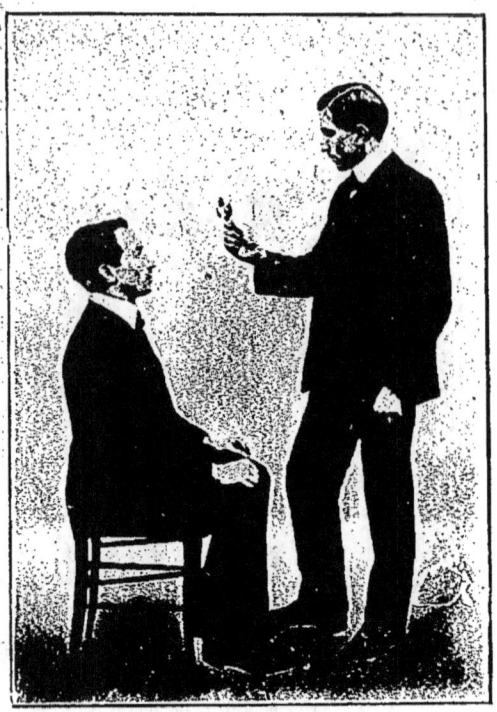

Fig. 8
Assoupissement

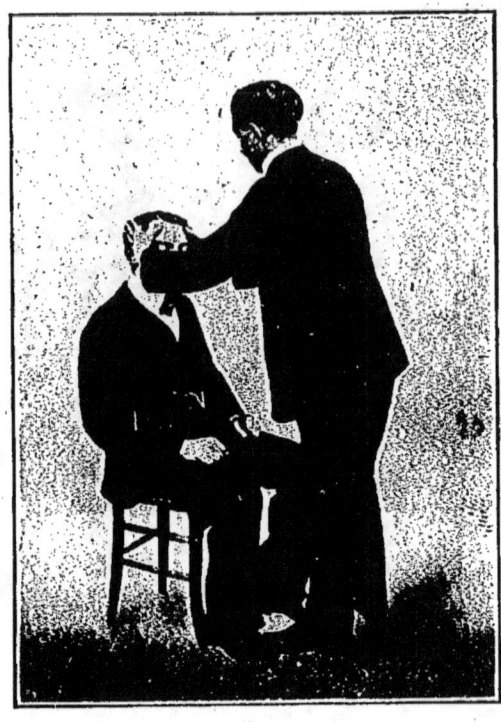

Fig. 9
Passes, première forme

Fig. 10
Passes, deuxième forme

Fig. 11
Passes, troisième forme

JEAN FILIATRE

HYPNOTISME ET MAGNÉTISME
(Partie Théorique, Historique et Pratique)
OCCULTISME EXPÉRIMENTAL

Un fort volume, texte compact : 5 fr.

Le cadre d'un Cours complet d'Hypnotisme pratique ne se prêtait pas à de longs développements historiques et théoriques sur une question encore peu connue. Il était inutile d'y faire figurer toutes les méthodes possibles d'hypnotisation, et la science de l'Occultisme expérimental ne pouvait y trouver sa place.

L'auteur s'est donc cru obligé de réunir dans un volume écrit en collaboration avec le professeur J..., docteur-médecin de la Faculté de Nancy :

1° Tout ce qui a trait aux théories de l'Hypnotisme ;
2° Les nouvelles idées de la science officielle sur le Magnétisme ;
3° L'exposé complet et détaillé de toutes les méthodes d'hypnotisation qui n'ont pu être étudiées dans le Cours pratique. (*Procédés anciens* : Méthode de Mesmer, Deslon, de Puységur. Autres méthodes de Deleuze et du baron du Potet, de Lafontaine. *Procédés modernes* : Méthode de Durville, Dr Philips, Dr G. Bonnet, Dr Paul Farez, Dr Brémaud, Dr Goyard, Dr Coste de Lagrave. Nouveau procédé de Pickman. Méthode de Rhénato. Procédé auto-hypnotique de Durville. Méthode du Dr Saint-Elme et du Dr Bérillon. Procédés les plus divers pour produire l'hypnose. Exposé de toutes les méthodes du colonel de Rochas. Procédés préconisés par le professeur Elyus et par le Dr Stévenson pour reconnaître immédiatement les bons sujets hypnotiques. Remarques du Dr Liébault et observations du D^r Ch. Richet sur les personnes aisément hypnotisables. **Hypnotisme, Magnétisme et Magisme en Orient :** L'hypnotisme pratique chez les peuples africains et asiatiques. L'hypnotisme chez les Derviches et les Aïssaouas. Procédés employés par les magiciens africains pour obtenir la vision à distance ou clairvoyance. Procédés hypnotiques employés par les gzanes, les marabouts algériens et les sorciers égyptiens. Procédés les plus divers utilisés chez certains peuples. *L'hypnotisme pratique chez les fakirs hindous.* L'état de charme et les voleurs de femmes et d'enfants dans l'Inde. **Magnétisme.** Les passes magnétiques, leur rôle, leur emploi, etc. Observations du colonel de Rochas, Dr Baraduc, Boirac, Dr Dufour, Dr Berjon, Cuvier, Laplace. Action du magnétisme sur les corps inanimés, etc., etc.) ;

4° Enfin les données les plus précises et les indications pratiques les plus détaillées sur l'Occultisme expérimental.

La vulgarisation de vérités de la plus haute importance et de connaissances pratiques et utiles à tous : tel est le but de la publication de cet ouvrage.

Du même format que le *Cours complet d'Hypnotisme pratique*, il formera avec celui-ci la bibliothèque la plus complète des sciences dites occultes.

Envoi franco par poste recommandée pour tous pays contre mandat-poste de **5 fr.**

Adresser lettres et mandats à :
LIBRAIRIE GENEST
Rue de la République, BOURBON-L'ARCHAMBAULT (Allier)

CONCLUSION

Par ce qu'il connaît de l'hypnotisme et sans avoir besoin de recourir à la deuxième partie de cet ouvrage, où seront exposées certaines possibilités bien autrement étranges et ignorées de la science merveilleuse de l'Influence, le lecteur, après avoir par lui-même expérimenté combien avantageux pour tous est l'emploi de l'hypnotisme dans la cure des maladies ; après avoir vu que l'hypnotisme sera la base solide et nécessaire, parce que rationnelle, de toute éducation ; après avoir compris que par l'auto-hypnotisme il se mettait à l'abri de la souffrance physique et morale et se cuirassait contre les suggestions fallacieuses des charlatans, le lecteur, disais-je, répétera avec nous :

C'est un devoir pour tous de connaître l'hypnotisme.

C'est un devoir pour tous de le vulgariser.

FIN

www.ingramcontent.com/pod-product-compliance
Lightning Source LLC
Chambersburg PA
CBHW050904230426
43666CB00010B/2024